Max Hastings

馬克斯・黑斯廷斯

譚天——譯

越南啟示錄 1945–1975（下）

美國的夢魘、亞洲的悲劇

VIETNAM
AN EPIC TRAGEDY
BY MAX HASTINGS

目次

【下冊】

第 16 章

陷入淹到腰部的泥沼

Waist-Deep in the Big Muddy

◎反戰分子

一九六七年出現兩場同時進行的越戰：第一場，當然是美軍打的那場越來越激烈的戰爭；第二場是美國國內鬧得越來越兇的反戰示威。哥倫比亞電視（CBS TV）播出的「史瑪澤兄弟秀場」（The Smothers Brothers Comedy Hour）意外爆紅。儘管以二十一世紀的標準而言，秀場中那些嘲諷漫罵不算回事，但是否應該邀反戰民歌手彼得・希格（Pete Seeger）上節目的問題激起一場軒然大波。希格後來上了這個節目，唱了一首發人深省的民歌，訴說「我們已經陷入淹到腰部的泥沼／但那個大傻瓜還要我們往前走」。這首歌本來講的是陸軍一個排一九四一年在路易斯安納州一次演習的故事，但聽過這首歌的人都相信它是在挖苦越戰與詹森總統的領導。

那年春天，在嬉皮風潮與都市新世代擁抱毒品與性開放的推波助瀾下，反對美國捲入越南成為一場全民運動。留著一把大鬍子的嬉皮領導人傑瑞・魯賓（Jerry Rubin）說，「年輕人與統治這個國家的老人正在打一場仗。」以甘迺迪家族與他們的親友如賈布萊斯與亞瑟・史勒辛格等人為首的名流顯要，紛紛出面反戰，重量級反戰人物還包括瓊・貝茲、鮑伯・迪倫（Bob Dylan）、諾曼・梅勒與珍・芳達（Jane Fonda），以及兒科醫生班哲明・史波克（Benjamin Spock）、英國哲人伯川・羅素（Bertrand Russell）等等，還有許多藝術家、學者與大西洋兩岸左派人士，外加黑人民權運動領導人。馬丁・路德・金恩（Martin Luther King）在一九六七年八月宣稱：「『大社會』的保證已經在越南戰場上中彈身亡。」

那年四月，資深外交官艾斯華・邦克（Ellsworth Bunker）在接替亨利・卡巴・洛奇出任美國駐西貢大使的國會認可聽證會上，重申美國的越戰目標是建立強有力的自由南越。而參議員傅爾布萊特也在會中問道，「為保護一千五百萬越南人的自決權，而對我們自己的國家造成如此損傷，值得嗎？」反戰示威的規模不斷增加，到那年十月，五萬示威者聚集華府，當局也部署一萬名軍隊保護國防部。參議員愛德華．甘迺迪宣布，「沒有一個偉大的國家……能在毀滅他國的土地與生活方式之後，侈言為他國贏得自由與民主。」

「明察秋毫」成為這場論戰的犧牲者。支持越戰的人自視為愛國者與反共鬥士，《紐約時報》刊出一名剛從越南返美的改革派猶太教領袖的言論說，凡是攻擊政府的人「都在幫著拖長這場戰爭……將美國描繪成侵略者，將越共與北越描繪成無辜犧牲者……讓河內那些『鷹派』正中下懷」；聖經長老會（Bible Presbyterian Church）創辦人卡爾．麥英泰（Carl McIntire）說越戰是一場「正義與神聖」之戰；福音派教士比利．詹姆斯．哈吉斯（Billy James Hargis）認為，美國人是在為「自由……安全與保衛美國」而戰；福音派周刊《今日基督教》（*Christianity Today*）的編輯也主張加強轟炸。

另一方面，反戰的支持者也越來越走向極端。反戰示威者高唱：「嘿，詹森，你今天殺了多少人？」把敵人說成好人，數落自己的總統。許多了解越南的美國人儘管反對美國打這場戰爭的作法，但也很清楚共產黨的殘酷與河內政權的獨裁，因此對示威者些說法深惡痛絕。法蘭克．史考登在向學生發表演說時，訝然發現學生們將北越以胡志明之名發動的這場戰爭視為理所當然。史考登說：「當我提出反駁時，他們完全不懂我在說些什麼，就像我談的是高等數學一樣。」軍方在一次記者會中提出美軍飛行員戰俘慘遭酷刑的證據，一名反戰示威者竟宣稱，這是美軍飛行員罪有應得，因為他們根本不該攻擊北越，令與會的參謀首長聯席會議主席震驚不已。

亨利．季辛吉曾說，美國的知識分子「有一種永無止境的受虐狂心態，對他們而言，東西方關係出現的一切難題都是美國的愚蠢或頑固造成的」，這種心態令他鄙夷。在當年那個古怪的年代，相當一部分西方民主國青年承認他們仰慕毛澤東、費德爾．卡斯楚（Fidel Castro）、切．格瓦拉

（Che Guevara）等革命人物，對他們的英雄犯下的迫害罪行卻視若無睹。以毛澤東為例，無論美國在現代史上可能犯下什麼罪行，與毛澤東主導的大屠殺相比，都只能算得上小巫見大巫。

美國國內反戰浪潮的高漲，特別在大學校園造成重大後果。當越戰展開之初，雖說不少美軍官兵在戰場上表現不佳，對戰事也漠不關心，但大體上美軍都能將這場戰爭視為不受歡迎但必須完成的任務。但從一九六八年起，這一切改變了。老兵返美，取代他們的年輕新兵許多受到反戰風潮影響，沉溺在毒品中，既缺乏鬥志，對戰爭也毫無信心。當軍援顧問團簡報官提出報告，說即將從美國調來的幾個營有一些受過大學教育的年輕官兵時，克萊登・亞伯拉姆斯將軍心想這很好。但他手下一名參謀澆了他一頭冷水，更多大學生表示「有更多官兵能寫信給他們的國會議員訴苦」。

羅伯・郝康（Robert Holcombe）是一名來自紐約市的黑人，他躲避徵兵躲了一年，最後戴著手銬宣誓入伍。父母都是教師的郝康自幼叛逆，是反戰示威的忠實信徒，讀過《毛語錄》，曾因參加一場暴動而遭田納西大學開除。他後來說，「我讀了許多書，包括來自古巴、中國與河內的作品。其實戰爭都因貧窮而起，根據我的看法，我們只是想在一個東方小國搶占據點而已，因為那裡有橡膠園、米、木材，可能還有石油，當然還有充作廉價勞工的人。」但在躲了一年兵役之後，他還是被迫加入美軍進駐越南。

儘管直到一九六七年以後他才真正上了戰場，但郝康堪稱是越戰後期美軍的極端例子。根據一九六七年對即將調往越南的美軍的一項研究，五名美軍中有一名吸食大麻；三年以後，這個比例增加到一半。在越南吸食大麻的美軍比例從一九六七年的四分之一增加到一九七一年的三分之二。透過從美國送到越南稻田或叢林的報紙，許多美軍訝然發現國內反戰情緒竟能野火燎原般燒得如此猛烈。陸戰隊的安迪・芬雷森中尉手下一名士官，在撿到引用尤金・麥卡錫與羅伯・甘迺迪反戰言論的共產黨英文傳單之後非常懊惱。芬雷森說，「不幸的是，我也不能提出好理由，向他解釋為什麼這些美國政界領袖會有這樣的言論。」不少美軍後來認定並且一直堅持——美國所以輸了越戰，不是輸在戰場，而是因為遭到戰意軟弱的國人「背後捅刀」背叛。

來自德州的約翰．麥納瑪拉（John McNamara）上尉在蜆港寫的一封信中談道，美國境內「民眾暴亂讓他與他的同袍很受傷……前幾天，我見到越共用詭雷炸了一輛民用巴士：婦女、孩子、動物血肉橫飛，濺滿各處」。但他也坦承他確實感到困惑：「我們沒有幹這種事。但較大的問題是，我與我的政府，推而廣之，西方文明是否創造條件、衍生出這種亞洲恐怖分子？」但就算是共產黨也對美國反戰運動的誇張嘖嘖稱奇。之後娶了珍．方達的反戰激進派湯姆．海登（Tom Hayden）造訪河內，成了北越的忠實信徒。有一次，道格．蘭賽在叢林戰俘營裡接受共產黨審訊時，提到海登的名字。蘭賽請審訊他的共產黨談談他們對海登的看法。一名共幹冷冷答道：「我們尊重他的意識形態，但瞧不起他的作人，一個背叛自己國家的人怎能讓人尊敬？」

激起美國國內如此反戰情緒的，究竟主要是理念原則問題還是只為了逃避兵役——兵役使許多美國青年激烈反戰，因為徵兵能奪走他們兩年青春，搞不好還能讓他們送命——仍是有爭議的議題。統計數字顯示，被迫前往越南打仗的美國人相對不多。在越戰那一代的兩千七百萬役齡人口中，有兩千五百萬人沒有開過一槍一彈。不過，那些奉召前往越南服役的大約兩百一十五萬美國人，有一萬七千七百二十五人死在越南。一項「哈里斯民調」發現，大多數美國人認為這些戰死的同胞「冒著生命危險，在錯誤的時間、地點打一場錯誤的仗，都是傻瓜」。

支持越戰的人強調：只有百分之一的役齡美國人沒有做徵兵登記，拒絕前往越南的人也同樣占比很小。不過他們忽略了另一重要事實：當年美國有許多可以合法逃避兵役的法律漏洞可鑽。直到一九六六年以前，役男只要結婚就可以免服兵役，青少年結婚案例因此增加了百分之十。還有些人乾脆留在學校裡，也能因此不必當兵——這是比爾．克林頓（Bill Clinton）與唐納．川普（Donald

Trump）選用的逃避之道。耶魯大學（Yale）校長金曼．布魯斯特（Kingman Brewster）就曾指責這群人「假求學，真逃兵，損毀了教育目標，讓國家精神蒙羞」。

奉召在越南服役的唐．葛拉漢（Don Graham）憶道，他父親那代人喜歡用某人曾否打過二戰，做為論斷這人人品好壞的標準：「我父親永遠忘不了休伯特．韓福瑞是留在家裡不當兵的4F[1]。但在越南，我碰到的那些服役的人，幾乎沒有一個唸過大學……我發現，我們這一代人，只有那些唸過法學院的才算成功。」「民主社會學生會」（Students for a Democratic Society）領導人馬克．魯德（Mark Rudd）以身為專業革命家為由，要求推遲兵役。徵兵委員會後來宣布魯德體能不符標準，不需服役，但幕後真正的考量很可能是一旦讓魯德當兵，可能對軍中造成不利影響。

四個大學生中就有一個的家長鼓勵兒子逃避徵兵。有些大學生故意以偷牛、吸大麻或殺老鷹等犯行獲罪，藉此以「品德問題」為由而免服兵役，同性戀也在免徵之列。加入國防軍（National Guardsmen）是喬治．布希（George Bush）選中的逃避越戰之道。美式足球達拉斯牛仔隊（Dallas Cowboys）的十名球員，也在球隊管理當局安排下，集體加入地方國防軍的一個單位。一名以同樣方式避開越南戰場的費城老鷹隊（Philadelphia Eagles）球星說：「如果我們被徵召，老鷹隊會沒有後衛。」一些聰明的醫生加入聯邦「衛生服務軍」（Health Service Corps），組成他們自嘲的所謂「黃扁帽」（Yellow Berets）部隊，這支「部隊」後來竟出了九位諾貝爾獎得主。醫療檢驗人員的同情或貪財，能讓富人子弟免上越南，唐納．川普就曾用過這一招。只需抽一品脫血，在即將檢測時將血喝下去，就可能假冒胃與十二指腸潰瘍。某些市徵兵委員會以對免服役的把關特別鬆散著名，西雅圖、華盛頓以及蒙大拿州的布特（Butte）就是這類例子。加州柏克萊（Berkeley）市議會甚至通過決議，禁止警察逮捕逃兵。

曾就越戰徵兵問題做過一份研究報告的勞倫斯．巴斯基（Lawrence Baskir）與威廉．史特勞斯

（William Strauss）寫道：「在越南戰死的那些徵兵，基本上都是社會『輸家』，都是那些在學校、工作與其他社會競爭形式中落敗的人。」來自中上收入家庭的子弟只占越南服役美軍人數的百分之七；大學畢業生占其中百分之九；中學輟學生占百分之十四。在一九六五年，在越南戰死的美國人有四分之一是黑人，國防部因此大為尷尬，隨即以選擇性調派方式大幅降低這個比例。魏摩蘭將軍日後說，美國人民沒有「肩負任何擔子……唯一做了犧牲、付出代價的是那些在戰場上的人，他們主要是窮人子弟」。

但美國陸軍軍史學者康拉德·克蘭（Conrad Crane）在重新檢驗越南服役統計數字後，以有力證據反駁魏摩蘭的這項觀點。克蘭引用一九九二年一項研究數據指出，雖說越戰陣亡美軍有百分之三十來自收入最低三分之一的家庭，但來自收入最高三分之一家庭的人也有百分之二十六。儘管越戰陣亡美軍有百分之十二點五是黑人，百分之五是拉丁美洲裔美人，不過與黑人以及拉美裔人在役齡男性人口所占比例相比，這個比例還略微偏低。黑人反戰分子向全世界大肆宣揚，說越戰是一場白人的戰爭，卻要黑人當替死鬼——這說法太超過了。

一些年輕人以原則為由反對服役：第一起舉行儀式、焚燒徵兵卡事件出現在一九六四年，總計有五萬名反戰青年毀了徵兵卡躲了起來，躲避方式也各有巧妙。有個人躲進山區，在一棟樹屋裡住了六年；明尼蘇達州一名青年躲到加州尤里卡（Eureka），被捕時在一家百貨公司扮演聖誕老人；有些人以假身分留在美國。由於太多青年躲進偏遠農鄉的新英格蘭，新英格蘭成了人們口中的「小加拿大」。對逃亡國外的人來說，墨西哥是個同情他們的國度，但在墨西哥想賺錢很難。加拿大是

1 譯注：4F，美國徵兵系統的一個代號，指體能不符標準，不需服役的人。

這些美國逃兵的首選。也有人流亡到瑞典，結果因瑞典的福利金每周只有十五美元而淪為乞丐；後來瑞典政府為表同情，將這筆救濟金加了一倍，還讓美國國會大為光火。

一名逃兵在整個越戰期間騎自行車在加拿大各地旅行，靠救濟生活。還有一名逃兵說，「我不是逃避徵兵，我是二十世紀的亡命奴隸。」一名叫做鮑伯的年輕美軍，利用開拔前往越南之前的假期逃到加拿大，再從加拿大寫信給一名在越南服役的友人說，「我不是反戰分子，但在軍隊裡，我逐漸搞清楚越戰是怎麼一回事了——那是一場為展現巨型美國戰爭機器而打的種族戰……你們處在最好的位置，最能讓美國人民知道他們打著美國名號在那裡幹些什麼屁事。」一些逃兵後來想必也會自問，他們像這樣自我放逐多年究竟值不值，因為美國司法系統從寬處理了超過五十萬件逃兵犯行：只有兩萬五千人定罪，三千二百五十人下獄。著名逃兵犯穆罕默德．阿里（Muhammad Ali）在一九六七年被判刑五年，不過他一天刑期也沒有服過。但無論如何，就這方面而言，黑人逃兵一般命運不佳，獲判刑期較白人逃兵為重。密西西比與路易斯安那州徵兵委員會，因為用徵兵法當武器對付民權運動人士而聲名大噪。接受徵召的青年七人中只有一人真正上過戰場，這些上過戰場的人有百分之九十七，後來都回到美國，其中需要住院療傷的人占百分之十。戰爭也為許多人帶來揮之不去的痛苦回憶。

值得注意的是，非常多的年輕愛國者儘管毫無參戰願望，仍然無怨無悔地奉召前往越南，因為他們相信這是他們職責所在。在南達科他州的一座農場，賴瑞．普雷斯勒（Larry Pressler）的爸爸告誡他們兄弟，不可以逃避兵役。如果他們躲開兵役，比他們可憐的人必須替補他們，「你們會因此抱憾終生」。普雷斯勒兩兄弟都奉召前往越南，在越南打仗，之後返美。新澤西州化學研究家之子大衛．羅傑斯在漢米爾頓學院（Hamilton College）攻讀英文與歷史。羅傑斯是個有主見的青年，他的父親雖是強烈反戰的貴格會會員，但不能阻止他參戰：「我沒有更好的選擇，我來自小城，我覺得讓別人代我去打仗是錯的，我見到一張醫護兵照料傷兵的照片，心想『我也可以辦到。』」他不理會暴跳如雷的父親，當了一名步兵下士。接受徵召的美國青年遠比逃避徵召的多得多，只不過逃避徵召更引起公眾關注而已。

反戰運動另有一個重點值得考慮：美國人除了失敗以外，幾乎可以原諒一切的事，但這個全球最大民主國對越戰的容忍已經耗盡。許多美國人所以開始反戰，不因為他們認為這不是一場正義之戰，而因為這是一場似乎註定敗北的戰爭。

◎參戰人

在一九六七年春的越南，法蘭克．史考登對戰爭前途極其悲觀：「我們顯然犯了許多錯。為了打這場仗，我們在理當保護的民眾間，製造恐怖的毀滅。」二月二十一日，熱愛冒險的法國記者伯納．法奧，在峴港附近隨軍採訪「無樂街」（Street Without Joy）掃蕩行動時觸雷喪生。許多人將法奧視為先知，因為他一再堅持美國正重蹈法國在五十年代犯下的錯誤，只不過美軍火力較強而已。「自由世界」的兵力現在已經有一百三十萬南越軍與美軍，每十五名南越平民就有一名軍人，外加兩千架戰術飛機以及一些B-52戰略轟炸機。芝加哥奧海爾（O'Hare）機場號稱一年起降飛機六十九萬架次，但到一九六八年，新山一機場起降飛機已經達到八十萬四千架次，峴港機場八十四萬六千架次，邊和機場也達到創紀錄的八十五萬七千架次——而且這些數字還不包括直升機。

史考登始終堅信，唯一有效的戰略就是沿廣治與湄公河一線縱深部署美軍。「如果不能這樣做，我們會經年累月打下去，打一場美國人不擅長的持久戰。」美軍是否能用這項戰略關閉胡志明小徑非常難說；此外，就算真能封鎖胡志明小徑，也救不了西貢政權的軟弱。但無論怎麼說，史考登的觀點始終廣為老兵們認同。

在戰場上，或更精確地說，在高山、平坦的稻田與濃密的叢林裡的上百個戰場上，根據美國的命令，南越軍成了旁觀者，美軍發動一連串血腥惡戰，清剿北越正規軍與越共游擊隊。在一九六七至六八年間，與美軍接戰的主要仍是越共，不是北越正規軍。魏摩蘭對手下指揮官耳提面命，要他們不斷行動，讓敵軍站不穩腳步。在一九六七年三月三十一日到四月一日高棉邊界附近的一場激戰中，亞歷山大・海格（Alexander Haig）中校率領的第二十六步兵團第一營重創來犯的一個越共團，美軍軍長布魯斯・帕爾墨因沒有下令乘勝追擊，遭軍援顧問團長官「狠狠教訓了一頓」。

當時擔任二十五師師長的福瑞德・韋恩說，「讓人極為懊惱的是，你展開掃蕩……或許損失十五個人。之後行動結束，我們從當地撤出……但一個月後，我們重返當地時，又得面對同樣問題，一切重新來過。」魏摩蘭認為美軍可以用消耗戰的方式打垮敵人，韋安非常不以為然：「這想法根本近乎荒謬。」美軍這時已在越南各處草木不生的山頭挖掘工事，建了許多火力支援基地，但美軍沒有足夠步兵據守位在這些火砲射程以外的任何據點。美軍步兵發動攻擊，戰鬥，然後撤軍，越共隨即掩至，取走美軍棄置的口糧罐與彈藥大加利用。

美軍官兵逐漸了解「敵屍計算」（body count）這幾個字代表的恐怖，但在這場不可能有一天在敵人首都插旗的戰爭中，除了計算殺了多少敵人以外，似乎也找不出其他評估戰果的好辦法。但或許讓人感到意外的是，「敵屍計算」不是越戰的新發明：在每一場戰爭中，每一支軍隊在評估戰果時，都會計算他們殺了或俘虜了多少敵人。但在越戰，「敵屍計算」成為一件首要大事，不能交出足夠屍體的部屬會遭到指揮官痛斥。在這種指揮官心態作祟下，部屬們往往不分青紅皂白濫殺，不管殺的是共產黨還是手無寸鐵的農民。

一〇一空降師的范斯・斐雷特（Vince Felletter）上尉抱怨說，他的上司「對那敵屍計算的狗屁工作有些太過熱衷」。有一次，他的連在挖掘陣地時，發現他們挖到一處北越軍墳場：「旅部竟要我們把所有的屍體都挖出來，把它們納入之前一場遭遇戰的敵屍計算中。」駐在三角洲的第九師尤其聲名狼藉：它的師部牆上掛著一張圖，評估「每一連每一天在戰場殲敵多少人的效益」。地區民防軍的效益是零點三，南越軍零點七五，美軍一點五。一張掛圖最後顯示，第九師的「敵屍計算」從一九六七年第二季的一千九百九十八人增加到一九六八年同期的兩千六百七十一人，再增到一九六九年第二季的八千一百三十八人。克萊登．亞伯拉姆斯將軍後來大罵這種「圖表崇拜」說，拜這種崇拜之賜，「戰爭真正的主角……不是那些在戰場廝殺的人，不是真正的戰事，而是幹他娘的圖表。」約翰．范恩對「敵屍計算」的算法嗤之以鼻，還將「第九師那套可恥的惡搞」告知法蘭克．史考登。在第九師作業的兩個省，平均每個月有五百名平民傷亡，但第四軍該管的其他十二個省加總起來，平均每個月也只有四百名平民傷亡。范恩在談到第九師後期一名師長朱利安．艾威爾（Julian Ewell）時說，「如果能把自己的老祖母也納入敵屍計算，他會殺了他自己的老祖母。」曾在第九師服役的職業軍官喬西亞．邦廷（Josiah Bunting），在退役後寫了一本小說《獅子頭》（*The Lionheads*），攻擊美國在越戰的作法，小說中那位怪物將軍雷明（Lemming）有可能就是艾威爾的化身。

但若將一九六七至六八年視為美軍戰術失敗的年分，卻又錯了。魏摩蘭麾下美軍只要能堵住敵軍，總能重創敵軍。擄獲的文件顯示，許多越共與北越軍部隊士氣低落。一份文件說，北越軍第二師的宣傳任務是對抗「對持久戰的恐懼，不願作戰……制止叛逃、變節、投降與自殺」。共軍官兵碰上美軍就逃的報告也令共軍指揮官們憤怒。擔任總統綏靖事務特別助理的羅伯．柯莫在一九六七年二月二十八日寫信給總統：「儘管浪費、昂貴，但毫無疑問，我們正在南越贏得這場戰爭。無論是民間或是軍用，我們推出的方案非常有效的很少，但我們正憑重量與質量壓垮敵人。」

一九六七年年中，越共五一四營在三角洲遭到直升機與河邊巡防部隊夾擊，損失慘重。殘餘的官兵之後大嘆苦水，說上級總是灌輸他們說「長鼻子」不會大仗，但他們現在發現「美國人打起來很猛……比南越軍強多了」。那年十月十七日，聯合參謀首長寫信給麥納瑪拉：「現行戰略與軍事行動正帶來穩定進展……與目前戰鬥統計數字與具體情報所示相形之下，敵人的處境可能更加困難得多。」由於有關戰事進展的文件滿篇謊言，聯合參謀首長有這樣的評估也不無道理。

在河內政治局的討論中，「對可能取得多大勝利的問題，有人表示不同的意見。」在一九六七年年底，龍庭估計它在南越已經有一百九十個營、二十三萬兩千名戰士，比一年前的二十萬四千人多了。造成這項軍力增長的因素，除了投入更多北越正規軍以外，還包括毫不退縮地接受損失。根據河內戰史，首長們將這段時期視為艱苦、沮喪的年代：「除了我們在一九六五年十一月德浪河谷毀掉的那幾個美軍營以外，我們從那時起直到今天，沒有打過一場完成預定目標的仗。」北越領導人認為，除非能大張旗鼓採取主動，否則他們會永遠陷在一場進退兩難的苦鬥中：他們的耐性並不像他們口頭上說的那樣耗之不盡。河內在一九六七年七月訂定的戰略計畫，要求「不計成本，透過一場全面攻勢－起義，集中全力取得一場決定性勝利」。一九六八年春節攻勢就這樣誕生了——它既是幻想的產物，也是必須向人民有所交待的緊迫意識的結果。

但美國人本身也有各式各樣難題，反戰運動的聲勢在國內迅速滋長，速度比美軍在東南亞進擊更快。北越領導人能放眼天邊，訂定目標；美國領導人卻只顧眼前：許多有腦筋的決策人已經知道，這是美國的弱點，不是長項。因為這使美國人自縛手腳，不能採取一切必要手段完成目標。而其中最致命的一項束縛是「不侵略北越」。艾爾・惠勒在一九六七年八月九日寫道，「我們的政府已經反覆明白表示……我們無意摧毀河內政權……也沒有摧毀北越的意圖。我們只希望北越能不再指導、支援南越境內越共叛軍，將它的部隊撤回北越。」

此外，美國一直沒能解決因盟軍指揮鏈一團混亂所造成的問題，情報始終是美方的一個弱點。福瑞德·韋安有一次因中情局未能預測共產黨動態而指責比爾·柯比。柯比答道：「你知道，我願意用我們在南越所有的諜報人員，交換一個在北越的諜報人員。」韋安感嘆道：「這真是讓我訝異，我們的國家這麼強大，竟然無法在北越找到一個諜報人員。這一點不得不讓我們佩服共產黨這個系統，竟能像這樣把我們蒙在鼓裡。每一個北越家庭必定有人死傷，或至少有親友死傷，但河內政權能將他們控制得服服貼貼，而我們卻連紐約市街頭都控制不了。」

美國人與南越人互不信任，西貢政權內部各種勢力也由於共產黨深度滲透而各懷鬼胎。有一次，一名南越軍師長在與布魯斯·帕爾墨中將會晤時，堅持先帶帕爾墨走到外面，才肯與帕爾墨談正經大事，讓帕爾墨大惑不解。之後兩人來到外面，這名南越將軍告訴帕爾墨，他懷疑他自己的情報官是一名共諜。儘管美軍正不斷為執行政府宣稱的旨意而戰死，但美軍在華府享有的政治支持卻每下愈況，這情況令許多美軍痛恨不已，帕爾墨是其中一人。在麥納瑪拉一九六七年六月訪問西貢之後，帕爾墨寫道，「情勢已經非常明朗，我們的文人與軍事領導人各走各路，相去甚遠。」

美國的增兵把越南汙染得更嚴重，一名記者描繪了一個經典的蜆港景觀：「在緊鄰水岸的主街……堆得像山一樣的彈藥裝上板條箱，與裝滿罐頭食品、軟性飲料、塑膠靴、電晶體、發電機、冷氣機、重型大砲、戰車、卡車、棒球棒、糖果與流行雜誌的貨櫃擺在一起。美國的每一家公司似乎都把它的剩餘商品送到這裡來，成為美軍消耗的垃圾。」板條箱堆積區周遭圍了層層密密的鐵刺網，幾名老婦蹲在一邊，幾個孩子用洋經幫英語向衛兵索菸。對於板條箱裡的彈藥足以毀掉他們的社會，這些越南人並不在乎。許多美軍指揮官越來越沒有信心，不知道為美軍提供這許多物資——部署在戰場上的一些單位可以領到冰淇淋就是例子——是否真能提高士氣，還是反而腐蝕了鬥志。

全球媒體對美國軍方的說法已經不再相信，一九六七年九月三日，《華盛頓郵報》的記者，曾經參加硫磺島戰役的陸戰隊老兵理查．哈伍德（Richard Harwood）在《華盛頓郵報》刊出一篇題為「這場戰爭的數字算起來不對」的報導，舉了一個官方欺騙的例子。哈伍德寫道，根據軍援越南指揮部發表的說法，駐在西貢的南越裝甲團的戰績在一九六六年「大幅改善」。但事實是，這個裝甲團第八分隊只殺了一名敵人，第五分隊殲敵十二人，第十分隊殲敵二十三人，第九分隊殲敵一百四十八人——而所有這些分隊本身總加起來只有十四人陣亡，這筆帳怎麼對得攏？軍援越南指揮部所謂情勢改善的說法，大概只有寫信給聖誕老人指望他親筆回信的孩子才會信以為真了。

但反戰示威者、逃兵以及彼得．希格的論調還沒有散播到廣大美國民眾。陸戰隊員華特．布莫滿懷熱忱地說：「如果在越南打仗有一段好日子，那一定是一九六七年。沒有毒品，也沒有種族問題，身在戰場上的我們，對回到蜆港以後會發生什麼事一概不知。」身為北卡羅萊納州小商人之子、杜克大學（Duke University）畢業生的布莫，後來成為美國戰功最輝煌的戰士之一。像他這樣的軍官不會花腦筋思考更廣的戰局，他只是率領他的連，奮力完成上級交付的任務。他非常尊重連上官兵，認為他們都是「勇敢的年輕人，我們只是根據軍部的命令運作，我對真實世界正在發生些什麼一無所知」。

父親是明尼蘇達州溫諾納（Winona）校長的吉姆．威廉斯（Jim Williams）上尉也有同感：「那是一個真正有愛國精神的時代，充滿二次大戰戰後情緒，有許多愛國遊行。」在一九六七年大部分時間，威廉斯領著一支偵察隊在寮國邊界附近作業，經常在路上碰到趕著滿載商品的大象往市場趕集的部落土著。當時北越還沒有發動溪山圍城之戰，寮國邊區還很平靜，他可以在當地一所小村的教堂參加由一名美國傳教士主持的彌撒。德州職業軍官約翰．麥納瑪拉上尉在家信中說，「如果你是『泰利與海盜』（Terry and the Pirates）漫畫中那種冒險派，你可以在這偏遠不毛之鄉盡情發揮，自己當一個山大王；如果你喜歡那種調動幾個團、幾個營的威風，在這裡你可能辦得到。作為一處專業練兵場，這是個絕佳好地方。」讓麥納瑪拉感到困擾的，是越南人民對這場戰爭的看法：「比起上一次寫信時，我覺得我現在的樂觀程度差了許多。」

◎隱身術

如果一個士兵想保證安全，最好的辦法是躲在散兵坑裡一動不動，任何動作都能為他帶來更多凶險，但步兵責任所在必須動。在戰場上，步兵大多數時間以排、連或營級兵力追逐敵人。對執行這類任務的大約五萬美軍來說，奇異的亞洲色彩成為新常態：綠油油的稻田、墨綠的椰子林、領著水牛走著的小男孩、依循幾百年不變的傳統，用水牛拉著木犁耕田的農夫。薄暮時分，美軍望著農民趕著水牛回家，那些水牛因為在田裡打滾弄了一身泥，與他們的樣子差不了多少。但就在這慵懶如畫的田園風情暗處，隱藏著蠢蠢欲動的敵人。

華特．布莫說，「我們每一天都在尋求作戰機會，希望能按照我們的方式戰鬥。我很快就發現，『這傢伙躲在後面看著，一旦你稍有鬆懈，被他逮著機會，他就會現身給你一拳。』他對地形瞭若指掌，我們不知道地形。我還記得有一次我們沿著一個草木雜生、非常狹隘的山谷前進，遭到敵人痛擊。他們伏擊我們一個排，打死我們三個人，一個得過海軍十字章的戰友也陣亡了。我們心想：我們有大砲，有空中支援，只要他們不跑，我們就能逮到他們，但他們打完就跑。那天那場戰鬥不是什麼大行動的一部分，只是我帶著我的連在鄉間進行肅清而已，所謂肅清究竟指什麼不重要，我們殺了他們多少人？我不知道。總部對我們的殺敵率這麼低非常憤怒。」

甚至就算敵人不出現，單是頂著酷暑、背著重負在窮山惡水間艱苦跋涉，已經能讓人筋疲力盡。每個步兵都得帶武器、一個保持乾燥用來裝紙張的鋼製彈藥箱、至少八個彈匣與可以裝滿它們的子彈、四枚手榴彈、兩枚煙霧彈還有四壺水。在乾燥的地方，四壺還不夠，比較謹慎的人會帶二十磅水。還有人會再帶一把點四五手槍之類的硬體。至於口糧，安迪・芬雷森在執行為期五天的偵巡任務時，會帶一罐燉豆、一罐義大利麵與肉丸、四罐水果與三小罐零食。大衛・羅傑斯會帶花生醬餅乾、水果與蛋糕。也難怪大多數步兵會因為在越南服役而消瘦許多，華特・布莫在進駐越南時體重一百八十磅，離開越南時只剩下一百五十五磅。

一旦他們上路，所謂「櫻桃」（cherries）的菜鳥新兵因為不堪重負，會將攜帶的彈藥沿著叢林小徑一路拋棄。他們學到一件事：只有牛仔才會將M-60機槍彈帶掛在身上，因為槍彈暴露在外會受潮，容易造成卡膛。吉姆・威廉斯後來發現，想知道身邊戰友是不是菜鳥，最萬無一失的辦法就是問他穿不穿內褲。如果穿，就表示他還沒有經歷真正叢林戰的洗禮：內褲會導致褲襠部位滋生真菌，所以老兵不穿內褲。費爾・卡普托說，「在那個地方什麼都會朽爛，而且爛得很快：肉體、皮靴、帆布、金屬、士氣都一樣。」

恰克・蘭登洛（Chuck Reindenlaugh）在寫給妻子的信中說：「世上再也找不到一個比這裡更不適合打傳統戰的地方了……一腳踩下能淹到膝部的淤泥；叢林裡盤根錯節，在許多地方根本無從穿越；巨型大樹半遮天光，讓地面永遠昏暗。」視力差的官兵隨時提心吊膽，生怕永遠擋在眼前的枝椏與藤蔓會吞了他們的眼鏡。英國軍官福雷迪・史班瑟・查普曼（Freddy Spencer Chapman）在敘述一九四二年馬來亞戰役的經典之作《叢林是中立的》（*The Jungle is Neutral*）書中，對叢林戰有極其深入的描繪。一個世代後，同樣狀況在越南重演。而自小長在鄉間的孩子最能適應，他們已經見怪不怪，叢林、蛇、尖聲嘶喊的長臂猿嚇不倒他們。但許多美國人來自城市，要他們在可能布了詭雷不見天日的小徑從容前進很難。在能見度只有一兩碼的情況下，每個人都得盯緊前面一人的背影，稍有不慎就會走失，為叢林吞噬。華特・布莫的連有一次就在掃蕩作業中走失一名陸戰隊，

「我們得將整個行動停下來找他，以免北越先找到他。」

大多數美國兵在行動時都很聒噪，安迪．芬雷森寫道，「想送死，最好的辦法就是用正常的嗓門與人談話……我們一般來說永遠見不到敵人，但聲音可以引來子彈。」一支部隊在迅速移動時，會壓斷樹枝、竹枝，發出像象群過境般的聲響。在這個充滿敵意、危機四伏的國度，謹慎的尖兵每五、六秒中只會踏出一步，每分鐘前進十步，每小時走三百碼。以隱匿為第一優先的長程巡邏，可能用一整天時間只走一英里，而由殿後的士兵負責掩滅行跡。連隊在行軍過程中，無線電兵每小時會對著他們的「白癡10」（PRC-10無線電發報機，後來改用PRC-25）報位置：「一切掌握中，情勢不變。」幾乎所有美軍單位都有使用無線電過多的通病，不知道共產黨正在監聽。

美軍移動時，由一名軍官負責核對地圖與透鏡磁羅盤，但還會指定一名士兵負責計算前進步數。走在最前方的尖兵不管「闢徑」，他只須隨時保持警戒，由跟在他後方的人揮刀闢出一條小徑。每一個單位都會有幾個無畏的勇士。朱德．金尼（Judde Kinne）的排有一位黑沃德．萊里（Hayward Riley）中士以驍勇善戰出名；還有湯普森．福魯特（Thompson Flute）下士，他是來自奧克拉荷馬州的印地安人，他雖說在基地酒館裡經常喝得亂七八糟，但一旦上了戰場卻非常了得。華特．布莫總是挑選「技術最熟練、有第六感的獵人」當尖兵。雷格．愛德華（Reg Edwards）不怕當尖兵，因為他從經驗得知，在與敵人突然接觸的戰鬥中，尖兵往往最能存活，最可能成為敵人攻擊對象的，是跟在尖兵後方的幾個人。每個人之間至少得保持五碼距離，特別是在詭雷密布的地區，保持距離尤其重要，靠得太緊容易造成多人傷亡。當部隊以縱隊方式前進時，戰鬥一般不會從縱隊中間展開，也因此縱隊中間成了大家都想爭取的熱門位置。「殿後兵」走在縱隊尾巴，得留心從後方掩襲的敵人，像尖兵一樣，殿後兵也需要高度叢林戰技。

提姆．歐布萊恩（Tim O'Brien）對步兵的戰陣經驗有極為生動的描繪，他寫道：「你若不是在搬運東西、就是在等候、在挖散兵坑、在打蚊子。太陽、暑熱還有走不完的稻田，就算置身讓你有各種死法的叢林深處，這場戰爭也無趣得要命……你坐在山頂，俯瞰眼前一望無際的稻田，整天平靜無事。炎熱，而極盡空虛，你感到內心像一個漏水的龍頭一樣不斷滴著，乏味的滴著……你試著放鬆，你鬆開緊握的拳，放開你的思想，你覺得，這樣的日子其實也不太壞。但就在這時你聽見身後傳來槍響，你嚇得魂飛魄散，像豬一樣尖叫。」

有些戰鬥在美軍對「熱」登陸區展開空中攻擊時揭開序幕。所謂「熱」登陸區指的是為敵人占領，在步兵還沒有搭乘直升機空降以前，已經有敵人朝美軍開火的地區。費爾．卡普托寫道，這類行動「造成的情緒壓力遠比傳統地面攻擊強烈得多，因為它是一種封閉空間的戰鬥。那種噪音、速度，而最讓人窒息的是那種全然無助的感覺。第一次參與這種行動時，會有某種刺激感，但之後，它只能為你帶來現代戰爭那種比較不快的經驗。」坐在率先衝進「熱」登陸區的直升機上雖說讓人提心吊膽，但敵人選定的攻擊目標往往是第二架進入登陸區的直升機。福瑞德．喬茲（Fred Childs）坐在一架盤旋在登陸區上空，離地表幾英尺的休伊直升機的一邊，坐在另一邊的兩名美軍突然躍到地面，造成直升機猛然傾側，把喬茲摔落地面，造成腦震盪。對於之後的戰鬥過程，他完全無法記憶。

一天在朱萊，一名叫戴維斯的黑人士兵中彈倒地，但仍然忍痛不斷還擊，旁邊另一名叫泰勒的傷兵只是倒在那裡不住飲泣。戴維斯於是厲聲斥責泰勒，要泰勒拿起武器還擊：「你哭是因為你在等死，你快死了，你知道你快死了。既然這樣，不如幹掉幾個越共陪我們一起死。」泰勒哀聲說：「我沒在等死，我不會死。」戴維斯於是再用話激他：「如果你不在等死，坐在那裡哭什麼？只有那些娘娘腔才會哭。」戴維斯與泰勒就這樣不斷戰鬥，一直打到一架「塵裡飛」救護直升機飛來救走兩人為止。二十九歲的連長范斯．斐雷特有一次損失了六名弟兄，這六人乘坐的一架休伊直升機受創，六人跳機逃生，卻慘遭墜落直升機的螺旋槳打中，連上官兵後來得在現場搜尋他們的殘骨碎肉。第二天晚上，「我想是因為覺得我們太可憐了」，營部空運熱火雞大餐前來慰問。結果鬧出一場亂子：整個連因這餐火雞大餐而食物中毒，到黎明時分，十四人高燒超過華氏一百零三度後送。斐雷特說，「這是我帶兵生涯最惡劣的一刻。」

在步行運動時，氣味幾乎像聲音一樣能致人死命。交戰雙方都重視斥候（偵察兵），有些斥候有超人一等的感知。一名名叫「額」（Nga）的北越士兵人稱「德國狼犬」，因為套用同袍的話說：「他有個神奇的鼻子，每當他說他能『聞到』美軍時，事實證明他說的果然沒錯。」一些美國軍官，特別是那些執行深入滲透巡邏任務的帶兵官，因為不能抽菸而一路嚼著菸草。偵察狗也是重要資產，只不過牠們很容易脫水，不止一次，帶狗出巡的兵最後得背著他的狗走路。一隻來自澳洲名叫卡修斯（Cassius）的偵察犬，雖經美軍獸醫為牠泡冰水浴急救，仍因中暑而回天乏術，在坎培拉（Canberra）引起澳洲動物保護人士一場大騷動。蘭登・索恩斯手下的陸戰隊員，要越南基・卡森偵察隊[2]（Kit Carson scouts）踢他的排裡那些走霉運的狗，「好讓牠們知道誰是好人，誰是壞人。」不過儘管受過這些訓練，偵察狗有時還是會亂叫，暴露主人的位置。

掃蕩作業之苦實非筆墨所能形容，官兵們得一連許多天強忍著不適、骯髒、勞累、驚恐，而最後還可能遭到敵人伏擊。朱利亞斯・強森（Julius Johnson）上尉說，他最大的問題是「在巡邏一、兩周，沒有任何動靜之後，如何讓部屬保持警覺，一旦遇襲，可以迅速反應，躲開那第二槍」。他們將《聖經》詩篇第二十三章的經文略加竄改，變成「我雖然行經死陰的幽谷，也不怕遭害，因為

2 譯注：基・卡森偵察隊，越戰期間成立的一支特戰單位，成員都是前越共與前北越正規軍。

你與我同在……你的仗與你的B-52都安慰我。」

永不消退的濕氣腐蝕了手榴彈保險針、彈藥罐、槍械、電路。驅趕昆蟲最好的辦法就是在衣服與靴子上塗滿驅蟲劑，但驅蟲劑經常缺貨。水蛭讓人防不勝防，官兵用鋼簧襪套套緊褲管，但這種恐怖的爬行怪物仍能鑽進去，直到將頭鑽進人體皮膚四分之一英寸以後，那人才感覺疼痛。只有到傍晚巡邏隊停下來休息，官兵才能用點著的菸頭將水蛭從皮膚上一一除去。

部隊在一早醒來最有精神的時候，最容易發現詭雷。麥克・蘇登中士有一次跋涉通過一處淹到大腿的沼澤，在走近一堆砍下的竹子時發現自己前面擋著一條詭雷絆索。他永遠忘不了自己如何冷汗直冒、慢慢退後、終於脫險的那彷彿永恆的短短幾秒鐘。黃昏薄暮時分，當官兵又髒又臭又餓又渴，被蟲咬得遍體鱗傷，因跋山涉水而筋疲力盡時，也是最危險的一刻。在這一刻，換人當尖兵以保持警戒是明智的抉擇。一聽到「臥倒！」的驚叫聲，表示有人聽到觸動詭雷發出的「噗」聲，全班應該立即臥倒。只不過這樣的警告往往來得太遲，首先發難的幾乎永遠是敵人，他們會先用槍一陣掃射，或丟幾枚手榴彈，美軍往往在折損三兩人以後才能回過神來展開反擊。法蘭克・鮑西亞（Frank Boccia）中尉說，這樣的遭遇戰就像「矇著眼睛在煤坑裡死纏爛打一樣」。一名陸戰隊員寫道：「疲勞與暑熱已經讓你筋疲力盡，但只要聽到一聲喊，或見到眼前人影晃動，突然間你全神貫注，你的鼻子、耳朵、眼睛突然間比過去靈敏許多，你感覺到你從未感覺到的活力。那一切只在一瞬間。」

美軍擁有壓倒性火力優勢，但在閉鎖偏鄉面對幾乎看不見的敵人，這樣的優勢根本不起作用。大衛・羅傑斯說：「我們覺得旗鼓相當，當你被敵火壓制而無法動彈時，B-52不能解決你的問題；我從不覺得我們有很大優勢，他們的火箭榴彈（RPG）比我們的LAW肩射武器好。他們的AK-47衝鋒槍也比我們的M-16步槍高明。」美軍步兵班的火力靈魂是M-60機關槍，它火力超強，但攜帶不易，它加上彈帶將重達三十磅，還需攜帶槍彈。有些美軍配備M-79「巨漢」（Thumper）榴彈發射器，它有些像是鋸斷槍管的獵槍，羅傑斯說，在戰鬥過程中，「有時我們只為了搞些噪音而發射LAW」——LAW爆炸時發出巨響，可以提振士氣。美軍有時也用CS煙霧彈將據險頑抗的敵人趕出陣地，或用它們在新發現的隧道中測試敵人的位置。

美軍的空中攻擊與一〇五公厘榴砲火力支援讓美軍自己也嘆服不已。一名軍官讚嘆，「只需對一具雙向無線電說幾個字，我就能導演一場神奇的毀滅大戲。」砲手從五、六英里外射一發煙霧彈標定瞄準點，然後等待跟在排長或連長身邊的前進觀測員（FO）做射擊調整指示。士兵會原諒軍官犯下的許多錯，但絕不原諒地圖判讀錯誤，因為圖判讀錯誤帶來友軍砲火誤傷。前進觀測員會引導飛機跨越美軍陣地前沿發動攻擊，因為飛機如果從陣地後方進擊，投下的炸彈可能墜入美軍陣地。華特·布莫說，「我們愛燃燒彈，我不知道它多有效，但它對提高士氣確實有幫助。」美軍將大量炸彈投在了無人煙的蠻荒，平白浪費了它們。安迪·芬雷森有一次率領一支巡邏隊搭直升機深入叢林，調查一次B-52轟炸的戰果。他們像往常一樣發現轟炸造成的大毀滅，以及許多人最近曾穿過目標區的證據，只不過他們找到的幾灘血跡似乎都是大象或野牛的血。

在槍戰爆發時，許多美軍士兵如果槍支沒有卡膛，會情不自禁用自動連發模式對著密林亂開火，就像七月四日慶祝國慶大放煙火一樣。前進觀測員比爾·哈威克（Bill Hardwick）寫道，「射擊紀律差是美軍通病，他們喜歡胡亂開火……自我感覺良好……完全不專業，敵人一般而言擁有絕佳射擊紀律。」一部分原因是越共攜帶的彈藥相對較少，一般不會超過兩個彈匣，這使美軍或南越軍享有持續交火的優勢。喬·坦尼（Joe Tenney）上尉不滿地說，他的連上官兵許多人沒有瞄準的耐性：「有一次我見到一名敵軍士兵從我們埋伏下的殺戮區跑過去，我們有九個人對他開槍，但都沒有打中。」

在談到中彈的感覺時，提姆·歐布萊恩寫道「子彈像拳頭打來的那種震撼，讓你喘氣、咳嗽。十年以後，你仍然記得槍聲響起那一刻那種暈沉沉的感覺，你自身的味道，中彈以後你想些什麼、說些什麼、做些什麼。你仍然記得你的兩眼如何盯著一個小白丸或彈片飛進來，仍然記得當時你心想，哦，就這小白丸，就這彈片，就是我見到的最後東西了，這讓你想哭。」

對每一個步兵來說，最讓人膽寒的術語就是「遭敵火壓制」（pinned down）。聽到這幾個字，表示一個班、一個排、一個連困在敵人猛烈砲火中，前進等同自殺。在更經常的狀況下，這表示沒有人想在那天的戰鬥中贏得一枚「榮譽章」；大家都認為最聰明的辦法就是躲在原地一動不動，等待要求空中支援，無線電兵在越戰過程中這麼重要，原因就在這裡。大多數遭遇戰都很短暫：有一次雙方交火前後僅僅三十秒，巡邏隊三十五名陸戰隊員有十五人死傷。越共往往只會出動少數幾人開火一兩分鐘，然後在美軍召來大砲以前撤離。范斯·斐雷特說，「他們想停火就停火，比我們容易得多。」

低階軍官想在濃密的叢林裡掌控部隊很難，因為比手勢沒有人看得見，口頭命令也往往遭手榴彈爆炸聲、自動武器射擊聲以及恐怖與痛苦的嘶喊聲淹沒。有些營長喜歡坐在休伊直升機裡，從空中指揮部隊，但這種作法很難贏得部屬尊敬。坎·穆斐德（Ken Moorefield）上尉的上校作戰官有時坐在一千英尺空中直升機裡督戰，他的團長在一千五百英尺、師長在兩千五百英尺空中督戰，「我絕不騙你，有一天我在戰場上，美軍總指揮官在三千五百英尺上空督戰……對於那些在戰場上流血流汗的步兵，要他們尊敬那些穿著漿燙得畢挺的制服坐在雲端督戰的指揮官非常難」。

高級軍官試圖微控戰鬥也常令連長們惱火。范斯·斐雷特說，「有一次，我要營長不要插手，直到行動結束後再說。結果與營長起了一些小衝突，我有些過於衝動……造成一些問題。」奇的是，有太多小說與備忘錄談到美軍部屬不僅不尊重，甚至鄙視、仇視他們的高級軍官，卡爾·馬蘭特斯（Karl Marlantes）的《馬特洪峰》（*Matterhorn*）就是著名的例子。

在與敵軍遭遇時，任何事都可能發生：軍醫查理．施亞那個排的人，會在「那些臨陣退縮的兵」的頭頂上方開幾槍，每個排都有這樣的人。施亞有一次因為一名醫護兵不肯進叢林而將那人換下來，調往基地任職。當他的連在周穆山（Chu Moor Mountain）苦戰時，倖存的士兵訝然發現過去一直表現很好的一名班長「陷於休克狀態，完全不管我們」，那名班長帶著一名傷兵後撤，永遠不再現身。

所有美軍都稱他們的醫護兵「醫生」（doc），都知道他們一旦中彈，在天意決定他們是死是活以前，只有「醫生」能像真正醫生一樣為他們施救。在出偵察任務時，大衛．羅傑斯用一個C-4炸藥袋裝他的醫療器材：鹽片、藥膏與紗布、嗎啡、兩罐清蛋白、一支靜脈注射器與幾枚招喚後送直升機的煙霧彈。在執行正常野戰任務時，他會穿一件裝滿嗎啡安瓶等各種東西的AK-47彈匣背心，還會戴一個D形環剪刀。他說，「大多數傷口在子彈打進去的地方是個小洞，打出來時會造成一個大洞。有一次，碰上一名傷兵，讓我完全傻眼，因為我找不到他傷在哪裡：一定有彈片刺進他什麼地方了。當我們送他上直升機時他還活著，但還沒飛到古芝，他已經死了。」二十六歲、西點出身的福瑞德．希雅（Fred Hillyard）認為，美軍的攻擊往往由於特別重視傷兵後撤而失去衝勁，一旦傷兵死了，救援也失去意義。他說，士兵們「對傷員有一種情緒牽引，一旦傷員死了，情況也隨之轉變。人體內有一盞非常重要的光，那盞光一旦熄滅，你對那人的情緒關注完全轉變……那已經成為一個後勤負擔」。吉姆．威廉斯說，當士兵停止攻擊，背負一名傷員後撤時，「部分原因不過是想找一個脫離火線的藉口，這種作法讓我們送命——真的送命——因為你一旦將火力優勢拱手讓給敵人，你會被敵人火力制壓，無法動彈」。他對連上官兵下令：「中槍倒地的就算是你老娘，我也不在乎，讓她倒在那里，你必須繼續往前。」

一名共產黨軍官以幾個常見的理由表達他對美軍的蔑視：「他們帶太多奢侈品，裝備太重，走得太慢，我們打從老遠就能發現他們到來。」但無論怎麼說，北越軍的戰技未必一定比較好：美軍設下的埋伏哨也能根據同樣聲響——金屬擦撞聲、水壺叮噹聲、隨意交談聲——研判敵軍正在逼近。有一次在一場惡戰中，美方暫居劣勢，但就在這時一名美軍開始對共產黨高聲叫罵，美軍士氣隨而高漲。安迪・芬雷森說，「沒多久，我們都笑得人仰馬翻，開始向敵人叫罵，要敵人有種就過來……我也不知道究竟是因為我們火力猛，還是因為我們的笑聲或手榴彈太可怕，但不管怎麼樣，敵人撤退了。」

在一場血腥殺戮結束後，官兵會聚在一起向陣亡的袍澤道別，但在死傷慘重的情況下，這類告別有時也只能放棄。殘殺敵軍屍體洩恨的情況很普遍，一九六七年十月播出的一個電視節目讓媒體蒙羞：哥倫比亞廣播公司一名攝影師將一把刀交給一名士兵，要他割下一名越共死者的耳朵，讓電視觀眾看個仔細。這名士兵後來受到軍法審判，那指使他行兇的攝影師與記者雙雙逃離美國，不敢出庭。不過，士兵在戰鬥結束後割敵人死者耳朵做紀念的作法時有所聞。華特・布莫的營醫官有一次把布莫領到一邊，提出警告說，他的部下正在蒐集敵軍耳朵。那天晚上，布莫召集全連官兵，要他們坐下，對他們說，「如果你們再幹這種勾當，我會斃了你們，你們的母親會怎麼想？」布莫相信，防止官兵濫行的唯一辦法就是鐵面無私的領導：「容忍割耳朵，會讓官兵幹下更恐怖的犯行，美萊村（My Lai）事件所以發生就是軍官們姑息的結果。」有些美軍不割耳朵，但喜歡在越共屍體上留下一個黑桃A的記號。

約翰・麥納瑪拉在家信中寫道，聽到這麼多人高聲宣揚美軍必須以恐怖戰術對付恐怖，讓他非常憤怒：「僅僅幾年以前，提出這種主張的人只占少數。如果美軍當局真的採取這種作法，情勢將不堪設想。」第一空降騎兵師的唐・葛拉漢寫道，見到一名上校就地解除一名連長的指揮權，讓他

「非常得意」，因為這連長縱容手下官兵任意焚燒民房。

有宗教信仰的美軍雖說不多，五個美軍裡面只有不到一個經常參加宗教儀式，三分之二美軍從不參加宗教儀式，但大多數美軍會祈禱。在一九六七年九月的「迅雷行動」（Operation Swift）期間，隨軍牧師文生．卡波丹諾（Vincent Capodanno）告慰一名傷兵說，「保持冷靜，陸戰隊員，很快就會有人過來幫你，上帝今天一直在這裡與我們在一起。」那名傷兵後來作證說，卡波丹諾的出現為他帶來一種無法言喻的平和感。沒隔多久卡波丹諾遇害，獲頒「榮譽章」，天主教會宣布他是「上帝的僕人」。卡波丹諾親臨戰陣的無畏贏得官兵的尊敬，不過有些隨軍牧師的作法似有「太超過」之嫌。詹姆斯．梅（James May）說，他的隊上那位隨軍牧師為展現同袍愛，會說一些驚人的話，例如「上帝，求求您，讓炸彈直接落在那些黃皮膚、狗娘養的小矮個身上」。還有人拍到一名隨軍牧師帶著步槍與手榴彈上戰場的照片，另有一名隨軍牧師更喜歡輪班當直升機艙門砲手。

在荒郊野外運作的部隊會在傍晚停下，盡可能選擇高處可以望遠的地方紮營。經過一整天跋涉，官兵全身裹著一層因汗濕而黏在身上的紅土，若能在附近找到河流，用河中沙礫清洗，就算十分幸運。華特．布莫規定官兵必須刮鬍子：「我要他們用野獸般的狡猾思考，但不要他們成了野獸。」但強制執行這項紀律的軍官不多，特別是在戰爭越打越久，越病態以後尤然。

官兵將大部分黃昏時間花在掘壕上，沒有人不痛恨掘壕，但這往往是攸關生死的大事。好的單位會刨開表層薄薄的黏土，在石礫與樹根堆裡挖掘可容兩人藏身的散兵坑。每當大雨傾盆，散兵坑的射口崩陷，臨時用雨衣搭起的頂篷也垮了。挖好散兵坑以後官兵開始做吃的，一般情況下，都會用一個戳了許多孔的口糧罐做灶，用少許C-4炸藥當燃料生火。誰吃什麼也常引起爭執：大家都喜歡水果罐頭與磅蛋糕，除了華特．布莫以外，沒有人喜歡火腿與利瑪豆。大多數官兵比較喜歡LRRP（長程偵巡）口糧，比較不喜歡制式的C口糧，不過步兵單位不容易領到LRRP。有人為求一餐美食不惜工本。舉例說，他們從馬鈴薯伴肉罐頭中取出馬鈴薯，與乾奶油替代品伴在一起攪成泥，一方面把肉與肉汁倒進水壺杯裡煮。也有人煮即溶咖啡或可可，還在餅乾上塗一些溶了的起士，再撒上一些龍蒿草與蔥花佐餐。

在荒山野地走了兩星期以後，什麼東西吃起來味道都一樣，有時官兵們認為有得吃就算幸運了：如果暴風雨襲來，稱為「滑冰」的空中補給日取消，郵件與啤酒的運補也泡湯了。大多數美軍單位偶而也得挨餓，不過比起他們的敵人，他們的情況好得太多。對美軍來說，特別是在出深入敵後的巡邏任務時，最危險的事莫過於無線電電池耗盡。一旦通信中斷，他們無法要求火力支援與空中救護，連生存都有問題。幾乎每個人都抽菸，C口糧袋裡除裝了香菸以外，還有糖果、刮鬍刀片、牙膏牙刷、寫字紙與鉛筆。藥丸很重要：美軍每天得吞許多鹽片，得用「哈拉宗」（Halizone）將水消毒，經「哈拉宗」消毒的水喝起來像喝碘水一樣，但即使如此，美軍仍然經長腹瀉，得每天四次、一次吃兩粒洛摩提（Lomotil）止瀉丸才能解決問題。他們每天得在一名士官監視下服用瘧疾藥片，因為有些士兵渴望得瘧疾以免進入叢林。在一九六七至六八年毒品濫用情況惡化期間，大多數案例出現在後方：軍官與士官們仍能牢控前線士兵，讓他們不沾毒品。

晚間，或躺在吊床上，或在「滑冰」過後躺在拆開打平的硬紙板上，有人拿出一些扭曲變形的小說讀著。安迪・芬雷森非常愛讀遠離任何火力基地、進行「OP」（observation patrols，觀察巡邏）的書。他喜歡歷史、政治學、人類學，愛讀康拉德（Conrad）、哈代（Hardy）、海明威（Hemingway）與俄岱克（Updike），還是日本經典小說《源氏物語》的忠實讀者。不過，漫畫更受美軍歡迎。哈洛・布萊恩有時在「找不到《花花公子》（*Playboys*）雜誌時」，也只能閱讀母親寄來的那本聖經了。沒有書看的人就開始交談。大衛・羅傑斯：「你會想到家，『他們現在在幹什麼？』我有個當中士的朋友，喜歡玩字謎。我們在一起經歷了許多事，非常親近。」無論談什麼，最後都免不了圍著「DEROS」——「據估計還有幾天返美」（Date Estimated Return from OverSeas）——議題打轉。每個官兵都將這個日字牢記在心，特別是當他「short」（返國日子近了）時尤其如此。一〇一空降師的招牌歌〈邦尼老鼠之歌〉（Boonierat song）一開始就唱道，「我在這個國家登陸／捐出我一年的生命／武器是我唯一的朋友／我只祈求能活下去。」有些美軍喜歡帶著「矮子拐杖」（short-timers' sticks，一種精雕的手杖，據說可以保護主人安全返鄉）上戰場；也有許多人只帶著註有返美日期的月曆。無論怎麼說，除非老鳥主動告知，菜鳥不能問老鳥在越南已經服役多久，據說這樣問會帶來霉運。

約翰．戴爾．維西奧（John Del Vecchio）寫道：「對許多美軍來說，越南代表沮喪、失望與恐怖之鄉。他們的焦慮主要不是來自北越軍，不是來自叢林……而是來自遠離妻子與親友，以及完全失控。」有人寫信，有人製作錄音帶。還有人傻到把戰場上迫擊砲與一〇五公厘榴彈砲的聲響也錄了寄回家。這些錄音帶確實效果生動，只是把他們那些國內倒霉的親友們都嚇壞了。同時，許多士兵閒來無事，喜歡幹些蠢事。提姆．歐布萊恩寫道，「我們那個排平均年齡為十九或二十歲，也因此，他們無論幹什麼，總帶著一種好奇、玩樂的氣氛，就像在異國他鄉的改革學校舉行比賽一樣。他們像孩子一樣打打鬧鬧，玩許多惡作劇。」有些美軍無論出於故意或出於無知，把這種玩樂精神帶到戰場上，終於付出代價。有個小兵「無論幹什麼都像玩遊戲一樣」，直到有一天他跑到陣地周邊外玩鬧，觸雷炸斷一條腿為止。

夜裡，大多數美軍得輪值守夜，不能一夜安眠。碰上運氣不佳，在外出巡邏任務，他們還得提心吊膽，以免為紅樹樹根絆倒或從稻田田埂上滑落。沒有人不痛恨夜間巡邏，因為大家都知道自己的無聲行軍技術不夠完美，特別是在乾季，就算訓練有素的「幽靈行者」也會把腳下殘枝落葉踩得沙沙作響。共產黨可以在黑夜大搖大擺進入村莊聚落，因為他們知道在這段時間不會撞上美軍或南越軍。華特・布莫：「入夜以後，我們不在那裡，越共隨即進駐。」

在大多數情況下，美軍指揮官會在陣地外緣一百到一千碼設置埋伏哨擔任警戒。傑瑞・雷杜斯（Jerry Ledoux）班長說，「我總是保持警戒，讓我震驚的是，我見到有人在執行哨戒任務時竟能呼呼大睡。他們難道不知這是攸關生死的大事，不是鬧著玩的。」喬・坦尼上尉也有同感：「太多的人在執行哨戒任務時沉睡，他們的軍官與士官也不查哨。」就算埋伏哨哨兵警醒，當大批敵人逼近時，是應該開火或是應該不動聲色，也是一項頗費思忖的抉擇。韋恩・米勒有時因為又緊張、又濕、又痛苦而尿了褲子，這有部分原因固然是越南的褥暑難當，部分也因為起身找地方尿尿太危險——不少人因為起身尿尿遭到緊張過度的友軍誤傷。米勒在戰地八個月期間與敵軍接觸過十幾次，但一直不知道他開的槍有沒有擊中任何敵人。只有一次例外。那一晚他出埋伏哨任務，負責克雷莫人員殺傷雷。突然有三個敵人從旁邊走過，他奉命除非有人開火，否則不要採取行動。果然槍聲響起，三名越共急忙掉頭奔回小徑，在米勒藏身處前方現身。米勒按下「地獄箱」，啟動克雷莫，三名越共就在一聲駭人巨響中在他眼前粉身碎骨。

在一九六七年擔任連長的華特・布莫說，「我發現，在服役幾個月以後我才能發揮效率。但一旦能夠發揮效率，我在越南的役期也即將屆滿。」在停留越南的最後幾星期，他駐在非軍事區附近，「我們的任務是找尋北越軍，那段日子非常艱苦，我們幾乎馬不停蹄，有一次一連出巡四十五天，沒有沖澡。我們像野獸一樣活著，卻沒幹出什麼事。有時敵人逮到機會攻擊我們，有時我們逮到機會攻擊他們，北越軍很清楚，若與我們正面對決只有死路一條。我們搞不懂的是，無論我們殺了他們多少人都殺得不夠。」

◎槍砲

在閉鎖鄉間，美軍的火力優勢幾乎不起作用，在這樣的地方，步兵的隨身武器才是決勝關鍵，魏摩蘭的美軍也因此出現一場信心危機。全世界科技最先進的美國，為它的步兵提供的步槍，在性能上比大多數北越軍使用的槍都略遜一籌。不過這也得視狀況而定：在射擊場上，美軍的步槍性能好得多。但在荒郊野外情況就不同了。就算是未經訓練的農民，也能帶著共產黨使用的ＡＫ系列衝鋒槍跋涉於沙堆、泥濘與河水間，然後用它們自動連發，而美軍攜帶的Ｍ-16步槍，在經歷如此跋涉之後，即使不惜工夫努力保養，也經常發生故障、無法擊發。

ＡＫ-47是以米哈伊爾．卡拉尼柯夫（Mikhail Kalashnikov）為首的一群俄國設計師發明的武器，是ＡＫ系列步槍於一九四七年研製的版本，因此被命名為ＡＫ-47。卡拉尼柯夫是紅軍戰車老兵，在一九四一年負傷，之後以輕武器專家身分受僱。ＡＫ步槍的靈感來自德國人為中距離射程（五百到兩百碼）而設計的七點六二×三十九公厘彈筒。卡拉尼柯夫一夥人就根據這種彈筒，以及美國Ｍ-1步槍的射擊機制，設計了一種簡單得不能再簡單的衝鋒槍。這種衝鋒槍所以如此堅固耐用，主要因為它只有八個大而重的可拆卸組件，而且組裝也不求精密，就算摻雜了沙礫也沒關係。槍膛與活塞都鍍鉻，使槍更加牢靠。唯一的缺點是它在射擊時槍管會稍微抬高，在拉桿轉換發射機制時會發出很大響聲。

ＡＫ-47射不準不重要，藉由它的半自動或迅速連發功能，游擊隊也能有猛烈火力。自一九四七年以來，共產黨世界各地的工廠已經生產了將近一億枝這種步槍。事實證明ＡＫ步槍是歷史上最有影響力的武器，從安哥拉到菲律賓，革命分子都以這種配備香蕉型彈匣，讓人一望而知的武器為首選。中國從一九六三年起開始供應北越根據ＡＫ-47改良的56式自動步槍，在越戰期間，造成美軍與南越軍死傷最多的武器就是這種步槍。

在韓戰期間，美國軍方瞧不起ＡＫ，認為它不過是一種輕機槍罷了。一九五三年，英國建議以一種類似的點二八〇口徑輕型攻擊步槍裝備北約，但遭美國國防部拒絕。美國堅持使用自己的長距離半自動步槍：即有四英尺長，重達十二磅的Ｍ-14。但在一九六二年十月，麥納瑪拉寫信給陸軍部長希魯斯・范斯：「我一直見到某些證據……似乎表示，與蘇聯自一九五〇年以來為蘇軍以及其附庸國軍隊裝備的攻擊步槍相比，Ｍ-14在火力與戰鬥效益上都屈居劣勢，繼續讓美軍裝備Ｍ-14，只會使這種劣勢持續。」

對於麥納瑪拉這項更新美軍武器的呼聲，陸軍拿不出現成武器作為回應，於是向柯特（Colt）求助。柯特是小口徑步槍ＡＲ-15或ArmaLite的製造廠商。這種步槍原是洛克希德（Lockheed）飛航工程師喬治・蘇利文（George Sullivan）在好萊塢車庫裡設計的東西。蘇利文聘請退役陸戰隊員、有兵工背景的尤金・史東納（Eugene Stoner）領導一個設計小組。之後，斐契爾德航空（Fairchild Aviation）買下他們的公司，推出幾種從未進入量產，但引起軍方興趣的槍枝。史東納設計的ＡＲ-15後來演成一種輕巧的五點五六公厘步槍，空重六點三五磅，長三十九英寸，以黑塑膠為體。斐契爾德在一九五九年將ArmaLite賣給柯特，柯特隨即展開ＡＲ-15的促銷，在康乃狄克州的哈福（Hartford）廠製造這種步槍。

ＡＲ-15在越南的第一次實地演練贏得許多掌聲，特別是它的精準度與重量輕尤其大獲青睞，但它的高速飛行的子彈在撞擊目標時容易碎裂，引起「達—達效應」（dum-dum effect），有違反國際法之嫌。專家們在馬里蘭州亞伯丁實驗場（Aberdeen Proving Grounds）用活的安哥拉山羊，與從印度進口的割下的人頭與肢體進行恐怖的秘密實驗。實驗結果帶來好消息：ＡＲ-15對頭顱造成的損害比ＡＫ-47或Ｍ-14更兇。一九六三年一月，艾爾・惠勒提出報告說，這種新步槍比卡拉尼柯夫步槍強得多。他承認這種新步槍的賴用性還有一些疑慮，但都是些「隨時可以修正」的問題。那年十二月，國防部下了第一筆大單，訂購十萬零四千枝現在命名為M-16的步槍。不過，是否全軍普遍採用M-16，仍有爭議：陸戰隊希望使用同一廠出產的另一型步槍Stoner63。

到一九六五年，M-16仍處於現地測試階段，測試結果好壞參半。第一騎兵師第七團第一營在德浪河谷之役使用M-16，穆爾中校在戰後對這種步槍贊不絕口，於是魏摩蘭也決定支持美軍改用M-16。另一方面，柯特公司也利用越戰美軍抱怨M-14不敵AK-47的媒體報導，在國會山莊展開遊說。勢力龐大的參議員理查・羅素在十二月七日打電話給麥納瑪拉，開門見山地說，「今天就訂十萬枝，否則我招待記者。」柯特公司在一九六三年財務虧損，但M-16讓它起死回生：這種新步槍後來賣了八百萬枝。

但就在全面換裝M-16時，這種武器的嚴重設計瑕疵也開始突顯。軍方堅持新的步槍必須有長程火力，必須能有效命中五百碼外目標，這些條件對輕型自動武器的工作組件帶來巨大限制。更嚴重的問題是，M-16的彈筒裝填所謂「球粉」（ball powder），而球粉能造成超猛的引爆與槍管的重度結垢。民間槍械玩家暢銷雜誌《射擊時代》（*The Shooting Times*）在進行M-16測試時，不斷遭到槍枝故障問題。《射擊時代》之後刊出報導說，在發交軍方使用以前，這些問題應該都會解決——但結果問題並沒有解決。槍砲史學者齊佛斯（C.J. Chivers）寫道，「軍方與柯特公司等於是用一個原型進行量產，然後讓軍隊不斷發掘它的疏失，再進行修正。」

整個一九六六年間，在越南作戰的美軍不斷遭到M-16帶來的各種問題，包括它在熱帶條件下很容易腐蝕。在射出一發子彈後，空彈殼往往卡在膛裡退不出來。在這種情況下，一個士兵如果運氣好，帶了一根通槍條的話，就得將通槍條插進槍管裡取出彈殼，或許還得冒著敵人砲火幹這勾當。由於清槍工具始終短缺，許多美軍不得不用電話線或尼龍繩清理槍管。還有美軍寫信回家，託家人買通槍條。軍火專家對兩千枝首批出廠的M-16進行測試，結果發現有三百八十四枝故障。

有關這種步槍的真正醜聞從這裡開始。關起門來，美國陸軍也知道它面對一場危機：它用一種不能與敵人死戰的武器裝備步兵。但前後好幾個月，陸軍當局一直竭力隱瞞實情。「初期的困難」歸咎於士兵們清槍習慣不佳。陸軍「先進研究發展局」（Advanced Research Development Agency）的理查・哈洛克斯（Richard Hallocks）上校領導一項隱瞞M-16問題真相的作業，而最重要的隱瞞對象就是國會。他在先進研究發展局一份有關M-16的備忘錄上蓋了一個「不得揭露機密」的章，為確保M-16繼續不斷順利出廠，軍方一場制度性的掩飾作業就這樣展開。一九六七年二月，陸戰隊開始在越南換裝M-16。當陸戰隊員紛紛抗議卡膛問題時，軍方仍然把責任歸咎於使用者不會保養。劉・瓦特（Lew Walt）中將堅持，他的部下對這款新型步槍「百分百買帳」。軍援越南指揮部也警告它的新聞官，不得承認M-16有任何瑕疵。

但憤憤不平的陸戰隊員與士兵們開始寫信回家，一九六七年三月二十六日，《華盛頓每日新聞》（*Washington Daily News*）首先發難，刊出報導說，越來越多美軍認為共產黨的老槍比美軍使用的新槍好。許多動人心弦的故事開始傳回美國，說好幾十名美軍如何在激戰中因武器卡膛而受盡折磨。美國地方報紙《亞斯伯里公園晚報》（*Asbury Park Evening News*）引用一名陸戰隊員在一場行動過後的話說，「你知道最讓我們送命的是什麼嗎？是我們自己的步槍……我們發現，幾乎每一名陣亡美軍身邊，都躺著一枝死者生前曾經忙著修復的故障步槍。」這說法當然過分誇張，但國會開始注意這個問題。一九六七年五月二十日，新澤西州一名眾議員將《亞斯伯里公園晚報》的剪報送給麥納瑪拉，麥納瑪拉這時再想推諉也難了。

陸戰隊這時正投入所謂「山坵戰」，這波戰役中有一百五十幾名陸戰隊員喪生，其中有些人帶的是不能射擊的步槍。那年七月，陸戰隊第三團第二營由於M-16步槍不斷故障，遭到慘重傷亡。葛瑞・特里（Gerry Turley）上尉說，他的那個營因為換裝M-16而「災情慘重……我們接到命令，『把M-14都丟在這一堆，從那一堆裡撿一枝M-16。』換裝以後，武器故障率增加了百分之七十五。我們不斷抱怨，他們卻總是聳聳肩，『把它們清得更好一點就沒事了。』」在第二營所有五名連長都在三十天的激烈戰鬥中陣亡以後，有些軍官明白表示，造成如此嚴重損失的罪魁禍首就是M-16。特里說，「你能想像那對步兵營的影響有多大嗎？我們的士氣沉入谷底。」

二十三歲的麥克・齊尼法（Michael Chernevak）中尉，在家信中詳述他擔任連副的那個連，如何在一場戰鬥中發生四十起武器故障事件。他把這封家信副本寄給代表他的國會議員，寄給羅伯・甘迺迪，還寄給以《華盛頓郵報》為首的幾家報紙。《華盛頓郵報》隨後在十月二十九日發表這封信。陸戰隊於是展開調查，但對象不是M-16的瑕疵，而是寫這封信的人的「罪狀」，於是齊尼法遭上級正式申誡。但柯特公司派駐亞洲的代表伊藤金光寫信給柯特公司，說有關M-16有瑕疵的說法並非不實。伊藤金光本人也出席一次他所謂彷彿「群獅怒吼」般的陸戰隊集會。他說，大多數與會陸戰隊員痛恨他們的新步槍，「而且恨得有理」。面對這些私下與公開說詞，柯特的反應是用一堆謊言一味抵賴，他們堅決否認M-16有任何差錯。到一九六七年年底，美軍開始不作使用訓練，直接用直升機飛入戰地，將M-16丟給陸戰隊營使用。華特・布莫說，「那簡直是惡夢，在一次伏擊中，一半的步槍故障。我一直敬愛陸戰隊，但陸戰隊也幹不少蠢事。」同樣，朱德・金尼也「一直認為M-14是比較好的武器」。

倒也不是每個人都喜歡對手的武器AK-47，一名南越軍官在部下對這種武器進行測試之後提出報告說，他的部下大多數最後都不肯使用AK-47，因為它在運動時很難換彈匣，很容易生鏽；而且經過一陣猛烈開火之後，AK-47的效率會迅速降低。美國陸軍與陸戰隊逐漸學會與M-16共存，用它戰鬥，當局也將更多清槍裝備發給他們。一九六六年出廠的一些M-16經過整修，兩年後，換裝新緩衝器與鍍鉻槍膛的新型M-16出廠，效率較好。但基本事實仍然不變：M-16儘管比AK-47精密得多，但沒有AK-47堅固耐用。此外，讓駐越美軍使用這種只需三秒鐘就能打光一個彈匣的步槍，是否合乎美國最佳利益也很難說。美國維護南越的努力因眾多軍事困境而受挫。或許就很重要的意義而言，這段M-16與AK-47的故事堪稱是這些軍事困境的典範。

像很多涉世不深的人一樣，威廉·魏摩蘭也愛出風頭，至少在風頭毀了他的名譽以前如此。有一天，在他前往第一空中騎兵師視察時，唐·葛拉漢與他以及他的三名助理一起旅行了幾小時。葛拉漢問其中一名助理說，「先生，你究竟得為將軍做些什麼？」那助理答道，「我負責為將軍攜帶一套燙得畢挺的制服，以免將軍在會見部隊時不夠光鮮體面。」一九六七年，在詹森力邀下，魏摩蘭高調返美，用他的名譽向國人保證戰爭進展順利。

私下裡，魏摩蘭完全沒有這麼樂觀：他不斷要求華府增兵，要求更多、更多的兵。但無論怎麼說，他只是奉總統之命行事。十一月七日，《華盛頓明星報》（*Washington Star*）以他的話「就軍事意義而言，這場戰爭勝利在望」為標題發表一篇報導。《費城訊問者報》（*Philadelphia Inquirer*）記者鮑伯·康西定（Bob Considine）也隨聲附和，寫道：「不要再胡思亂想，我們就要打贏這場爛仗。再重一遍，不是僵局，是打贏。」十一月二十一日，魏摩蘭告訴國家記者俱樂部（National Press Club）：「敵人一年多以來沒有贏過一場重要勝仗……他只敢在保護區邊緣用大部隊作戰……他的游擊隊兵力在逐漸減小，士氣問題越來越嚴重。」就連一直批判魏摩蘭的詹姆斯·芮斯登，對魏摩蘭竟能這麼有信心也不得不表示佩服。在國家記者俱樂部的演說過後，全美各地的忠貞派與愛國者歡欣鼓舞，支持他們的總統與將軍。不僅如此，他們對反戰論調的反擊也開始越來越兇。在十二月二日的全美勞工聯合會（AFL-CIO）大會中，國務卿魯斯克將反戰示威者比為希特勒的納粹黨衛軍。

但約翰・麥納瑪拉在家信中寫道：「在越共／北越軍與我本人間，存在一種誠實與互敬……我們正走向一種與法國當年出奇相像的情勢——軍事上，我們不屈不撓，但政治上支離破碎得無可救藥。」唐・葛拉漢在服役越南期間與他身為《華盛頓郵報》老闆的母親經常通信。他後來說，「我當時很困惑，不知道我們應該作些什麼，而且直到今天，我仍然不知道我們應該作些什麼。當我（在一九六八年七月）返美時，我感謝上帝讓我離開那個地方，我也不會建議任何人去那個地方。我們可能在那裡打二十年，結果什麼也改變不了。主要事實是，我們找不到敵人。」葛拉漢從一種或可稱為「特權低層」的角度觀察這場戰爭，但他說得沒錯。一九六七年八月，美軍展開「聯結市行動」（Operation Junction City），在西寧省發動攻擊，攻勢之猛令北越軍官范福逢震驚，范福逢的手下糧食、醫藥補給、武器彈藥即將告罄，但「他們仍一波波不斷攻來」。當他奉命在一處被炸得亂七八糟的森林殿後，讓師的其他單位撤離時，范福逢相信自己死期已至。他們架好武器等著，準備最後一戰。但幾個小時過去，美軍沒有衝他們而來。范福逢與他的手下慢慢回過神來，幾乎難以置信地發現，他們還能再活、再戰鬥一天。

敵人的掃蕩、巡邏還有那許多代號花俏的空中攻擊，似乎未能對共產黨的衝勁與蠻橫造成多少影響。一九六七年十二月，在占領中央高地的大山（Dak Son）山地人社區之後，他們將村裡兩千居民殺了兩百五十多人，然後放火燒村。在龍庭，北越將領們計畫著更加大得多的行動。

第 17 章

我們的人，他們的人：越南戰爭

Our Guys, Their Guys: The Vietnamese War

◎過一天是一天

道格・蘭賽在被俘以前，經常與約翰・范恩（John Vann）開一輛滿是彈孔的鮮黃色小貨卡在越南鄉間兜風，為的就是飽覽這異國他鄉的田園風情。他寫道：「我們路過一個又一個油綠蒼翠、即將成熟的稻田，見到那肥厚的稻核先是緩慢，之後迅速由禾桿色轉為黃昏時分的番紅花色，再在落日餘暉下發出耀眼金光。我們就像初次下鄉露營的小城孩子一樣，享受這微涼、沁人心肺的風，享受這耳邊、眼前數不清、道不盡的田野風情。偶而，我們也會在紅瓦或茅草為頂的小屋前停留一兩分鐘，時近傍晚，農民就像幾百年來他們的先祖一樣，已經在這時回到屋裡。而我們也利用這短暫片刻，拋開那些沒有生氣的備忘錄，那些沒有生氣的軀體，重新發掘正常而有理智的人生、正常而有理智的美與真理究竟是什麼。」蘭賽悲傷地補了一句：「當然，我知道，所有這一切有一天都將從這裡消失，取而代之的也許不是二十世紀、而是十八世紀的東西，而且那一天很可能即將來到。我也知道，我這些一廂情願的浪漫假像，背後隱藏著終生做牛做馬的勞累，永無止境的貧窮，阻礙進步的迷信，還有九成地方百姓活不久長的悲慘現實。」經過十年戰亂，越南的城市居民人口占比在一九七〇年增加到百分之四十。

人生就是你習以為常的日子。年輕越南人接受了這場戰爭，將它與稻田以及椰林一樣，視為他們的自然環境。嚴正（Nghien Khiem，譯音）談到他的學童生涯說，「我們學會在聽到火箭聲響時要跑，否則不必過於擔心。」但除了極少數特權階級以外，這場戰爭決定了越南人畢生的命運。潘唐虞一直想利用他在大學主修化學的優勢進入藥廠工作，但在一九六六年的南越，除了加入保安部隊當一名特種單位警官以外，他已別無其他選擇。這種有志難伸的現實讓他抱憾終生：「我的警官生涯很成功，但身為警察免不了惡名……」美軍勢力所到之處，地方百姓能賺到美元，但也付出代價：在一個野戰砲兵部隊調防時，部隊卡車一連幾夜在前往歸仁的路上橫衝直撞，卡車司機先是撞死一名六歲山居部落女童，接著又在崑嵩郊外撞到一名老婦。一名卡車司機一邊大笑，一邊在一名騎腳踏車的人後面狂按他那響聲震耳欲聾的喇叭，嚇得那人匆忙騎車躲向路邊矮叢，結果腳踏車翻了，車輪輻條插進那人腳中，弄得血肉模糊。事後，一名司機有些慚愧地說，「有些美國人就是這幅德性。」

河內與西貢都因戰亂而凋零，河內的情況尤為嚴重。六十年代後半，受毛澤東「文化大革命」影響，北越本以一貧如洗的生活更加艱困。孩子送進政府辦的育幼院；農業集體化嚴厲執行；私有財產逐漸成為遭人垢病的對象。迫於統一鬥爭的必要以及美國帝國主義的罪惡，胡志明的子民認命地接受了這一切。蘇聯現在成為北越官方口中的「革命主義者」。

西貢的情況反映當局只顧打仗，其他一切，就連街道清理都不加理會。在二十世紀三十年代，西貢的富壽（Phu Tho）賽馬場一度像巴黎隆尚（Longchamps）賽馬場一樣優雅。但到了六十年代後半，紅黃相間的看台塌了，蜻蜓成群結隊在馬場上飛舞。偶而在周日，就像美軍一樣痛恨暑熱的八十磅羽量級馬師仍會在這裡比賽，引發一場狂賭。但談到戰局，就連當時最閃亮的名流究竟支持哪一方也讓人莫測高深，難以下注。以糖業公司（Société Sucrière）老闆張如堂為例。他有五千名員工，過著精緻社交生活，在聖雅克角（Cap St Jacques）擁有一棟海濱別墅，在大叻度假，在最豪華的俱樂部打網球與四色牌，但他的祕密身分是民族解放陣線高幹。

他在一九六五年遭到檢控，在坐監六個月之後出獄回到糖業公司。但兩年以後，他被變節投靠西貢的共幹柏茶（Ba Tra，譯音）出賣，之後遭越共暗殺。張如堂對他蹲了半年的那所越南監獄有一段生動的描繪：「它自有一股懾人的威勢……讓我嚇得魂飛魄散。長廊走道上或坐或躺擠滿用一條纏在腳踝上的長鏈鎖在一起的囚犯。許多囚犯一臉血汙浮腫，手腳以怪異的角度伸著。有人痛苦不堪，也有人只是倒在那裡，茫然凝視。人叢傳來呻吟與哭泣聲，空氣中充滿持續不斷、低沉的哀音，我的心開始猛跳。走道一邊排著一扇扇顯然通往拷問室的門，門裡不時傳出咒罵聲與一陣陣痛苦的嘶叫聲。」在交戰雙方眼裡都是特權階級的張如堂，由於花了大錢買通，獲得獄方從輕發落。他的妻子向主訊問官行賄六千美元，讓張如堂免遭刑求；之後她又花了五千美元賄賂主審法官，讓張如堂獲得僅僅兩年的輕判——那法官之後成為阮文紹的首席安全顧問。兩年後，張如堂躲進叢林，與他的民族解放陣線同志會合。

在南越，家庭關係的重要性至少不輸意識形態。中情局西貢站資深主管法蘭克．史奈對越南人崇敬有加，但不同意法蘭西絲．費吉洛那種理想化觀點：「她筆下的越南，不是我得應付的那個越南。我見到的越南人並沒有想那樣成天忙著宣揚反殖民主義，他們似乎非常實事求是，南越是一連串不斷調適的產物。」阮文紹總統的心理戰主管讓他在順化主持一個共產黨諜報站的小姨子藏在自己家裡；南越軍參謀長保護他妻子的兩個外甥，這兩個外甥的父親是高級共幹；張如堂的女兒鑾（Loan）是阮文紹女兒春英（Tuan-Anh）的好友，甚至在張如堂的叛國身分暴露後，阮文紹仍然歡迎鑾到家裡作客，後來還資助鑾到美國賓州學電腦。

雖說南越仍保有絕世自然之美，但戰爭也為這一切帶來嚴重汙染，遍布全國各地的七十七所孤兒院與二十萬少年犯罪人口是戰禍為害的又一見證。一些農民，由於擔心稻田遭過往軍車輾壓破壞，乾脆捨棄農田遷往城市謀生。西貢與附近隆平（Long Binh）與新山一軍事基地近郊上空，永遠籠罩著一團化學雲霧。由於乏人維護，加以天候因素與越來越洶湧的車潮，以及一九六七年掀起的本田輕型機車大海嘯，讓南越每一條街道都坑坑窪窪，滿目瘡痍。就像安全檢查哨站、鐵刺網、與卡車噴出使人欲嘔的柴油黑煙一樣，水泥塊與垃圾無所不在。

西貢河與鄰近運河沿岸搭起許多棚屋，每個地方都能見到工匠在敲敲打打，首都每一條街各有屬於自己的特定一套求售商品：一條街專賣廚房用品，另一條街賣電扇，還有的街賣冷氣機、腳踏車、衣服、圖書、照相機、迷彩童裝、魚醬、肥皂、蔬菜、堅果、橘子、蒜拌田雞與鰻魚、冒充蘇格蘭威士忌（Scotch）或波本威士忌（bourbon）的米酒等等。此外還有女郎：數量驚人的美女，濃妝艷抹在街頭賣春，有的打扮成冷面嬌娃，有的以多愁善感取勝。西貢仍有浪漫，只是貧窮與骯髒主控了一切。無論河內那些單調乏味的社會主義者怎麼想，這是一種意識型態品味問題。

戰事在鄉間打著。村民常對那些越共游擊隊說：「你們當然容易，你們有的只是手上的槍還有背上背的包，你們可以走到哪生活到哪；但我們有老婆有孩子，有米有田，我們不能帶著它們走，單只是要水牛跟我們走已經夠難了，我們必須留在這裡。」許多人抱著「過一天是一天」的宿命論調活著。共產黨所以能夠勝出有一項重要因素：他們比西貢政權更能有效處理偏遠農鄉事務。共產黨散播謠言說，「大眼賊」的接種計畫能讓孩子以後無法生育，目的其實是在懲罰支持越共的村民。儘管有人向一名美國蟲害防治專家提出警告，要他不要捕殺老鼠，因為鼠肉已經成為一項重要佐餐食品與農民的重要外快來源，但這名專家仍然堅持到底。

美國採取一項改善士兵口糧的計畫，不再供應所有越南人都愛的魚醬，改以從韓國進口、越南人不喜歡的醬油，引起普遍不滿。「奇蹟米」增加收成，讓農民一開始笑逐顏開：沒隔多久，南越米產半數以上屬於這種革命性穀種，有人戲稱這種米為「本田米」，因為許多農民靠它賺了錢，買了本田機車。不幸的是，創造這種「奇蹟」需要大量肥料與殺蟲劑，後來美援縮水，油價與肥料價格高漲，南越米產也應聲重挫。

幾乎沒有農民對政府有好感，在他們眼中，政府是遙遠的實體，除了向他們課稅、搶走他們的年輕人以外，什麼用都沒有。共產黨也幹一樣的事，不過他們懂得偽裝善意，手段比較高明。南越軍在路經農民田地時，總是肆意摘採農民種的水果、抓捕農民養的雞鴨。但越共能自我克制，不亂摘採屬於他人的蔬果，讓一名美軍戰俘稱奇不已：「我們的行進路線通過一座菜園。但由於這座菜園顯然是一個姊妹單位的財產，儘管看守我們的衛兵大多數已經一年多沒見過新鮮蔬菜，卻沒有人見獵心喜，就連隨手抓一把卷心菜葉的人都沒有。」澳洲醫生諾曼・維德漢（Norman Wyndham）在頭頓寫道：「農民要的不過是和平，他們已經一無所有，當然也不怕新政府上台會從他們身邊取走什麼。」

克萊登・亞伯拉姆斯將軍說，西貢那些區長「無能到暗殺他們都是浪費子彈」。幾乎在南越所有的偏鄉居民中，唯一對政府有好感的是經歷過北越統治的一小群少數民族，包括一名叫做吳廷和（Ngo Dinh Ho，譯音）的老村長。他在一九六七年對一名英國記者說，他幼時在共產黨統治下過了十年「人間地獄」般的日子。他那些住在三角洲外海富國島上的鄰居，許多人像他一樣，原本都是來自北越的漁民。吳廷和說，「這個紅土國非常好，如果我們能趕走越共，這個國家就像天堂一樣美，像夢中美女一樣……我非常感謝美國的幫助。」如果能有更多越南人經歷過吳廷和的人生經驗，這場戰爭或許能有不同的結局。

◎戰士

對南越境內的共產黨戰士來說，一九六七是艱苦的一年。北越軍第三師「黃星」師的一名士兵，談到第三師如何損失慘重、潰不成軍：「他們在出發時軍容壯盛，返回時整個一連可能只剩下四到七個人，圍坐在一盤飯邊吃著。」在遭到美軍第一騎兵師痛擊之後，「我們的士兵不由自主地又害怕又困惑。」這名士兵又說，在一九六七年冬一場戰役結束後，他的營「被撕成碎片」兵力從兩百四十人減少到三十八人，但它還是必須打下去。

美軍大舉進駐為湄公河三角洲的越共帶來巨大壓力，與更偏北的山丘與叢林相比，湄公河三角洲的地形較不適合游擊隊活動，而且也沒有地道可挖。北越重新使出暗殺「政府同情者」的伎倆，想盡辦法保住他們在三角洲的主控優勢，但也經常踢到鐵板。一九六三年以來一直在北越運補作業中扮演關鍵角色的海上補給線，因美軍的外海與河岸巡防而幾遭切斷。

從這以後，由於比較接近胡志明小徑，北部與中央高地成為共產黨偏好的決戰戰場。這個地區由於蠻荒與叢林地貌過廣，儘管美軍擁有精密偵聽科技，共產黨仍能保有常設基地營。安迪・芬雷森談到，他的長程巡邏隊曾在寮國邊界附近碰上這樣一處基地營，它藏在一百英尺高的叢林里，還有竹籬、削尖的叉子與碉堡做為保護。「這座要塞化小村的每一端都有一個架高十英尺的哨戒塔。我數了數，共有八間造得很紮實的草房，每一間可以住下一個班。村裡還有一個大型動物欄，裡面養了豬，有一間充做廚房的草屋，有一座架高有頂棚的台子，還有一棟用刨光的木料與竹子建成，附陽台的非常大的兩層樓建築。這處基地營的規模與精密讓我們震驚。」

一九六六與一九七三年間，道格・蘭賽與其他幾名美軍戰俘輾轉停留在幾處這類基地營間，偶有機會也曾對共產黨戰士進行一番觀察。蘭賽寫道，「北越軍與越共的精英⋯⋯最大的毛病就是年少輕狂、自以為是的狂妄以及對西方的全然不屑一顧。」這些美軍戰俘發現，就像在所有人群聚落中一樣，共產黨戰士也良莠不齊。「其中有非常美好的人、也有精神恍惚的施虐受虐狂；有瘦弱型書呆子、也有猛男型大漢；有人大嘴巴、也有人羞怯寡言；有來自城市見多識廣的人、也有鄉巴佬；有勢利的小人、也有一心一意追逐真理的才智之士。我相信，我落在越共手中，比落在某些極左派仇恨美國人團體手中更安全，有很好的理由可以證明我們比越南人更暴力。」

俘虜他的那些共產黨對孩子非常和氣，對動物卻殘暴得令人髮指：用活鴨子餵蛇是西貢動物園的一大熱門節目，但也讓到訪的西方訪客觸目驚心。像許多美國人一樣，蘭賽也注意到北越人與南越人對教條灌輸的胃口大不相同。北越人從小生長在教條灌輸環境中，對教條灌輸也習以為常；而南越人對教條灌輸一般漠不關心，只會在驅逐外國人、改善農民生活的議題上喊喊口號而已。戰俘審訊專家鮑伯・戴斯塔也認為，意識形態在很大程度上是仇恨外國勢力的附屬品：「甚至許多共產黨員，當年所以入黨只因為那樣做很實際罷了。」道格・蘭賽遇到的那些游擊隊員大部分年在二十五到四十歲間，比他們的美軍對手經驗老到得多。他們死命聳著肩說，「我們又能怎麼做？就算講到臉孔變紫又能怎樣？我們只能不斷打下去。」許多越共渴望採取決定性步驟，與美軍攤牌，就算危險也在所不惜——這也是他們所以迫不及待加入一九六八年春節攻勢的一個誘因。

年輕女軍醫唐翠沉（Dang Thuy Tram，譯音）在廣義省山區工作時寫下的日記，對一名革命信徒的心理有鮮活的描繪。與其他許多共產黨文獻紀錄不同的是，這本日記當時未經檢查，事後也未經修改粉飾。唐翠沉是河內著名外科醫生的女兒，一九六七年，當時二十四歲的她，沿胡志明小徑跋涉十個星期，在一所越共野戰醫院工作。唐翠沉單戀一名早自少女時代就結識的北越軍官，對她來說，對這名軍官的思念與對美國「土匪」的仇恨就是她人生的動力。她在日記中寫到她對入黨的渴望，也對她的「知識分子」背景可能使她無法入黨而憤憤不平：「他們為什麼要在中產階級的道路上插滿釘椿荊棘？無論妳表現得多好……妳仍然比那剛開始了解黨理念的勞工階級低一級。」她後來終於得償夙願、獲准入黨。

唐翠沉經常因自己照料的越共戰士傷重不治而哭泣：「今天一名同志倒下，明天另一名倒下，這樣的痛要到什麼時候才能結束？殘屍碎骨讓我們心中那座仇恨之山越積越高……什麼時候我們才能把這些嗜血暴徒全部趕出我們的祖國？……如果有一天我們能活在社會主義的芬芳中，我們要永遠勉懷今日這一切，勿忘所有那些拋頭顱、灑熱血、犧牲奉獻的先烈。」或許這像是宣傳單上抄下來的句子，但它確實是唐翠沉滿腔熱情的忠實寫照。當時有一名同志向她示愛，唐翠沉厲聲答道，

「我的心除了投入工作以外，別無一切私人夢想……還有什麼能比成為這個革命家庭一分子更讓人驕傲的事？」她的一名叫做「陸」（Luc）的年輕戰友喜歡在營區唱一首歌，詠嘆山川之美：

「多美的山水
當月光映上山丘，雲朵飛在腳下時。」

「陸」雖說多愁善感，卻也喜歡繫一條繡著「為國家生存誓死犧牲」幾個字的紅領巾。後來他在攻擊德普（Duc Pho）區中心時繫著這條領巾戰死。

「陸」與唐翠沉這些革命志士的熱忱讓一些美國人深受感動。為《紐約時報》採訪這場戰爭的傑克・蘭谷斯（Jack Langguth）在之後出的一本書中寫道：「北越領導人……理當勝利；南越領導人……理當失敗。」西貢政權與它的美國老闆每天公然製造許多暴行與蠢事，而共產黨卻懂得關起門來惡搞，對這個在記者群間甚為普遍的觀點也有推波助瀾的效果。在現代自由民主國，雖說許多人民對運動團隊的關懷尤勝於政治，但也有不少人關注生活在其他文化裡的信徒。只是戰爭總能藉爭自由之名，鼓動、扭曲年輕男女為它犧牲奉獻。旅居越南境內的外國人讚揚共產黨刻苦奮鬥，批判西貢政權貪汙腐敗，實也不足為奇。但他們所見，只是半個事實。

河內所以能在這場全球宣傳競賽中勝出，部分導因於它的「拒不作證」（omertà）政策。由於新聞檢查，外國人對北越壓制本國人民與北越經濟政策失敗的事一無所知。它沒有為它的戰爭罪行留下任何形象，只有少數同情它的外國記者才能獲許甚至只是一窺它的風景。戰後許多年，越戰期間著名胡志明信徒、法國記者珍・拉庫提（Jean Lacouture）在一份手寫的訪問稿中告訴米蘭一家報紙，「在越南問題上，我的行為不時像個激進好戰分子，不像個記者。我刻意掩飾北越某些有關戰爭的行為……因為我相信北越打的是正義之戰，我不應該揭露他們的錯誤。我認為，暴露北越政權的史達林主義特質不合時宜。」

根據宣傳政策，北越的國營廣播與出版系統將一切與這場全國性奮鬥無關的東西完全剔除。就這樣，電台播音員「河內漢娜」（Hanoi Hannah）對一九六七年的中東戰爭、一九六八年的蘇聯入侵捷克或對美國一九六九年的登月隻字不提。共產黨發行一本叫做「戰爭真英雄」的漫畫，對一名女性自殺炸彈客大肆吹捧，讓戰俘蘭賽看得倒盡胃口。河內電台從早播到晚的戰歌也令他痛恨不已，「他們很顯然同情、而且喜歡暴力，他們的觀點狹隘、尖酸刻薄，只曉得找一些英雄與惡棍。」北越軍進行曲的歌詞也令蘭賽反感：

「解放南方！
我們堅決前進
殺掉美國帝國主義者，
打垮出賣我們國家的美帝走狗。」

但從保寧那本自傳體小說《戰爭的哀愁》（*The Sorrow of War*）中，我們可以看出，並非所有共產黨戰士都千篇一律遭到洗腦。本名黃歐方（Hoang Au Phuong，譯音）的保寧，生於一九五二年，以北越軍步兵身分在南越過了四年。他對戰爭的悲慘描繪顯示，驅使北越南人戰鬥的動力，與驅使美國人戰鬥的動力沒有兩樣，也是同袍愛、對生存的渴望、喪失友人之痛、對留在後方一位女孩的迷戀等等。《戰爭的哀愁》中有一段寫道，作者第二自我的青年軍官「簡」（Kien）不肯接受一名年輕戰友的示愛：「他痛恨兒女私情……在經過這許多可怕的戰鬥之後，如果團裡每個人都拿私人問題來找他，他不如跳水自殺算了。」

「簡」支持北越的鬥爭，但北越要鄉下孩子承擔作戰重擔，卻不讓這些孩子對本身的生死命運有發言權的事實，讓「簡」很不以為然。本身受過高等教育的「簡」喜歡這些「友善、單純的農民鬥士，他們不凡的素質已經造就一支幾乎無敵的戰鬥武力」。那些抽大麻的美軍，在對手陣營裡也有同好：「簡」帶領手下摘下雨季開白花的「狗薔薇」，將它的花與根曬乾然後吸食，「它的氣味瀰漫空中，特別在夜晚……尤能引人春夢。當我們醒來，氣味已經散盡，但我們仍感慾火中燒，既痛苦又喜不自勝。」

當他們將碾碎的狗薔薇花與根，混著菸草一起抽時，「只抽了幾口，他們就覺得自己離地而起，就像那一縷煙本身一樣，寂靜地隨風飄浮……他們可以決定想夢些什麼，甚至可以像調製一杯美味的雞尾酒一樣，可以為夢裡填料。抽了狗薔薇菸，可以忘卻戰士那種地獄般的日子，忘卻饑餓與痛苦，還能忘卻死亡，而且全然、完全地忘卻明天。」保寧在這本小書中也不忘挖苦當局的教條灌輸：「政治不斷持續，上午談政治，下午談政治，晚上還要談政治。『我們贏了，敵人輸了，敵人一定會輸，北越……大豐收。人民會起義，歡迎你，只有那些無知的人才不會歡迎你。』」

美軍將每天領口糧視為理所當然，他們的敵人可不這麼想。北越軍官相互告誡說「米糧是關係我軍成敗的元帥。」以范福逢為例，就曾月復一月、後來年復一年，無時不刻地與好友程江（Thanh Giang，譯音）討論口糧問題。他們也共享笑話——「是的，我們講笑話」——還吹噓各自的情史。最後，當范福逢在西寧附近一次空襲身負重傷時，程江把他拖到後方，切除他鮮血染紅的衣衫，還從自己的背包中取出一套衣服為他穿上。范福逢直到日後才發現，好友為他穿上的，是好友珍藏的結婚服。程江後來成為著名作家，人稱「越南的海明威」。

阮安上校愛打獵，每見到鹿都不會放過，有時他的部下還會碰上更大的獵物。他寫道：「有一次在行軍途中，隊伍前方突然傳話下來：『我們有象肉吃了！快！』」每個人都加快腳步，當阮安一夥人趕到獵殺現場時，他們發現由於那頭象皮堅肉厚，用刀根本切不動，士兵們只得用一小支炸藥炸開牠的臀部取肉。「一名士兵從牠的肚子裡帶著一大塊肉爬出來，一堆士兵爭先恐後，在挖下的肋骨上取肉，另一堆士兵從臀部割肉。最美味的軀幹與四隻腳已經有人取走。不到幾小時工夫，那頭象只剩下一堆皮與骨。」他們對那一頓美味念念不忘，還在北越軍地圖上將那個地點取名「象野」。

但就算北越人饑不擇食，有時還是拒吃一些東西：保寧筆下那名簡姓軍官說，他的戰友「貴人」盛（Thinh）有一次射殺了一隻大猩猩，他召集全班士兵把那隻大猩猩抬回茅屋：「但，老天，在剝了皮以後，那猩猩活像一個皮膚長了瘡的肥女人，半白半灰的兩個眼球還咕嚕嚕轉個不停。嚇得整個班的人丟下手邊東西，尖叫逃跑。」他們後來不但沒吃牠，還把牠葬了，為牠立了碑。

飢餓也不是北越軍最大的苦難，蛇、蜈蚣等毒物不像一些美軍想像那樣僅僅危害外國人而已。談到天氣，越南人也有一首悲歌，其中一段歌詞這樣寫著：「雨水從香蕉葉上滴下，涓涓不絕，告訴我們秋天到了。」在雨季的叢林，士兵們的衣物永遠透濕，雨水從臉孔上不斷傾瀉而下，雙方士兵竟能在如此環境下尋得片刻安寧，說來實在令人難以置信。但套用范福逢的話說，「當你在那天已經走了十八英里，而且很可能之前一天也已走了十八英里，只要部隊停下來，你倒頭就能沉睡，管他下不下雨。」

疾病也讓北越軍聞風喪膽，而他們的軍醫也往往束手無策。一九六七年，一名北越士兵向西貢軍隊投降。他得了急性瘧疾，在高棉境內一處營區接受治療，而治療他的醫生碰巧是他的親戚。這醫生告訴他，如果想活命，就得「招好」（叛逃），因為繼續在叢林待下去只有死路一條。他在叛逃後被送往一處美軍野戰醫院，需要大量輸血：二十名美國人慷慨解囊，為他籌得這筆醫療資金。恢復健康以後，他加入政府的一個武裝宣傳連，向友人高喊「阮文紹、阮高祺與美國帝國主義者萬歲！」他說，他現在唯一仍然尊重的共產黨，只剩下那位勸他「招好」的醫生。

就連南方局高級共幹也難逃瘧疾與缺少維他命導致的慢性病毒手，張如堂在叢林生活六年，每年有兩個月發燒躺在床上：「幾乎所有住在叢林裡的人都因黃疸病而臉色焦黃、發白。」河內派出衛生部長南下，研擬對抗瘧疾之道，結果他本人也死於瘧疾。因染患痔瘡而苦不堪言的越共與北越軍人也不在少數。

美軍常抱怨離家太遠，北越軍人卻得忍受幾乎絕對的遙遠：他們除了貼身經驗以外，對世上發生的一切幾乎一無所知。穿越胡志明小徑從來就充滿凶險，就算這時有些路段可通卡車也不例外。北越軍上校阮安在一次奉召返回河內的旅途中，寫了一段短文：「每天晚上，數以百計的卡車與汽車排成一條長車龍。有一次，當我們的車子開到半途時，整個車隊突然停下，每一輛車都熄了車燈。敵機在我們上空呼嘯而過，我們看見曳光彈在前面遠方上空閃爍。我們坐在那裡等了好幾小時。我焦急地看著錶，已經是凌晨四點，天光即將破曉，我走到車隊前方查看究竟。夜色平靜得出奇，整片地區彷彿全無生氣，耳際傳來只有夜蟲的低鳴。我在幾輛卡車駕駛座旁的門上敲著，大聲問道，『裡面有人嗎？』但沒有人答腔。我仔細聽了聽，聽到酣聲。我們的車子於是開出來，超過那些擋在前面的卡車逕自前行。」隔不多久，阮安的車子在通過一座橋樑時，橋樑倒塌，他也因此全身裹在繃帶裡抵達河內。他的一名上校友人打趣他說，「在中央高地幹了這麼多年，好不容易有機會回家抱老婆，卻讓你的嘴唇腫得像氣球，沒辦法吻老婆，你現在又能怎麼辦？」

每隔一段時間，總有軍郵帶著約六十磅信件沿胡志明小徑南下。無論最後能有多少軍郵將信件送達，能夠撐過嚴苛的天候條件、能夠躲過轟炸已經算得上是小小奇蹟。一名士兵說，「大雨往往把信件打濕，弄得字跡模糊，無法辨認」，但大家還是把它們當寶。「好的時候，我們一年可能可以接到兩次信，但如果情勢不好，信件也會變少。每當士兵接到信時，這信絕不是他的私人財產：整個一班人都聚在一起，聽他大聲讀信。」

美軍與南越軍的行動迫使北越與越共單位經常、迅速地移防。軍醫唐翠沉談到，被迫放棄山裡的據點讓她多麼心痛。充滿浪漫情懷的她，已經愛上這所原始的小小醫院：「或許，最讓人傷感的事莫過於撤離——房子放棄了，房裡家具已經搬空，沒有一點生氣。今天下午，當我從森林回到診所時，敵人已經不遠——我望著這些可愛的房子，滿腔怒火……這裡的一石一木都是我們不辭勞苦的成果。一旦離開這個地方，何年何月才能重溫舊夢？」

第二天一早，一長列戰士、挑夫與醫療人員上路，他們用擔架抬著傷員病患，還盡可能地將醫療補給背在背上：「我們蹣跚攀爬上山，我們臉上汗流如注，但不敢停下休息。我們實在太疲累，我不得不哄幾個人回來，幫我們抬最後三個擔架。一個名叫『簡』的斷了腿的傷兵落在最後一波……我找了一個學生，一個叫『莉』的小女孩幫我背他。『簡』是個大塊頭，我們兩個人背不動他，只能拖著他走短短一段路。」她找來兩名游擊隊把「簡」背到一處藏身地點。第二天，她隔著群山遙望，只見醫院遺址冒出濃煙，不禁淚流滿面。

在整個越戰期間，美國與西貢政權投入龐大人力物力，意圖摧毀民族解放陣線一般設在高棉邊界附近小聚落中的總部，但都未能如願。張如堂在從監獄獲釋後，對他跋涉兩星期、從湄公河三角洲抵達的南方局——當時位在所謂魚鉤地區的米莫（Mimot）橡膠園——有以下一段描述：「它給我的第一個印象是跨越小徑的一座木碉堡，與一個大約有十名警衛的管制站，管制站召來一些騎著腳踏車的士兵，引領新來的人前往藏在附近叢林中一間供客人歇息的草屋。」新來的人發現，南方局總部建築與簡樸的農舍沒有兩樣：「走到近處，你可以看見從那裡伸展開來的隧道與碉堡系統，而且就像一直以來一樣……實踐北越政治局指示、協調黨與民族解放陣線作業的，是人，是一個領導群，而不是地方。」

像張如堂這類生活在大都市的黨親貴，很難適應這種「像被狩獵的野獸一樣」的日子。他的唯一財產就是兩套黑色睡衣、內褲、一頂蚊帳與幾平方碼的塑膠布，可以互相交換做為露營屋頂和雨衣。越共戰士也一樣，只不過他們多了一個叫「象膽」的東西。所謂「象膽」是用棉布捲成的長筒，裡面裝米，戰士在出發時把它背在肩上。由於經常挨餓，越共戰士會種菜、獵殺野獸佐餐。若在一個地方停留夠久，他們還會養雞養豬，養肥了送上「黃勤[3]」（Hoang Cam）灶烹成佳餚。民族解放陣線領導人不時也會享用象肉、虎肉、野狗肉、猴肉等等，對慣於錦衣玉食的張如堂來說，這一切都難以下嚥。與阮安上校不一樣，張如堂認為吃象肉「像啃塑膠做的舊鞋子一樣，硬得咬不動」。越共還抓捕繞著煤油燈亂飛的叢林大飛蛾，切了兩翼然後用火烤了吃，張如堂比較喜歡吃這種飛蛾。

對張如堂等許多共產黨員而言，就像那些走霉運的越南、高棉與寮國農民一樣，最是揮之不去的戰時記憶就是B-52的「弧光」（Arc Light）空襲。南方局與北越軍主力部隊，一般都能從停在關島與沖繩外海跟監美機起飛的蘇聯情報拖網船處接獲美機即將來襲的警報，北越雷達也能偵知從泰國飛來的美機編隊。高級幹部與他們的幕僚，在以徒步或以騎腳踏車方式撤離目標區以前，還能抓一些米糧，帶幾件財物。但有時，轟炸機與石破天驚的爆炸仍能逮到他們。張如堂寫道，「震耳欲聾的轟隆聲由遠而近，直直朝我們的陣地逼來。隨即，當大難臨頭時，每個人都緊貼地面，有人

3 譯注：黃勤灶，一種可以散煙的水平式煙囪，由游擊隊司令黃勤所發明，因此得名。

暗自呻吟，有人強忍著渾身顫抖。一陣陣天搖地動，把我們都埋在土裡。」有些人向列寧或「胡叔叔」禱告，不過大多數人還是會祈求佛主保佑。

「一千碼外的爆炸震波能撕裂耳膜，讓許多受害者永久耳聾，讓人迷糊渾噩，不知身在何處。炸彈若在五百碼內爆炸，能震垮未經強化的碉堡圍牆，活埋躲在裡面的人……在最初幾次遭到B-52攻擊時，我覺得世界末日到了：那是一種絕對的恐怖。你的腦子大叫，要你逃出碉堡，但你的身體機能已經失控。」有一次當一個蘇聯代表團到訪時，南方局遭到B-52攻擊：那些俄國客人事後感到很丟臉，因為他們顯然尿濕了褲子。張如堂寫道：「那些訪客其實大可不必感到丟臉，因為他們的主人早已習慣了同樣經驗。」

有時，張如堂與同事們在B-52「弧光」轟炸結束後回到南方局，發現一切都空了：「彷彿一把大鐮刀掃過叢林，將巨型柚木像割草一樣切成數不清的億萬碎片。草屋群聚徹底毀滅，食物、衣服、補給、文件，一切全都泡湯。它們以一種令人驚恐的方式不再存在……炸彈造成巨型彈坑，足有三十英尺長，深度也差不多。在雨季期間它們注滿水，成了養鴨、養魚的水塘。」

張如堂還發現，一旦對這些轟炸習以為常之後，震撼與恐怖為「一種極度宿命論取代，B-52讓我們對人生有了新省思。許多劫後餘生的人發現，經歷過B-52的轟炸，他們能以更安詳、更豁達的眼光觀察一切。這個教訓始終在我腦際盤旋，後來不只一次幫我安然面對死亡。」

◎西貢軍人

戰爭結束後，一名美軍將領寫道，令人費解的是，「為什麼敵人顯然比南越人打得好得多？」道格・蘭賽說，「若將一般南越軍官與他的越共對手相比，就會發現兩者之間天差地遠，越共軍官更具企圖心，你就知道南越根本贏不了。」越共嘲諷地說，西貢政權的唯一受益人是和尚、妓女、美國人與將領。但也有一些南越人像美國人一樣，相信自己是在為正義而戰，而且也打得奮不顧身。飛行員陳衛（Tran Hoi，譯音）說，「他們的慷慨讓我敬服，特別是美國空軍，無論我們要什麼，甚至是給孩子的玩具，他們都有求必應。」

陳衛駕一架螺旋槳驅動的道格拉斯（Douglas）A-1「天襲者」戰機，出過多次空中掩護與地面攻擊任務。他的「天襲者」戰機裝備二點七五英寸火箭與幾枚兩百五十磅炸彈，外加四門二十公厘機砲。在艷陽天，當他爬進座艙點火做起飛前準備時，座艙與它的金屬內裝熱得燙人，不過一旦升空，座艙立即充滿令人喜悅的清涼。陳衛喜歡飛，喜歡以離地表僅僅五十英尺高度做超低空飛行，一飛許多英里。他毫不猶豫地執行日常掃射任務，因為他相信他站在正義的一方。一天在奉命攻擊一堆茅屋時，他用無線電向基地報告說他沒有見到敵人，只見到一名男子正在茅屋邊溜狗。無線電回覆說情報當局確定共產黨剛剛進駐，管制員要他「把它轟了！」陳衛毫不遲疑地投下他的燃燒彈：「我知道共產黨狡猾得很。」

又有一天，他與他的僚機奉命攻擊一艘沿湄公河河口而上的大帆船，他們很快找到這個目標，發現船上掛著西貢旗。管制員說，不要管那旗幟，那只是障眼法，陳衛於是翻轉機身，俯衝而下，射出兩枚火箭。火箭擊中大帆船船體，一群黑衣人立即從艙裡冒出來，跳船逃生。陳衛再次俯衝，用機砲掃射那些在混濁河水裡掙扎逃生的人。但他的僚機只在那帆船上空飛掠而過，沒有開火。這是那僚機飛行員的第一次戰鬥任務，他激動地叫著說，「我下不了手！那太殘忍！」陳衛在兩人返航途中用無線電指斥他的僚機，「這是我們的職責，我們不是鬧著玩的。除非你改變主意，否則你最好請調。」他那位年輕戰友後來沒有再怯過場。

由於身為南越空軍飛行員，陳衛在南越是特權階級。但戰爭的主要擔子落在士兵肩上，而大多數士兵最關心的頭號大事就是生存。當美軍顧問提出激進的行動建議時，南越軍軍官的反應總是「不行，辦不到，太危險」。有一次，麥克・蘇登與一隊南越保安軍一起出夜間任務，那隊保安軍士兵帶著活雞與鐵鍋，一路上雞在叫，鐵鍋也鏘鏘作響，好不熱鬧。蘇登要他們把那些鍋碗瓢盆拋下，但他們的帶隊軍官不肯，堅持必須隨身攜帶烹煮口糧的工具。「當然，他們的真正用意是發出足夠響聲，好讓越共早早避開。」蘇登的醫護兵普里斯頓・包德（Preston Boyd）是蘇族（Sioux）印地安人，很喜歡用他帶的那支瑞典造K型輕機槍。在一連兩夜與越共遭遇，眼見那些南越保安軍丟下武器就跑之後，包德對他們說，「今天晚上你們再跑，我就親自收拾你們。」

但他們有這種行徑，其實也不足為怪。約瑟夫・海勒（Joseph Heller）的《第二十二條軍規》（*Catch-22*）有一個主題就是：每當一名飛行員認為自己即將完成在越南應飛的戰鬥任務配額時，他那名瘋狂的指揮官就會增加配額。南越那些徵來的兵處境更糟：根本沒有配額，他們必須不斷打下去，而與他們並肩作戰的美軍只需服役一年就能調防。西貢訓練系統在一九六六年訓練了十五萬九千一百三十八名新兵，四年以後訓練新兵人數高達五十萬三千七百四十人。逃兵蔚為風氣，而且就像所有的戰爭一樣，風險最高的兵種——步兵，逃兵情況最嚴重。被抓回來的逃兵訴說所以潛逃的理由，根據案例多寡依序為：想家、不願作戰、與上司的個人仇怨以及無力養家。所有南越官兵的軍餉都低得可憐：小兵的軍餉只有平民勞工工資的一半，一發一〇五公厘砲彈的成本就比一名少校一個月的軍餉還多。在一九六四至一九七二年間，消費者物價漲了九倍，米價漲了十二倍，但軍餉只增了一倍。一名尉官說：「我從沒動過結婚的念頭，因為我不知道自己什麼時候會死，而我也不想讓心愛的人受苦。基於同樣理由，只要能有選擇，也沒有女孩願意嫁給軍人。」

富有的越南人或許能啃螃蟹、喝肉湯、吃鮮魚、享用辣味牛排、燉鴨飯，飯後再進點蓮子。財運略差的人也很少挨餓，最填不飽肚子的是那些保衛國家的軍人。由於米糧遭軍官盜領，軍人甚至在軍營裡都會挨餓。許多士兵暗中兼職當計程車司機、教師、建築工人。一名美軍顧問發現，只要他不在，他那名南越軍駕駛兵就把他們的吉普車出租。軍官與士兵都說，「空著肚子要我們怎麼打仗？……要走『正確路線』當個堂堂正正的人，『首先得填飽肚子才行』。」美軍戰鬥口糧每餐含三千八百卡路里，南越士兵就算運氣超好，真能領到口糧，每天領到的口糧卡路里含量也比這少了一半以上。

一名將軍談到，低階軍官把領到的口糧大部分拿回家，養家糊口：「我見到步兵學校教官在出發作野戰演練時，在背包裏塞一片白麵包或一個飯糰。他們只能吃得起這樣的早餐與午餐……許多軍官為了養家，欠了一大堆債。」高階軍官不乏發國難財的，大賣打字機、香菸、本田機車，甚至將克雷莫雷與手榴彈賣給敵人。套用一名民族解放陣線幹部的話說，「我們從美軍的南越戰友處買來克雷莫殺傷雷，不少美軍就死在這些兇器下。」共產黨對M-16沒有興趣，與美軍一樣，也認為AK-47比M-16強得多，但共產黨極力搶購美軍使用的PRC-25無線電。

西貢的軍人由於健康條件不佳，得霍亂或瘧疾的機率比戰死沙場的機率高得多。護士菲麗絲·布林（Phyllis Breen）有一次在為一名南越士兵插導管時，駭然發現一條巨型絛蟲從那名士兵體內鑽出來。在一九六六年，南越只有一千名醫生，其中七百人被徵召服役。但許多傷兵寧願蹣跚返鄉，也不願忍受軍醫院駭人聽聞的可怕條件。只是軍方設於頭頓的截癱中心仍然擠滿五百名幾乎以此為家的殘障軍人，他們不肯出院是因為他們無家可歸。吳氏芳（Ngo Thi Bong，譯音）的長子「文」在一次與南越軍的戰鬥中喪生，在之後前往現場為「文」收屍時，她發現「文」被迫擊砲彈炸得屍骨碎裂，她得自己動手把兒子的殘屍碎骨撿進一個垃圾袋裡。她極力搜尋，但一直找不到「文」的左臂。因此，根據佛教教義，年輕的「文」的魂魄將永遠徘徊，哀悼自己失去的左臂。

英國記者理查·威斯特（Richard West）在一九六七年寫道，「當你聽完美國人、韓國人或澳洲人作的簡報之後再聽越南人的簡報時，你會訝然發現其中一個最大的差異。這些外國人都非常起勁，越南人卻顯得意興闌珊。各式各樣外國人在越南已經橫行霸道了太久，越南人對所有外國人都已經厭倦了。」南越的情況無疑正是這樣。但在北越軍中仍有許多像唐翠沉醫生這樣的革命志士，一天晚上，她暫時歇息在不久前遭美軍毀掉的一座小荒村，與她一起露宿的那些村民找不到煮米的柴火。但唐翠沉仍然信心十足地寫道：「我們沒有戰敗，敵人燒了這房子，但我們可以再造一間屋。這不難，幾片棕櫚葉就夠了。活在戰時，人生為的就是戰鬥與工作，生活需求非常少。我們只需一碗搭配醃魚的米、一塊可以鋪在彈坑裡的塑膠布，衣物與鹽巴放在兩個籃子裡，以便敵人來到時，可以扛在肩上就走。」

就像許多活在戰爭年代的青年男女一樣，唐翠沉也因為同生共死的艱苦、奮鬥、犧牲經驗的共享而慷慨激昂。誰又能批判她那種絕處奮起的浪漫？此外，她自幼耳濡目染，在政治環境薰陶下，她對「她的」革命也從未有絲毫懷疑。但如果詹森總統或魏摩蘭將軍看了她的日記，最讓他們心驚膽戰的或許是，他們無法想像任何南越人能有像唐翠沉這樣的堅定信心。

第 18 章

春節攻勢

Tet

◎序幕

對當時身在越南的任何一個越南人或美國人來說，那都是一個永遠忘不了的中國新年。若有人問「那個春節（Tet）你在哪裡？」他指的一定是一九六八年一月三十日以及之後那幾周。黎筍親自負責在南越發動一項攻勢，這項攻勢最後以失敗告終，損失慘重。黎筍原以為共產黨這項攻勢能在南越各地引起民眾暴動，結果只有幾百名南越人響應。換成在一個開放社會，這樣的慘敗會讓那主導人垮台，名譽與信用掃地。但結果是，它迫使林登・詹森揮別總統寶座，也毀了美國人民打贏越戰的意志。這場春節攻勢成為現代戰爭一項重要真理的驚人啟示：軍事標準不能完全、甚至不能在重大程度上決定戰爭成敗。認知是重要關鍵，而發生在一九六八年二月的這次事件成為美軍的一項認知慘禍。共產黨只不過展現出將南越推入毀滅與死亡的能力就能穩操勝券——儘管毀滅與死亡的，主要是越共與走霉運的旁觀者。

春節攻勢的故事在一九六七年初夏展開，當時河內中央軍事委員會內部陷入激爭。自前一年起，中央軍委們有一項協議，一旦條件成熟，就應該在南越發動一場「全面叛亂起義」。黎筍、黎德壽與南方局首腦阮志清認為這個時機已經到了，堅決主張展開決定性一擊。但另一方面，武元甲、另一名資深將領與已經老邁無力的胡志明主張維持現有叛亂步調，一面與美國人展開談判。胡志明之所以主張謹慎，是因為他相信這是一場長期鬥爭，大舉發動攻勢會遭致重大損失，削弱共產黨的戰略地位。這時已有四十九萬兩千名美軍進駐越南，另有六萬一千名盟軍派遣軍，三十四萬兩千名南越軍，以及二十八萬四千名地區保安軍與民團。軍方超過半數的死傷都來自南越軍與這些民兵。此外，盟軍方面還有兩千六百架固定翼戰機、三千架直升機與三千五百輛裝甲車作為支援。

但北越外交部長提出一項報告，強調美國國內反戰勢力高漲，讓主張發動「大戰」的北越首腦大為鼓舞。這名外長也支持「邊打邊談」、雙管齊下的策略。黎筍並不排斥談判，他只是認為，只有在展現共產黨的手段與意志以後才能展開談判過程。民族解放陣線駐河內代表團一名成員告訴一名俄國外交官，「只有在美國人重創我們，或我們重創美國人以後，談判才會展開。一切都得由戰場勝負決定。」當了武元甲副手十五年的萬先勇（Van Tien Dung，譯音）將軍，原是農家子弟，年輕時在紡織廠當工人，幾乎不識字。這時的萬先勇，由於不滿武元甲對他凡事操控，轉而支持黎筍的春節攻勢計畫，成為計畫主要策畫人。也因為他，這項計畫混亂無章。

那年六月，「前進派」占得上風，達成「六七—六八年計畫」協議。中央軍委的十三號決議下令「全面努力……贏取一項決定性勝利」。俄國人與中國人都主張稍安勿躁，但一名北越軍官事後說，「如果你想取勝，必須把游擊式抗爭升高為大規模傳統戰爭。」黎筍預言，「會有五十萬人民為了我們而拿起武器。」南方局首腦阮志清在返回南越的惜別宴上心臟病發，在七月六日死於河內一〇八號軍醫院。沒隔多久，武元甲啟程前往匈牙利接受腎結石治療。九月五日，老邁的胡志明飛往北京「休養」。沒有理由相信這些重量級人物相繼出走是一項陰謀，不過黎筍因此更能主控全局是事實。當胡志明於十二月二十一日返回河內時，這項代號「光中」（Quang Trung）的攻勢計畫細節幾已定案。

越共在一九六七年冬季發動幾次猛攻，一方面磨利自己的矛頭，再者也為了測試敵軍實力，為即將展開的「大推進」作準備。十月二十九日，越共大舉進攻祿寧，沒多久對得蘇也發動攻勢。十一月四日夜，在迫擊砲火支援下，兩營越共突襲該禮（Cai Lay）省城，五十六名守軍與平民喪生，共產黨方面死了三十六人。越共逃兵告訴政府審訊人員說，共產黨正在大舉徵兵，準備發動一場「讓光榮對民族解放陣線展開笑容」的攻勢。不識字的四十多歲越共戰士白梅（Ba Me）對三角洲一名農民說，一九六八年會是決定性的一年。白梅惡名昭彰，經常挪用公款與猥褻村中婦女，只因為他能打仗，他的主管還能勉強容忍他。也難怪聽到白梅這番話的情報官對他的說詞不以為意，因為越共每年都作出這類狂妄自大的保證。

武元甲的部屬直到老死一直認定，武元甲之所以繼續留在匈牙利，是因為他擔心一旦返回越南會失去自由。一九六七年下半年，河內政情發生動盪，武元甲的一些重要部屬中槍落馬。軍階為大校的武元甲首席機要秘書被監禁，軍事作戰局與軍事情報局主任以及其他三十名重要人物被革職，其中包括胡志明的前私人秘書與國防部副部長。那名副部長被控「修正主義」與「陰謀對付政治局」。造成一九六七年七月、十月與十二月相繼出現的這三波整肅的主因，似乎是中、蘇意識形態分裂，而不是有關春節攻勢的爭議。但整肅的結果是，武元甲的盟友大多下台，武元甲本人在政治局仍保有一席之地，只不過影響力已今非昔比。

這時已經七十七歲的胡志明，情況也一樣。十二月二十八日，一項有關起義的特別簡報在胡志明住處附近一座建築物內舉行。見到胡志明在會後蹣跚走回住處的一名目擊者說，胡志明看起來既憔悴又悶悶不樂。三天以後，胡志明回到北京接受後續治療，沒有出席攻勢展開前的高峰會。那次高峰會於一月在河內郊外三十英里舉行，黎筍在會中詳細說明他的計畫。直到一月十五日才作成最後決定，在春節發動攻勢，將民族解放陣線的春節休兵承諾完全拋在一邊。龍庭還犯了一項粗心大意之錯：它沒有注意到，根據最新的曆法改革，北越在一月二十九日過年，南越要到一月三十日才過年，差了二十四小時。這項混淆造成春節攻勢無法同步展開：有些地方發動得早，有些地方發動得晚。

一九六八年一月二十五日，武元甲從布達佩斯前往北京，與胡志明面談，不過談話內容無從得知。武元甲終於在五天後返回北越，接受軍事作戰局新局長的攻勢計畫簡報。他默認了這項計畫，但對自己的羽翼凋零始終不快。民族解放陣線印了新貨幣運往南方，代號「68商品」。黎德壽以南方局副黨委書記身分前往南方，直到五月一直保有這個身分，兩名將領也奉派向越共單位作簡報。

「春節總攻勢—總起義」的首要目標是摧毀三或四個南越師，從而毀掉西貢政權的信譽。比五角大廈或軍援越南顧問團訂定的每一項計畫都更加異想天開的這項計畫，要求「殲滅」三十萬「傀儡政權軍隊」與十五萬美軍，還要在南越都市地區「解放」五百到八百萬人民。在攻勢展開以前，共軍要在春節前於鄉間發動猛烈攻擊，誘使南越軍與美軍離開城市。四個北越師將進駐北部戰區，從西方的溪山部署到海岸附近，負責「殲滅」兩萬到三萬敵軍，包括五到七個美軍步兵營。有些軍官一再表示，面對敵人強大的火力，這樣的目標很難達成。陳文茶（Tran Van Tra，譯音）將軍事後說：「我們訂的戰略目標……不切實際，他們低估了美國的反應與能力。」但黎筍毫不退讓，並表示即使攻勢未能果如預期引發民眾暴動也沒有關係。他說，能取得這個經驗本身已經值回票價：「卡斯楚同志的軍隊對古巴城市發動了三次攻擊才終於取勝。」就算叛軍沒能占領南越的城市，「整個鄉間與山區叢林也是我們的。」

魏摩蘭在一九六八年初已經很清楚共產黨在計畫一場大行動，但不確定它的性質。軍援越南顧問團的一封電報提出警告說，敵人展現「一種非常不尋常的幹勁」，顯然正計畫「一項協調攻勢」。但問題總是一樣：如何分辨哪些是老生常談的革命宣傳，那些是河內的真正意圖。對武元甲的邊緣化，美國人仍然不以為意。但早在一九六七年十一月，在西貢當了近三年情報分析師的中情局專家約瑟夫・哈維（Joseph Hovey），已經作了一項極具先見之明的評估。他針對戰俘審訊記錄、敵軍補給活動更加頻繁以及北越孩子十四歲起就要服兵役等事實進行研究。有跡象顯示，共產

黨情報單位對越南共和軍比過去更有興趣，最近在地區保安軍內部破獲的一個七人越共諜報組織就是明證。美國人知道中國正將大批武器交運北越，而且這次不是軍購，而是贈予。此外，河內與莫斯科也在九月二十三日簽了新援助協定。

哈維將所有這些蛛絲馬跡整理分析，達成結論說，共產黨會繼續在邊界地區施壓，以牽制盟軍兵力，以「紓緩越共和北越軍在人口集中地區活動受到的壓力」。但他寫道，真正的目標是發動「早已保證的『總起義』，為達到這項目標，越共和北越軍已經為自己訂下任務，要在南越占領並且守住一些都市中心，並孤立其他許多中心……以打破美國的『侵略意志』，迫使美國人同意撤出南越」。哈維說，他同意共產黨訂下的這些目標並不實際，但這不表示他們不會企圖完成這些目標。哈維說，就算這項攻勢在軍事意義上失敗，由於適逢美國大選年，它對盟軍的作戰努力也會造成癱瘓性政治損傷。

十一月十七日，民族解放陣線提出一項春節休兵七天的建議，西貢認為，民解此舉意在為組織越共後勤提供一個喘息空間，為另一次大攻勢作準備。到十二月，通過北段胡志明小徑的卡車達六千輛次，比之前一個月多了一倍。一名共幹後來說，在十二月與翌年一月，共產黨的「殺暴君與間諜運動」幹掉了三百人。所謂「暴君與間諜」指的是南越政府官員或支持者。十二月十九日，軍援越南顧問團分析專家詹姆斯．米夏（James Meacham）寫道：「消息已經傳出，越共將從現在起直到春節，對西貢美國人發動全面恐怖攻擊。我們的南越共和軍戰友非常關切——有記憶以來，他們這樣關切這還是頭一遭。這是很壞的徵兆，因為他們對越共的了解比我們強得太多。」讓人更加提心吊膽的是，一份虜獲的文件顯示，自之前的八月分起，包括許多女性的共產黨諜報人員就在積極蒐集南越重要機構的情報，不僅對西貢情報部，對情報部總部內部的結構也知之甚詳。

一九六八年一月一日，河內電台播出胡志明寫的一首詩：「今年的春天比往年更光明／國土各處傳來的勝利蔚為欣喜的浪潮／前進！全面勝利是我們的。」「發動全面攻勢的時機已至，總起義的機會近在咫尺……要用非常強勢的軍事攻擊協調地方百姓的起義，以攻取小鎮與城市。」同一天，美軍虜獲利用春節對百里居省發動攻擊的命令。一月二十二日，魏摩蘭向白宮示警，說共產黨可能在春節前展示武力。第二天，北韓在外海抓了美國海軍電子偵測艦「普布魯號」（Pueblo）與艦上官兵，引發一場讓美國政府分心的危機。有人一直認定，普布魯號事件是共產黨陣營刻意造出的事端，這種說法很有可能屬實：北京當然會鼓動平壤向華府挑釁。

一名被押著北上胡志明小徑的美軍戰俘，在途中遇到沿小徑南下加入攻勢的北越軍，這些北越軍穿著新的綠制服與網球鞋，而不是一般的用輪胎橡膠做的涼鞋：「他們看起來精神抖擻、健康、沉著而有自信。」其中一名北越軍扛著七十五公厘榴彈砲車輪，自稱參加過奠邊府戰役——他承認，他發現今天的山勢似乎比一九五四年略微陡峭了些。但他也得意地指出，現在一些年輕人可以背負超過一百磅的重負，比當年對付法國人時的那些越盟挑夫強得多。美軍戰俘問他，北越軍對美軍有何看法。那名北越軍說，美軍做一件事在一開始能做得很好，但欠缺耐性。他說陸戰隊很勇猛，但認為沒有美軍比得上北越軍的戰意與經驗。之後押解他的共軍催他上路，讓他印象深刻的是，他們對他似乎並無敵意。他心想，或許只要經過一次B-52轟炸，他們就會改變主意了。

當一支美軍陸戰隊特遣隊抵達寮國邊界附近一座大型美軍火力基地時，只見基地周邊一側養殖場上咖啡豆低垂在枝上。新到美軍向走在網狀鋼板鋪成的跑道邊的一名步兵問道，「老兄，這地方叫什麼名子啊？」那名陸戰隊員答道，「這是溪山，會讓你這輩子忘不了。」溪山是美軍奉魏摩蘭

手喻，在叢林闖出的一片紅土上打造的基地，就彷彿「叢林中的一道創口」一樣。一九六八年的第一個重大事件就是，共產黨開始在基地附近大舉增兵，向陸戰隊叫板挑釁的意味益趨濃厚。

雖說這場戰爭已經打了很久，當北越第三〇四師於一九六七年十一月南下時，它的軍官與士兵戰鬥經驗豐富者寥寥無幾。一月二日晚，第九團指揮群展開一項奇險無比的偵察行動：他們穿著美軍迷彩服，朝位於舊法國（從寮國通往海岸的）九號海岸公路上的溪山哨所進發。他們斜掛著武器，一路上高聲喧嚷，還有人唱著歌。他們在來到車邦河（Tchepone River）附近時，遭美軍攔阻，用英語質問。他們答不上來，美軍隨即開火，殺了一名北越團級參謀長與爆破營一名副營長。團長失蹤，後來在叢林裡發現觸雷重傷的他。

再往東走，隨著共產黨不斷伏擊美軍與南越軍車隊，騷擾沿線火力基地，九號公路見證了多起衝突，溪山開始依靠空中補給。兩個進駐這個地區的北越師，意圖迫使美軍從東部抽調兵力，特別希望能藉以削弱順化附近美軍的實力。由於順化是越南國家一統的象徵，是即將展開的這場大攻勢的主要目標。北越軍另派有兩個師部署在海岸附近的瓜越河（Cua Viet）地區。開戰以來頭一遭，龍庭還投入幾輛戰車支援這些部隊。計畫原本預定二月底發動攻擊，之後提前一個月展開，令共軍指揮官們憂心忡忡，因為他們貯存的彈藥與米糧都不敷使用。

圍在溪山附近的兩個北越師開始對駐有六千美軍的溪山陸戰隊基地展開間歇性砲擊，使基地的運補跑道險象環生。在整個一月與二月，對溪山基地的騷擾成為全球性大新聞。魏摩蘭認為，武元甲有意把溪山變成又一個奠邊府，這個比喻正對媒體胃口，讓媒體大作文章，不過魏摩蘭又加了一句話：共產黨想複製當年越盟的勝利，門都沒有。溪山基地開始日復一日遭到砲擊，電視新聞影片顯示，記者穿著防彈背心對著攝影機講話，同時陸戰隊員冒著砲火，從剛抵達的運補飛機搶卸補給。在春節前後那一段時間，由 Combat Skyspot 雷達導引的 B-52 飛了兩千五百四十八架次，在溪山附近投下六萬噸炸彈，有些炸彈在距陸戰隊陣地不到一千碼處爆炸，溪山基地成了一再上演的驚悚劇的場景。亨利．威爾方（Henry Wildfang）准尉駕一架遭共軍砲火擊損、兩翼起火的C-130不但在溪山成功降落，降落時還繞了幾個彎，以免撞及停在跑道上的飛機。威爾方因此獲頒他的第五枚飛行殊勳十字章（Distinguished Flying Cross）。而類似英勇事跡在溪山戰場上不斷上演。

軍援越南指揮部全力投入溪山戰役，詹森總統還在白宮裝了一幅它的壁畫照。但儘管附近山區以海拔高度命名的九五〇、八八一、八六一與五五八號美軍陣地不斷發生激戰，溪山主陣地始終沒有遭到猛攻。有些評論員因此認為，魏摩蘭自甘成為敵軍一項極其高明的佯攻的犧牲者。儘管像過去一樣，共產黨付出較美軍高得多的人命代價，詹姆斯．渥茲（James Wirtz）認為，共產黨利用溪山「發出足夠噪音，讓人看不清他們洩露的、即將展開都市攻勢的訊號」。一名南越上校寫道，「溪山會像奠邊府一樣成為決戰角逐目標，我們的情報分析人員滿腦子想的都是這件事。但他們沒想到或許城市才是共產黨的首要目標……由於偏見與驕傲，我們的專家都相信敵人不具備攻擊城市的能力。」

魏摩蘭對溪山的重視也有太超過之嫌：像奠邊府一樣，溪山或許根本沒有派兵進駐的價值。更糟的是，他讓全世界都看到他把眼光盯在溪山，也因此，當敵人後來在其他地方發動主攻時，他像傻瓜一樣被牽著鼻子走，名譽也因此毀於一旦。不過，如果認為北越動用兩個師只為了聲東擊西也不正確。如果不是因為美軍砲火，特別是美軍空中火力支援太強，北越極可能全力奪下這個據點。共產黨軍官事後懊惱，當初沒有將這兩師部隊往更東的地方進駐——若能讓他們逼向順化就更理想了。

除了軍援越南指揮部以外，將溪山比為奠邊府的還大有人在。北越資深官員曾討論一九五四年的奠邊府之戰，發現美軍占領溪山附近高地，沒有重蹈法軍當年之錯。美軍的防守也令北越刮目相看，特別是美軍擁有幾乎無窮無盡的空中資源。魏摩蘭的過度反應傷及美方越戰大局，但共產黨將兵力集中在寮國邊界的作法對共軍戰略造成的傷害更大，只不過軍援越南指揮部的誤判成為新聞頭條，而河內的誤判無人聞問罷了。魏摩蘭與他的部屬相信這是一場美軍的戰爭，對共軍可能以南越軍為主攻目標的說法不予採信。

另一方面，美國決策失誤，華府也有無可推諉的責任：儘管有關敵軍活動的情報如潮湧而來，華府仍然決定繼續保持春節休兵。陷於內憂外患的詹森政府，一廂情願地將河內即將同意談判的暗示照單全收，因此堅持尊重休兵協議，讓許多南越軍放假回家度春節。此外，儘管魏摩蘭也發現共產黨可能有大陣仗，卻不肯取消自己的攻勢計畫，對華府不准他進兵寮國與高棉的事表示不滿。儘管美軍在南越境內破獲多處越共藏匿新武器的據點，包括在西貢附近的一處大型儲藏庫，也找到越共爆破兵在新山一出沒的證據，但魏摩蘭的參謀沒有把它們放在心上。

第二野戰軍（II Field Force）司令福瑞德．韋恩，將部隊調進西貢，還取消了自己預定的作戰計畫。韋恩原是陸軍情報官，常有人說他是唯一隨時處於備戰狀態的高階軍官。當共產黨發動總攻時，美軍能將二十七個完成戰備的營就近出動支援西貢，韋恩功不可沒。但韋恩只關注西貢地區，並未料到共產黨會發動全國性大攻勢。在春節攻勢結束後，魏摩蘭與他的高級部屬說他們料到共產黨將有所行動，這話固然沒錯，但他們沒有料到共產黨這項行動的規模竟能如此之大。此外，早自前一年夏天開始，許多美軍單位有至少半數時間處於最高警戒狀態，現在就算再對他們多說什麼，也不能讓他們有那種暴風雨將至的危機感了。美軍指揮官犯了兵法上一項最古老的錯：他們沒有採信約瑟夫．哈維之輩對黎筍意旨的解讀，因為這些解讀與軍援越南指揮部的邏輯不符。

◎恍惚

我們常說自殺炸彈客是二十一世紀的現象。但黎筍的攻勢所以得逞，主要因為在北越正規軍支援下的越共游擊隊，能抱著必死決心不顧一切完成他們的春節攻勢任務。共產黨一方面在溪山與其他蠻荒地區繼續作戰，同時還出動六萬六千名游擊隊，對南越四十四個省城中的三十六個、兩百四十五處地區中心中的六十四個發動攻擊。由於能展現這樣一種大規模協調作戰的能力，讓無數男女深受鼓舞，投入就算北越指揮官也大多認為不可能完成的任務。共產黨領導層竟能讓人民如此捨生忘死，讓全世界看得目瞪口呆，因他們掀起的腥風血雨而受害最深的，自然是那些南越百姓了。

一月二十七日早晨，南越軍虜獲幾卷民族解放陣線錄製、打算在占領電台以後播出的錄音帶，錄音帶中宣布占領西貢、峴港與順化，共產黨就這樣失去奇襲的重大優勢。此外，為了極力保密，攻擊命令遲遲未能下達，也造成共軍的戰備與協調都很貧乏。一月二十八日，南方局高級幹部正在「紅辦公室」。所謂「紅辦公室」指的是水草平原附近他們叫作「大西洋」的巨型沼澤中的一處避難所。他們菸著抽，享用從西貢送來的酒以及剛抓到的鮮魚，日子過得相對安適。越共指揮官巫文啟（Vo Van Kiet，譯音）與陳柏棟（Tran Bach Dang，譯音）正蹲坐在一張褥上，手裡握著筷子，突然騎機車的信差到來。信差交給他們一封標明「極緊急與極機密」字樣的信，信中說：「A7到A404：攻擊發起日，在農曆春節第一天與第二天間發起攻擊。攻擊發起時：午夜零點。這是向叔叔（Uncle Huong——政治局代號）的決定。」

他們非常驚恐，因為他們原以為攻擊發起時要五天以後才開始。現在他們必須在三天三夜內趕到西貢郊外的攻擊發起線。生在三角洲、當年四十二歲的老兵陳柏棟事後回憶說，「沒有人還有心情吃喝了。」他們立即拔營出發，穿著制服，但帶著便服、現金與同情越共的警員幫他們造的假證件，以備在西貢使用。有些游擊隊還把自己的草屋燒了，以示不成功就成仁、破釜沈舟的決心。沒隔多久，一千名游擊隊在巫文啟與陳柏棟領軍下踏上前往西貢的征途，其他幾十隊類似隊伍也紛紛出發，「整個水草平原北部擠滿不斷移動的人群」。由於適逢乾季，這批來自三角州的部隊經常用小船載運武器與彈藥。

這隊越共的指揮群預定在西貢郊外與當地游擊隊會合，一行人頂著酷暑，緩緩前進。他們運氣奇佳，雖說遠處經常傳來飛機引擎聲，但他們的行藏始終未遭暴露。入夜以後，隊伍行進速度更加放緩，巫文啟與陳柏棟用手電筒照著地圖，一路低聲計議著路線。從領隊、灰鬍子老兵到菜鳥新兵，每個人都極度亢奮，因為這些男男女女都是共產黨信徒。一月二十九日黎明前，他們停下腳步，在黨的一個區部的草屋中歇息，吃著年糕。接著情況突然惡化：直升機與飛機用火箭與機砲對他們駐紮的地區進行掃射。直升機在低空盤旋，低到機上門艙砲手的臉孔都清晰可見，巫文啟與陳柏棟堅持不准還擊。到中午，一切重歸平靜，美國人見到他們，也正確判斷他們是敵軍，不過未能掌握他們的兵力數字。這番空襲儘管聲勢驚人，只在幾艘舢舨上打了幾個洞而已。

從二十九日到三十日那個晚上，春節攻勢的第一波攻擊，由於春節日期差異造成的混淆而提前打響。峴港、濱海城芽莊與其他幾處北方人口中心淪為苦戰戰場。部署在南越，仍在朝西貢進發的越共部隊，在三十日周二上午九點四十五分意外聽到政府電台廣播，說由於夜間遭到攻擊，春節休兵已經取消。隆安省一名高幹說，這廣播讓他們大惑不解：「沒有人了解這是怎麼回事，難道我們這一切準備工作，不過是一種精心製作的欺敵？像這樣發動攻勢有任何軍事利益可圖嗎？」他們等著，相信無線電一定會傳來訊息，解答這些疑問，但沒有訊息傳來。那天清晨，走在隊伍最前方的巫文啟與陳柏棟抵達西貢近郊的會合點，他們直截了當告訴趕來會合的戰友：「情勢極端險惡。必

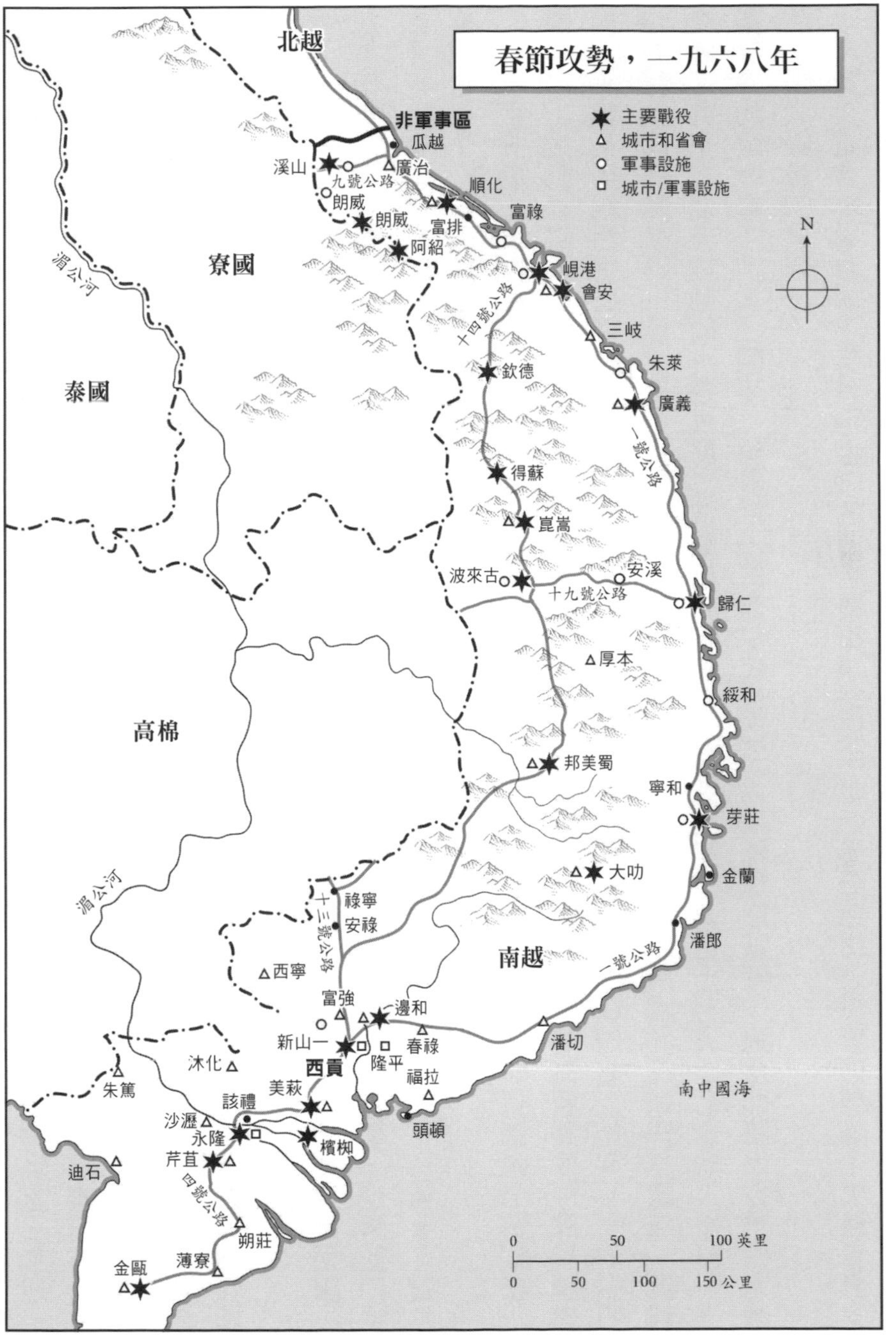
春節攻勢，一九六八年
主要戰役
城市和省會
軍事設施
城市/軍事設施
北越
非軍事區
瓜越
溪山
廣治
九號公路
朗威
朗威
順化
富祿
富排
阿紹
寮國
峴港
會安
湄公河
十四號公路
三岐
朱萊
欽德
廣義
泰國
一號公路
得蘇
崑嵩
安溪
波來古
十九號公路
歸仁
厚本
綏和
高棉
邦美蜀
寧和
芽莊
大叻
金蘭
湄公河
祿寧
十三號公路
安祿
潘郎
西寧
南越
一號公路
富強
邊和
新山一
春祿
潘切
沐化
西貢
隆平
福拉
朱篤
美萩
南中國海
該禮
沙瀝
頭頓
永隆
檳椥
芹苴
迪石
四號公路
朔莊
薄寮
金甌
N
0
50
100 英里
0
50
100
150 公里

須在今晚攻擊西貢！」

一名幹部以近乎絕望的聲音叫道：「我的天！我的天！我的天！」由於通信條件貧乏，加以一些軍官因春節休假，要在僅僅二十個小時內，將分散在鄉間的十個營兵力完城集結真是談何容易。此外，口糧與彈藥必須分發，還要為部隊指派嚮導。陳柏棟向他們發表誓師演說，最後還揚起拳頭高喊口號，「革命！攻擊！攻擊！」他事後說，當時在場的三千名共軍官兵也齊聲歡呼，聲震雲霄。他說，這是他們投入這場戰爭以來最興奮鼓舞的一刻。但另一名越共軍官對陳柏棟這番做作卻頗不以為然，認為陳柏棟沒有實際可行的計畫，一味藉助激情成不了事。

最後一天的行軍就在延誤與令人氣得冒煙的無奈中度過。他們涉水通過運河，快步穿過稻田，聽著西貢電台有關更偏北地區戰事的報導，飛過頭頂的飛機似乎仍然看不見他們的事，也讓他們納悶不已。夜幕低垂時，地方百姓站在屋外，望著魚貫而過的這群武裝人員。有人說，「何不在這裡慶祝新年？」有人送給他們年糕、醃菜與肉，讓他們可以邊走邊吃。

他們在晚上九點碰到一個露宿的越共營，讓陳柏棟暴怒的是，他發現那營的資深幹部倒臥在一塊板子上，已經喝醉了。那人勉強站起身，立正，向他敬禮說，「長官，我是副營長！」陳柏棟怒問：「營長與政治官到哪裡去了？」「長官，營長結婚去了，政委也應邀在婚宴上作客。」「你們沒有接到命令嗎？」「還沒有，長官。」這個營倉促集結，任務是攻擊西貢的國家警察總部。但到夜晚，共軍在北方發動的一些攻擊已遭擊潰：在芽莊，越共死了三百七十七人、七十七人被俘。守衛芽莊的政府軍八十八人戰死，另有三十二名平民死亡、六百棟房屋被毀。這是即將席捲整個南越的一場大毀滅的先聲。

負責越共這場春節攻勢政治作戰的陳杜將軍事後說，越共過分迷信意識形態理論，欠缺具體實際的軍事企畫，是這場攻勢註定失敗的主因。許多年以後，在春節攻勢北方主戰場作戰的一名高階軍官回憶說，領導層在接獲河內的命令時都很懊惱，因為命令只有短短幾個字：「發動總攻勢與起義，解放順化。」他說，他的腦海中當時很清晰地浮現列寧說過的一句話，「革命不是鬧著玩的。」他說，想解放順化，地方上的越共需要兩個團的北越正規軍、兩營砲兵外加四百噸彈藥支持。游擊隊雖說確實獲得北越軍若干增援，但當他們向順化進軍時根本不具備這些取勝的條件。

順化有人口十四萬，是越南第三大城，以順化為攻擊目標有一項大優勢：游擊隊從在地匿藏地點出發，只需一夜就能進抵順化市郊。越共已在鄰近據點挖了觀測碉堡，貯存了一千噸米糧。一月三十日下午，一隊隊越共開始向順化進發。根據共產黨的說法，一名游擊隊在渡河時被河水捲走，但他為了不讓同志們分心而沒有呼救；不過有的人寧可相信，他是因為嘴裡浸滿河水無法呼救。隨即，南越軍發現走在陽和（Duong Hoa）邊的另一支越共縱隊，召來砲兵攻擊，造成三十二人死傷。有些越共部隊迷了路，到發起線時已經錯過預定時間。

美軍軍事通信陷於飽和狀態，就算一些緊急電訊也遲遲無法下達。富排的攔截人員在一月三十日一早已經截獲訊號，知道北越即將對順化發動攻擊，但當相關電訊沿指揮管道送達時，順化美軍營區已經遇襲，它的四百名守軍已經陷於死戰。軍援越南指揮部後來引用福瑞德·韋恩二十九日晚上八點三十七分在本身防區發出的警報，說美國指揮官對這次攻擊並不意外，但許多美軍的行為顯示，他們並不知道危機迫近。三十日那天晚上，魏摩蘭的情報長斐爾·戴維森（Phil Davidson）准將早早返回宿舍休息。來自俄亥俄州潘城（Panesville）的小兵路易斯·普夫瑞（Louis Pumphrey），當時駐在西寧附近的定安（Di An），那天晚上在上床以前，愛玩錄音帶的普夫瑞為家人錄了一支錄音帶，其中包括他養的那隻蜘蛛猴發出的怪叫聲。他對著錄音帶說，「在寫好每天晚上的報告以後我就要睡了，他們說越共會利用春節發動攻擊。不過直到目前，一切平靜，看來不會有事了。」話音剛落，火箭開始在基地爆炸了。

一月三十日凌晨，一隊隊越共，伴著兩營穿著中國製漂亮新軍服的北越正規軍，在薄霧中蜿蜒向北穿過街道，前往建於一八〇二年的順化古堡城門，驚醒了許多居民。由於接獲巡邏隊敵軍逼近的報告，駐在順化東北角的南越共和軍第一師已經在兩個小時前警戒：空投照明彈很快就在夜空閃發光，綠色與紅色曳光彈也不時劃過天際。但儘管如此，共軍沒有遭到強烈抵抗。法蘭克・史考登的美國新聞處同事鮑伯・凱利（Bob Kelly）簡單記錄道，「越共進城了……沒有人攔阻！北越正規軍在地方越共簇擁下進城。地方越共戴白臂章、主力戴紅臂章、北越軍戴黃臂章。」

當共軍展開攻擊時，中年婦女吳氏芳與家人住在陳興道（Tran Hung Dao）街一〇三號家中。他們早已習慣於戰火，一開始對這次攻擊也沒什麼特別感覺。直到她帶著幾個兒子來到樓下，透過窗縫見到約二十名非常年輕的越共，吳氏芳才驚覺「我們要受罪了」。吳氏芳的先生在對法國的戰爭中戰死，一個兒子也在一九六六年服役於南越共和軍時遇害。在一月三十日周三清晨展開的混戰中，共軍占領大部分順化市、大城堡與城堡圍牆內的宮殿。但關鍵是，他們沒能占領芒卡（Mang Ca）的第一師指揮部，以及香江（Huong River）對岸南方一英里外的美軍顧問營區。許多南越軍人逃跑或找地方躲藏，共軍因此擄獲大批武器彈藥，還打開市監獄，將部分武器交給從獄裡釋出的幾百名越共犯人。爆破兵炸毀一輛停在附近三泰（Tam Thai）的一輛戰車，北越軍還在城北建立堅固的阻擊陣地。

二十六歲的陳伍輝（Tran Ngoc Hue，譯音）中尉聽到槍聲響起時，正在順化城牆內的家中。他帶領父母、妻子與女兒躲進家庭避難坑（所有謹慎的南越人都挖了這樣的坑），然後穿上便服騎上腳踏車，藉著夜色前往與他的部隊會合。他是第一師迅速反應部隊「黑豹」（Hac Bao）連連長，黑豹連兵員分散在順化城各地。陳伍輝突然發現自己隨著一隊北越軍往前走著，他們一心擺在自己的事上，沒有人注意他。在抵達順化城牆內側小機場邊的連部後，上級立即透過無線電令他趕往師部馳援。陳伍輝的連在北越即將發動攻擊前趕到師部，並且擊退了這次攻擊。他的一名固守在香江南岸省監獄的排長，在監獄被敵人攻破、戰死以前發出最後一道電文，請陳伍輝照顧他遺下的妻子與七名兒女。

在一月三十一日一整天，南越軍指揮部與美軍顧問營區戰火不歇，共軍用迫擊砲與一二二公厘火箭不斷打進來，美軍的LAW火箭也不斷往外射。共軍一度突破南越軍防衛周邊，直到守軍不得不命砲兵對準自己陣地開砲，才將共軍擊退。在之後許多天，南越軍一直能守住陣地。不過共產黨在附近太和宮金鑾殿建了總部，共幹開著擄獲的吉普車在城內亂逛，還抓了一堆與南越政權或美國人有瓜葛的男女老少。

當共軍展開攻擊時，范永定（Pham Van Dinh，譯音）少校所率的步兵第三團第二營，每五人就有一人休假。美軍顧問喬・包特（Joe Bolt）上尉發現自己無法召來空中或火力支援。三十一日那天中午，范永定奉命向城內進軍。他帶領兩百六十名官兵於下午三點左右抵達香江，隨即為奪取一處市場而與共軍發生激烈巷戰。范永定的手下大多數奮力死戰，因為他們的家眷大多住在現在遭共軍控制的地區——范永定本人也在很長一段時間過後才得知他的妻小已經逃亡，當了難民。第二天一早，他的一些手下攻擊大城堡城牆，結果都死在共軍砲火下。在之後的巷戰中，包特突圍進入美軍營區，從營區裡帶回裝滿一輛吉普車的彈藥與口糧。他還取得兩門一〇六公厘無後座力砲，事實證明，這對於擊退狙擊手的陣地非常寶貴。南越軍多次嘗試攻進大城堡，但都以失敗收場，共軍與南越軍透過共用無線電頻道互罵。戰鬥結束後，美軍對南越軍在順化之戰的表現表示不滿，說南越軍效率欠佳，這麼說固然有理，但南越軍的死傷數字證明他們並非都是懦夫。

吳氏芳的前門屋外躺著一名流著血的政府軍傷兵，但沒有人敢上前施救。後來一名共軍走到他身邊，補了一槍讓他斃命。沒隔多久，共軍進了她的家。這些越共也沒有惡言惡語，只是大言不慚地告訴吳氏芳，他們馬上要打贏了，識趣的人就幫他們。之後幾小時、幾天，游擊隊就在她家吃喝、分送傳單、唱黨歌。地方上一些低層階級，如黃包車夫等等，會為越共運送武器彈藥，但吳氏芳這類中產家庭不敢幹這種事。

那些扳著臉、不苟言笑的共軍，知道佛教徒不喜歡西貢政權，卻發現這些佛教徒對共產黨的革命也似乎興趣缺缺，讓他們很是不解。戰後，共產黨文獻承認，「如果要民眾起義，我們就得部署足夠強大的軍隊以保證勝利，這非常重要。」換句話說，僅僅憑藉革命熱忱還不夠，還得讓民眾相信河內的軍隊是勝利之師，但在順化大多數民眾眼裡，共軍還不像勝利之師。恐慌的難民湧入教堂、大學建築，很快就將美軍顧問營區擠得人滿為患。營區內由於缺水，許多難民只得喝橘子汽水，發現這東西實在難喝之至。順化之戰一直打到二月底，把這座越南古都毀了一半，數以千計百姓遇害。共軍堅守他們在第一天攻占的陣地，頑抗不退，美軍與南越軍全力苦戰，從他們手中一點一滴地奪回失土：這是整場戰役不斷演出的劇碼。駐在富排的「X光特遣隊」（Task Force X-Ray）奉命北上，是第一支馳援美軍顧問營區的美軍縱隊，但遭共軍痛擊，傷亡慘重。之後，增援美軍主要透過河運，不斷突圍進入美軍顧問營區。而美軍高級將領也一再下達一些不切實際的命令。陸戰隊第一營營長厄尼・齊山（Ernie Cheatham）中校在二月三日周六接獲的團長命令就是一個例子。這道命令說：「我要你穿過這座城市發動攻擊，把北越軍趕出去！」

美軍首先出動一百名陸戰隊員，跨越崇天橋（Truong Tien）北上進攻大城堡。這項自殺式攻擊以十死、五十六傷的慘敗收場。巷戰是一門專業戰技，美軍沒有受過相關訓練。他們只是沿著大道通衢冒然前進，淪為躲在建築物與瓦礫堆後面狙擊手的最佳獵物。直到幾周之後，付出了慘重的代價，美軍才終於學得教訓。在整個順化之役期間，美軍沒有校級以上軍官親臨戰場督戰，從北部的伊凡斯營（Camp Evans）到南部的富排，將領們只知道不斷下達一些不切實際的命令而已。

在戰事爆發頭十天，美軍迫於文化方面的顧忌，沒有對北越軍聚集的古皇城大城堡進行空襲與砲擊。相形之下，香江南岸的住宅區則先後遭到美軍一〇六公厘無後座力砲、催淚瓦斯彈與手榴彈猛轟。共軍在占領區「殺暴君，除惡棍」，殺了數以千計民眾。水、電供應兩缺，順化電台也沒了聲音。居民無分晝夜，只能任由無情戰火肆意宰割。

在幾乎整個二月期間，部分原因是魏摩蘭只將目光緊盯著溪山，部分也因為美軍指管機制、特別是情報的中斷，魏摩蘭嚴重低估了共軍投入順化與附近地區的兵力規模。陸戰隊與陸軍指揮官認定，共軍部署在順化與附近地區的兵力不超過兩千人，但共軍實際部署兵力比這個數多五倍。也因此，美軍不斷將相對較弱的兵力投入順化，讓共軍得以個個擊破。河內這場春節攻勢取得的宣傳戰勝利，有相當一部分來自順化之戰的曠日持久。美軍在順化之戰所以打得那麼辛苦，將在地主導權讓給敵軍也是重要因素。前後許多天時間，美軍指揮部一直自欺欺人地認為，順化不過是共產黨在春節攻勢中吃到眾多敗仗中的一場罷了。實際上，順化之戰是共產黨迄今為止，在這場攻勢中的最大勝仗。北越軍與越共讓順化之戰成為一場堪與一九四二年美軍科雷希多島（Corregidor）保衛戰比擬的傳奇：一場註定失敗，但英勇壯烈的戰役。

在戰事進行到第四天，第十二騎兵團第二營奉命南下攻擊順化。第二營情報官查爾斯・克隆（Charles Krohn）上尉，把他的營的命運與克里米亞戰爭期間英軍輕騎兵旅（Light Brigade）的自殺式衝鋒相提並論：「我們只前進了大約兩百碼，但就像當年的輕騎兵旅一樣，我們只是為據險固守的敵軍帶來一波波活靶而已……美軍沒有理由用一個營的兵力，跨越毫無屏障的空曠地區攻擊要塞化的北越軍。」克隆寫道，二月四日那天，他們在順化北方四英里的一個小村與共軍遭遇：「我軍四百人發動衝鋒，好些人還沒跨出第一步就被共軍砲火掃倒。當我們衝到另一邊時，已有九死四十八傷……我們（頂多）只殺了八名北越軍，抓了四個人……在向團部提出的戰報中，我們為了讓自己好過，一廂情願地加油添醋，誇大戰果，但私下裡我們知道敵軍根本毫髮未傷。」

克隆看著醫護兵強尼．勞（Johnny Lau）的屍體送上一架醫療直升機：「我們在發動攻擊前談了一會兒，他告訴我，他來自加州沙加緬度（Sacramento），家族經營雜貨生意。當攻擊命令下達時，我們正討論怎麼用薑調理牛肉最為美味，我們不得不中止這個話題，但相互保證戰事結束後繼續討論。」但當然，這個心願永遠完不成了。經過六周苦戰，第二營的兵力從五百人打到不到兩百人。克隆痛苦地寫道，「北越軍的高級領導層比我們強。」他的營還算幸運，後來退出戰場養傷。

春節攻勢之戰逐步南下，直到魏摩蘭手下的營大多投入戰場為止。當戰事爆發時，空降排排長約翰．哈里森（John Harrison）正領隊在芽莊附近巡邏，為尊重春節停火協議，他們當時打的旗號是「獵鹿」。無線電突然傳來警告：「你很熱。我再說一遍，你很熱。聽到請回答。」哈里森立即率隊返回「貝蒂前進基地」（FOB Betty），並立即奉命在附近尋找越共。他們很快就撞上一支正在聚集準備發動攻擊的游擊隊，一名游擊隊員突然邊開著手槍，邊向哈里森的巡邏隊衝來。巡邏隊的尖兵未曾見過如此莽撞行逕，一時愣在當場，沒有還擊，哈里森立即連發十六槍把那名游擊隊員打翻在地，隔了好一陣，只見那人身上的彈孔沒有冒血，卻湧出許多沙塵。

戰俘審問專家鮑伯．戴斯塔駕著一輛吉普車，與兩名尉官駛經綏和（Tuy Hoa）市南方的一條道路。對他來說，春節攻勢的第一個印象就是一隊越南人有人穿著一堆衣物，有人只穿一條內褲在他們的吉普車前穿越道路。其中有人開始射擊，戴斯塔當時心裡還在暗罵，「上帝，他們像這樣下去會害人送命的！」他隨即發現「壞人已經進城了」。三名美國人嚇得丟了吉普車躲了起來，直到見到有難民通過，往城外逃逸。戴斯塔用越南文對一群難民說：「當你們見到政府軍時，請告訴他們有幾個長鼻子躲在這裡。」隔了一陣子，一個地區保安軍的排出現了並說，「你就是那需要救援的長鼻子嗎？」戴斯塔等三人就這樣虎口脫險，慶幸不已。

一名在蜆港緊急降落的航空母艦艦載機海軍飛行員，筋疲力盡地倒在蜆港作戰室地上。突然一名上校走來，歇斯底里地把他叫醒，喊道，「停在外面的是你的飛機嗎？你必須把它弄走才行。我沒有保護它的掩體，你必須立刻將它弄走。」那飛行員毫不客氣地說，「如果你要把它弄走，你就自己動手吧。」那上校更加憤怒，揚言要命令推土機把這架飛機推到停機坪外。這名海軍飛行員後來寫道：「我發現我在與一個瘋子打交道，那人已經頭殼壞去。」為了不讓他那架「漂亮的戰鬥機」被推土機剷了，他穿上壓力服，在暗夜中起飛，兩個小時後抵達菲律賓。

一月三十日晚上九點，一名武裝越共在西貢被捕，他透露越共將在六個小時後對城內外多個目標發動攻擊；半個小時後，又一名游擊隊被捕，被捕時還帶著兩支裝在箱裡的 AK-47。這時時間已經過遲，守軍來不及大舉調整部署，但在攻擊展開時，大多數部隊已經接獲警報。許多從未進過城的游擊隊在西貢如同迷宮一樣的街道走失，有居民將一名還未成年，因誤導戰友而坐在街邊哭泣的農民游擊隊員扭送警方。

陳柏棟對手下幾營部隊進度的遲緩既憤怒又沮喪，但不久他發現他們已經摸黑來到西貢近郊。當他在市郊一座佛寺打開地圖時，市中心區已經傳來第一陣槍聲。一名營長報告說他奉命攻擊芽皮（Nha Be）燃料廠，但不知道芽皮在哪裡，而且他的部下已經筋疲力盡。陳柏棟隨即把頻道轉到西貢與南越共和軍廣播網，發現兩處電台已經停止播音，他大喜過望，猜想電台一定已經淪入共軍手中。地方居民開始三五成群，帶著瓜果、爆竹、茶、藥品、年糕來到佛寺勞軍。目前為止，一切良好。

◎一個象徵性的羞辱

一月三十一日凌晨一點半，總計四千名越共的先頭部隊開始對西貢多個目標展開攻擊——北越軍沒有進入首都。第一個攻擊目標是總統府：總統府當時空置，因為阮文紹正在美萩度假。發動攻擊的十三男一女很快就遭擊退，撤入附近一棟公寓樓，在之後十五個小時的槍戰中被逐一擊斃。其他游擊隊在一名同情越共的電台員工協助下取得鑰匙，占領國家廣播電台六個小時，但由於連接發報機的電纜被切斷，他們發布宣傳廣播的計畫未能得逞。越共的攻擊目標還包括堤岸華人區的新港（Newport）橋，以及隆平、邊和與新山一的外圍基地。副總統阮高祺下令全民戒嚴，任何走在西貢街頭的人都可以視為敵人處理。

聽到河內電台廣播說西貢政權正被推翻的一些疑神疑鬼的越南人，認為阮高祺一定是在發動一場推翻阮文紹的政變。那天夜裡，住在巴斯德街（Rue Pasteur）蘭德園區的大衛．艾利約與楊文美夫婦為一聲巨響驚醒。他們打開燈，遭到一名陸戰隊上校咆哮：「快關了！我們遭到攻擊了！」艾利約夫婦當時也以為這是一場純屬越南人家務事的政變，於是回房睡覺。事實上，這聲巨響是因為越共爆破兵在附近的美國大使館外牆炸出一個洞，春節攻勢中最扣人心弦的一場好戲就此上演。

在附近一所汽車修理場躲了幾天的十九名越共C-10營突擊隊員，乘一輛寶獅（Peugeot）小卡車與一輛計程車來到美國大使館外。他們湧出車輛，向兩名美軍憲兵開火，美軍憲兵臨危不亂，一面鎖了大使館大門，一面向領隊的越共排長與他的助手還擊。美軍憲兵在凌晨兩點四十七分遇害以前，用無線電發出呼救密電：「訊號三〇〇！」另一美軍在一旁補了一句：「他們進來了！救我！救我！」由於大使館的南越軍警衛已經逃逸，其他游擊隊員順利從那個用十五磅背包炸藥炸開的洞湧入大使館。但進了大使館園區以後，這些突擊隊員不知道該做些什麼。他們朝大使館辦公大樓發射了兩枚火箭，轟掉牆上的美國國璽，炸傷一名陸戰隊員，讓大樓裡一小群工作人員嚇得魂飛魄散，但沒有殺人。之後幾個小時，他們就躲在幾座水泥大花壇後面，與附近大樓的陸戰隊與憲兵有一搭沒一搭地交火。

三十三歲的經濟專家，當時在大使館大樓值班的領事官亞蘭・文德（Allan Wendt）為雷鳴般的爆炸聲響驚醒。他的第一個反應是躲到床底下，第二個反應是打電話給駐守在一樓的陸戰隊警衛，陸戰隊警衛告訴他，大使館遭到攻擊。除了三名警衛的隨身武器外，大使館大樓裡沒有武器，其中一名警衛很快就受傷。文德也不了解，不知道那些越共突擊隊員為什麼沒有攻擊大樓：「我以為我已經命在旦夕。」他躲進有裝甲保護的密碼室，把自己反鎖在裡面，打電話到軍援越南指揮部。魏摩蘭的參謀向他保證盡速馳援，但就像企業電話傳來的錄音訊息「你的電話對我們很重要」一樣，他們也指出，西貢地區有多個目標遇襲，他們都得應付，所以或許援兵的抵達稍有遲誤。文德氣得大聲抗議說，「但這個地方是美國在越南勢力的象徵。」軍援越南指揮部一名軍官於是開出空頭支票，說已經派出一支裝甲縱隊前來解圍。文德還接通了與國務院作業中心以及白宮戰情室的電話，並舉著話筒，讓對方聽見槍響聲。

與越共大多數的攻擊行動相比，西貢的最初反應更加雜亂無章。駐在市中心區的唯一美軍單位七一六憲兵營奉命馳援大使館。但它的軍官不肯在沒有裝甲車與直升機支援的情況下出兵，而且拒絕在黑暗中作戰。它的一名軍官說，「越共已經進了大使館，他們什麼地方也不會去。」在之後幾小時槍戰中將越共突擊隊逐一肅清的美國人，包括陸戰隊員與憲兵，大多只是自行參戰，而不是奉命行事。他們還誤殺了四名大使館的南越司機，不過其中一名司機或許因協助越共而被殺。

這場美國大使館保衛戰的英雄是二十歲的陸戰隊中士隆・哈波（Ron Harper），就是在越共衝到前最後一刻，將大使館大樓入口那扇厚重的柚木大門關上的警衛。在之後持續許多小時的槍戰中，幾十名電視與媒體記者就聚在槍戰現場附近，興奮地報導這場距他們下榻旅館不過幾百碼外上演的驚悚鬧劇。魏摩蘭的戰鬥作戰中心（Combat Operations Center）主任約翰・柴森准將，這時也站在與他的住處只隔一條街的大使館外，看著槍戰進行，聽著記者喊道，「巷戰有一種古怪，一切似乎都來自四面八方，打在建築物上反彈造成的響聲特別大。」

天剛破曉，一架休伊直升機載著五〇二空降營一個排終於姍姍來遲，為大使館解圍。傑克・史匹迪（Jack Speedy）上尉寫道，「當朝陽高掛半空，景色十分美麗，西貢河上水霧瀰漫，住在下游人家升起的冉冉炊煙清晰可見，綠油油的草木與金色陽光相映生輝。」當這架休伊直升機朝大使館降落時，街道已經空無一人，不過隱身於暗處的越共突擊隊突然向直升機開火，一名守在艙門的砲手中彈倒下。直升機機長的反應懦弱得出奇：他沒有把這架休伊降落在大使館屋頂上，而是駕著它飛向隆平。當這架休伊直升機於早上六點半降落隆平時，隆平的彈藥庫部分爆炸——這是越共爆破兵敢死隊的又一傑作。目擊這場爆炸過程的史蒂夫・豪沃德（Steve Howard）說，「那就像有人在越南引爆核子武器一樣。」一排傘兵就在這場大混亂中降落在隆平：「這場春節攻勢顯然會造成一種廣泛效應。」

在受傷的砲手送醫後，傘兵上了另一架休伊直升機飛回大使館，在第一名突擊隊員衝進大使館園區六個多小時後在大使館屋頂降落。當傘兵跳下直升機時，一名陸戰隊警衛與一名陸軍通信員趁機攀上直升機飛走。傘兵衝下樓梯，碰到一名大使館文職人員（或許就是文德），「一臉感激之色，就像我們是全世界最偉大的人一樣。」隨後，幾架休伊直升機載來更多傘兵，兩名負傷的突擊隊員被俘，送交南越當局。

喬治・賈可森（George Jacobson）上校是一名退役軍官，當時以大使文職顧問的協調員身分住在園區內一棟宅院。他在前一天晚上在自己院子裡辦了一次春節煙火晚會，這時的他躲在家裡，握著一枚手榴彈，這是他唯一的武器：畢竟住在要塞化的大使館裡，還得在枕頭下藏一把手槍也未免太荒唐。天剛破曉，一幕驚險不輸好萊塢西部片的鬧劇上演了：賈可森聽到一名越共（殘餘最後一名突擊隊員）來到他樓下，於是透過一扇窗，朝底下一名正好經過他院子的陸戰隊員示意，要對方給他武器，那名陸戰隊員丟上來一把手槍。早上六點四十五分，賈可森就用這把手槍連發幾槍，結果了那名開著AK-47衝進他臥室的越共。

美方在上午九點四十五分宣布大使館已經肅清。史匹迪說，「當一大群記者衝進大使館園區時，那些越共的屍體都還有熱氣……如何應付記者成了我最棘手的問題。」一名傘兵告訴這些記者，越共一度進入大使館辦公大樓。這類駭人聽聞的訊息儘管不確，仍在全球各地不斷播出，為原已夠壞的消息火上澆油。有人發現，僅僅為了向全球轉播這篇報導而使用的太平洋衛星轉播費，就至少得花四千美元；而相對的，共產黨為攻擊美國大使館所投入的武器彈藥花費小得多，但與子彈造成的衝擊相比，這項轉播對美國聲望造成的創傷卻大得不成比例。

魏摩蘭將軍早在凌晨三點已經獲報，知道大使館遇襲，但直到大使館內敵蹤完全肅清之後，他才離開指揮部驅車直奔大使館。之後他的發言為他的名聲造成永難治癒的創傷，首先他惹惱了自己的部屬：他怒斥史匹迪與史匹迪那些沒有刮臉的屬下，要他們先回去整飭儀容；「之後他又找上一些其他的倒楣鬼，亂發一頓脾氣……我們有太多像魏摩蘭這樣的人讓我們對自己這一方痛恨不已。」歷經整夜驚魂的亞蘭・文德對魏摩蘭更加不滿。魏摩蘭不但沒有對美軍延誤六小時才馳援的事道歉，還在視察後指著大使館的處處瓦礫與堆在大使館外的屍體，對文德說：「我建議你把這個地方清理乾淨，讓這些人在中午以前恢復上班。」

魏摩蘭告訴記者，敵人已經慘敗。就像一名牧師看見他的樂捐盤子被人砸了一樣，魏摩蘭憤憤說道：「敵人非常狡猾地利用春節停火造成最大驚恐。」他稍後表示，越共對西貢發動的攻擊意在

「聲東擊西」，真正的主攻目標是廣治省。《華盛頓郵報》的彼得・布雷斯楚（Peter Braestrup）不以為然地提出反問，「西貢市中心……都被打了，怎可能只是什麼聲東擊西？」

第 19 章

大混亂

The Giant Reels

◎反擊

一月三十一日清晨幾小時間，南越全境爆發數以百計暴力衝突事件，對美國大使館的攻擊不過是其中最引人矚目的事件而已。陳坦（Tran Tan，譯音）當年是中學生，與父母、兄妹八人住在西貢市郊一間小茅屋裡。他記得母親將他從睡夢中搖醒說，「外面很吵，而且聲音不像是爆竹。」陳坦趕緊起床穿衣，他曾經當過法軍的父親出門查看。父親回來說，「越共到處都是，你最好趕快走。」陳坦帶著弟弟騎上家裡的本田機車從後巷逃到舅舅家——因為他們兩兄弟的年齡正是越共最感興趣的拉夫當兵對象。他們的父母與鄰居躲進附近一所學校避難，在學校住了六個月後遷入一處難民營。陳坦家那間小茅屋在這波春節攻勢的戰鬥中化為灰燼，他們也因此一貧如洗。

在三角洲地區，一名學生邀請一名隨游擊隊進入該禮市的共幹到家中喝茶。這共幹表示他沒時間喝茶：「現在就讓我們歡迎和平吧，我希望你能為和平的到來盡一分力。」這共幹要這學生將他認識的每一名政府或軍、警人員的姓名與住址寫下來，這學生遵命照辦，只在名單上省略了幾名至親好友。攻入該禮的越共後來被逐出政府大樓主園區。

在西貢，越共指揮官黃恭勝（Huynh Cong Than，譯音）寫道，「第一天的戰鬥情況與我們預期的完全不一樣，打前陣的幾個營由於只裝備小型武器與少量彈藥，不能迅速進展。而敵軍不僅人數眾多，還能利用街道巷弄交錯的地利優勢發動猛烈抵抗。百姓也給予我軍熱烈歡迎，但我們無力支援……群眾起義。」攻進城裡的幾個營與他們在郊外的總部之間失去聯繫，只能依賴不久後恢復播音的西貢電台的廣播。越共總計將三十五個營投入西貢地區，其中十一個營進入西貢市內。越共訓練了一批重武器操作人員，隨同游擊隊攻擊南越一處裝甲車輛中心，但由於情報有誤，這項攻擊徒勞無功：他們攻進去以後才發現戰車已經開走，一〇五公厘榴彈砲砲閂也已拆除。越共對新山一軍事總部發動大規模攻擊，當時正在基地的副總統阮高祺將步槍與手槍交給他的妻子與三個年紀較長的孩子，以備不時之需。葛蘭・奧提斯（Glen Otis）中校率第五騎兵團第三營從古芝出發，從共軍背後發動夜襲，成為新山一之戰的美軍英雄。奧提斯搭乘一架休伊直升機飛在部隊上方，一面通報越共設伏位置，一面指導部隊迂迴進擊。第三營在此役傷亡很重，但美軍能在新山一擊敗越共，第三營居功厥偉。

在附近一棟房子，學生陳文義（Tran Van De，譯音）從門縫望見一名戴越共木髓頭盔的軍人站在街頭高喊：「大家快出來，革命軍來這裡解放你們了。」但陳文義與他的家人仍然躲著，因為他們一家都是虔誠天主教徒，自幼就對共產黨既恨又怕。沒多久他就聽見槍聲在近處響起，他也立即回到母親與四個弟妹的藏身處。他用手指比著嘴，示意他們噤聲，然後揮手要他們都躲在一張大床下。接下來幾個小時非常恐怖：子彈打穿他們家的前門，他們聽到直升機發射火箭，一枚火箭還讓鄰居的房子起火燃燒。最後全家人逃到幾百碼外的一片叢林，在一條山溝裡躲了三天。陳文義每天黎明回家檢查，發現他們的房子安然無恙。第三天早晨，陳文義在回家路上撞上一名大塊頭美軍，舉步槍筆著他。陳文義於是用英文說道，「我是學生。」那美軍把槍放了下來，但陳文義可以見到他眼角流露的懷疑與不信任。

在井然有序的戰場上進行大部隊作戰，是將領們的最愛。第二野戰軍司令福瑞德・韋恩憑藉良好的通信，能將部隊迅速投入西貢附近的戰鬥。但春節攻勢在全國各地造成的混亂似乎令軍援越南指揮部的其他將領不堪其擾。美軍與南越軍之間的協調工作做得極差。在西貢之戰最初幾小時，美軍憲兵由於不具備步兵那種戰備，可想而知傷亡很重。十六名憲兵戰死，二十一人受傷，其中許多是一輛被炸的卡車上的乘員。在堤岸，激戰持續許多周。幾名澳洲軍人擊退了越共對他們宿營區的一次攻擊。廚子彼得・「波普」・克萊門特（Pte. 'Pop' Clement）在這次攻擊中殺了一名越共火箭兵。克萊門特事後以澳洲人特有的那種口吻說，「我一看見他舉起那根排水管，就知道他不是來這裡修水管的。」大體而言，政府軍守住大部分據點，本身雖有傷亡，但越共付出的傷亡代價更加慘重得多。不過出現在街頭的景象除了血腥就是暴亂。

位於西貢市郊的美軍第三野戰醫院（US 3rd Field Hospital），原本每天例行的工作就是醫治民眾的一口爛牙，然後發給他們一些五顏六色，深獲他們喜愛的安慰劑，現在突然間整座醫院陷於一團混亂。當美軍軍醫急救一名負傷的越共時，一名男護士探頭進來說，「他們打了大使館了。」醫生們不信，隨口答道，「少胡說。」這護士急了，提高嗓門說，「不管這傷兵了，還有太多人進來。」醫療助理威廉・卓蒙（William Drummond）說，「一場馬拉松就此展開……我們不斷工作了大約四十小時。」

由於資源有限，院方被迫放棄對一些重症病患的治療，並將一些可以走動的傷患送上巴士，開到新山一機場準備後送夏威夷。有些醫護人員累垮了，卓蒙談到外科手術主任的崩潰：「他無法承受這一切，被龐大的壓力壓垮。」卓蒙自己一度走出醫院，見到眼前停著一輛兩噸半的大卡車，上面載著大約十幾個美軍屍體。醫院徵用低階軍官寢室當停屍房，一度裡面停了六百具屍體，有美國人，也有越南人。第三野戰醫院有一百五十張病床，在春節攻勢高峰期收容了五百名病人。停留在這所沒有窗戶的設施就像「關在墳墓裡」一樣：醫護人員不時走出來喘口氣，查看一下是白天還是晚上。

卓蒙發現，最讓他難過的是面對那些註定難逃一死的「預期者」：「和那些與我同齡、可以做我兄弟、而我們知道必死的人說話，最令我難過。」野戰醫院護士長與她的助理都是五十來歲，如同母親一般慈祥的婦人。一名從卡車上下來的陸戰隊員肘骨突出，肘骨以下什麼都沒了。護士對他說，「可憐的孩子，你的手臂沒了。」那名陸戰隊員答道，「那沒啥了不起，甜心，他們還把我的蛋蛋也打了！」第三天，醫院消毒補給品用罄，步調不得不緩了下來。

各式各樣往往不正確的消息傳回美國，美國人民大為震驚。國家廣播公司（NBC）主播齊・杭立（Chet Huntley）告訴觀眾，越共爆破兵已經滲透美國大使館大樓，從大樓樓頂對進入園區的救援人員開火。莎拉・麥克蘭登（Sarah McClendon）在華府新聞節目《首都直擊》（*Capital Tieline*）中說：「情勢非常、非常、非常惡劣，我認為大家應該了解這一點。」《紐約時報》的威廉・伯克利說得比較節制，他說：「經過這些年的戰鬥以及數以萬計人員死傷，越共仍能將成千上萬兵員投入不僅是打了就跑的夜襲，還是必死無疑的自殺攻擊，讓人震驚。」哥倫比亞廣播公司的麥克・華里斯（Mike Wallace）說，這波攻勢「瓦解了盟軍在軍事上控有南越的神話」。密西西比州參議員約翰・史坦尼斯告訴記者，儘管敵軍因此付出慘重傷亡代價，但這波攻勢代表對林登・詹森個人的一項屈辱。詹森總統確實也因此震驚不已：他對軍方、尤其是對魏摩蘭的信心從此一蹶不振。

戰鬥繼續進行。二月一日早上六點，越共司令陳柏棟帶著參謀登上幾艘掛著民族解放陣線旗幟的大舢舨，沿河北上，在西貢靠岸。他們隨後穿越幾條市街，在不時傳來的砲火聲中走向巴當（Ba Tang）橋，只見一路上許多房屋已經改懸民解的旗幟。陳柏棟是越盟老兵，一九四五至四六年間曾到過西貢；他還在一個「覃太太」的住家小停，因為那裡二十幾年前曾是黨委會總部所在地。一名游擊隊說，陳柏棟因再次回到西貢而喜不自勝，還把涼鞋拖了，赤腳感受西貢街道。

那天下午，約翰・柴森准將在軍援越南指揮部寫道：「敵人竟能同時對南越境內幾乎所有的機場與省會發動攻擊，真是很了不起。目前為止，敵人已經造成我方相當的損失，但傷亡不算太多，不過敵人也因此付出驚人代價。如果我們能熬過這波攻勢（我認為我們能），我想敵人不會還有多少後備武力。敵人要不就此打垮我們，要不幫我們縮短戰爭。」

在越共野戰總部，士氣已經消沉，幹部提出報告說，攻擊西貢市中心區的越共突擊隊員已經全數喪生。陳柏棟在平天（Binh Tien）橋附近設立新指揮部，並派遣「占領隊」在大街小巷穿梭，呼籲市民加入起義，但大體上只是徒勞無功。他聽說一枚炸彈落在他的友人覃太太的家，裡面的人全部炸死。之後幾天幾夜，主要由婦女擔任的信差冒著槍彈橫飛之險穿越街頭，不斷帶來壞消息：盟軍正不斷挺進，投入的火力越來越猛，共軍周邊正持續縮水。直升機在上空徘徊不去，不斷投下照明彈照亮夜空。美軍無線電定向單位已經鎖住陳柏棟的無線電發報，砲彈開始往他所在的位置猛轟。傷兵不斷抬進來，但由於沒有醫藥，也只能倒地等死。游擊隊只能靠早已吃厭了的鴨肉與鴨蛋裹腹。陳柏棟拼命求援，但始終沒有下文。

另一方面，在整個南越，幾乎每一個美軍戰鬥單位都與越共發生若干形式的衝突。三十歲、來自喬治亞州奧古斯塔（Augusta）的米隆．哈林頓（Myron Harrington）上尉，在春節前五天剛出任陸戰隊第五團第一營的連長。他為自己服役八年，卻沒經歷過戰陣感到慚愧：「我非常擔心自己欠缺實戰經驗。」一天夜裡，他們的陣地遭到間歇性迫擊砲砲轟，黎明時，哈林頓奉命率領兩個排，與位於十一英里外的第一營其他部隊會合。這是混亂與劣質領導的典型範例：派遣一支小部隊進行如此凶險的行軍非常荒謬。哈林頓問營部，「目標區與我之間有什麼？」他們說，什麼都沒有。但他的D連才走了幾百碼就與敵火接觸。哈林頓的部隊經過四小時苦戰，才在海軍艦砲火力支援下擺脫敵軍糾纏，將八名傷兵後撤。哈林頓可以見到北越軍在旗語與口哨調度下大舉集結：「我發現情況越來越不妙。」又隔三十六小時，他們才能藉夜色掩護重新部署，於二月二日午夜抵達營的陣地。

約翰・哈里森中尉的駐在芽莊郊外的空降連，奉命穿越空曠稻田，攻擊據說有越共守候的兩棟房子與一處墳場。哈里森說：「突然間，一大群越共在我們後方出現，用火箭與迫擊砲攻擊我們，咚咚咚響聲不斷。」哈里森帶著三個人躲進一座殘破的建築，卻發現敵人的槍彈在建築物圍牆橫飛亂舞。他們打了一整天，他的連的其他官兵被敵軍火力壓制在一千碼外，動彈不得。「這已經像是一場艱苦的拳賽，非得打個你死我活不可。在大多數遭遇戰中，一開始三十秒就能決定你有多少死傷，但這次我們打得沒完沒了。」哈里森的尖兵在附近茅屋門前被殺。哈里森呼叫空中支援，但由於攻擊目標過於接近，炸彈炸飛哈里森藏身那棟建築的屋頂，震得哈里森耳鼻流血。六架F-4一度臨空，接連向敵陣發動俯衝攻擊。

但越共仍然不斷攻擊，一個小女孩從一間小茅屋衝出，抓起一支倒在地上的槍又跑了回去。哈里森告訴他的M-60機槍手，「如果她再跑出來就開槍打。」另一連救兵終於在傍晚開到，為他們解了圍，但他們在救援傷患的過程中又損失三個人，這是一場持續一整天的苦戰。哈里森說，「這是我在越南碰到的第一場我無法建立火力優勢的戰鬥，我們用M-60機槍猛轟，卻無法壓制他們的火力。我們幾乎見不到敵人，只能瞥見他們的AK在噴火。」傘兵在夜幕降臨前撤離，哈里森之後率領一支巡邏隊回戰場收回弟兄遺屍。他們在回程時走失，只得用無線電請空降防禦周邊發射曳光彈做為導引。

參加過春節攻勢的越共對他們這段經驗有不少鮮活、動人的描繪，不過對越共在占領區犯下的暴行卻避而不提。共幹阮文歛（Nguyen Van Lem，譯音）涉嫌在抓到南越軍官阮俊（Nguyen Tuan，譯音）中校與他的家人後，親手用刀割了阮俊、他的妻子、六個子女與八十歲老母的喉嚨。不多久以後，阮文歛在二月一日落入南越游騎兵手中。游騎兵把阮文歛送交警方，警察總監阮玉鑾二話不說，舉起手中史密斯威森（Smith & Wesson）手槍對準阮文斂腦袋將他一槍斃命。美聯社記者艾迪・亞當斯（Eddie Adams）當時照了一張阮玉鑾槍決阮文斂的照片，這張照片為亞當斯贏得一項普立茲獎（Pulitzer Prize），但對美國與南越的正義之師名聲造成毀滅性影響。亞當斯日後也對這樣的後果悔恨不已：「我當時完全沒有想到有這樣的事。他開槍斃了他，又怎樣？……只不過我正好在旁邊罷了。」讓亞當斯懊惱的是，他沒能拍下「那越共殺害阮俊一家人」的照片。美國歷史學者艾德・摩斯（Ed Moise）認為，阮文斂殺害阮俊一家人的整個故事都是戰後杜撰的。真相究竟如何或許永遠沒有人知道，但副總統阮高祺痛苦地寫道：「只在快門一閃之間，我們爭取獨立與自決的鬥爭就改頭換面，成了似乎毫無意義、而且殘酷的處決暴行。」

軍援越南指揮部呼籲媒體多想想敵方犯下的那些數不清的暴行，只是提不出可以差堪比擬的視覺形象。又過一段時間，多家報紙刊出美聯社一張一名越南陸戰隊員槍殺一名戰俘的照片，再次引起騷動。報紙引用一名美軍顧問的話說，「我們所以會殺身負重傷的越共，一般有兩個原因：一個原因是醫院已經為我們自己的傷兵與百姓擠滿，再也騰不出空間收容敵人；另一個原因是，如果你見過五歲小女孩被蒙上雙眼、兩臂反綁、腦袋裡還中了子彈，你會想報復。我昨天見到兩個小女孩慘死，一個小時前，我槍斃了一名越共。」

約翰・柴森准將在軍援越南指揮部面對向「那群禿鷹一樣的記者」簡報的難題。魏摩蘭的參謀在二月一日早晨宣布，順化境內只有一座橋樑與裝貨坡道遭到一個越共連攻擊，而且這個連已遭擊退。那天晚上，美國陸軍新聞社發布新聞說，只有兩枚迫擊砲彈落在順化南方九英里的富排的一座彈藥庫。但軍方發布的消息總比實際事態發展落後許多小時。當陸軍新聞社發布上述新聞時，順化市大多數地區已經淪入共軍手中。軍方還要強調好消息，例如發言人會強調許多南越人自動放棄年假回部隊報到，再加雜一些沒有老百姓響應越共號召「起義」的事實。柴森本人也在二月三日告訴記者，肅清順化「只是時間問題」，應該「不出一兩天就能搞定」。事實是，順化之戰前後打了三個星期。

《基督教科學箴言報》（*Christian Science Monitor*）在二月三日報導，認為美國有可能嚐到軍事敗績。《華爾街日報》也在社論中說，情況「非常不對勁。事實顯示，享有這麼龐大美援的南越政府，卻不能為它在鄉間與城市的人民大眾提供安全」。以善能諷刺著稱的專欄作家阿特．布奇華（Art Buchwald）寫道，「一八七六年六月二十七日，達柯他州小大角（Little Big Horn）：喬治．阿姆斯壯．卡斯達（George Armstrong Custer）將軍今天在接受本記者獨家專訪時說，小大角之役已經出現轉機，他認為勝利已經在望[4]。」

一些南越高級軍官表現得很好，不過表現儒弱的高官也不在少數。魏摩蘭告訴國防部，第四軍司令躲在自己的華廈裡，還調了幾輛戰車擺在門口保護自己；還有一名高官在軍服下穿了便服，以備不時之需。克萊登．亞伯拉姆斯將軍向南越軍參謀長表示不滿：在順化，南越軍三個陸戰隊營花了三天時間才前進了半條街，「在這個急需援軍的緊要關頭……如果這些陸戰隊不能及時馳援……他們喪失了成為共和軍一分子的權利。」國家廣播公司的大衛．布蘭尼根（David Brannigan）說，南越軍幹的乘火打劫的勾當比打的仗還多。福瑞德．韋恩後來說，「有些南越軍表現很出色，決不輸美軍，但也有許多敗類……在太多案例中，當他們發現情況不妙，可能被打垮時，他們就無心戀戰，逃之夭夭。」

二月四日，西貢之戰進行到第五天，越共地區司令建議全面撤軍，但立即遭黨書記拒絕。一些

4 譯注：美軍在一八七六年六月小大角之役遭北美印第安人圍殲，卡斯達戰死。

高級共幹後來猛烈抨擊戰區領導人缺乏決心，事實是，他們基於多項錯誤假設而發動這項攻勢失敗後，他們不過是用這類批判推卸自己的責任而已。同樣在二月四日，在正式慶祝越南共產黨建黨三十八周年之後，陳柏棟轉移指揮部。他帶著參謀騎腳踏車到一處渡口，然後撤到西貢河對岸。由於美軍砲火轉強，越共傷亡情況惡化，他們在二月五日撤退。南方局下令從西貢市中心區撤出的部隊繼續在郊區作戰，但一名營長聲嘶力竭地反對：「郊區已經成為絞肉廠，繼續守在那裡會讓我們多死一大堆人。」越共殘部就這樣垂頭喪氣走上漫漫撤軍路，往水草平原而去。

約翰・柴森在二月六日的家信中說，「魏摩蘭的抗壓能力還不錯，但在新聞戰場上陷於苦戰。」魏摩蘭仍然堅持將重心擺在西北部。他在二月八日致電國防部，「雖說我覺得我們可以守住溪山，但我們仍有可能沒那麼幸運。如果我們失去溪山，我們必須將它奪回來，我不得不把第一騎兵師擺在這個地區，原因就在這裡……我必須做最壞的打算。」直到二月十日，他還致電夏普將軍，說他仍然相信北越「意在將溪山變成又一個奠邊府」。

媒體也隨魏摩蘭起舞，在整個二月與三月間，位於九號公路上的溪山基地，在美聯社從華府以外地區發出的所有有關越南的新聞報導中占比高達百分之三十八，在《紐約時報》與《華盛頓郵報》發表的所有戰地照片中占了五分之一。電視台不斷播出陸戰隊防禦周邊內傷亡與受損的畫面，哥倫比亞廣播公司夜間越戰新聞節目有一半以溪山圍城之戰為主題，但對於北越軍遭受的更加慘重的損失，卻一點相關報導也沒有。哥倫比亞廣播公司記者穆瑞・傅洛森（Murray Fromson）在二月十六日語帶絕望地說，「北越要在這裡決定誰生誰死……他們遲早要採取決定溪山命運的行動。」僅管幾十架飛機每天仍能在溪山跑道起降無阻，但電視記者喜歡將鏡頭對準跑道邊三架C-123與一架C-130運輸機的殘骸。據說，哥倫比亞廣播公司記者沃爾特・克朗凱在訪問越南時說，絕大多數人都相信共產黨如果真想奪下溪山就能奪下溪山。

在這段危機高潮期間，中情局分析師做了最新評估，將南越境內共軍總兵力從五十一萬五千人增加到五十八萬人，但共軍實際兵力可能只有三十萬人左右。軍援越南指揮部這種恐懼感無疑影響到白宮——若非如此，詹森又怎會在二月三日告訴艾爾．惠勒，說他無意用原子彈炸溪山，但敵人或許迫使他做這樣的決定？春節攻勢期間，詹森與魏摩蘭曾兩三次在電話中直接交談，在其中一次談話中，魏摩蘭先向詹森保證沒有這個必要。但魏摩蘭隨即說，如果北越軍現在全面入侵南越，美國應該不惜動用一切必要手段阻擋他們，包括使用化學或核子武器。

二月五日，參議員威廉．傅爾布萊特的一名助理接到匿名電話，建議傅爾布萊特質問當局，為什麼美國最權威戰術核武專家之一的理查．賈文（Richard Garwin）教授最近往訪南越。這件事引起一陣人心惶惶的猜測：二月八日，可能在一九六八年大選民主黨提名中挑戰詹森的尤金．麥卡錫參議員說，軍方已經要求使用戰術核武。白宮與國防部立即否認，說麥卡錫這說法純屬空穴來風，事實也確實如此。但在一次記者會中，惠勒不肯排除一旦溪山出現被攻陷的危機，美方使用核武的可能性；同時，詹森還一度考慮入侵北越。

《紐約時報》二月十七日刊出一篇題為〈詹森否認考慮在越南使用核武〉的報導，頗能反映當時美國朝野有關這個問題的激辯。而這類討論令美國盟友十分惱怒，英國首相哈洛．威爾森在哥倫比亞廣播公司《面對全國》（*Face the Nation*）的節目中說，使用核武是「犯了瘋病……完全發瘋」。事實上，根本沒有人真正打算動用核武，將軍們那些談話為的只是讓河內疑神疑鬼罷了。為打住這個議題，夏普在二月十二日下令魏摩蘭放棄核武應變計畫，不過這項爭議已經對國際信心造成難以彌補的傷害。

共產黨在北部戰區部署了六萬人。二月七日晨，三〇四師一個營在微弱的裝甲掩護下，對朗威（Lang Vei）的一個美軍特種部隊營區發動攻擊。朗威位於溪山西方五英里，隔著群山與溪山對望。北越軍派出的第一輛PT-76戰車很快就被擊中，起火燃燒，但步兵攻進防禦周邊。守軍要求駐在溪山的陸戰隊派軍支援，陸戰隊明智地拒絕了，因為北越已經埋下伏兵，等待溪山出兵進入圈套。共軍用B-40火箭攻擊朗威守軍，還用汽油灌進一座久攻不下的碉堡，然後放火。共軍在損失七成兵力後終於將旗子在朗威升起，美軍以直升機救出殘餘美軍，隨即放棄這座已經無險可守的營區。

儘管共產黨吹噓成功，他們在整個北部戰區遭到的損傷驚人慘重。甚至早在B-52介入戰局以前，疾病已經為他們帶來重創：每五人就有一人染上瘧疾，雨季來到以後感染率更高。一團北越軍在一次以失敗收場的攻擊行動中損失了四分之一兵力，另一個團在攻擊八三二高地時每五人就有一人陣亡。北越軍第九團的遭遇堪稱典型：二月六日傍晚，它在距九號公路一英里的一條河邊野營。第二天一早，當部隊整裝待發時，六架B-52突然飛臨上空，帶來一場無處可逃的大毀滅。半個團的官兵直接暴露在如轟雷般從天而降、數不清的炸彈下。

在第一波轟炸結束後，當共軍忙著收屍、救傷時，第二與第三波轟炸相繼登場。當最後一架B-52終於消逝在遠方空際後，殘屍碎骨夾雜著炸斷的樹枝隨處可見，鮮血染紅了河水。第九團還沒上戰場已經死傷近三百人，損失了百分之十五的兵力，一名連長精神崩潰，該師的軍史也承認士氣重挫。在胡志明小徑，用人力費盡千辛萬苦運往南方的近兩百噸彈藥也因空襲而被毀。

在溪山圍城之戰爆發幾周之後，基地周遭原本蒼翠碧綠的山谷已被炸成籠罩在塵土與飛煙中、一片光禿的紅色廢墟。每一次空襲過後，北越軍總是展開瘋狂挖掘，以營救埋在土裡的人。一枚炸彈在指揮所碉堡邊爆炸，炸死五名剛踏出中學加入軍中的新兵。雙方的狙擊兵不斷對決，但共軍將主要力量擺在不斷挖掘讓戰壕逐漸逼近美軍周邊的作業上。挖戰壕的重要性對北越軍而言所以如此緊迫，是因為他們知道，只有盡量逼近美軍陣地，才能使美軍投鼠忌器，不敢對他們發動空襲。

到三月，一些北越軍的連兵力只剩下三十人。據守過這些陣地的美軍永遠忘不了當年這段經驗。奧維・福克森（Orville Fulkerson）下士發現一件奇事：在八八一高地上，由於被來自一方或另一方的輕武器不斷擊中，幾具美軍與北越軍屍體「像果凍一樣糾結在一起」。八六一高地守軍傑夫・安東尼（Jeff Anthony）從來就不相信北越軍能攻占溪山，因為北越軍對他的連的陣地發動的每一波攻擊，都被他的連擊退。一次又一次，陸戰隊員在黑暗中可以看見黑影在六十碼外現身，然後逼近到四十碼，接著三十碼——比大多數美軍在越南戰場上的經驗都近得多。但拜照明彈之賜，守軍打光一個個彈匣、一條條彈帶，總能把來犯的北越軍一一打翻，「不過他們的迫擊砲也讓我們傷亡很重」。二月二十五日早晨，在一場戰鬥結束後，北越軍為謀取一個無價的宣傳形象，拿出曾在奠邊府戰役中用過的心理戰老招，要美軍舉白旗走出陣地搬運美軍屍體。陸戰隊看穿這套把戲，沒有理會。

共產黨用一個康樂隊在前線勞軍，紓解前線官兵的苦悶、疲累與恐懼。一個名叫周義（Chu Nghi，譯音）的劇作家寫了一個名叫《在祖國前線》（*At the Ta Con Perimeter Wire*）的劇，演出後甚獲好評。但有一次劇團在演出時遭到空襲，周義本人被炸死，男女演員也負傷，它提振士氣的效果也因此大打折扣。河內御用史家將美軍的傷亡統計數字瘋狂誇大，例如在一場戰役結束後，五百美軍戰死，河內發表的數字是打死美軍三千零五十五人，擊落美機兩百七十九架。有一個班提出報告說，他們每死一人，可以打死美軍四十人，「高大、笨重、遲緩的美國人大批死亡。」溪山之役是「一場輝煌的勝利」。不過共軍私下裡沒有人相信這些胡說八道。三〇四師的軍史承認，它的單位「在這場猛烈的角力中遭到相當折損」，「為師幹部與士兵的思想與意識形態……帶來問題」。逃兵與自己造傷的案例激增，共有三百九十九人遭到懲處，其中包括一百八十六名黨員與八十五名幹部，罪名包括「缺乏進取精神」等等。

北越軍說，它的人員傷亡損失百分之四十五來自空襲，砲轟造成的傷亡比率也差不多，因輕武器造成的傷亡只有不到百分之十。在春節攻勢結束時，北部戰區的共產黨有一萬兩千人告病、六千人戰死、一萬五千人負傷。溪山圍城之戰一直打到春末。客觀地說，這是北越的一場大敗，北越軍本身必須犧牲至少十個人才能打死一名美軍。但魏摩蘭與媒體讓美國在心理戰上大敗虧輸：共產黨用一項高明的欺敵計畫騙了軍援越南指揮部。

在順化，到二月四日至五日夜間，共軍死傷已經遠遠超過一千死、四千傷，而且彈藥與糧食盡皆無以為繼。但北越軍指揮官提出的撤軍要求遭到上級拒絕，上級告訴這些指揮官，空投補給作業即將展開，要他們準備放火以標明位置；並說新一波的全國性攻勢將於二月十八日展開，援軍即將到來。一名幹部後來大罵他的上級，認為他們信任上級，上級卻用這些一廂情願的謊言背叛他們。資深共產黨員幾乎沒有人膽敢公開承認壞消息。套一句北越軍上校阮安的話說，「每個人都不敢實話實說，因為怕被安上膽怯或意識形態不佳的罪名。」

美國對轟炸順化的廟宇與宮殿感到猶豫，所以讓這些地方成為共產黨聚集的所在。副總統阮高祺在獲悉這件事以後，展現出他一貫的無情：「這些東西都是人造出來的，人還可以重造，炸了它們！」於是，只要天候狀況許可，大砲與飛機開始轟炸大城堡。但收復順化的作業仍然牛步般緩慢，每天只能攻占幾百碼瓦礫堆而已。陸戰隊員開始瞧不起他們那些南越盟友，一名美軍爬上一輛南越軍戰車，準備用戰車砲塔上的機槍攻擊共軍。他在戰車艙板上猛敲，要底下的南越戰車組員拿機槍彈帶給他卻得不到回應：那些組員把他們自己反鎖在艙裡，不肯出戰。

安迪・魏斯汀（Andy Westin）中尉從順化北部的一個散兵坑寫信給妻子咪咪（Mimi）：「親愛的，昨夜我哭了。這是我來到這裡後第一次流淚，而且哭的人不是只有我一個，從我們指揮官以下，大家都哭了……我們整個營陷入越共一個陷阱……那是一場大屠殺！所有的將領都以為越共已經撤了，所以我們大搖大擺進入這片樹林……我從沒見過這樣的場面，也希望這輩子再也不要見到它。」隨著死傷不斷增加，美軍對於砲彈、炸彈、槍彈下的平民命運也越來越不關心。想到自身黯淡的前途，美軍開始蔑視財物，態度越來越殘忍：任意燒殺的行逕不斷增加。美軍用戰車、火焰噴射器與一〇六公厘無後座力砲激戰四天，才逐出敵軍，在位於軍援越南指揮部與富艮（Phu Can）運河之間的南部城市開出一道一英里的走廊。同時在河對岸，南越軍收復大城堡的作業仍遲滯不前。

二月十一日，米隆・哈林頓的陸戰隊營奉命沿一號公路北上，往順化進發：「沒有人知道情況究竟如何。」上級敷衍了事地給了他一次有關巷戰戰術的簡報，「我聽了半天也不知道他們說些什麼。」二月十三日，這個營的A連試圖進入大城堡，遭到重創。第二天，哈林頓的D連冒著敵軍砲火，乘登陸艇與帆船沿河北上。那天晚上，上級向哈林頓拋了一句話，「附帶告訴你，你明天要把東巴（Dong Ba）門攻下來」，「嚇得我一身冷汗」。

部分由於焦慮，部分也由於響個不停的砲聲，哈林頓一夜輾轉難眠。二月十五日一早，哈林頓帶著一百人往南，沿著大城堡城牆內側一道壕溝展開仰攻，慶幸有一堆堆瓦礫可供掩護：「情況突然變得非常安靜，就像第二次世界大戰期間日軍占領的那些太平洋灘頭一樣。」接下來，共軍開火，很快打傷哈林頓的傳令。「敵火非常猛烈，就好像置身關蒂柯訓練中心三百碼射擊場一樣，我發現自己的腦子已經不管用。一名排長倒在一座陽台上，為火箭彈所傷，他的無線電也被炸毀。我派了幾名傳令過去，他們也都一一中彈。」哈林頓要摩利・威瑪（Maury Whitmar）中士帶一班人衝上城牆，「他以不敢置信的眼神朝我看了一眼，然後遵命照辦。」

陸戰隊開始朝大城堡塔樓的底部挺進，塔樓位於皇城西側中途，是陸戰隊這波進擊的目標。由名叫摩里斯（Morris）的年輕尉官指揮的一輛戰車隆隆而前，開始提供火力支援：「他非常棒。」一名黑人陸戰隊員跑到哈林頓旁邊，興高采烈地說，「我剛領到我的第三枚紫心勳章！」哈林頓說，「那勳章不過是個掛在他胸上的小東西，我於是要他做我的傳令，他隨即帶著彈藥上了城牆，為城牆上的美軍運送彈藥。我還認不出我的連上大多數官兵的名字，我只能下令要他們前去送死。死亡的氣味很可怕，而且這種氣味到處都是，在吃口糧時，就像在吃死亡一樣。」

在這場大屠殺的過程中，也出現一些古怪插曲：一個名叫喬．艾蘭（Joe Allen）的年輕尉官在砲火聲中來到哈林頓面前，說自己是新調來的補充人員，還說「上尉，我在一星期以前見到你的妻子與女兒。」當時爆炸聲與輕武器射擊聲不絕於耳，哈林頓說，「那話讓我聽得喘不過氣，我不由自主想到戰鬥以外的事，而那可不是明智之舉。」直到傍晚，在鮑伯．湯姆斯（Bob Thoms）下士帶領下，更多美軍攻上大城堡高牆。湯姆斯是個魁梧大漢，身上的迷彩服這時已經襤褸不堪。到下午四點半，目標地區已經肅清，哈林頓率領的一百名陸戰隊員有六死四十傷。翌日，十六日凌晨四點，北越軍展開反攻。雙方又是一場激戰，美軍再次攻下塔樓，在塔樓廢墟裡找到二十四具敵屍。

哈林頓立即奉命帶領殘餘的三十九人投入緩慢、痛苦、令人提心吊膽的逐家逐戶肅清作業。「敵人有兩周時間準備陣地，我們已經到了幾乎沒有效率、幾乎不在乎自己生死的地步。我們在心理上已經垮了，沒有人還關心眼前這些事。上級不斷追問，『為什麼只是肅清幾名北越軍要花那麼多時間？』」他們的營長鮑伯．湯普森（Bob Thompson）少校，一度因為進軍速度緩慢惹惱克萊登．亞伯拉姆斯而遭撤職，後來因陸戰隊高層說項才撤銷撤職令。哈林頓在聽說自己獲頒海軍十字章後，百感交集地說，「我不覺得我有資格獲得這項殊榮，這應該給其他人。」

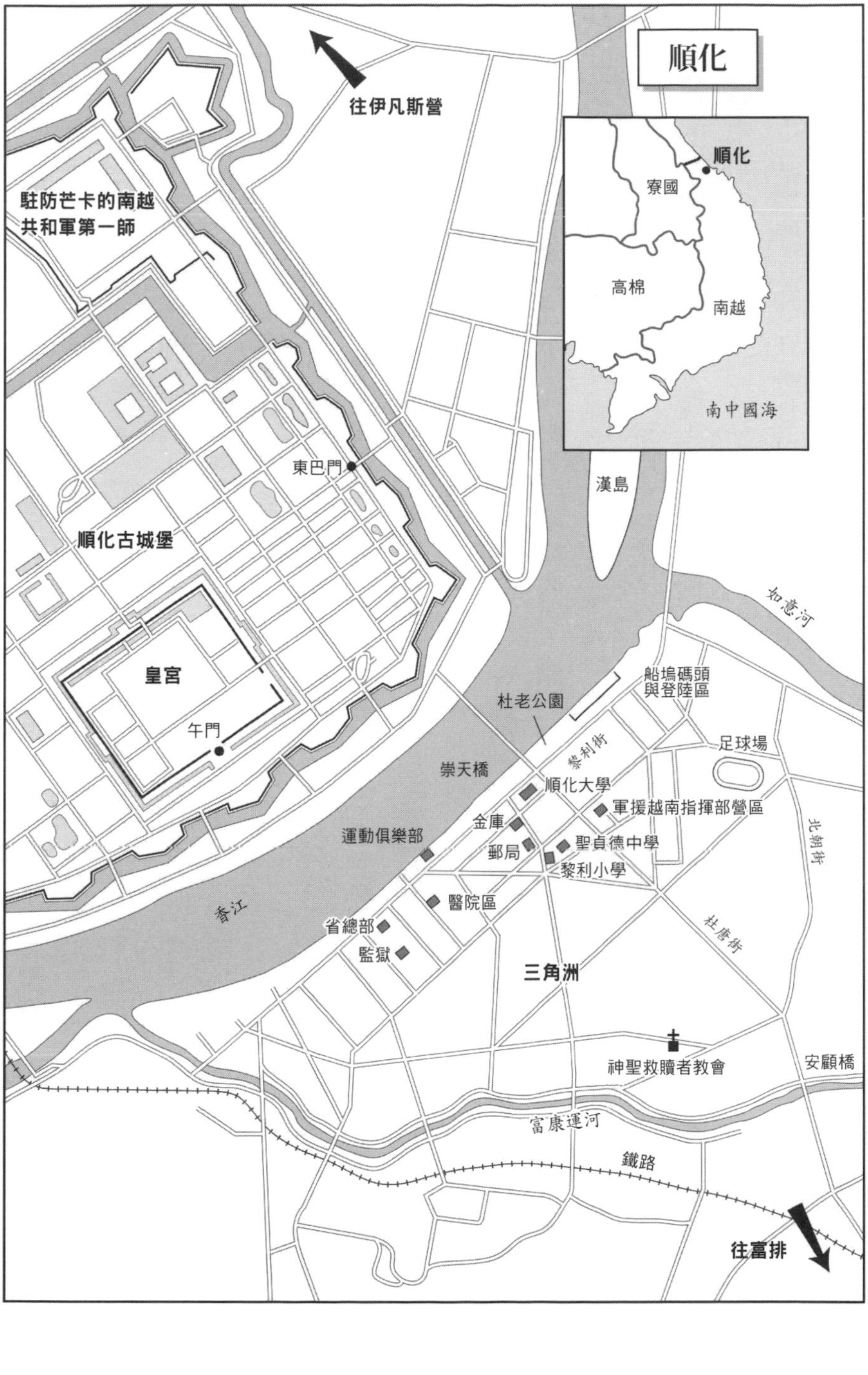
順化
往伊凡斯營
順化
寮國
高棉
南越
南中國海
駐防芒卡的南越
共和軍第一師
東巴門
漢島
順化古城堡
如意河
皇宮
船塢碼頭
與登陸區
杜老公園
午門
黎利街
足球場
崇天橋
順化大學
軍援越南指揮部營區
金庫
運動俱樂部
聖貞德中學
郵局
黎利小學
北朝街
醫院區
香江
省總部
杜唐街
監獄
三角洲
神聖救贖者教會
安顧橋
富康運河
鐵路
往富排

二月二十二日早上六點半，困在大城堡裡的北越軍發動自殺攻擊。幾名南越軍嚇破了膽，無視長官槍斃他們的威脅而臨陣脫逃。二十三日早上五點，黑豹連終於在順化皇城上降下民族解放陣線旗幟，揚起南越旗。在升旗時，一個幾乎赤身露體的人從旁邊觀景湖中冒了出來——這是一名南越軍人，他在順化共軍占領區躲了二十天，只有夜晚才出來覓食，後來發現，他是范永定少校的大哥。南越軍在順化死了四百五十八人，一千多人受傷，其中至少有些人也英勇奮戰。美國陸軍七十四死、五百零七人傷，陸戰隊一百四十二死、八百五十七人傷。根據估計，約六千民眾死亡，其中相當一部分死於「友軍砲火」。

在收復順化皇城大城堡之後第二天，美國新聞處的鮑伯・凱利寫信給法蘭克・史考登：「河以南，每一棟房屋都被打爛，焚毀的車輛、戰車與樹木遍布街頭，火箭與八英寸砲炸出來的孔隨處可見……過去總是擠滿舢舨的大市場，附近所有的房屋與商店全數被毀，燃燒彈、八英寸砲彈與五百磅炸彈每天在這裡肆虐，西貢那些混蛋根本搞不清問題有多嚴重……最讓我冒火的是，我們那些狗娘的將領們還說什麼『我們知道要出事』的屁話，好像他們故意要共軍打來一樣。現在，儘管遭到如此慘敗，他們竟還算計敵軍死屍，吹噓獲勝。」眼見許多南越官員與士兵逃亡令凱利更加憤怒。

一名記者寫道，順化住宅區與商業區景象像極了戈雅（Goya）畫作中的景致：「整條街完全荒廢，瓦礫堆阻斷了人行道，馬路中央彈坑、炸得焦黑的車輛殘骸隨處可見，一輛卡車嵌在一道牆裡。死亡的氣味讓人作嘔……順化不再是那個我熟知也深愛的城市，街頭那些炸得稀爛的焦屍，也曾是活生生、會說話、會愛的人。共產黨與美軍指揮部已經殺了這個越南城市之花。」當地一名居民指著一堆瓦礫說，「住在那裡的那名男子被越共槍殺，現在他的房子被美軍炸毀，怪不怪？」老鼠與狗成群在街上啃著屍體。

共軍的死亡數字在兩千五百到五千之間——他們一直沒有透露可靠數字。二月最後幾天，與美軍以及南越軍的雜亂無章大不相同，殘餘共軍井然而撤。與一九三九至四五年二戰標準相比，順化之戰的規模不大，不過事實證明它是第二次印度支那戰爭中最血腥的一場戰役。二月二十六日，盟軍在順化發現第一個千人塚：在民族解放陣線統治順化的短短幾十天，共幹有系統地殺了他們可以找得出來的每一個政府官員與支持者、知識分子、資產階級與「人民公敵」，還有他們的家屬，將屍體埋在幾個千人塚裡。共產黨在其他地方也進行類似殺戮，不過規模較小。一名共產黨為這種恐怖暴行提出辯解：「人民對這些惡霸恨之入骨，像對付毒蛇一樣，必須將他們殺了，以免他們再次為害。」

其中一名受害者是五十三歲的政府社會服務處主任阮必聰（Nguyen Tat Thong，譯音），他利用春節假期來順化與六名家人團聚，其中包括兩個還在唸書的學生。一名受害人是四十八歲、在街頭賣菸的寡婦阮氏羅（Nguyen Thi Lao，譯音）。此外還有天主教神父與美國百姓。數以百計民眾只因為列名所謂政府同路人名單而遭到清算。盟軍從千人塚總計找到兩千八百一十具屍體，實際被害人數幾乎肯定更高。澳洲顧問丹尼斯・坎貝爾（Denis Campbell）上尉寫道，「共產黨用鐵絲絞死軍人，把軍人屍體掛在牆上示眾，那種仇恨還可以理解。但只因為民眾不肯拿武器幫他們打仗，就將民眾一家老小活埋，就讓人匪夷所思。我過去還對越共有三分佩服……現在那種感覺沒了。」

越南共產黨在道德上勝過西貢政權的謊言，因這場殺戮而戳破，但部分由於軍援越南指揮部直到三月九日才宣布發現這些千人塚——到那時，指揮部本身的信譽已經掃地——媒體對這場殺戮的報導來得太遲。魏摩蘭私底下對陸戰隊表示不滿，認為陸戰隊搞砸了順化之戰。陸戰隊確實搞砸了順化之戰，但應該怪罪的是那些高級將領，因為自魏摩蘭本人以降，這些將領只是反覆下令部屬完成一些戰術上不可能完成的任務。前後幾周時間，整個美軍指揮部一再誤判情勢，投入的資源也完全不合適。

二月最後幾天與三月第一天，共產黨在南越各城市最後幾處頑抗的據點被一一肅清。這時南越境內有六百六十三名領有執照的外國記者，對他們來說，春節攻勢是一場不可多得的盛宴。有些記者以幾近歇斯底里的口吻寫報導、做廣播；有些記者展現無比勇氣，為這場攻勢做出最鮮活的描繪。他們大體而言只是強調共產黨的成就，對士兵們眼中的核心事實——敵軍戰敗——卻甚少著墨。威廉．哈蒙（William Hammond）在美國陸軍正式越戰戰史中對媒體有很公允的描述。他寫到：「他們太容易向職業壓力屈服，為取得任何新聞，他們與同業競爭；為了向國內供應頭條，他們犧牲了深度與分析，只求聳人聽聞；在沒有新聞的時候，他們製造新聞。」

但哈蒙也以一段幾乎否定以上說法的文字指出：「無可否認……新聞報導往往仍比政府公開聲明更精確。」他或許指的是《紐約時報》記者金．羅伯茨（Gene Roberts）在春節攻勢期間發出的幾篇報導。在春節攻勢展開前不久才抵達越南的羅伯茨認為，順化美軍打得比北部戰區那些高層指揮官都好，還對美國陸軍與陸戰隊領導層提出批判。

◎總統的投降

春節攻勢過後，北越軍與越共士氣重挫，承認這是一場讓他們損失約兩萬人的軍事挫敗。河內官方歷史紀錄承認「敵人在戰場暫時取得上風……我們的態勢與實力重挫」。根據共產黨本身的評估，若干游擊隊單位因為暴露在美軍砲火下，損失百分之六十到七十的兵力。隆安的越共司令寫道，「在我的整個軍旅生涯中，我從沒像在這段時間這樣感到如此困惑與無效……我仍然無法完全解釋這些事。」事實上，歷史告訴我們，除非統治政權與它的部隊意志崩潰，民眾暴亂幾乎無一倖免，終必以失敗收場：一九四四年的華沙[5]、一九五六年的布達佩斯[6]、一九六八年的布拉格[7]都是例證。一名北越軍上校說，「我們終於發現想搞一場全民起義根本不可能。」如果共軍能展現一種勝利者面貌，一些南越人可能轉而投入共產黨陣營，但共軍始終做不到這一點。他說，越共一開始對美國大使館與幾處都市中心的滲透是「一項了不起的勝利」。他承認，之後共軍犯了想守住這些據點的錯：「最好的辦法是在一擊成功之後，立即撤軍，鞏固我軍在鄉間的勢力。」一些美軍軍官也完全贊同這種說法，認為比起與游擊隊作戰，與敵軍大部隊正面衝突的作戰更能對正美軍胃口。幾個月以後，一名師長說，「南方局有一群他媽的好戰軍官，想用大規模戰鬥打贏這場戰爭，我們

5 編注：一九四四年華沙起義，是二戰時波蘭家鄉軍於八月一日反抗德國占領軍等軸心國家的戰役。目的在於解放華沙，表明擁有波蘭主權的是抵抗組織波蘭地下國，而非由蘇聯扶持準備接管波蘭的波蘭民族解放委員會。整個起義持續了六十三日，到了十月二日，波蘭軍隊方才向德軍投降。在波蘭方面有大約一萬八千名軍人和超過二十五萬名平民死亡，另有大約兩萬五千人受傷；德軍方面有大約一萬七千人死亡和九千人受傷。是二戰時規模最大的一起抵抗運動。

6 編注：一九五六年匈牙利革命，亦稱匈牙利十月事件。發生於十月二十三日至十一月四日，是匈牙利許多民眾反抗匈牙利人民共和國和蘇聯所強加制度的革命，也是歐洲二戰結束後，蘇聯統治面臨的首次重大挑戰。匈牙利革命始於十月二十三日的學生抗議事件，隨後抗議事件開始擴散，為了反抗蘇聯的鎮壓，數萬匈牙利民眾武裝起來與秘密警察和蘇軍交火。十月底，蘇軍行動受挫，一度從布達佩斯撤離。儘管蘇聯曾表示願意與匈牙利展開談判，但隨後蘇聯領導人改變主意、決定鎮壓革命。十一月四日，蘇聯軍隊再度入侵布達佩斯和匈牙利其他地區。一些匈牙利人堅持抵抗至十一月十日。衝突中，約有兩千五百名匈牙利人和七百名蘇軍士兵死亡。革命結束前後，二十萬匈牙利人逃亡國外成為難民，大規模逮捕和審判接踵而至。

7 編注：一九六八年布拉格之春，是一月五日開始的捷克斯洛伐克共和國內的一場政治民主化運動。這段民主化進程在八月二十一日蘇聯與其他華約成員國以二十萬軍隊和五千輛坦克的武裝入侵捷克斯洛伐克宣告失敗。這次軍事入侵導致了約有十萬人左右的難民潮，包括了許多菁英知識分子。

純靠這個救了我們。」

殘餘共軍垂頭喪氣回到他們留下私人物品的基地，發現大多數私人物品已經無主。他們知道這項攻勢的計畫有問題。越共領導人陳杜說，「春節攻勢顯然改變了整個戰爭的性質……那是一場『孤注一擲』的攻擊。我們訂下許多不切實際、不可能達成的目標……『把他們一舉幹掉』這樣的話真動聽。我們在一九六九、一九七〇與一九七一年陷入極端困境。有人問我們，我們控制多少人口占比，我們答道『大多數』，但事實上我們幾乎已經完全失去控制了。」陳杜對南方局與河內始終憤憤不平，指責他們為發動這場攻勢，不惜犧牲最忠實的支持者。

北越軍上校阮安寫道，「許多我們的人失去信心……他們認為敵人現在占得上風。」在一九六八年五月與八月的第二與第三次「迷你春節攻勢」中，越共再遭慘敗，死亡人數增到五萬左右。民族解放陣線元氣大傷，回復到過去地方游擊隊的老狀況；在那以後，戰爭重擔完全落在北越軍肩上。

美軍在春節攻勢中損失近四千人，南越軍損失將近六千，但由於春節攻勢結束後，鄉村暴力事件大幅降低，美軍對前途更感樂觀。福瑞德．韋恩說，「我們有很大的進展，大家現在晚上也敢開車外出了，暗殺事件很少見。」克萊登．亞伯拉姆斯嘲笑北越軍說，「看看溪山吧，可憐的老武（元甲）——而且我還不是說著玩的。可憐的老武，我真的為他感到難過。他不斷出兵、不斷出兵，把那些師不斷投入戰場，直到全部打光了為止。但如果他真的像美國報界所說是那麼了不起的戰術家與戰略家，如果他當時把一個師或兩個師都沿著海岸調下來，我真不知道我們拿什麼把他們趕出那裡！」參加過溪山保衛戰的陸戰隊員傑夫．安東尼說，「在春節攻勢結束後，我們認為我們可以徹底打垮這些傢伙。」

羅伯．麥納瑪拉在國防部長任內最後幾天表示，春節攻勢帶來一個明顯的教訓是，南越軍此後應該直接在美軍指揮下作戰。魏摩蘭總算聰明，否決了這項建議，因為這樣作無異於贈送共產黨宣傳機器一份大禮。魏摩蘭告訴華府，說他現在見到大好機會來了：在參謀首長聯席會議主席惠勒鼓勵下，他要求美軍大舉增兵越南。《紐約時報》在三月十日透露，軍方要求動用後備役，再向越南增兵二十萬六千人。後來有人說，這是詹森總統任內最具殺傷力的一次洩密事件。由於這次事件，魏摩蘭成為反感、甚至中傷詆毀的眾矢之的。就在那個月，魏摩蘭接到通知，說亞伯拉姆斯將取代他出任駐越美軍司令，三個月後，魏摩蘭返美出任陸軍參謀長。他的下台部分雖反映當局認為他作戰不力，但更重要的原因是他的信用破產。他曾公開預言勝利在望，卻在不旋踵間要求增兵——幾乎等於暗示不增兵就要吃敗仗。

春節攻勢造成可怕的破壞，毀了四萬八千棟民房，導致了近五十萬新難民。當時有記者引用一名美軍軍官的話說，「為了救這個城，先得毀了這個城。」一今天一般認為，這句話其實是這記者杜撰之詞，但它確實反映了美國「為維護南越自由」而打這場仗的矛盾。韋恩得意地向亞伯拉姆斯簡報美軍如何「成功守住」首都，但在飛離韋恩的總部時，亞伯拉姆斯見到「西貢塵煙滾滾，火焰衝天。我估計，我們還能再成功守住西貢七次，然後就得面對不再有城市可守的尷尬」。

許多原本堅決支持這場戰爭的美國國內人士因這場戰役而開始厭戰。《華爾街日報》說，「整個越戰可能註定以失敗收場，還沒作好接受這件事心理準備的美國人，應該作好準備了。」國家廣播公司一名專家說，「我們必須決定，為了救越南，先得毀了越南這麼做對不對。」像國內電視機前的觀眾一樣，戰場上的許多美國人也對這場戰爭痛恨不已。民間作業與革命發展支援計畫的傑利・道森（Jerry Dodson）在二月二十日寫信給法蘭克・史考登：「球賽已經結束，我們還是趕快投降認輸吧。幾天前，我在崑嵩與邦美蜀（Ban Me Thuot）。在我們找來空中火力與大砲，將越共趕走以後，崑嵩有百分之二十被毀，邦美蜀有百分之五十五被毀，第一軍與三角洲地區也有大面積毀滅。對那些愛越南的人來說，撤軍是唯一解決辦法。」史考登說，「北越用慘重的代價證明他們永不放棄。」參議院傅爾布萊特委員會也暗示，東京灣決議案的錯誤假定騙了美國國會與人民，讓美國國會與人民捲入這場戰爭。克拉克・克里夫在取代麥納瑪拉成為新國防部長以後，立刻下令軍方不得再作勝利在望的預測。

哥倫比亞廣播公司記者沃爾特・克朗凱的干預，造成的毀滅性效果尤其深遠。這位深受美國人民喜愛的二戰老兵在二月訪問順化，他告訴福瑞德・韋恩：「在看過那成千上萬具屍體後，我決定……盡一切可能結束這場戰爭。」韋恩說，「由於克朗凱深獲美國人民敬愛……這句話讓我們非常困擾。」讓韋恩憤憤不平的是，克朗凱這麼說，好像美軍與南越軍要為順化大屠殺事件負責一樣：「有人會說，『戰爭太慘了，一定要想辦法終止它』，這麼說我理解。但你怎能顛倒黑白，把事情說得像是應該讓北越打贏這場戰爭一樣，這麼說我無法理解。」韋恩說得有理。但克朗凱在二月二十七日告訴數以百萬計的電視觀眾：「如果說我們今天已經接近勝利……就是信了那些樂天派的誤判……說我們陷入泥沼僵局，似乎才是儘管切合實際卻令人不滿的結論……在我看來，如今想脫身，最理性的途徑就是談判——不是以犧牲者的立場乞憐求和，而是以為了信守勝利與民主的承諾而竭盡所能、有尊嚴的人的立場謀合。」克朗凱這番睿智的話打動了無數觀眾，或許其中最深受影響的人莫過於詹森總統。據說，在那天過後，詹森經常對人說，「如果我失去沃爾特，我會失去中產階級美國人的支持。」詹森是否真說過這句話雖有爭議，但無論如何，這句話反映愁雲慘霧已經逐漸降臨白宮。

在春節攻勢剛結束那段期間，美國人愛國意識高漲。「哈里斯民調」顯示，主張停止轟炸的美國人從之前一年十月的百分之二十六降低到百分之十五，約百分之七十四的受訪者主張繼續打下去；認為美國會打輸越戰的人只有百分之三，百分之三十九的人認為戰局將陷於僵持，百分之四十三的人認為美國能打贏。但在這堅決的表象下，就算愛國者也對這場吃力不討好的海外用兵感到厭倦。在華府，越來越多睿智的決策人發現這場戰爭交戰雙方的不搭調：共產黨願意投入一切，包括無限制投入本國人的生命，而美國的真正國家利益似乎正一天天不斷萎縮。步兵蓋瑞・楊（Gary Young）在三月一日接到的一封父母的家信，很能反映當時美國國內普遍存在的情緒：「親愛的兒子，不必告訴我們不用擔心，我們也只是人，而我也知道那裡的情況……凱西非常興奮，因為明晚就要參加中學的棉花（Cotton Blossom）舞會……這裡的人民已經受夠了越南傳來的那些烏煙瘴氣。那好像是毫無意義地浪費生命一樣。我看我還是不談這個話題，免得沒完沒了。盡可能自己保重，我們都獻上我們的愛與希望，希望我們的孩子很快都能回家。愛你的爸，媽，還有女孩們。」

三月五日，米隆・哈林頓與陸戰隊第五團第一營的順化之戰倖存官兵加入後備部隊，撤進一個原本有沐浴設施的營區。當哈林頓的連進駐時，這處沐浴設施已經損毀。哈林頓仍然興高采烈地湧入附近的南中國海，好好洗了個澡，然後又接到命令出擊。在順化之戰半途加入D連的喬・艾蘭中尉當時正與哈林頓的小姨子裴琳（Perrin）約會，是位好軍官。哈林頓事後哀傷地說，「我應該要求上級把他調到其他連的。」五月的一個晚上，哈林頓派遣艾蘭的排執行埋伏哨任務。一支共產黨部隊撞上旁邊的一個連，他們後撤時正好撞進艾蘭的陣地，陣地失守，艾蘭戰死。哈林頓說，「我與我小姨的關係此後再也不一樣了。」之後，哈林頓本人也因經常情緒失控、落淚而險遭解除指揮權。幾個月以後，他終於役滿離開越南，「突然卸下這麼沉重的責任讓我感到一陣輕鬆，但同時也

有一種強烈罪惡感。」

情況已經明顯，無論是美國人民或美國國會都不會支持軍方提出的巨幅增兵建議。三月十二日，在新罕布什爾州民主黨初選中，尤金·麥卡錫僅以區區三百五十票之差輸給競選連任的詹森。詹森的老友、過去支持越戰的克拉克·克里夫在就任國防部長後不過數周，也加入批判越戰的陣營。三月二十五日，喬治·鮑爾、亨利·卡巴·洛奇等「智慧老人」，還有李奇威、泰勒、與歐瑪·布萊德雷（Omar Bradley）等幾位將軍奉總統之命聽取最新簡報，並在簡報後提出他們自己的建議。以狄恩·阿契森為首的一群人主張退出，認為大多數美國人相信這是一場打不贏的戰爭。只有艾伯·福塔斯、泰勒與布萊德雷等人主張繼續戰鬥。

三月三十一日晚，詹森發表全國電視演說，開場白如下：「晚安，全國同胞們，我今晚要與你們討論越南的和平……這是我國人民最關切的問題。」他宣布片面停止對北緯二十度線以北的轟炸，並承諾重開談判。早先，演講撰稿人哈利·麥佛森（Harry McPherson）在見到詹森改寫草稿時，問一名白宮同事說，「他是準備說沙優那拉了嗎？」沒錯，他是。詹森在演說結尾時說，「……我不會尋求、也不會接受我的黨的提名，再做一任你們的總統。」

許多觀眾對總統這番話非常狐疑。在一言不發、聽完整篇演說後，有人認為這是一個把戲，一場騙局。但它不是。那天晚上，詹森承認他的總統生涯就此結束，他在位期間雖在內政上成績斐然，卻在東南亞這場大泥沼上栽了跟頭。他的對手，例如甘迺迪密友亞瑟·史勒辛格等人，說他這項退出選戰的決定是「政治膽怯」，因為就像一九五二年韓戰期間，哈里·杜魯門在新罕布什爾州初選過後一樣，詹森也認定他將在選戰中落敗。史勒辛格後來引用前白宮新聞秘書比爾·摩耶斯的話，說明詹森的「越南痴迷」：「一種自我與國家意識的惡劣聯姻，詹森將自己視為捲入一種男子氣概挑戰的美國人。」艾森豪總統在他的私人日記中語帶輕蔑地寫道，「在我看來，情況似乎很明顯，總統正在與他自己交戰。他雖極力掙扎，為他過去的行動與決定辯解，並呼籲國人不計代價追逐他的這些目標，卻要求國人讓他卸下總統重擔。」

許多人認為，詹森所以宣布不競選連任與春節攻勢受到的屈辱有關。事實上，詹森早在幾個月以前已經在考慮退出白宮。但無論怎麼說，越南戰事的發展讓他意氣消沉應該無庸置疑。由於許多美國人、特別是年輕人並不怪罪共產黨，卻把失敗、殺戮的罪狀推到他身上，詹森已經淪為美國人仇恨與嘲笑的目標。這是河內的一項勝利；黎筍因此可以攀上他那項瘋狂攻勢造成的屍山，誇稱春節攻勢是「致命一擊」。美軍在這場攻勢中奮勇退敵，僅西貢之役就有十五人獲頒榮譽章，但似乎沒有人注意他們可歌可泣的事蹟，沒有人注意順化的大屠殺。魯斯克懊惱地承認，「這是共產黨在美國的一場了不起的政治勝利。」

民族解放陣線的陳柏棟說，在迫使美國降低戰爭規模這件事上，春節攻勢發揮決定性作用——「這是唯一可能的評估」。就這樣，黎筍在他自己的社會中確立了他的權威與歷史名譽。一九六八年四月五日，北越外交部長告訴哥倫比亞廣播公司記者查爾斯．柯林伍德（Charles Collingwood），說北越準備與美國談判了。河內本來邀請沃爾特．克朗凱往訪，但遭克朗凱婉拒，因為克朗凱知道如果應邀往訪會為北越帶來宣傳大捷。詹森任命艾維雷爾．哈里曼為美方首席談判代表。儘管這場戰爭之後繼續又打了七年，北越已經沒有戰敗的可能。

第 20 章

反覆重演

Continuous Replay

◎垂死邊緣

春節攻勢過後，共產黨氣運似乎陷入谷底，美軍與南越軍一再擊潰越共。一天早晨，三角洲地區一個游擊隊指揮群進入美祿（My Loc）村，撞上一支美軍掃蕩部隊。砲彈炸死一位名叫「康」（Khang）的十七歲游擊隊員，「康」的父親、一名共幹寫道，「我守著兒子的屍體，心都碎了。我彷彿他還活著一般對他說，『兒啊，安息吧，你已經盡了對革命的責任了。』」幾年後，「康」的兩個弟弟也加入越共。他們的母親無可奈何地說，如果不加入越共，他們會被另一邊抓去當兵，搞不好弄得父子們在戰場上相互廝殺。「康」的父親寫道，「太多母親丟了三個四個、甚至七個八個兒子，成為我們主義的烈士，人數之多，數不勝數。」

一九六八年五月，南方局下令對城市發動新攻擊，但反應冷淡。幹部們抱怨說，當局既未提供援兵也未提供新武器，只是要他們重覆二月間的任務，要他們再次白白送死。南方局要負責攻擊西貢的游擊隊「將戰火直接燒進敵人老巢」，但越共指揮官黃恭勝寫道，「我們像自殺隊一樣展開第二波春節攻勢。」五月五日晚，從北部與東部進發的越共軍在西貢郊外遭南越軍與美軍攔截，從西部與南部進入西貢的越共則陷入巷戰，而且很快落敗。黃恭勝寫道，打到第七天，「我們發現情勢極為不妙……我仍然不明白，我們為什麼在兵力形勢如此不利於我軍的情況下再次攻擊城市……我們的領導人為什麼以為數以百萬計民眾熱血沸騰、隨時準備為革命犧牲一切？情況根本不是這樣。民眾也痛恨美國人與傀儡政權……但這股怨氣還沒到沸點。」自此以後，越共兵力不斷削弱，北越軍成為共軍戰鬥主力。

但南越軍與美軍一直沒有那種戰事變得輕鬆、勝利在望的感覺。阮文紹政府在六月二十日宣布總動員。盟軍彼此之間互不信任：在五月的攻擊過後，謠言透過一些軍營傳遍南越，說美軍故意袖手旁觀，迫使西貢軍戰鬥。一名越南軍官在二〇一二年說，「許多人說，美國人一定是把他們那些精密的電子情報網路關了，才讓敵人那麼輕易地滲透首都。有人甚至說，美軍用直升機為共軍運送糧食……說美軍卡車運送共軍。雖說並非所有越南人都相信這些謠傳，但許多人仍然信之不疑。」

一九六八年以後戰死的好幾十萬人尤其可悲，因為美國在一九六八年以後已經放棄取勝念頭，之所以繼續作戰為的只是躲避太明顯的敗績。對那些對第二次世界大戰記憶猶新的人來說，越戰的過程令人看得一頭霧水。戰爭總有動靜，但越戰大部分只在繞圈子。不像二戰，越戰沒有從西西里（Sicily）到義大利，從硫磺島到沖繩的那種實體進度感。令人不解的是，龐大的軍力似乎在越戰派不上用場。以部署在西貢北方的第十一裝甲騎兵團為例，它擁有輔助工程、醫護、補給人員，還有憲兵、化學、運輸、信號、情報、無線電安全、心理作戰、美國空軍協調隊與師砲兵派駐人員，總兵力四千六百人。它還擁有休伊、眼鏡蛇與OH6A「泥鰍」（Loaches）輕型觀測機等等五十架直升機，以及M-48A2戰車、一五五公厘榴彈砲與裝甲運兵車等四百輛履帶車。它的一名軍官說，第十一裝甲騎兵團是「一個組織、裝備與訓練都非常了不起的工具。不過只適用於二戰。」

這樣一支龐大的武力，卻保不住南越人民安全——舉例說，當二十個農民因為不肯築路而遭越共綁架時，令克萊登・亞伯拉姆斯將軍懊惱不已。他說，「事情很可悲，當人民想為自己作一點主的時候……我們卻保不了他們安全。我一直記得當地區長說的，『除非你們能保障民眾的安全，否則你們絕不能輕信民眾給你們的消息。』這是很好的準則……但問題是敵人比鬼還兇……來去無影無蹤……他們在各地徵稅，不聽話就抓人……槍斃人。」

這是一種《今天暫時停止[8]》（*Groundhog Day*）式的衝突，爭的是叢林或稻田一角，劇情不僅月復一月還年復一年反覆重演，而且最後還不能像電影一樣贏得美人安蒂歸。唯一變化的，是那些在那裡流汗、恐懼、作戰、戰死的人的姓名與數目。一等兵傑夫・安東尼說，「你發現自己不斷在同樣的地方做同樣的事，而且很顯然事情做不好。我們不時碰上一些非常悲哀的時刻，讓我們想不通我們究竟來這裡幹什麼。」吉姆・史蒂芬斯（Jim Stevens）中士也說，「有時你來到你在兩周前已經來過的一處登陸區——上次留下的垃圾還在那裡。你忍不住要說，為什麼我們不好好打一仗，用一切力量把敵人都趕走，或是乾脆撤軍？」

在一九六八年，共產黨軍事介入的重心是非軍事區下方三個最偏北的省分，與部署在當地的四個北越師作戰的重擔，主要落在美軍陸戰隊肩上。五月最初幾天，發生一場幾乎沒有引起注意、卻重創了一個營的戰役。這個營遭受的損失，比一年以後發生的著名的漢堡高地（Hamburger Hill）之役更加慘重。美軍兵力這時已經接近五十四萬三千人的顛峰，但在越南最北端這處僅有兩平方英里，幾個荒村座落其間的戰場上，北越軍能將暴力發揮得比美軍更加有效。大道（Daido）之戰的故事值得詳述。它是幾十場類似戰役的典型，與二十一世紀的伊拉克或阿富汗之戰相比，它更血腥，或許也更徒勞。

陸戰隊第四團第二營在之前幾個月已經與共軍幾次激戰，遭到慘重傷亡。這支部隊不乏勇敢、良知之士，甚至還出了幾位英雄，但也出了一些廢物，包括所謂「麥納瑪拉十萬大軍」的成員——麥納瑪拉為滿足不斷增加的步兵需求，而將徵兵的心理與教育門檻放低，結果多徵了十萬人。在叢

林已經打了八個月的M-60機槍手、准下士詹姆斯・萊西利（James Lashley）認為「我們就像是在作戲一樣」。他自己的排在夜間行軍時「彷彿一群背上背著水壺的水牛在走一樣，一路上啷噹作響」。營的隨軍牧師的妻子成了狂熱反戰分子，以丈夫上越南服役為由，向法院訴請離婚。

吉姆・威廉斯上尉在報到出任第四團第二營一個連的連長時，發現自己沒有防彈背心。補給士指著停屍間外一堆東西說，「你或許可以在那裡找到一件上面沒有血跡的。」威廉斯心想，這個連「損失這麼多人，情況看來很糟糕」。由於輪調制度與死傷過重，軍官已經無法認出連上所有陸戰隊員：威廉斯知道他的駕駛兵綽號「公牛」（Bull），但直到「公牛」戰死以後才知道他的全名。在一九六七年九月十一日一場戰役中，第二營有十六人戰死，一百一十八人傷；十月十四日，二十一人戰死，二十三人傷；在十一月與十二月，六人戰死七十八人傷；一九六八年三月十二日傍晚，F連遭到伏擊，損失十八人；第二天，陸戰隊在收屍時又有五人中彈，一具屍體在後撤時還從直升機上掉下來。

一名年輕的准下士在家信中用幾近歇斯底里的語氣，談到他身邊的人如何都在垂死邊緣掙扎。他的父親接到這信以後當然憂心忡忡，於是寫信給代表他的眾議員，訴說自己兒子的悲慘命運，從而引發一次國會行動：一次對陸戰隊的正式調查。營長比爾・韋斯在清晨三點被人從床上叫醒，接聽師長打來的無線電話，師長要他在兩小時內提出適當答覆。韋斯把這寫信的准下士叫了來，准下士立即淚流滿面說，「對不起，中校。」一九六八年三月，第四團第二營共有五十九死三百六十

8 編注：今天暫時停止，一九九三年推出的一部美國奇幻喜劇片，比爾・穆瑞（Bill Murray）、安蒂・麥道威（Andie MacDowell）和克里斯・艾略特（Chris Elliott）主演。莫瑞飾演憤世嫉俗的電視天氣預報員菲爾・康納斯，在賓州龐克瑟托尼報導一年一度的土撥鼠日活動時陷入時間循環，每天都在重複二月二日的經歷而且只有他知情。

傷，殺死北越軍四百七十四人。這最後一個數字並不真實，不過韋斯已經學了乖：想保住職位，就得在殺敵數字上灌水。

第四團第二營營長韋斯三十九歲，是費城窮人區一名藍領勞工的兒子。他趕上韓戰的尾巴，之後成了巡狩員、水肺潛水與跳傘專家。他在六個月前因前任負傷而接掌第二營，隨即積極展開軍紀與士氣重建工作。他說，「我們有太多地方做得不對，我的部下沒有經過充分訓練，他們吊兒郎當。要他們訂一個火力支援計畫，作戰官竟然不知道怎麼訂。」韋斯勇敢、正直、有良知，不是那種統兵大將的典型，嘴裡長叼一根廉價雪茄，因為抽雪茄在夜間不會像抽香菸一樣發光。令韋斯擔心的是，由於他自願調往越南，令妻子愛莎（Ethel）非常憤怒，愛莎不會守在家裡等他。

當第四團第二營重新在非軍事區附近的瓜越河以北完成部署時，敵人或許透過無線電攔截，已經迅速掌握他們的動態，令陸戰隊員大感驚訝。英語宣傳節目播音員「河內漢娜」宣布，比爾・韋斯領導的第四團第二營已經到了，「你們這些陸戰隊都只有死路一條！」不過這樣的威脅嚇不了第四團第二營。四月二十七日夜，韋斯的營半數與附近一支北越軍部隊接戰。G連連長羅伯・馬斯川（Robert Mastrion）是個身材矮小、皮膚黝黑的紐約客，他戴眼鏡，二十八歲，是由士兵晉升的軍官，調入第二營只有一個月，G連官兵沒有人喜歡他或尊敬他。一名陸戰隊員說，「我們都已經累壞了，但這怪胎還在嚷嚷，說要『找點事來幹』。」當一枚手榴彈在一名士兵腳邊爆炸時，G連知道麻煩來了。有人大叫，「天啦，越共！」一片駭人的槍聲與爆炸聲響起，不到幾秒鐘，尖兵班就有八人中彈倒地。火力班班長比利・阿莫（Billy Armer）的臉孔與胸部中了彈片，嘴裡不斷罵著，「狗娘養的，我中彈了……狗娘養的，我中彈了。」他們撞上一支正通過他們前方的北越軍縱隊，在一片嘶喊與人影交錯的混亂中，北越軍射出綠色曳光彈，與美軍的紅色曳光彈相映生輝。馬斯川要求支援，韋斯答道，「你只能靠自己了。」因為韋斯擔心，在暗夜中增派援軍往前，可能造成美軍自相殘殺。

醫護兵告訴馬斯川，一名陸戰隊員頭部負傷必須後送搶救，否則會死。凌晨一點半，來自「硫磺島號」（Iwo Jima）攻擊艦的一架CH-34「海馬」（Sea Horse）直升機來到戰場。陸戰隊用無線電告訴海馬飛行員北越軍在美軍陣地四百碼外，並冒險用閃光信號指引CH-34降落。事實證明這麼作大錯特錯：敵軍與美軍陣地的距離比四百碼近得多，當CH-34降落開始搭載傷員時，傳來一聲如雷巨響。一枚火箭榴彈打碎CH-34的擋風玻璃，炸飛了飛行員左眼。直升機立即起飛，搖搖擺擺朝南方飛了三百碼，然後緊急迫降。副駕駛接手，終於把飛機飛回「硫磺島號」，但那名頭部負傷的陸戰隊員留了下來，不時嚎叫著。他的戰友希望醫護兵給他注射大量嗎啡，但馬斯川上尉帶著一班人留了下來，陪著那名陸戰隊員直到他五小時後死亡，讓G連其他官兵後撤。

天亮以後，第二營保住了，但也備受驚嚇。伍長彼得．史勒辛那（Peter Schlesiona）在家信中寫道，「這無疑是我在越南度過的最令人毛骨悚然的一夜。」馬斯川因背部劇痛而後送。二十九歲、來自亞利桑那州、深獲G連官兵敬愛的墨西哥裔美國人傑．法賈斯（Jay Vargas）上尉接任G連連長。在經歷這場激戰後，第四團第二營的官兵以為他們可以稍喘一口氣了，不幸的是，戰爭總是不讓人喘氣。師部發現兩營北越軍正朝第四團第二營駐地而來。第四團第二營當時駐在普渡（Bo Dieu）河北岸。普渡河南岸的東河（Dong Ha）有一座大型美軍後勤基地，基地距海岸七英里，基地運補主要靠普渡河。第四團團長米爾登．霍爾（Milton Hull）上校非常擔心敵軍可能攻擊東河，為防範，他將可用之兵極其單薄地分散在瓜越河與普渡河沿線岸邊。根據情報估計，北越可能選在端午節發動這項攻擊。

事實上，北越軍還沒有攻擊東河的膽子，他們的計畫只是用火箭與機槍騷擾普渡河水上交通。與往常不一樣的是，北越軍第五十二步兵團第六營擁有部署在非軍事區北方兩門重砲的火力支援。

在第四團第二營陸戰隊進駐二十四小時前，北越軍在四月二十九日早上五點掘好碉堡，架妥大道、安樂（An Lac）與同黃（Dong Hoang）等附近幾個村落間的野戰電話線。他們很顯然意在挑釁美軍，讓美軍依照他們認定有利他們的方式進擊。

四月三十日清晨，根據霍爾上校的命令，韋斯將手下四個連在共產黨陣地的北面與東面大幅散開，連與連間的距離多達七英里。吉姆．威廉斯上尉站在河邊一棟廢棄民房的屋頂上，用望遠鏡望著美國海軍巡邏艇與共軍交火，那些共軍就躲在靠他自己這岸岸上的幾座小村裡。一艘美軍登陸艇發生爆炸：一枚五十七公厘無後座力砲砲彈從五百碼外飛來，打在艇身上，水兵們一死兩傷。巡邏艇繼續向岸上掃射，補給船隊調頭往西駛回東河，海軍宣布在逐走北越軍以前關閉普渡河。

早上八點十八分，威廉斯所率H連派出的一支巡邏隊的狙擊手詹姆斯．歐尼爾（James O'Neill）發現前方五百碼處有動靜，於是報告說，「長官，我想前方有一大堆越共。」巡邏隊隊長說，「先打下他們一個再說。」只是當時暑氣蒸騰，歐尼爾無法用他那支「雷明登」（Remington）七〇〇狙擊步槍目鏡看清目標。就在這時，威廉斯接到韋斯——無線電呼號「Dixie Diner 6」——的命令，要威廉斯率H連從北方攻擊同黃，同時旁邊的F連也奉命攻擊位於右方兩千碼外的大道。在這個階段，團部只准韋斯動用兩個連減一個排的兵力。這是第一項失策：美軍由於兵力過於分散，將數量優勢供手讓給共產黨。

由於死傷、病患與休假，F與H兩個連這時每連只有不到一百人可用。韋斯帶著他的指揮小組登上一艘吃水淺的裝甲船，配合岸上步兵的行動緩緩沿河北上。如往常一樣，情報根本就不存在：他們碰上的可能是兩名帶著一門火箭砲的共軍，可能是兩百名或兩千名共軍。美軍一〇五公厘與一五五公厘砲開始用高爆與煙幕彈攻擊目標區。下午一點半左右，H連先頭排開始接近同黃，遭到一排樹叢裡射來的密集彈火。韋斯向團部報告，說敵軍顯然兵力雄厚，團部於是增派兩輛M-48戰

大道之戰，一九六八年四月三十日至五月二日

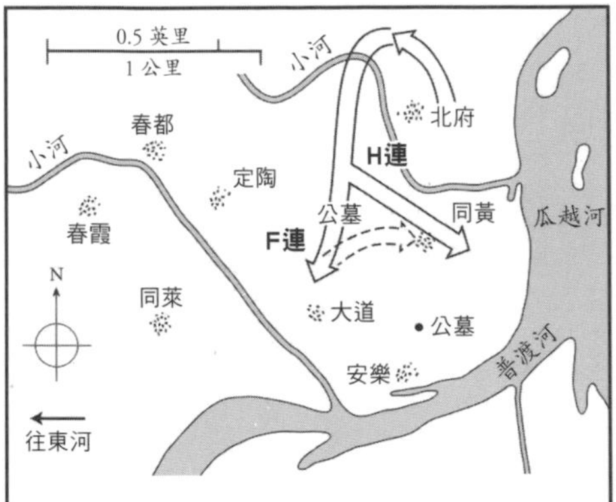

四月三十日，**H** 連與 **F** 連發動攻擊。

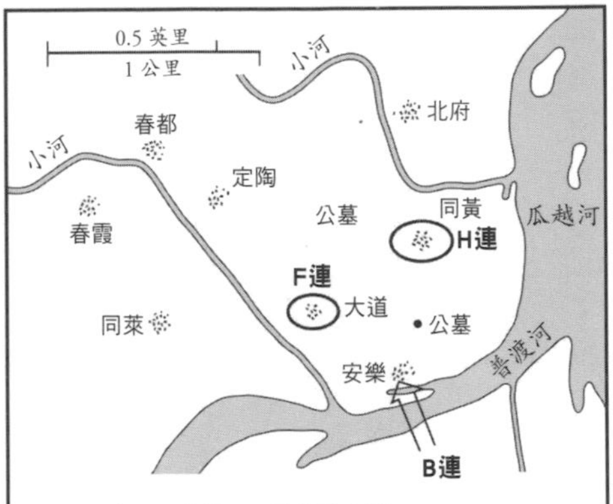

四月三十日，安樂，**B** 連發動突擊。

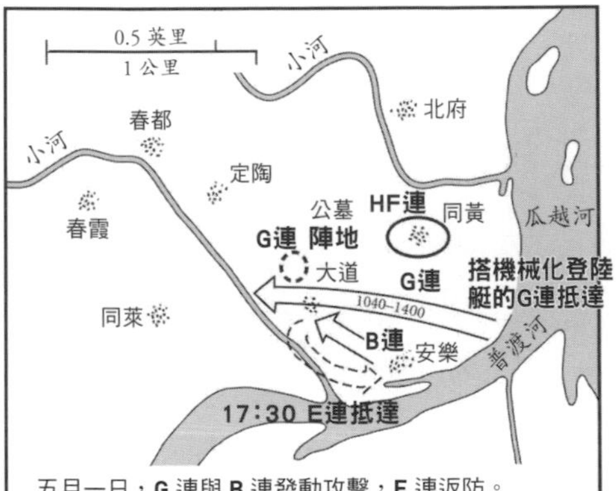

五月一日，**G** 連與 **B** 連發動攻擊，**E** 連返防。

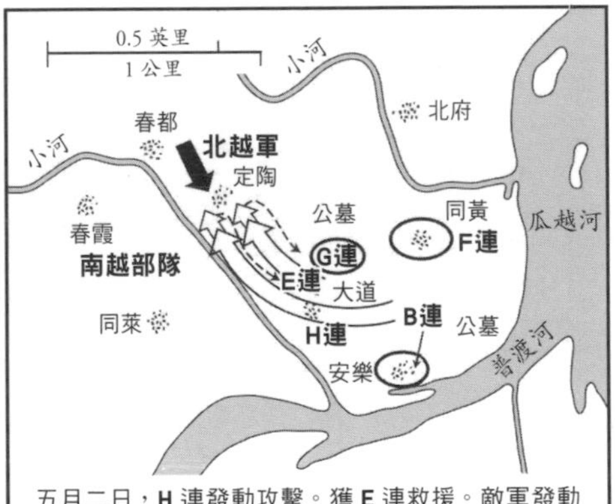

五月二日，**H** 連發動攻擊。獲 **E** 連救援。敵軍發動反擊，退回大道。

車，還請海岸外的海軍提供支援。一名陸戰隊偵察兵在用M-16朝一名敵軍開了一槍後，不由驚叫「耶穌上帝」，因為他發現目標被他這一發子彈打得支離破碎：他沒有料到的是，美軍戰車也在那一瞬間朝那名敵人射了一枚九十公厘砲彈。陸戰隊員匍匐前進，直到接近同黃，然後他們站起身，以單兵間距五碼的方式排成一線，冒著山上打下來的槍彈前進。

一些共軍跳出他們蜘蛛洞似的工事逃逸，但其他共軍繼續開槍據守。陸戰隊員開始跑步向前衝，但以勇猛著稱的威廉斯跑在他們中間，要他們緩下腳步以免為自己的砲火所傷。就在一片混亂中，這位三十歲、來自明尼蘇達州的連長用眼角瞥見一名敵人從附近一個洞裡冒出來，丟出一枚手榴彈。手榴彈撞在地上彈起，隨即爆炸，彈片刺穿威廉斯的兩腿與臀部。威廉斯站不起來，在輕武器射擊與爆炸聲震耳欲聾的情況下，他要他的無線電作業員去把資深士官找來。無線電作業員閃跳著離去，不久回來報告說那士官不肯來：「他躲在一個洞裡，不肯出來！」威廉斯下令：告訴那個懶傢伙，要他快點來，不然連長要親自過來一槍斃了他。另一名軍官在一旁緩頰說，「那士官經歷太多戰陣，早在這以前已經無法面對戰火了。」亞歷克斯·「史考特」·普雷斯柯（Alex 'Scotty' Prescott）中尉旋即接掌H連。

戰鬥繼續進行：一名被炸倒在地的中士掙扎著站起身來，繼續往前衝，卻遭另一枚手榴彈炸掉他手中的槍、炸飛他腕上的潛水錶。他爬起來，覺得自己的頭在轉，於是要一名醫護兵給他一巴掌，那名醫護兵遵照辦理，果然他的頭不轉了。連上其他弟兄繼續前進，又花了十五分鐘才肅清同黃，由於不斷有敵軍從左近洞穴中躍出，美軍幾乎每踏進一步都有傷亡。在排長中槍後繼任排長的黑人巨漢喬·瓊斯（Joe Jones）中士說，「他媽的，這地方到處都是越共屍體，還有受傷的陸戰隊員……每個人都混在一起；這該死的村子，到處都是不同班、不同排的人。」當普雷斯柯中尉闖進村子南方時，跟在他身後三英尺的卡爾·吉布森（Carl Gibson）中尉頭部中彈陣亡。吉布森新婚一個月，抵達越南只有十天。

在持續混亂中，存活下來的陸戰隊建立防禦周邊。一名醫護兵為了友人受傷而嚎啕大哭；一名中士倒在那里，因失血過多而臉色發灰，還有一名醫護兵大聲叫道，「我們要快點送他走，他要死了！他要死了！」但沒有直升機可以降落。直到下午三點半，幾艘小艇在戰場南方幾百碼處靠岸，運來彈藥補給，撤走傷患。霍爾上校突然出現，開始質問普雷斯柯。這位大塊頭團長認為韋斯與他的部屬不夠激進，還要普雷斯柯「貼著肚皮」與敵人幹。普雷斯柯聽了這話，忍不住抗議說「我們已經貼近到北越軍可以用刀畫開韋斯的肚皮了」。吉姆．威廉斯上尉也在重傷後撤之列。他發現自己置身一艘小艇，一個無主的水壺在小艇中一堆積血上漂著，那些血有些是他的。他於是問身邊一名海軍醫護兵一個許多傷兵最關心的問題：「我麻木得什麼感覺都沒有，你能幫我檢查一下，看看我的蛋蛋還在那裡嗎？」第二營的軍士長「大約翰」．馬納（'Big John' Malnar）就曾在韓戰期間被打掉一個睪丸。那醫護兵檢查了威廉斯的敏感部位，然後答道，「依我看，他們都安然無恙，長官。」如果不是那麼血腥恐怖，這樣的對話聽起來一定很好笑。

傷患送上直升機，在「硫磺島號」擴音器的「傷兵將到……傷兵將到」廣播聲中，一波波後撤到「硫磺島號」。一名陸戰隊員在進入艦上擠滿傷兵的醫護艙時叫道，第四團第二營有難，還能打的人都應該回到岸上去打。幾名紮著繃帶的傷兵僵直地走到機庫甲板，穿著血跡斑斑的防彈背心，帶上必要裝備，飛了回去，儘管沒有參加戰鬥。醫護兵在戰場上雖說名聲很好，但一旦進了軍醫指揮管道，情形大不相同：每個步兵都聽過遭軍醫繳械的故事。當吉姆．威廉斯登上「硫磺島號」時，醫護人員要他繳出配帶的手槍。威廉斯忍著劇痛，抓緊手槍說，「沒有他媽的水兵能拿走我的武器！」他最後把他的點四五手槍交給一名陸戰隊員。幾個月之後，他可以安然坐起，一年以後，他已經可以重回軍中了。

就在H連冒著猛烈砲火攻取同黃時，在他們西方兩千碼外，F連於下午一點五十分乘兩棲登陸履帶車，不顧一切從北方逼向大道。一輛載有五名無線電作業員的履帶車遭火箭彈擊中，將一名乘員炸到車外，倒在地上嘶叫呼救。履帶車上其他旋即人下車，尋路前進，更多火箭彈在他們身周爆炸。F連大多數官兵在距目標一百碼外被擋了下來，右翼排在一處小墳場占領陣地。

沉默寡言的F連連長詹姆斯·巴特勒（James Butler）上尉二十五歲，來自德州，父親是將軍。他指揮部下展開一波燃燒彈攻勢，將裝滿汽油的水壺丟向敵陣，水壺在半空炸裂，噴出突然變黑的火焰煙雲，灑落在距F連一名排長不到四十碼外的前方。巴特勒用無線電叫道，「他媽的，這裡真是有夠熱，不要再往前進了！」打了四個小時以後，巴特勒向韋斯報告，說自己可用的兵力只剩下二十六人，並要求後撤。韋斯同意，不過F連殘部又打了兩個小時，才在幽靈機與履帶車上五〇機槍掩護下脫離戰場。巴特勒說，如果北越軍當時出兵追擊，「他們很有可能將我們一網打盡」，不過北越軍沒有追擊。

下午五點，陸戰隊第一營B連渡河支援第四團第二營。B連當時是一群軍紀渙散的烏合之眾，幾名士官彼此爭執不斷，無線電作業員吸大麻上癮，揚言要用手榴彈炸他們。載運B連的兩棲登陸履帶車在安樂村附近靠岸，B連當時以為他們的任務只是支援韋斯的營攻擊大道。但在攀上沙灘後不到幾秒鐘，他們就遭到敵軍近距離火力猛攻，連長與一名中尉以及七名士兵瞬間戰死，另有十四人重傷。准下士道格·烏班（Doug Urban）說，「那是徹底混亂，每個人都嚇傻了，我們不再是一個連，我們只是躺在地上的一堆人而已。」

韓戰老兵諾曼·杜西（Norman Doucette）對一名士官說，「我們必須衝到林木線，我們必須衝到林木線！」但那名士官躲在地上不肯動。隨後，當杜西側身檢視身邊一名死者時，他自己也臉部中彈倒地，舌頭斷了大半，幾顆牙齒也被打飛。他就這樣一個人躺在那裡，認定自己將流血過多而死，恨恨地想著，「有人過去，卻沒有人停下來救我們，讓我們躺著等死。」隨即一名勇敢的菲律賓裔醫護兵衝上來，為他包紮。B連殘餘官兵肅清了安樂村西半部。黑人排副羅伯・羅賓森（Robert Robinson）在這場戰役中肩部中彈，但他用泥土敷蓋傷口，繼續奮戰，也因此贏得一枚銀星勳章。不過B連的情況並不樂觀：連上僅存的一名軍官躲在掩體後，不肯出戰。

韋斯根據敵人火力判斷，認為他面對的敵軍至少有一個團。但事實上，在這個階段，北越軍在這處戰場只投入第五十二團第六營一個營，而這個營的北越軍官也同樣誤判美軍實力，向上級報告說他們面對兩營擁有十二輛戰車支援的陸戰隊。共軍很恨美軍大砲，因為美軍大砲雖說傷不到躲在深洞裡的共軍，卻能一再切斷他們的野戰電話線路。作鎮裝甲船上督戰的韋斯親自發射八十一公厘迫擊砲，他的軍士長、四十一歲的二戰太平洋戰爭與韓戰老兵「大約翰」・馬納操作一挺五〇機槍。馬納終生未娶，陸戰隊就是他的生命。他們見到河上漂著兩艘舢舨，上面或許有漁民，但更可能的情況是，這是兩艘為共軍刺探消息的船，於是美軍將它們都炸沉了。

薄暮時分，韋斯告訴霍爾上校，他認為上級仍不了解敵軍實力：「我們處在生死存亡的關頭。敵方人非常多，我方人卻不多。」霍爾告訴韋斯，不是只有他一個人有兵力不足的問題：往西去四英里外，另一個營也陷於苦戰，而且已經有一百四十四人死傷。作戰官「福里茲」・華倫（'Fritz' Warren）少校後來寫道，「比爾・韋斯夾在中間，處境很慘。」韋斯後來總算說服霍爾，讓他動用他自己的G連。G連當時部署在西北方三千碼外。G連兩個排登上「海騎士」（Sea Knight）直升機，但在升空以後發現北越軍正以砲彈與曳光彈猛轟登陸區，G連連長傑・法賈斯於是決定放棄空降。回到巡邏基地後，法賈斯對部下說「今天搭不成免費飛機了，我們得走過去。」他們只帶著戰鬥裝備展開兩英里征程。在黯夜之中行軍，士官們為督促一些疲憊不堪的人跟上隊伍，不免發聲斥喝，於是暴露行藏，迫擊砲與大砲砲彈很快就在他們身旁落下。吉姆・佛蘭（Jim Ferland）中尉說，「官兵們頻臨恐慌邊緣，但法賈斯上尉控制得很好。」

儘管槍聲在夜間逐漸平息，但這個夜過得並不平靜。在同黃，伍長理查．泰雷爾見到一堆乾草下伸出一隻穿著涼鞋的腳，他以為那堆乾草裡一定藏著一具屍體，於是用力拽了一下那隻腳。沒想到一個活生生的北越軍從裡面跳出來。泰雷爾用M-16開了一槍，M-16隨即卡膛，於是他從另一士兵身上抽出一把手槍，朝那逃逸的北越軍一連幾槍，打光了彈匣裡的子彈。一名新到的補充兵朝一名死共軍張開的嘴小便，隨即被另一看不下去的士兵轟開。韋斯發現，F連還有五十五名可戰的陸戰隊員，而不是連長詹姆斯．巴特勒在請求撤軍時所說的只剩下二十六人，因此對巴特勒大發雷霆。韋斯後來說，「直到那時，我才發現巴特勒已經失控了。」另一名軍官在談到巴特勒時，也說巴特勒「只是一個善良、正直、好脾氣的克拉克．肯特（Clark Kent），永遠不會成為超人。」

被困在美軍周邊裡的北越軍設法乘夜溜出周邊，引發幾次警報。在隔鄰的岸邊小村安樂，B連發現敵軍在干擾它的無線電。韋斯來到岸上改變頻道，結果大腿上中了一片迫擊砲彈片。美軍不斷將照明彈射向大道夜空，不過它們大體上效果不佳，反而將陸戰隊暴露於共軍之前。一枚飛來的砲彈將傑．法賈斯震落到一條小溪裡，他就這樣帶著插在膝部與腿上的彈片前進、戰鬥。在營指揮站，法賈斯獲悉會有登陸艇過來載運G連官兵沿河上行幾百碼，但這些登陸艇遲遲沒有出現，登陸艇指揮官不肯在黯夜中冒險前進。法賈斯睡了三十分鐘，然後在端午節那天凌晨一點召集排長簡報，準備重新展開對大道的攻勢。

黎明時，巡邏隊發現北越軍已經放棄他們在安樂的據點——B連在又付出五人死傷的代價後終於奪下安樂。兩小時以後，美軍訝然發現大批敵軍隊形散亂地通過他們陣地前方。美軍立即開火，韋斯得意地說，「那真像打活靶一樣過癮」。兩架F-4的燃燒彈攻擊讓美軍更加士氣如虹。「獵狗」（bird dog）偵察機的觀測員用無線電向幽靈機提出警告說，「有人向你開火！有人向你開火！」一名幽靈機飛行員自嘲地說，「喔喔……我想這也很公平吧。」在河岸邊，B連仍然沒有進展，事實上在那一天與接下來一天，已經遍體鱗傷的B連官兵沒有人想當英雄。

韋斯重新登上督戰船，沿河而下與G連接頭。在天鷹戰鬥機於中午十二點五十三分發動「預備」攻擊後，G連在兩輛戰車支援下，憑藉勇氣與犧牲，跨越七百碼開闊空間，對大道發動不應發動的正面攻擊。共軍躲在用厚實竹子築成、用土與蓆子加固的碉堡裡面還擊。那天晚上，北越守軍報告上級說遭到三營陸戰隊與十四輛戰車攻擊，因此獲得第四十八團增援一個連。

許多美軍認為這場攻擊是瘋狂之舉，只有十七天就要返美的詹姆斯・萊西利就是其中一人：「我們兵力太單薄，不能打這樣的狗屎仗。」詹姆斯・帕金斯（James Parkins）准下士無可奈何地說，「當然很多人憎恨，但你不能說『這事太蠢了，我不幹』，因為你不去，讓你的戰友去為你挨槍，你會自責……所以你只能把事情擺在心裡，咕嚕著上前。」幾名陸戰隊員已經將三件頭清槍桿事先組裝，用膠帶黏在M-16塑膠槍托上，因為M-16經常卡膛——那一天果然也不例外。美軍穿過長到大腿的褐色野草，走了兩百碼，藏身遍布各處掩體裡的共軍開火。萊西利左臂中彈，手肘被打得粉碎。他痛苦地呆站了幾秒鐘，然後不支倒地，醫護兵為他打了兩針嗎啡仍無法止痛。

佛蘭的排停下來就地掩蔽，法賈斯跑回來，要大家站起來前進，不過佛蘭的手下很快就有兩死六傷。在安樂徘徊的B連用無線電報告說，發現一百名北越軍在G連左側。在一名站在山丘上的陸戰隊員指引下，一輛擔任支援的戰車於是朝G連左側開砲，直到這名陸戰隊員被砲火打翻為止。眼見敵軍火力過猛，戰車長開始將戰車後撤。法賈斯跑過去抓起掛在戰車車身上的電話，下令戰車長繼續打，否則送軍法。那戰車長罵了一句「去死吧」，然後勉強停下來，讓幾名傷兵躺在車身上，然後把他的M-48駛離戰場。

另一輛戰車在將六十七發九十公厘砲彈全部打光以後也開始後撤，法賈斯用無線電與那輛戰車的車長理論。那名戰車長說他已經無能為力，法賈斯說，你當然還大有可為：看見一輛裝甲怪獸在稻田橫衝直撞，無論對敵我兩軍的士氣都有重大影響。監聽到這段對話的韋斯這時下令：戰車要留下來。北越軍大砲突然將砲口從G連轉向F連，炸傷八個人。佛蘭撿起一支棄置的AK-47，因為他恨透了自己那支M-16。幾名陸戰隊員一動不動躲在草裡，希望兩方面的人都看不見他們。

G連冒著迫擊砲火在大道停留兩個小時，傷亡也與時俱增。一幕駭人聽聞的畫面出現：一名陸戰隊員走向後方，肩上背著戰友的一具無頭屍。北越軍隨即展開反攻。美軍召來空中攻擊，飛行員看見什麼打什麼，法賈斯放出綠色煙墓以標示自己的陣地。下午四點二十五分，法賈斯開始撤軍，三名傷兵走在一起，法賈斯帶著他的前進空中管制員（FAC）殿後，拼命開著槍。G連以一百五十人兵力投入這一天的戰鬥，現在四十五名倖存者藏在一條山溝避難。北越軍奏凱，宣稱殺了三百名美軍。

下午五點，韋斯決定投入B連，但B連官兵在守候一輛補給卡車前準備領取口糧時，被趕上兩棲履帶車，因此原本已經不佳的士氣更為低落。在進至距離大道三百碼處，陸戰隊開始遭到攻擊，紛紛臥倒在地。B連新任連長與他的無線電作業員號召弟兄起身往前，卻發現無人響應。一枚火箭彈爆炸，重傷連長的肩。一名菜鳥排長就這樣成為B連唯一一名軍官。他對著無線電歇斯底里大叫，「你必須救我！我們在這裡被圍了！他們到處都是！他們會把我們殺光！」話機傳來法賈斯冷靜的聲音，「聽我說，B連，不要擔心，我就在這裡，你們安啦。只要守住你的線，穩住你的部下，不要亂叫。」

情況很明顯，B連不可能在這一天的戰鬥中還有什麼表現。但無論如何，B連的短暫運動也讓北越軍分了一會神，讓法賈斯乘機帶著剩餘官兵東撤兩百碼，利用墳堆地勢掩護領取彈藥。當天夜里，在大砲與照明彈支援下，他們幾次擊退北越軍的攻擊。法賈斯還親手斃了一名連中幾槍仍在投手榴彈的敵軍。

在B連阻滯前不久，韋斯的第四個連終於獲得霍爾上校解禁，開抵戰場。E連連長吉姆・李文斯登（Jim Livingston）來自喬治亞州麥克雷（McCrae），是不折不扣的戰士，他瞧不起散漫、軟弱、膽怯與那些抽大麻的人，喜歡帶領部下穿著防彈背心跑步、訓練。他得意地說，「我有一位非常堅強的母親，她會把我整得頭昏腦脹，讓我變得強悍無比，我渴望上戰場一試身手。」一等兵麥克・赫姆斯（Michael Helms）說，「我們都怪我們連長，因為他總是自願請纓。連上許多人都認為他會拿到榮譽章，或為了拿榮譽章而戰死。我們過去經常私下叫罵，說他遲早為了爭取榮譽章而讓我們全體送命。不過他毫無疑問贏得我們尊敬。」韋斯說，李文斯登給部下「硬漢式的愛」，還說李文斯登「很懂戰陣之道」。

李文斯登的連往東南方前進兩英里，沿途損失了幾個人，包括一名大家都很討厭的中士。他們用幾名身材高大的陸戰隊員手牽手形成人鍊，幫助矮個子渡河，進抵安樂。套一句韋斯的說法，李文斯登「一付躍躍欲試的樣子」。李文斯登很快完成他的第一個任務——幫B連收屍。他說，「那些孩子……真是被打得屁滾尿流」。

就這樣，在端午節夜裡，第四團第二營與一支兵力相當的北越軍對峙。北越軍擁有堅固的陣地，美軍雖有空中支援與多得多的火砲優勢，但因戰術運用不當而讓給共軍可乘之機。美軍之前的攻擊既已遭致如此慘重傷亡，上級卻不但允許、甚至還堅持他們繼續攻擊，實在令人百思不解。沒有任何跡象顯示共軍有意跨越普渡河攻擊東河。但上級令第四團第二營不斷攻擊，「對敵軍不斷施壓」。

對誰施壓？直到今天，美軍究竟為什麼不斷發動攻擊仍然令人費解。五月一日當晚，美軍與共軍雙方都對第二天打算怎麼做進行了激辯。北越軍也曾考慮撤軍，因為陸戰隊顯然還會來犯。但無論怎麼說，北越軍的目標本來就是盡可能多殺美軍，而打下去顯然可以達到這個目標。第五十二團第六營的步兵損失慘重，但第四十八團第三營仍幾乎毫髮未傷。黨委戰場會議於是達成結論，以第五十二團副團長與第四十八團副政委為首，成立新的聯合指揮部指導第二天的戰事。

韋斯把指揮小組移到岸上，並下令李文斯登在翌晨率領E連與G連殘餘部隊奪回大道。原來的兩輛戰車不會前來助戰，不過上級保證會給二營空中支援優先。五月二日的大戰，為已經擁有銀星與銅星章的李文斯登贏得他夢寐以求的榮譽章。李文斯登下令部下官兵上刺刀——這是一道現代戰爭少見的命令——然後兩個連在他與法賈斯領導下進軍。早上七點十五分，當E連進抵距小村兩百碼時，北越軍開火。E連的兩個排困在當地，但第三個排直衝敵陣。他們攻下小村，並且殺出村子，但傷亡也不斷增加。

一名走在隊伍前方的陸戰隊員遭隊友意外擊中，身上背的彈藥袋中彈「起火」，靠防彈背心救了一命。不過很快他又遭AK-47槍彈擦傷胃部，這次他趕緊掉頭逃命。另一名快跑前進的陸戰隊員在腿部中了三槍以後一頭栽倒地上。吸大麻與古柯鹼上癮、定期向醫護兵索取嗎啡的一等兵馬歇爾．瑟納（Marshall Serna）因此役獲頒一枚銀星勳章。儘管有些人表現英勇，臨陣退縮的人也不少：一名伍長乘著護送傷患後撤的機會就此不見人影。火力班班長吉姆．艾格斯登（Jim Eggleston）背著一名重傷的陸戰隊員來到墳堆前，要躲在墳堆後面的幾名美軍出來幫他。但沒有人出來幫他，只有一個人喊道，「敵人在開槍，我們出不來！」那是個充滿恐怖的早晨：火箭彈爆炸，陸戰隊員眼見一名戰友的斷腿炸飛到空中，打了幾個轉。

李文斯登在早上九點十四分報告，大道已經占領，代價是十死六十傷：「他們把E連傷得很重。」當霍爾上校乘小艇抵達時，北越軍已經開始用迫擊砲轟炸美軍的新陣地。霍爾面無表情地說，第二營必須「保持衝力」。他們應該在一個小時內攻擊下一個小村定陶（Dinh To）。一支部署在他們左側的南越軍機械化部隊將同時進擊，保住他們的側翼。韋斯提出一個不一樣的計畫：他建議美軍從更北處出動一支新部隊，把北越軍趕回陸戰隊據守的大道，換言之，就是迫使共軍暴露在空曠戰場上。霍爾不同意：H連必須發動攻擊。普雷斯柯部下七十五名官兵就這樣於上午九點五十五分出發，準備通過五百碼曠野。維克．泰勒（Vic Taylor）中尉後來寫道，「白日當空，暑氣逼人，我們已經喝乾我們可以帶的所有的水……現在汗如雨下，浸透了制服。每踏進一步都在乾燥的稻田上揚起小小煙塵，武器的金屬燙到幾乎無法觸摸。戰火已經停熄，或許這次行動能比我想像的容易一些。」

隨即，他們進入濃密綠葉與香蕉樹林中，顯然無所不在的敵軍隱身於暗處，朝他們開火。有一個班所有的M-16全部卡膛，陸戰隊員只能丟手榴彈。情況更加混亂，官兵們只得找地方藏身。由於北越軍逼得過近，普雷斯柯無法要求迫擊砲或大砲支援，他在中午十二點告訴韋斯，除非獲得增援，H連將全軍覆滅。隨即普雷斯柯中彈，發現背部與兩腿都已麻木。他爬進一座茅屋，為自己此後將坐輪椅度日的未來哀痛不已。泰勒接任連長後用無線電報告韋斯，說他彈藥即將用罄，到處都是死傷。韋斯要他堅守下去，說E連即將開到。普雷斯柯直到後撤以後，才喜出望外發現兩腿知覺慢慢恢復。原來一枚子彈打在他的水壺上，彈起來撞到他的子彈帶上一枚螺釘，撕裂了他的第二個水壺，造成他休克與一塊大瘀傷，僅此而已。

李文斯登這時帶著他的點四五手槍領著E連前進。霍爾上校透過無線電，從團部以蠻橫的口氣問訊攻擊進度。他呼籲韋斯：「利用你的優勢！利用你的優勢！不要退縮——利用你的勝利！」共軍於下午一點四十分在定陶展開反攻，一場腥風血雨的短兵接戰隨即展開。李文斯登抛開他卡膛的武器，抓起一支步槍；一些陸戰隊員也因為手中的M-16形同廢物而使用手槍。這時就連這位驍勇善戰的連長也不得不電告韋斯，「我們不能留在這裡，讓這些孩子全部送命。」他們開始撤退，北越軍跟在後面猛打。李文斯登不斷在陣地各處打轉，直到下午兩點半，腿部中機槍，大腿被手榴彈彈片刺傷為止。部下見到他們這位鋼筋鐵骨的領導人也會倒下無不大驚。李文斯登說，「我流很多血，我要他們別管我，但兩名黑人士兵把我拖回來。」連長倒下造成恐慌：儘管也有人怪罪他強出頭惹禍，但E連全因為有他而能團結在一起。准下士菲爾・康威（Phil Cornwell）說，「他們毀了我們。我們剩下的人少得可憐，幾乎讓人覺得不真實。弟兄們很憤怒，有人傳說連長中槍是我們自己人幹的，因為他領我們走進這場大屠殺。我很高興他報廢了——無論是我們自己人，或是敵人幹的都已無關緊要。」E連完了。

韋斯告訴團長，「上校，我們已經打光了。」但霍爾仍然不為所動：「韋斯，我們必須對敵軍不斷施壓，不斷施壓。」他說，南越軍機械化部隊就要對北越軍左翼發動攻擊，轉移敵軍注意力。霍爾下令幾已潰不成軍的第四團第二營對定陶發動新攻擊。在F連支援下，G連必須攻下定陶。這時的F連只剩五十四人，其中不少人因為M-16不管用，帶的武器是AK-47。或許出於絕望，比爾・韋斯自告奮勇走在部隊最前面，發起這波攻擊。攻擊發起線上的陸戰隊員三天以來沒有一個人睡過覺，他們又累又餓，每個人都極端沮喪。

他們悄無聲息地出發，但卻在按照計畫南越軍應該進擊的左翼遭到敵火。韋斯的無線電作業員電告南越軍美軍顧問，要他們不要打錯了人。隨即「大約翰」・馬納叫道，「上校，來的不是南越軍，是北越軍。」計畫中的南越軍攻擊根本沒有兌現，原因沒有說明。但可悲的是，在越戰期間，或出於聯繫協調不力，或更糟的是出於故意，類似事件層出不窮。陸戰隊員陷於來自四面八方的敵火中。下午三點五分，他們大聲喊叫，發起衝鋒。東翼的F連報告說遭到敵火壓制，傷亡慘重。F連連長詹姆斯・巴特勒本該緊隨G連之後通過，但沒有這麼做。他在事後說，他只是奉命行事，但韋斯說巴特勒或有意、或無意誤解了命令。霍爾在戰役結束後提出的報告，為巴特勒的陸戰隊生涯畫下句點。

下午四點四十五分，兩連北越軍對G連殘餘部隊發動反攻，導致人數劣勢的美軍潰敗。一名陸戰隊員拍著一名正望著前方的軍官說，「長官，大家都跑了！」韋斯與「大約翰」．馬納發現，敵軍已經逼近眼前。一名陸戰隊員說，「情勢開始混亂，有人大喊『撤軍！撤軍！』」法賈斯的左右鄰兵都已陣亡。一枚火箭彈擊中舉著一支獵槍殿後的馬納，這位曾經與日本、北韓與中國敵人血戰的不死金剛，就這樣倒地不起。韋斯也遭AK-47彈火擊倒，幸蒙兩名陸戰隊員搶過來把他拖走。朱森．希爾登（Judson Hilton）中尉拋了他空中管制員的角色，爬上山溝，用一支M-79 Thumper榴彈發射器拒敵。有人看見一名陸戰隊員全身赤裸只穿著叢林靴往後方狂奔。法賈斯三度中彈，但仍負傷指揮撤軍，因此獲頒榮譽章。第二營撤出定陶，留下四十一具屍體。

北越軍連夜撤出大道，陸戰隊另一營隨即進駐占領。美軍宣布三天戰績，說步戰殲敵五百三十七人，空中攻擊與砲兵打死敵軍兩百六十八人。為支援第四團第二營，海岸外戰艦開了兩千三百八十三砲，砲兵發砲五千二百七十二發，外加一千一百四十七發迫擊砲彈，空中攻擊發動二十七次。第四團第二營八十一人陣亡，兩百九十七人受傷，外加一百人輕傷，所有這些死傷半數出現在五月二日、戰役最後一天。一名排長在戰役展開時手下有四十八名陸戰隊員，戰役結束時只剩下三人。四月三十日，第四團第二營還有六百五十名可戰之兵，隨後又獲得兩百人增援；戰役結束時，可以再戰的兵力只剩下一百五十人，由可能是唯一沒有受傷的「福里茲」．華倫領軍。

共軍從未公布大道之戰的傷亡數字，美軍宣布的數字雖不可信，但北越軍的死傷無疑比第四團第二營慘重得多。共軍官方紀錄在談到五月二日的情勢時有以下敘述：「我們也有死傷……我方步兵的戰鬥力這時非常有限……（第五十二團第六營）所剩兵員已經寥寥無幾。」但北越軍能夠如此頑強，說明在對付掘壕固守的敵軍時，美軍的火力與空中優勢有其極限。李文斯登對北越軍的頑強印象深刻：「他們不肯放棄，他們是懂得掩護的、強悍的小壞蛋。把他們擺在碉堡裡，他們會打到死也不罷休。」美軍在大道以及其他許多戰役犯下的戰術錯誤是，他們暴露自己形蹤，讓自己成為攻擊目標，而北越軍從不犯這樣的錯。

北越軍宣稱獲勝，也像美軍一樣大發獎章。他們自稱在五月二日那天與美軍三營陸戰隊「以及美軍七十三空中騎兵旅的眾多部隊」交鋒。但所謂「七十三空中騎兵旅」根本就不存在。北越軍在戰報結論中說，「原本緊緊結在一起的整整一個營，死傷累累，亂成一團……在不到三十分鐘之間，整個營潰不成軍，兩百多具屍體遍布戰場各處……美國侵略者的血染紅了瓜越河河水……在僅僅一個下午，將近五百名美軍用生命償還了他們的罪惡。」根據共軍軍史紀錄，第四團第二營的十名生存者「有兩個人因驚嚇過度徹底發瘋」。二十一世紀越南官方就這樣強調他們的越戰經驗。但身為北越軍步兵的保寧，強調共軍本身、美軍與南越軍的共同經驗：「有人勇敢，也有人不怎麼勇敢。」他說，「就算美軍不了解人，北越軍很敬畏美軍火力」。

第四團第二營的許多存者當時就認為，大道之役根本打得一點意義也沒有。事隔五十年，它看起來仍然沒有意義。當年二十二歲的醫護兵「醫生」皮曼（'Doc' Pittman）說，「它根本、根本就是荒唐，我一直覺得有人應該為此被吊死才是。」陸戰隊當時的立即本能反應就是怪罪韋斯，但韋斯本人負傷臥床，直到三周以後才能行走，一年以後才能重返部隊。他的妻子愛莎反應如何？「她對我很好，比我想像的還要好。」要怪罪，似乎應該怪團長霍爾上校與陸戰隊第三師師長拉逢．麥克魯．湯普金斯（Rathvon McClure Tompkins）少將。他們在四月三十日派出兩個連肅清普渡河岸，這可以理解，因為他們當時不知道敵軍的兵力部署，但他們從五月一日到二日不斷堅持正面攻擊就令人費解了。韋斯說，「我不相信湯普金斯了解當時真相，他似乎癱了。當他們在第三天要我們繼續打下去時，我說，『這太蠢了。』」

克萊登·亞伯拉姆斯將軍曾經對部下說，「我常想，如果我們能與北越來一次交換師長——我們找來他們兩個將軍、也給他們兩個將軍——不知結果如何。」他又說，不過他敢說，這樣的交易，對盟軍只有好處，沒有害處。或許，亞伯拉姆斯想送到北越的將軍就是湯普金斯。霍爾日後說，美軍在大道碰上北越軍兩個團。在談到五月二日夜晚的情勢時，他的說法有些讓人啼笑皆非：「經過三次非常艱苦的反攻後，第四團第二營陸戰隊有一些傷亡，但官兵仍然秩序井然，戰至昂揚，要繼續打下去，趕走敵人。但我……心想，該讓這個營休息一下了。」

大道之戰在戰史上不過是個小插曲。韋斯說，「我相信陸戰隊把這場戰役的真相隱瞞了。」他這話可能沒錯。發生在越南的一些問題，事實上，大部分問題，或許都是那些不知進退的政客搞出來的，不過美國在這場戰爭幾乎沒有戰功雕柄的將領也是事實。而且，就像大道之戰顯示的，若干美軍指揮官的表現還愚蠢之至。

◎談判

一九六八年五月十日，大道之戰結束一周之後，以艾維雷爾·哈里曼為首的美國代表團，在巴黎雄偉酒店（Hôtel Majestic）會晤以春水（Xuan Thuy）為首的北越代表團。當時國際社會普遍過度樂觀，認為幾周內，頂多幾個月，就能達成越戰停火。但是北越選派一名中階外交官進行這項談判的事實，應能讓這類和平將至的幻想破滅了。儘管黎筍最重要的親信黎德壽也出席了和談，但主持和談的人是春水；北越展現了和談誠意，但並不急著談出什麼結果。另一方面，在戰場上，共產黨使出「邊談邊打」的兩手策略，繼續設法侵蝕美軍與南越軍的兵力與意志，讓美國人困擾不已。一周又一周、一月又一月，雙方代表團在巴黎針鋒相對。美方代表堅持除非北越軍撤出南越，「外國軍隊」不會全面撤軍；而河內則堅持越共在西貢聯合政府擁有一席之地。雙方各不相讓，就這樣徒勞無功談了三年。

詹森退出美國大選的宣布，對美國在巴黎的外交談判是一記重擊，因為儘管越共情況危急，北越卻因此更加堅信勝利在望。在華府，波蘭大使告訴蘇聯大使安納托里．杜布萊寧說，北越總理范文同有意接受南越中立，以換取結束戰爭。這個說法雖說很可能不假，但與黎筍與黎德壽絕不妥協的立場完全不同。為支援北越作戰而不堪負荷的蘇聯，要求河內展現彈性，但遭河內拒絕。杜布萊寧寫道，「莫斯科的驚愕不比華府小……私下裡……許多（蘇共）政治局委員咒罵美國人、中國人與北越人，罵他們不肯妥協。布里茲涅夫有一次氣沖沖對我說，他不想『沉在越南泥裡』。」

特別由於毛澤東的文化大革命把中國捲入一場內政大恐怖，中國在一九六九年撤出在越南的幾乎所有人員，美國政府仍然抱持幻想，認為蘇聯只要願意就能結束越戰。華府一再呼籲莫斯科接受仲介角色，蘇聯也一再重申，美國必須與北越進行雙邊談判。杜布萊寧寫道，美國人無法了解，蘇聯雖說渴望和平，但在中國挑戰社會主義世界領導權的情況下，蘇聯不能背棄它的頭號革命客戶。莫斯科非常相信，韓福瑞若能贏得美國大選就能結束越戰，還因此派使勸說黎筍，要黎筍為韓福瑞釋出一些外交甜頭，結果遭黎筍拒絕。由於擔心尼克森贏得大選會對早日結束戰爭更加不利，莫斯科甚至向韓福瑞陣營表示願意提供財務支援，但遭婉拒。

在那個動盪、血腥的大選年，美國陷入自內戰以來前所未有的分裂中。詹森現在後悔自己放棄競選，抱著一線希望，希望民主黨能在最後一刻徵召他參選。他不斷自怨自嘆，對副總統韓福瑞的不滿、甚至輕蔑也與日俱增。敵視軍人成為全美各地一種無所不在、前所未有的現象，在國防部擔任參謀的海軍中校吉姆．考提斯，就像他的大多數同事一樣，也不願意穿制服走在華府街頭：「穿制服等於找人打架。」但即使到這個地步，真正有望問鼎白宮的人，甚至包括尤金．麥卡錫與羅伯．甘迺迪，都還沒有人膽敢主張美國公開認輸、無條件撤出越南。也仍然有人主張升高戰事，對北越正式宣戰，不過這類建議不可能獲得國會通過。

一九六八年對美國是個死亡頻傳的年分：甘迺迪與馬丁．路德．金恩隕歿；大城市的種族暴亂等等。至於越南，在廣治省服役的機槍手麥克．曼漢（Michael Minehan）在五月二十八日的家信中寫道，「我們到今天已經進入戰場九天，但始終乏善可陳，因為我們只是在山區走著，搜尋越共……我想一切都會沒問題的。」不過，五天以後，事情不妙了。曼漢住在麻省馬爾堡（Marlborough）的父母接到一封電報：「陸戰隊司令官極為遺憾地證實，你們的兒子……已於一九六八年六月二日……在一次空中攻擊中，因炸彈偏離目標，遭彈片擊中而陣亡……他的遺體將經過整理，用棺木裝妥，由人護送到你們選定的殯儀館或國家公墓，一切費用全部由政府負擔。此外，你們還可以申領最高不超過五百美元的喪葬費用。請把你們的決定告知陸戰隊。」

到一九六八年年底，全美各地家庭已經接到一萬六千八百九十九件這樣的電報——每周超過三百件，美國人已經厭煩透頂。軍援越南指揮部滿腹牢騷說，軍隊先擊敗春節攻勢，接著又擊敗迷你春節攻勢，但指揮官們得不到應得的獎勵。綏靖事務負責人羅伯．柯莫在六月二十九日一次每周情報例會中說，「我們打贏一仗，卻沒有人知道。」新任美軍司令亞伯拉姆斯將軍也有同感，他在談到媒體時說，「球還沒有投到本壘板上，他們已經判你出局了。左外野手還沒有傳球，代表媒體負責人的裁判已經比手勢作出判決……那些裁判都跟我們作對。」

亞伯拉姆斯的一名高級參謀感嘆道，「依我看，我們已經在巴黎把我們自己趕進一個滑稽的情勢……敵人如果情勢一片大好，發動一項攻勢，就能搶占新聞頭條，大出風頭，就像春節攻勢的情形一樣。反之，如果由於我們的努力，我們先下手為強壓制了敵人攻勢，敵人又有緩和戰局之功。」亞伯拉姆斯也有同感。

八月間，省級民族解放陣線與越共頭目接獲來自南方局許多嚴厲的指令，要他們準備發動「第三波」春節攻勢。其中一些戰術命令堪稱荒唐：舉例說，命令中要求游擊隊攜帶木製蓋子在西貢市內挖掘地道，用蓋子掩藏洞穴出入口。這些指令後來取消，以在地性突擊取而代之。在西貢以外地區，越共也用二月間儲存的火箭彈攻擊美軍基地。八月間發動的這些攻擊主要集中在西寧省，大多遭輕鬆擊退。

越共在這段期間時運不濟，美軍與南越軍巡邏艇在夜間探照燈支援下的密集巡邏，切斷了游擊隊在湄公河三角洲各地的通信。游擊隊的實力這時已經太弱，無力抵抗美軍與南越軍的進剿。傳統避難所突然間不能再藏身，許多游擊隊被迫打散，大多數撤往高棉。越共的援助據點不斷遭到攻擊，湄公河三角洲最精銳的越共營營長苗宣（Muoi Xuong，譯音）奉派到西貢，調查一個失聯單位的命運。苗宣很快就因美軍發現他的地下藏身所而被殺。越共單位的逃兵情況極為嚴重。

八月三十一日，就在美軍指揮官認為自己手風正順之際，「噴槍」柯莫提出警告說，河內可能在美國大選前提議無條件停火：「兩黨候選人都會支持：『誰能反對停火？那簡直就像母性一樣。』」艾爾．惠勒在十月告訴詹森，「亞伯拉姆斯的評估認為情勢對我們很有利，就算我們還沒有在軍事上打贏這場戰爭，我們的勝利也已不遠。」駐守湄公河三角洲的美軍第九師的參謀長，談到第九師一九六八年的戰績時說，「談到作戰報酬，我們用的不是整批概念……而是大量小額殲敵的零售概念。舉例說，如果第九師轄下所有三十九個（步兵）連每天每連都只殺一名越共，我們一個月就可以殲敵一千一百七十人。」這是每軍以官樣文章為戰略，播弄統計數字自欺欺人的一個鮮活的例子。

但參加過大道之戰的人；見到一百多架直升機在一個月內被毀的人；知道共產黨在一九六八年發動一千五百次地面攻擊，嚴重失血的越共也製造九千四百次破紀錄的恐怖事件、殺了五千四百名平民的人；還有那些發現南越軍逃兵數字在聖誕節前寫下十三萬九千六百七十人新紀錄的人——沒有人還會相信這場戰爭即將打贏，或甚至可以打贏。威廉．哈彭斯基（William Haponski）少校寫道，「我相信，我的經驗對這整場戰爭的回顧很重要……我們在似乎是處女地的地上耕耘，希望收獲豐碩，但事實上早先發生的事早已徹底毀了這塊土地，它幾乎什麼都長不出來。」

一等兵約翰．哈爾（John Hall）的步兵連上有個人突然大聲宣布：「我不再上戰場了。」戰友們求他，說這樣會遭到不名譽除役，但這人態度已決：「我不在乎，我不想死。」這人之後送到後方接受軍紀懲處，不過像這樣的人還很多。在前往西貢的飛機上，要那些在八月民主黨大會期間目睹過芝加哥街頭暴力事件的徵兵相信這是一場值得效死的戰爭很難。

《紐約時報》在九月二日刊出一名歷史教授的投書，很能反映當時美國人無論政治觀點如何，普遍存在的困擾。他在投書中說，雖說自己是黨齡二十四年的民主黨員，但他主張不參加十一月的投票，因為「在我看來，想像中應該投給休伯特．韓福瑞的選票，最後會投給尼克森。」代表共和黨參選的尼克森知道，自己能不能當選有一個重要關鍵：認為只有他能夠讓美國在不損國威的情況下結束越戰的選民夠不夠多。當時有搞不清事實真相的記者說，尼克森有一套秘密和平計畫，要到進入白宮以後才能宣布，尼克森也樂得裝聾作啞，順水推舟。所謂秘密和平計畫根本無中生有，事實上，尼克森只是打算在北越面前塑造冷血戰士形象，讓北越以為如果不談和，美國將不惜使用極端暴力手段結束這場戰爭。十月二十五日，為了不讓雙方在投票日前達成和解，尼克森秘密運用兩面手法破壞詹森的停止轟炸計畫。他使出的最有名的一招，就是透過陳香梅——二戰期間中國戰區飛虎隊傳奇人物陳納德將軍的遺孀——力勸南越總統阮文紹抵制巴黎和談。

一周以後的十月三十一日，為了不讓尼克森勝選，詹森終於發表全國電視演說，宣布美國停止對北越的一切轟炸。這項遲來的宣布看來不會對選舉結果造成任何影響。無論怎麼說，憑藉不到百分之一的選民票差距，尼克森擊敗韓福瑞，在一九六九年一月成為美國總統。詹森的越戰就這樣變成尼克森的越戰。不過，誠如尼克森在備忘錄寫的，「問題已經不再是我們應不應該撤軍，而是如何撤軍，以及撤軍以後的越南會怎樣。」

第 21 章

尼克森的傳承

Nixon's Inheritance

◎一支瓦解中的大軍

一九六八年十二月一天傍晚，法蘭克・史考登走進西貢洲際宮酒店（Continental Palace Hotel），看到三名喝醉的美國大兵羞辱幾名越南貴賓。史考登勸走那幾名美軍，但身為參議員的一名越南貴賓憤憤不平問道，「怎麼有這種事？怎麼有這種事？」史考登答道，一個不能自衛的國家就有這種症狀。已經在南方服役第三年的共軍軍醫唐翠沉，與一支通過她的醫院的北越軍部隊一起慶祝一九六九年春節。他們的到來，激起她的無盡鄉愁，她於是獨自一人趁著落日餘暉走回自己臥房：「冷風微嘆……無盡哀愁與悵惘讓我停下腳步。雖說早已習慣獨居異地他鄉的孤寂，雖說與同胞相聚為我帶來溫暖與友情……但此刻的我感覺彷彿是來到這裡的第一天。我唯一真正的希望就是在我們家溫暖的窩與爸媽在一起……我仍是一個希望有人寵的小女孩。」幾英里外，成千上萬越南人也像她一樣，沉浸在陣陣鄉愁中。

美國有了新總統，軍援越南指揮部也換了新司令，但越南人與美國人在一開始都不覺得戰場環境出現多大變化。尼克森總統要和解，但不願背負不能有始有終的罵名：他在一月的就職演說中，對越南問題隻字未提。他的國家安全顧問亨利・季辛吉後來寫道，「幾千萬人正依賴美國的保證而生存，正把他們的前途寄託在我們手上，如今最重要的問題就是繼續對這些人充滿信心」，或許更正確的說法應該是「繼續裝著對這些人充滿信心」。越戰繼續讓美國每個月耗費二十五億美元，每周損失兩百多條人命——這比一九六八年減少三分之一，但仍比一九六七年多。在整個一九六九年，美軍平均每個月消耗十二萬八千四百噸彈藥。那年六月，來自紐約市布魯克林的丹・布洛克（Dan Bullock），成為在這場戰爭捐軀的最年輕的美國人。只有十四歲的黑人孩子布洛克，在謊報年齡應徵到越南後寫信給他的姊姊說：「我想我選錯了加入陸戰隊的時機，替我禱告吧，因為我回不來了。」在抵達峴港僅僅二十一天後，他被共軍丟進他的碉堡的一個炸藥包炸死。

五十四歲的亞伯拉姆斯將軍壯碩魁梧、不修邊幅，與制服畢挺、精瘦修長的魏摩蘭大不相同。高中時代曾是麻省春田（Springfield）足球明星、二戰期間在巴頓（Patton）麾下擔任過裝甲兵准將的亞伯拉姆斯，以新人之姿甚獲美國媒體歡迎。但無論如何，儘管「搜索與摧毀」理論上已經由「肅清與堅守」取而代之，亞伯拉姆斯的來到並沒有帶來戰略上的重大改變。這位繼魏摩蘭之後出掌軍援越南指揮部的將軍了解，面對國內的戰意消沉，一切作為得速戰速決。由於許多越共與北越軍不肯與美軍正面衝突，精力沖沛的亞伯拉姆斯將軍開始強調把握機會的重要性。他下令，任何一名連級與連級以上的帶兵官必須解釋何以追丟了敵軍。

華府要求減少平民傷亡，但遭亞伯拉姆斯極力反對：在一九六八年，B-52對南越與寮國境內目標的出擊頻率幾乎倍增到每個月一千五百架次，在一九六九年三月，B-52丟下十三萬噸炸彈。軍援越南指揮部仍然缺乏戰術性情報：福瑞德・韋恩承認「盟軍對當地人口沒有任何資訊」。在一九六九年四月，亞伯拉姆斯依然告訴記者：「我們只要保有主動……就能有可觀的殺敵率」。

亞伯拉姆斯手下最激進、對越南人利益也最無動於衷的將領，首推朱利安・艾威爾（Julian Ewell）少將。艾威爾是二戰空降老兵，非常強悍。他在一九六八至六九年間在湄公河三角洲擔任第九師師長，之後接掌第二野戰軍。他寫道，「爭取民心的作法有矯枉過正之嫌，在湄公河三角洲，想克服越共控制與恐怖，使用蠻力是唯一途徑。」根據軍援越南指揮部檢察長提出的報告，七千平民在第九師持續了六個月的「直達快車行動」（Operation Speedy Express）中喪生。艾威爾認為這些數字不確。一九六九年四月，北到符吉（Phu Cat）的軍油油管遭到的盜油量每個月高達六十萬加侖，全國性的油料損失達到四百五十萬加侖。軍援越南指揮部在指揮官每周例會中討論了這個問題，有人主張殺一儆百。一名軍官抗議說，「你不能就因這種偷盜小罪就開槍殺人。」

艾威爾立即罵道：「狗屎！」亞伯拉姆斯也表示不願意採取這種大開殺戒的作法。艾威爾說，「我不同意你的看法，將軍。一支爆破兵單位在路上搞破壞，你殺他們兩三個人，他們就跨了。這些人會算的，如果你能多殺幾個，把他們的屍體排成一排，他們就不敢再來了。我們想打通四號公路，就得這麼做，只要殺他們就對了。」亞伯拉姆斯於是說，「好吧，我們研究研究。」但無論怎麼說，他要求部屬在處理百姓問題時要謹慎小心：「我們不要讓人說美軍的行徑比越共更恐怖。」但艾威爾仍然我行我素。奉命替第九師准將約翰．「馬宏」．吉拉希（John 'Mal Hombre' Geraci）出任務的一名休伊武裝直升機飛行員說，吉拉希「下令殺了一切會動的東西」。吉拉希喜歡手持一根短杖，常用這根短杖戳軍官胸部，以強調「我要殺人」。第九師練就一套戰術，就是先用步兵封鎖一個地區，然後用空中火力與大砲把整個地區轟成平地。使用這種戰術以後，屍體的數字無疑相當驚人，但它與繳獲的武器數字不成比例——而想知道是否殺對了人，最可靠的指標是繳獲的武器數字。

一九六九年十一月十二日，美聯社率先發表自由投稿人賽穆．赫希（Seymour Hersh）的報導，說美軍第二十三師在廣義省距海岸幾英里的美萊村犯下屠殺村民的暴行，還說軍法庭即將召開審理此案。之後幾年，美萊村案情逐漸明朗：一九六八年三月十六日，第二十步兵團第一營C連在毫無來由的情況下，殺了男女老少至少五百零四名農民。這些暴行大多發生在「美萊四號」，即美軍稱為「粉紅城」（Pinkville）的小村。

儘管據說南韓軍隊幹過更壞的事，一般認為，在越戰期間發生的眾多濫殺事件中，美萊村大屠殺是規模最大的事件。C連連長厄尼斯特．梅迪納（Ernest Medina）上尉，之前曾下令槍殺兩名外海捕魚的無辜漁民，他的部下還殺了其他幾名百姓，但都沒有遭到懲處。強暴犯不在軍法管控之列。在美萊村事件發生前一天，隨軍牧師卡爾．克瑞斯威（Carl Creswell）出席一項師部簡報。彷佛預示即將到來的一場腥風血雨似的，一名少校在簡報中說，「我們如果在進入那裡時遭到一槍一彈，就要把那裡夷為平地。」克瑞斯威不以為然地說，「我真的認為我們不該像這樣打仗。」那少校聳聳肩說，「這是一場惡戰，牧師。」

越南的每一名高級軍官一致認為，比美萊村大屠殺事件本身更令人震驚的，是有關當局在這場大殺戮過後的大舉掩飾。事發當天，直升機飛行員休・湯普森（Hugh Thompson）士官已經勇敢揭發了這項恐怖罪行，而且之後還不斷揭發，但指揮官們卻對他詳盡的報告視若無睹。有人指出，第二十步兵團第一營宣稱殺了一百二十八名敵人，卻連一件武器都沒有繳獲，這其中顯然有問題。但特遣隊指揮官法蘭克・巴克（Frank Barker）中校不以為然地說：「我們殺了這些婦女與兒童是個悲劇，但那是在一種戰鬥情勢中發生的事。」一九六九年三月，直升機門艙砲手隆納・萊登浩（Ronald Ridenhour）寫信給三十名國會議員，轉述了戰友目擊的美軍暴行。這封信一開始在美國國內引起的迴響不大，但後來演成滔天巨浪。儘管如此，後來當了美國國務卿的第二十三師參謀官柯林・鮑威爾（Colin Powell）少校，當時還為軍方行政官寫了一份粉飾太平的備忘錄，說「美國士兵與越南人民間的關係好極了」。鮑威爾在寫這份備忘錄以前，顯然沒有詢問過來自土森（Tucson）的二等兵湯姆・葛蘭（Tom Glen）。二十一歲的葛蘭很勇敢地寫了一封信給亞伯拉姆斯，揭發美軍的暴行。

對美萊村事件的調查還找出其他證據，證明第三步兵團第四營B連在同一期間也幹下戰罪犯行，但沒有人因這些犯行被判定罪。一直等到一九六九年十一月，威廉・皮爾斯（William Peers）中將終於對美萊村事件進行全面調查，起訴包括兩名將領、四名上校在內的二十八名軍官，從作偽證、藏匿戰罪不報，到扣押情報與參與或未能制止戰罪，總計提出兩百二十四項重罪指控。C連的一百零三名官兵有四十幾人參與這項屠殺，全連沒有一個人站出來設法終止這場殺戮，或隨之而來的集體輪暴。第二十三師師長沙穆爾・考斯特（Samuel Koster）少將後來雖遭降級准將的處分，但除了一排排長威廉・卡利（William Calley）中尉以外，沒有人遭軍法重判。卡利在一九七一年三月二十九日被判下獄，但軍事法庭庭長立即干預，下令卡利只需「關在營房」即可。

當梅迪納上尉獲得無罪宣判時，法官還向他致意，祝他生日快樂。在卡利被判有罪之後，五千封電報湧入白宮，其中百分之九十九表示支持卡利。「海外戰爭退伍老兵」（Veterans of Foreign Wars）全國總監說，「一名軍人因為盡忠職守而遭我們審判，創下我國有史以來頭一遭。」一九六九年十一月，當美萊村事件占據媒體頭條時，尼克森反覆對一名白宮助理說，「這一定是紐約那些爛猶太人在背後搞鬼。」新兵在班寧堡（Fort Benning）遊行，高喊卡利……卡利……他是我們的人。」西貢美軍電台不斷播放阿拉巴馬州一個自稱「C連」的合唱團錄製的一首歌：「我的名字是威廉・卡利，我是這塊土地的軍人／我發誓盡忠職守，奮勇殺敵／但他們把我打成一個惡棍／他們給我蓋上一個印記。」軍援越南指揮部最後下令西貢美軍電台不得再播這首歌，但這首歌的唱片已經熱賣二十萬張，而且指揮部禁得了播音，卻禁不住美軍在西貢街頭的「為卡利殺一個越共」的塗鴉。一九七四年九月，一名聯邦法官以負面新聞影響審判為由，下令保釋卡利。就這樣，卡利在留營監管僅僅四十二個月後就獲得釋放。

美萊村大屠殺事件已經成為美軍在越戰期間窮凶極惡的象徵。美國國內的「愛國遊說」活動把卡利說成一個替罪羔羊，這說法其實沒錯。卡利堅持他的行動「只是奉令」，這話雖說也有幾分事實，但也充分反映美軍與美軍指揮官瞧不起越南人、不把殺幾個越南人當回事的心態。皮爾斯委員會雖曾起訴以考斯特為首的幾名高級軍官，但他們最後都獲輕判，一次維護司法正義的機會也就此錯失。

另一方面，與其將打不贏越戰的責任推給亞伯拉姆斯，似乎不如推給他的前任魏摩蘭，因為亞伯拉姆斯如今的選項已經少得可憐。他的任務是在戰場上取勝，但他的可用之兵很快就開始縮水。他忠實履行了軍人殺敵的天責，但面對南越政府從頭至尾、始終與本國人民離心離德的現實，他也一籌莫展。他必須守住一條長一千英里的西方邊界，跨過邊界就是眾多的共產黨避難所。但華府不讓他跨過邊界進兵寮國與高棉。就像魏摩蘭一樣，亞伯拉姆斯也對華府這項政策憤憤不平。北越軍在高棉經營的哈利（Hak Ly）卡車公司（金邊政府是大股東）每年從施亞努市（Sihanoukville）港將一萬四千噸補給運往高棉東部的北越基地。

亞伯拉姆斯非常憤怒：「任由這些敵軍不付任何代價……坐在那裡養肥，根本就是罪行。」他向他的副手安德魯．古帕斯特（Andrew Goodpaster）中將建議，B-52在執行「弧光」攻擊時，可以「不小心」飛過界，但古帕斯特語氣堅定地答稱，這需要華府批准。此外，中情局的一項研究顯示，即使跨界對共產黨避難所進行軍事行動也不會有成果，也讓亞伯拉姆斯惱火不已。葛雷格．達迪斯認為，軍援越南指揮部的易主，代表的主要是詞藻而不是戰略上的改變。一〇一空降師在亞伯拉姆斯治下的作戰，以及「漢堡高地之戰」，與美軍在魏摩蘭時代的許多行動非常類似。一九六九年五月，美軍對阿紹山谷（A Shau Valley）距離寮國邊界僅一英里的九三七高地發動攻擊，即所謂漢堡高地之戰。

就像作家卡爾．馬蘭特斯筆下那段發生在馬特洪（Matterhorn）基地的虛構故事一樣，外交官之子、紐約客蘭丹．索恩（Landen Thorne）中尉，在越南也有一段難忘的遭遇。與《馬特洪峰》書中的主角一樣，陸戰隊第四團第一營C連的索恩也是排長。願意進入越南服役的上層社會美國人相對較少，索恩就是其中一人。他的祖父是職業陸戰隊員，父親在二戰期間在航空母艦「大黃蜂號」（Hornet）上擔任雷達官，索恩也要證明自己也不是弱者。索恩二十五歲那年，在即將從耶魯畢業的最後幾個月，他的同學都為是否參戰的問題苦惱，而且大多決定不上越南：「對這場戰爭了解越多，我越擔心。有人說，『你知道查理嗎？他剛被殺了。』但不少人為了逃避兵役，嚴重扭曲了人生，對有些人來說，這成了一次永久走不完的罪惡旅途。」在舊金山等待前往越南時，索恩的妹妹茱莉亞（Julia）陪著他，從舊金山最時髦的「頂尖雞尾酒吧」（Top of the Mark）一直陪到公車站。之後茱莉亞前往歐洲繼續深造，後來成為激進反戰分子。

抵達峴港後，索恩一夥人碰上一群服役期滿即將返美的老兵。老兵對他們冷冷地說，「歡迎來到這世上最泥濘的地方，準備受苦受難吧。」他等了兩天，上了一架CH-46直升機，來到阿貢火力支援基地（FSB Argonne）。發生在麥克登陸區（LZ Mack）的幾次事件，使這座基地成為馬特洪的現實版：它位於一座距寮國邊界不過幾百碼之遙的山丘上，與北越軍遙遙相對。索恩在抵達基地第一天晚上就遭到攻擊：「他們用迫擊砲刺探我們的陣地，你可以聽到咚咚的悶響聲。」索恩發現他加入了一支不快樂的單位：「連長的要求高得不合理，那些年輕的陸戰隊員若能與你同心協力，他們會有非常好的表現，但劣質的領導把事情搞得很難辦。」之後，他們花了幾周時間肅清附近一座代號「尼市」（Neville）的山頭，索恩隨即奉派在尼市擔任三門一〇五公厘榴彈砲的前進觀測員。二月二十五日清晨天光未亮，兩百名穿著綠色迷彩服與涼鞋的北越軍，從緊接著陣地鐵刺網的叢林突然竄出來，對只有兩排守軍的尼市陣地發動奇襲。「我們被敵軍殺進來三次，克雷莫雷已經耗盡，無法取得空中再補給，遭到六十與八十二公厘迫擊砲不斷攻擊」。幾處監聽據點奉命「冷冷躺著」（Lie chilly）——意思是，一動不動，不要說話，希望敵軍沒有注意到你。擺在射擊陣地附近的彈藥袋爆炸，竄起幾處火頭，一處射擊陣地還短暫落入敵軍手中經過三小時惡戰——除了步槍與手榴彈以外，築壕的鏟子也派上用場——美軍終於逐退北越爆破兵，但十二名陸戰隊員與兩名海軍醫護兵陣亡，此外，由於不斷的近距離爆炸，許多倖存者聽力受損。敵軍一連幾天，繼續對尼市緊縮了的周邊進行騷擾，直升機無法降落，用降落傘空運的彈藥不時飄落到守軍夠不著的地方。索恩發現自己嚇得吃不下東西：「腎上腺流得太多。因為你接受死亡，你在情緒上已經不穩。等你活過來以後，你已經完全變了一個人。第二天晚上的大問題是開火紀律，因為每個人都躍躍欲試。大家都想開槍，想引爆克雷莫雷。我已經把大砲對準了目標，只要聽到動靜，隨時都能開砲。」第三天，便秘已久的索恩覺得想大解，於是在一個彈藥箱上面蹲下來，就在這時耳邊又傳來迫擊砲彈的咚咚悶響聲。「但在這節骨眼上，我也管不了那許多，死不足惜，拉了再說！」

敵軍攻擊勢頭漸弱。天候條件仍然太壞，直升機仍然無法運補，但美軍可以修補防禦周邊鐵刺網漏洞。奉命增援的一個連得靠步行走過來，需要走一個星期。之後，海騎士終於姍姍來遲。醫護兵清除美軍屍體上的蛆，把敵軍屍體丟到山另一頭：「北越軍調轉矛頭，找卡爾與C連的晦氣。」索恩隨即奉命前往河東擔任空中觀測員。他接到命令後的第一個想法是，「我怎能丟下你們，獨自走開？」他的第二個想法是，「總部那些傢伙怎麼糊塗到這個地步，把我們弄到這裡來？」一些美軍指揮官會漫不經心地、一再將小規模部隊暴露在險境，為敵軍所乘，第四團第一營之後的霉運反映了這個事實。這個地區的戰鬥一直持續到四月，第四團第一營的營長遭迫擊砲彈擊中身亡，也成了這種漫不經心心態的犧牲者。儘管就像往常一樣，北越軍損失遠遠超越美軍，戰後覺得自己戰敗的卻是美軍。

很顯然的矛盾是，共產黨後來承認一九六九年是共軍損失最慘重、士氣最低落的一年。那年六月在廣義省山區，就連狂熱的革命信徒、軍醫唐翠沉也承認她與她的同志已經筋疲力盡，精神萎靡，許多人整天愁眉不展，連飯都吃不下去：「日以繼夜，炸彈爆炸聲，噴射機、武裝直升機與UH-1A盤旋上空的響聲震得我們耳膜生疼。森林被炸彈炸得東倒西歪，滿目瘡痍，殘留下的草木也被有毒化學物染得一片焦黃。我們也受影響。所有的幹部都疲憊不堪。」

北越軍士兵保寧寫了一篇〈嘶叫靈魂的叢林〉，描繪一個營幾乎全軍覆滅的慘況：「夜間的叢林深處，風聲傳來不停的低泣……鳥兒彷彿人語般啼哭著。牠們不會飛，只在枝頭叫著。世上也只有在中央高地這樣的地方才能見到顏色這樣恐怖的竹筍……這裡的螢火蟲都是龐然大物。在這個地方入夜以後，樹木花草會以一種駭人的合聲吟唱。這種鬼魅般樂聲一旦響起，能讓你精神錯亂，無論你站在哪裡，整片樹林看起來都一樣。沒有膽子的人不能來這裡，住在這裡能讓人發瘋，或活活嚇死。」共軍在這裡建了一座秘密佛龕，為他們死去的同袍祈禱。

但共軍的愁苦並沒有為盟軍帶來成就感，情報長斐爾・戴維森准將認為「敵軍在戰場上贏得一九六八年最大勝利」，美軍情況不妙。他在三月十五日向亞伯拉姆斯提出報告說，胡志明小徑上的卡車流量減少了。亞伯拉姆斯搖了搖手指說，「我們得留神，不要顯得我們對這事寄予厚望。」戴維森答道，「哦，長官，不會的。我對這場戰爭從來就不抱什麼希望，長官。」他大聲嘆道，「我們必需保衛我們的基地、城市與人口聚居地區。且這麼說，敵人也必需保衛他們的基地、地區與人口。我們早就可以在一個月以內打贏這場戰爭！把敵人踢進海裡！」

那年四月發布的南方局第五十五號指令訂定的作法比較實際。它警告指揮官們不得把全部兵力孤注一擲、投入任何一場戰鬥，應該「保留實力為日後持久戰作準備。之後沒多久發布的第八十一與第八十八號指令將民族解放陣線的目標明訂為「迫使敵人接受與我們談判，迫使敵人撤軍……接受聯合政府」。共軍繼續展現充分活力與進取精神不斷造成美軍與南越軍死傷，但在一九六五年十月，北越軍僅占南越境內共軍戰鬥力四分之一，他們現在占有的比率已經高達七成，而且仍在持續升高。

在西貢，媒體的信心已經低落得無可救藥。在《華盛頓郵報》擔任過四年西貢新聞負責人的彼得・布雷斯楚，針對記者們的表現，特別是一九六八年的表現，寫了一篇批判意味甚濃的文章。他在文中說，西貢那些記者大多數是「冒險家，就若干程度而言，還是偷窺狂。在表現得最好的時候，他們可以是敏銳的觀察家、盤問家，說故事的本領也屬一流」。但他們犧牲了全面分析，專門挖掘溪山、西貢、順化之戰這類顯眼鬧劇，「犯下疏忽重罪……大多數分析都是一知半解的急就章之作」。布雷斯楚說，在春節攻勢過後，鋪天蓋地式報導成為過去，全球媒體對越戰新聞的興趣暴跌。儘管河內遭到慘敗的事實越來越明確，但對越戰局勢的重估已經沒有人注意。「在春節攻勢期間，媒體大喊病人已經垂死，但幾周過後，有人開始喃喃說道，他不知怎麼似乎又活了——但垂死的呼喊已把美國國內搞得天翻地覆，沒有人聽得到這些病人復活的低語。」

布雷斯楚的看法雖說有幾分真理，但軍事成就克服不了一個基本問題：許多南越人雖說痛恨共產黨，但也不喜歡他們本身的政府。黎筍的沒有人性遭來身後罵名，但河內憑藉比西貢少得不成比例的物質資源，卻能持續啟動比西貢有效得多的戰爭機器，確是不爭之實。北越領導人認清美國人民已經失去耐心，準備再忍受幾年痛苦，以迎接現在看來似乎必將到來的勝利。事實上，北越已經為本國人民帶來太多苦難，若不能取得最後勝利也無法交待。另一方面，當法蘭克・史奈一九六九年夏加入中情局西貢站時，「我們已經不再為取勝或戰敗作準備，只是在盤算怎麼退場而已。」

這場戰爭還有一個關鍵點。亞伯拉姆斯麾下美軍無論取得什麼戰術勝利，美軍從內而外不斷腐朽——這是一種緩慢、勢不可當的致命過程，讓美軍士氣於一九七三年來到最低點。三個相互助長的相關因素造成這種現象：毒品濫用、國內「黑權」（Black Power）運動造成的種族分裂以及軍紀與作戰意志的敗壞。一名美軍將領後來說[9]，「在打韓戰時，我們用一支朽壞的軍隊投入戰場，但在戰爭結束時，我們已有一支鋼鐵雄師；在打越戰時，我們用一支很棒的軍隊投入戰場，但在戰爭結束在，這支軍隊已經腐爛得可怕。」

林伍德．伯尼（Linwood Burney）在一九六八年年底出任空降連連長時，決定來一次例行性毒品檢搜。憲兵在一九六九年以毒品相關罪名逮捕了一萬一千人次，但美軍吸食大麻的人口占比仍舊持續攀升，在一九七一年達到將近百分之六十。許多美軍喜歡一種吧女所謂的「佛草」（Buddha grass）：一種毒性超強的衍生劑，一包一美元。在一九六九年，有吸食海洛因經驗的美軍人員只有百分之二，但這個數字在兩年間暴漲到百分之二十二，毒癮犯也增加到創紀錄的七百人。這些毒品由皇家寮國航空公司（Royal Air Laos）與越南航空公司（Air Vietnam）從鄰國寮國進口，然後由南越軍用卡車運往全國各地。志願留在越南服第二輪或第三輪役期的美軍，至少有一部分是為了能取用毒品而志願留營的。根據軍援越南指揮部統計數字，在一九六九年，十六名美軍因服用毒品過量死亡，但在一九七〇年頭十八天，死亡人數已達三十五人。亞伯拉姆斯承認他不敢「踢屁股」——對吸毒者採取強硬政策——但他極力懲罰販毒者。

連長唐．赫森（Don Hudson）少校對他的部屬充滿信心，認為大多數問題出在軍官短缺：「我們在那裡有很優秀的青年，依我看，問題出在領導層，領導層沒有善盡照顧他們之責。」他認為，薪酬、晉升、一個月領不到信都是問題：「這是罪行，毒品問題一直困擾著我……在檢查流出的補給時，我經常在水箱底下見到裝滿海洛因膠囊的塑膠袋。」赫森認為，當局放縱也是毒品泛濫的重要原因。他說，有一次他抓到一個士兵帶了五百顆純海洛因膠囊，但當局後來以「查無實據」為由決定不起訴。又有一次，他發現派在叢林的一支伏擊隊在叢林吸了三天大麻，「在壞領導人帶領下……壞分子開始在組織蔓延。我剷除了幾個靠販毒賺錢的首犯」，事情才開始好轉。

毒販試圖反擊，在一開始對赫森提出威脅，之後又指控赫森在執勤時醉酒。但赫森毫不退讓：「根據我的看法，如果他們真要幹你，他們就會動手，不會先告訴你。士兵們喜歡的是勝利者，只要不造成人員傷亡，只要你用正確的方式照顧他們，你可以願意怎麼強硬就怎麼強硬……不要擔心士兵們喜不喜歡你。」在越戰後期，許多美軍軍官繼續在敵軍面前展現勇氣，但在管控自己部下這方面，能像赫森這樣展現勇氣的人相對較少。二等兵理查．福特（Richard Ford）的偵查隊是一支純黑人隊伍，隊上有個小兵，開玩笑說他們都是圓桌武士的騎士。一天晚上，一名叫泰勒（Taylor）的小兵抽了大麻，開始堅稱他眼前的一株獨立大樹是自由女神像：「福特爵士，福特爵士，眼前不是那座自由女神像嗎？世界在轉，對不對？好極了，我們快到紐約了，因為我見到自由女神像。」其他隊員只好哄他，讓他安靜下來。藥物濫用絕大多數是士兵問題，但不少軍官與士官有嚴重酗酒問題。

軍紀也是大問題。大衛．強森（David Johnson）上尉在一九六八年十月接掌步兵連連長時，駭然發現竟有士兵不肯上戰場，這是他在之前的役期中從未見過的事。在一次行動結束後，士兵們「做鳥獸散」，不肯清理武器與裝備。他的排士官不知道怎麼引導迫擊砲或大砲砲火。一旦遭遇攻擊，他對他的連會做什麼、不會做什麼毫無信心。強森說：「連上許多人對於我們該不該來這裡感到懷疑，士兵們經常自問，『我能撐下去嗎？能撐到役期屆滿嗎？』我說的既是我自己、也是士兵們的感覺……有人幹出古怪的事、瘋狂的事。連上有個兵吞了一些C-4塑膠炸藥，然後死了……落入六英尺深的水裡淹死。我們為許多詭雷所乘，卻繳不出殺敵的成績……對士氣影響很大。我的

9 原注：該名美軍將領在一九八五年時對作者黑斯廷斯說。

連在六十天裡面死傷二十人，其中十七人，包括我在內，為詭雷所傷。」

在其他地方，兩名飛行員面對面比賽誰先拔槍，結果相互殺了對方，空軍方面認為這是一起偶發的瘋狂意外事件。但幾個月過後，類似事件再次發生，不過這一次只死了一名飛行員。負責調查這次事件的將領大惑不解地說，「為什麼有人幹這種事？」一九六九年七月二十日，漂亮、嬌小的澳洲歌星凱瑟琳．安妮．華恩斯在一處陸戰隊基地做勞軍演唱時，突然倒在台上。她被裝了滅音器的點二二自動手槍用一顆子彈擊斃。事後，二十八歲的詹姆斯．基蘭（James Killen）士官承認酒後行兇，還說他當時要殺的其實是他的連長。基蘭只服了不到兩年刑，就獲重審無罪開釋。

一九七〇年二月五日，兩枚手榴彈丟進士兵經常聚會的「安迪酒館」（Andy's Pub），當時一個叫做「雪紡」（Chiffons）的三人澳洲女子樂團正在裡面演唱。一枚手榴彈爆炸，殺了一名伍長，傷了六十二人。調查結果發現，事發當天稍早，二十幾名黑人陸戰隊員在基地籃球場集會，大吐受白人欺負的苦水。一名准士官隨即保證「我們今晚要讓那些（白人）鬼子好看」。黑人都接獲警告，晚上不要上安迪酒館看秀。在之後的審判中，檢察官說，「這是一次蓄意、經過精心策畫的行動，目的在殺一大堆人……起因純屬種族問題。」無論如何，兩名主嫌犯獲無罪開釋，原訂第三場審判也因此放棄，沒有人因安迪酒館手榴彈事件判刑。

所有的戰爭都有不受歡迎的軍官被自己部下幹掉的事，這類事件一般出現在戰鬥中，利用交火掩護而進行。但在越南，由於發動攻擊的武器往往是碎裂手榴彈，有人為這類事件訂了一個新名目，稱它為「碎彈攻擊」（fragging）。根據陸戰隊軍法處的記錄，這類行動「從沒有這樣廣泛、這樣冷酷地執行過」。陸戰隊軍法處記錄了一百多宗這類事件，整個軍方在一九六九至七一年間記錄有案的「碎彈攻擊」超過六百件，造成八十二死六百五十一人受傷。一名心理專家在研究二十八件案例後發現，犯下這類罪行的人大多是輔助人員，而且百分之八十七點二的人在犯行時或因醉酒或因吸毒而精神恍惚。犯行過後表示懺悔的人少而又少。

許多職業軍官因失望而退役，使軍中長久以來欠缺低層軍官與士官的問題更加嚴重：西點軍校一九六五年班有五百九十六名畢業生，其中一百四十八人在一九七〇年辭職。被非志願徵召到越南、在蜆港九五後撤（95th Evacuation）醫院服役的麥克・貝里（Michael Barry）少校說，必須不斷處理這麼多「碎彈攻擊」犧牲者的重擔讓他幾近崩潰。更何況，他本人對這場戰爭的合理性也信心缺缺：「我們支持的人不對。」毒品構成一個「非常嚴重的問題……他們吸食的海洛因純度高達約百分之八十……與美國境內那些純度約百分之五的毒品不成比例」。一天，六名黑人醫護兵帶來一具同伴的屍體。貝里說，「他們開了一個海洛因狂歡會，大家都嗑藥嗑得恍惚，沒有人發現那人已經斷氣。」

一〇一空降師師長向一名黑人士兵祝賀聖誕快樂，那士兵卻拒絕與他握手。蘭丹・索恩發現他的那個排「完全是一團糟。他們都是好孩子，但因為種族差異分裂成三派——黑人一派，南方白人又一派，城市的孩子第三派。那段時期很危險，你隨時可能淪為碎彈攻擊犧牲者，不過排副把問題處理得很好。這些排與連幾乎就像街頭黑幫一樣，組織非常嚴密。新來的人最容易受害，特別是那些尉官」。陸戰隊中的黑人比例雖然只有百分之十三，但陸戰隊越南軍事法庭的被告卻有半數是黑人。與其說這代表種族歧視，不如說這反映了黑人的離心離德。逃兵率創下美軍現代史最高峰，比韓戰期間高一倍，是二次大戰期間的幾近四倍。一九六九年，越南境內有兩千五百名美軍逃兵，大多數都幹著犯罪勾當。軍法官史學者對當時軍法官的角色有以下一段描述：「毒品氾濫、種族分裂、叛逃行為在軍中肆虐……讓軍法官們忙得分身乏術。」

一九六九年二月，火力班班長約瑟夫・羅培茲（Joseph Lopez）返回越南展開第三輪役期，駭然發現軍紀敗壞竟已到達如此地步：「你要一個小兵整頓儀容，他會恨恨盯著你，彷彿想殺你一樣……過去從來沒有小兵膽敢像現在這些年輕人一樣，這樣面對他的上級士官。」那年四月到九月間，負責跟監種族緊張問題的委員會發現，在陸戰隊作業的地區，平均每個月會出現一次「大規模暴動」以及多次較小型事件。

來自底特律、一九六六年在古芝附近受重傷的哈洛·杭特，堅持當步兵，並於一九六九年五月重返越南。他的舊傷不時也令他苦惱，但他勤苦鍛鍊，體格非常健壯。但重返越南以後，他訝然發現景物全非：「士兵與過去大不相同，我的排有百分之五十是徵兵，他們鬧種族衝突，有吸毒、軍紀渙散問題。帶這樣的兵很難，給他們下命令，他們未必理你。」

杭特與當時駐在越南的大多數黑人士兵大不相同，因為他矢志效忠的對象是軍隊，而不是他的黑人同胞。他嚴厲警告部下，絕不容忍亂紀，特別是不容忍在戰場上吸毒。於是有一天，他發現有人在自己住處門上釘了一張紙條，上面寫著：「我們會碎彈攻擊你這樣的狗娘養的」。但杭特告訴部下，想生存下去，最好的辦法就是遵照他的話行事。他們照做，杭特沒有遭到碎彈攻擊。「但我的努力焦點與之前幾次役期完全不同。我為的不再是保護南越自由，而只是為自己與我的部下保命。」職業陸戰隊員華特·布莫說，「種族議題幾乎毀了美國陸軍與陸戰隊的架構，它造成部隊分裂，非常醜陋、醜陋、醜陋。我們總是說，陸戰隊就是陸戰隊，但突然間，黑人陸戰隊員不僅不高興，還因為置身越南而氣得發瘋。」

澳洲特戰隊軍官安德魯·傅里曼托（Andrew Freemantle）認為美軍「確實非常棒」，但像其他許多人一樣，一九七〇到七一年間美軍軍紀的蕩然也讓他心驚膽跳：「甚至在特種部隊營區，你也可以看見有人吸大麻，營門前還擠著一群女人。」提姆·羅威勒（Tim Rohweller）中尉是陸戰隊第九團第三營的連長。他決心整肅軍紀，對那些找藉口留在基地不肯上戰場的人絕不寬貸。雷吉納·史密斯（Reginald Smith）與其他幾名黑人士兵認為，羅威勒應該為幾件沒有必要的士兵陣亡事件負責。一九六九年四月二十日，史密斯與幾名同夥聚在房裡抽大麻，史密斯說，「等他茫了就要去『幹掉』那狗娘養的。」翌日凌晨兩點十分，一枚碎裂手榴彈在羅威勒的床鋪下爆炸，羅威勒因傷重於第二天不治。史密斯的一名同夥後來作證說，史密斯來到臥房，手裡舞著一根手榴彈保險環說，「我已經幹掉那狗娘養的，他再也不能找人麻煩了。」史密斯之後入獄服無期徒刑，十三年後死在獄中。

一名白人上尉有一天問一名名叫戴維斯（Davis）的黑人士兵，返美以後打算買什麼樣的車，戴維斯答道，「我不打算買車，長官。我想買一座愛克森（Exxon）加油站，為黑人兄弟們免費加油，讓他們把怨氣都燒光光。」白人與黑人都覺得這段對話滑稽透頂——但當然，它並不好笑，因為它透露著黑白分裂的暗潮洶湧：兩名白人少校因下令黑人將音樂聲量調低而遭黑人槍殺。

種族歧見是雙向的。白人喜歡管黑人叫「矛矛黨」、「鹿」、「鬼子」、「巧克力糕」、「浣熊」。一名來自南方的白人士官故意穿上一件密西西比大學（Ole Miss）T恤以惹惱黑人。來自亞帕拉契山（Appalachian）、排上士兵叫他「山地野人」的約翰．哈爾（John Hall）認為，他的那名黑人班長不喜歡南方白人，常給他臉色看。在部隊進入叢林時，那名黑人班長總是留在最後面，哈爾有一次跟那班長頂嘴說，「別找我麻煩，你這只敢躲在後面的黑鬼，上戰場就孬了！」但哈爾說，作戰時必須將種族歧見暫時拋開：「我們的排一旦走出鐵刺網周邊，大家就都團結在一起了。」這也是大多數戰鬥部隊共有的現象。

黑人陸戰隊員傑夫．安東尼與來自德州的白人「包佐」．泰勒（'Bojo' Tyler）結為好友。泰勒把安東尼引進西部鄉村俱樂部，還在一封家信中告訴父母，說他交了一個黑人朋友。他的父母在回信中說，「當你返國時，可別把黑鬼帶回來。」安東尼說，「我雖然很喜歡這個人，卻絕不可能帶他一起回家。」席德．貝里上校寫道「一名來自北卡羅萊納州的黑鬼軍官」在戰場上受到重傷。他痛苦地說，「我常想，不知道當威廉斯上尉為了他的國家——也是他們的國家——身負重傷時，那些自以為是的白人偏執狂會不會反對他的孩子與他們的孩子上同樣的學校。」

一九六九年有一天，一個步兵連從山野返回火力基地，等著看一場勞軍秀。就像大多數部隊一樣，這個連隊的種族歧見問題也很嚴重。那天晚上，全連集結在一座臨時搭起的舞台前，卻發現那是一場二十年代的白人塗黑臉裝黑人的滑稽秀，演員是七十一歲的喬治・傑西（Georgie Jessel）。在場一名士兵說，當時他非常恐懼，怕這場秀會引起暴亂：「聽到這個白猶太人雜耍演員大唱『我的老娘』（Mammy Mine），我簡直不敢相信自己的耳朵。但真正古怪的事發生了，結果我們根本不在乎。」不分黑人白人，大家都很慶幸能這樣一起笑鬧、歡聚。

在一九六九年加入特種部隊在越南服役之後，黑人士兵亞瑟・「金」・伍利（Arthur 'Gene' Woodley）身心俱疲地回到巴爾的摩老家：「這個國家對我們幹了一件暴行，它騙了我們，它讓我們這些無知、年輕、傻傻的黑人相信這是一場爭取民主與獨立之戰。但這是一場為了金錢的戰爭，那些大公司都發了數以億計的戰爭財，最後美國不打了。」在越戰末期加入戰團的黑人士兵大多數也像伍利一樣，抱持這種看法。儘管有碎彈攻擊、種族傾軋、毒品氾濫，陸軍與陸戰隊士兵，無分白人與黑人，大體上仍能在看似打不完的戰鬥中在屬於他們的一角奮戰。但所有的觀察家都知道，從一九六八年起一直到戰爭結束，美軍作戰效率不斷滑落。雖說敵人仍像過去一樣就在那裡，但要美軍甚至是為了自己生存而像共軍一樣犧牲、奉獻，已經越來越難。

◎澳紐聯軍

一名史學者日後告訴澳洲尉官尼爾・史密斯（Neil Smith）說，當他在一九六九年服役越南時，這場戰爭已經顯然是一團亂。這話讓史密斯非常驚訝：「在我們服役時，它並非一團亂。」駐在越南東南部的三個澳洲步兵營，加上特種部隊、輔助單位與一支紐西蘭特遣隊，就算在一九六九年年中巔峰時期，兵力也只有八千人，包括五百四十三名紐西蘭人。他們在盟軍總兵力中只占極小一部分，但他們的成績可圈可點。亞伯拉姆斯將軍認為，澳洲人與紐西蘭人是「真正一流」的軍人，事實上還是唯一對越戰有卓越貢獻的外國派遣軍：「其他派遣軍加入越戰，為的不過是盡量搜刮山姆叔罷了」。美軍中尉約翰・哈里森對澳洲「特別空勤」（Special Air Service）隊尤其敬畏不已：「他們有自己的准尉，各個非比等閒。他們絕不跟你鬼扯，沒這一套。」特別空勤隊建了一個由山地部落人民組成的連，在越戰期間，他們殺了五百名敵軍，本身只有七人死於戰陣，而且這個數字很可靠。特別空勤隊說，能有這樣的戰果，主要因為他們嚴格要求戰技，一名特別空勤隊軍官得意地說，「我們總能在敵軍聽到我們以前，先聽到他們。」

一名南越軍少校寫道，越南人認為澳洲人是盟軍裡面最有同情心的軍人，因為他們絕不亂開槍：「澳洲軍在一九六六年的龍潭（Long Tan）之戰殲敵兩百五十七人，本身只折損十八人，證明我們至少有一個辦法可以打勝這場仗。」這名少校說，他常聽說外國軍隊向旁觀者亂開火，唯一的例外是澳洲軍與泰軍。澳洲軍尉官羅伯・富蘭克林（Rob Franklin）說，「我非常擔心會殺害平民，一天夜裡，一群混帳樵夫走進我們的埋伏圈。感謝上帝，我軍沒有開火——我真以他們為榮。」

但投入越戰造成的國家分裂，成為澳洲現代史上影響最深的議題，為澳洲帶來的痛苦，甚至不下於越戰為美國帶來的痛苦。擔任澳洲總理直到一九六六年一月的羅伯・曼吉斯（Robert Menzies），信了美國的說法，認為盟國應該在越南阻止「中共在印度與太平洋間的進軍」，不顧政府官員的意見與反對黨工黨的反對，派出一支人數不多的部隊參戰。澳洲宣布實施徵兵，在第二個澳洲營抵達越南不久，第一名徵兵在越南遇害：二等兵艾洛・諾克（Errol Noack）死於友軍砲火，但沒有人知情。澳洲國內反戰情緒一開始就很高昂。每年有十萬名澳洲人年滿二十歲，其中十分之一中籤服兵役。母親們成立反徵兵團體「救我們的兒子」（Save Our Sons, SOS）。工黨影子內閣閣員吉姆．凱恩斯（Jim Cairns）發表一本名叫《與亞洲生活在一起》（*Living With Asia*）的書，強調澳洲必須學會與亞洲的革命政權與革命人士共存，而不是與他們對抗。當皇家澳洲團第一營（1RAR）在三十多萬群眾圍觀喝采聲中遊行通過雪梨街頭時，一名將全身塗滿紅漆的女抗議人突然衝出抱住率隊遊行的營長，還盡可能用身上的漆染紅旁邊的士兵。

在英國於一九六七年決定從蘇伊士運河東部撤軍之後，澳洲政府認定它必須與美國比過去更加密切合作。繼曼吉斯之後出任總裡的哈洛．浩特（Harold Holt）訪問華府，與林登．詹森親密擁抱；他指責英國領導人哈洛．威爾森，認為威爾森不應該抨擊美國的轟炸北越。同年年底，坎培拉勉為其難同意華府的增兵要求，派遣第三個步兵營與一些戰車前往越南。鄰國紐西蘭的政府一直對越南問題感到不安。但既然澳洲投入越戰，紐西蘭認為自己也必須效法。西貢東南部的福綏（Phuoc Tuy）省成了澳、紐派遣軍的責任區。福綏省有十萬居民，大多數立場中立或親共。在北越軍抵達以前，澳、紐派遣軍的對手是越共D四四五機動營，外加兩個團。澳、紐派遣軍在「髒土丘」（Nui Dat）建立基地，還在頭頓港外建立直升機與後勤補給基地。

在墨爾本與雪梨，反對聲浪高漲。儘管較小型城市與鄉間的反應較不激烈，但澳洲海員工會拒絕為前往戰區的船隻提供服務。當哈洛．浩特在一九六七年十二月神秘溺斃時，有人說，他是因為無法承受越南問題帶來的壓力而自殺。反戰示威越來越暴力，在傳統屬於保守派天下的澳洲，新左派因獲得年輕人驚人的支持而聲勢浩大。蒙那西大學（Monash University）的勞工俱樂部為民族解放陣線募款；墨爾本毛派為中國的文化革命鼓掌；學生高喊「一邊對，一邊錯——祝越共勝利！」郵政工人一度不肯處理澳洲軍隊的信件。一九六九年八月，民意調查第一次顯示，大多數選民主張退出越南；在十月全國性選舉結束後，一營澳軍撤出越南。

不過，直到越戰最後階段，澳洲內部的動盪對戰場上的澳軍並無影響。伯斯（Perth）工人養子尼爾．史密斯在戰後說，「我不願錯失這參戰經驗，這是每一個專業人士都嚮往的，你會想自我考驗。我想，這就是年輕人的愚蠢使然吧。」澳洲軍打了好幾場苦戰。澳洲團第一營，連同一支擔任支援的紐西蘭砲兵，在一九六八年五月十二日進駐珊瑚火力支援基地（FSB Coral）。第一營在進駐第一天晚上就遭到北越軍奇襲，他們倉皇應戰，用迫擊砲與輕武器還擊，殺了五十二名北越軍，本身有十一死二十八傷。三個晚上後，共軍再次來襲，澳洲軍殲敵三十四人，本身也有二十四人死傷。經過這兩次遭遇戰，澳洲軍對北越軍印象深刻，認為北越軍與他們在更南方碰上的那些越共「大不相同」。澳洲軍歷經馬來西亞與婆羅洲多年戰亂，頗以精於反叛軍作戰自豪。但過去這些經驗幾乎一切都是連級兵力的戰陣，現在他們突然發現面對的是規模更大、也越來越傳統的戰爭。

澳紐聯軍的作戰自成一格。他們不戴頭盔而戴叢林帽；攜帶七點六二公厘半自動步槍而不是M-16，因為七點六二的子彈較重，阻制力也較強。有些澳軍要父母寄來花園用的剪枝刀，因為他們發現在叢林找路前進時，剪枝刀比軍隊發的砍刀易使。每一個美軍基地都會僱用一大堆本地人當廚子，幫他們清潔、洗衣等等，但澳洲軍基於安全考量，禁止越南人進入基地周邊，就連最骯髒的工作也自行料理。澳洲軍認為，他們的一些盟友在戰場上粗心大意得幾近自殺，特別是這些盟友聲音太吵。尼爾．史密斯有一次在一處美軍火力基地過夜，驚訝地發現軍官竟與部下士兵分開睡覺，讓他更加驚訝的是美軍太喧嘩：「在澳洲軍的陣地，一到夜晚，一支針掉落的聲音都聽得見。」

曾在一九六八年與澳洲軍共事的美軍上尉亞瑟．卡雷（Arthur Carey）對澳洲軍的無線電紀律印象深刻。卡雷說，大多數美軍單位每隔幾分鐘就會提供「即時情況報告」（R/T sitreps），「但在澳洲軍指揮網上，經常兩三個小時沒有人講話，他們在無線電上非常安靜。我在與他們共事的整段期間，從沒聽過『計算屍體』這幾個字。」這最後一件事，說明何以卡雷等低階美軍軍官佩服澳洲軍，一些高階美軍軍官卻不喜歡澳洲軍。魏摩蘭對澳洲軍的殲敵數字太低很不滿意，認為澳洲軍在戰區各地輪調的作法不對，應該改採個別補充的方式以補充兵員。皇家澳洲團第七營的軍史記錄了一次朱利安．艾威爾中將的到訪。根據這段記錄，艾威爾指責第七營「巡邏太謹慎小心⋯⋯他強調統計數字與計算屍體的重要性。他（與第七營營長）的討論氣氛很僵，極度沒有交集。他的到訪沒有為澳洲軍留下值得尊崇、敬愛的回憶」。澳洲軍認為，艾威爾不習慣那種坦誠、非正式的辯論：他要的是一種絕對服從，但澳洲這個國家從來就不喜歡絕對服從，特別在戰場上尤其如此。

澳洲軍所以成功，原因不在於他們展現自殺式的勇氣，而在於低階軍官懂得把握時機。在與越共坑道網對峙的一次行動中，特別空勤隊巡邏隊領導人安德魯．傅里曼托做了一項決定：「我心想，如果我們起身，來一次萬歲式的衝鋒，很多人會送命，這樣做值得嗎？」他於是下令撤軍。那天晚上，一名部下來到他臥鋪前說，「老闆，我們知道你大概會對你今天做的那個決定感到痛苦。我們要你知道，我們真的非常感激。如果不是因為你那個決定，我們現在不會在這裡。」這番話讓傅里曼托聽了心中好過許多，但這類戰術性決定讓一些美軍將領認為澳洲軍不帶種。

在澳洲人與美國人民眼中，與澳洲軍低階領導人和士兵相形之下，澳洲軍高層指揮官的表現差多了。在一九六九至七〇年間擔任澳洲派遣軍司令的史都華．威爾（Stuart Weir）准將，就以嚴厲、苛刻、脾氣火爆著名。一名澳洲史學者說，他的脾氣「讓高級軍官懷疑他的適任性」。澳洲軍的戰績因威爾的一名前任犯下的一項大錯而遲遲未能改善。一九六七年一月，非常不得軍心的史都華．葛拉漢（Stuart Graham）准將，將原本強調謹慎的「警戒與搜索」改變為激進的「搜索與毀滅」，造成傷亡數字暴增。共軍可以輕而易舉地避開「搜索與毀滅」行動，一九六七年七月，美軍、澳洲軍與南越軍以九營兵力試圖圍剿越共一個團的「帕丁頓行動」（Operation Paddington）就是例證。翌年春天，澳洲軍發動又一大規模的「平納魯」（Pinnaroo）行動，成功摧毀越共坑道系統，繳獲許多武器，但澳洲軍也因詭雷而傷亡慘重。此外，他們由於兵力不足，無法肅清位於隆海（Long Hai）山區的所謂「明霸秘區」（Minh Dam Secret Zone）。直到越戰結束，當地一直是越共巢穴。

任何美軍在看了一名澳洲軍人對一次行動的下述描繪之後，想必有似曾相識之感：「總是一樣沉悶和疲憊的巡邏，背著沉重的背包走在荊棘小徑，帽子掉了五十次，走了幾步數不清。沒時間讓你泡杯茶或沖杯咖啡，你得繼續搜索步兵那些頭子所謂『有趣』的地區，浸在小溪與沼澤裡，一天跋涉二十四小時。」

為因應兵員不足的問題，葛拉漢准將的解決之道就是用科技將敵人從人民以及米糧分隔開：建一道八英里長的障礙物，從山邊直下海岸。兩道平行的鐵刺網柵欄間隔一百碼，派工兵在裡面埋了兩萬兩千六百個雷。葛拉漢下令澳洲軍巡邏障礙物一邊，南越軍負責另一邊巡邏。這一招在最初幾個月果然有效：一些越共單位因為糧食來源被切斷，只得在叢林挖根莿覓食。但他們之後發現雷區的監控很鬆散。越共於是開進雷區，發揮他們一貫的巧思，挖走數以千計的雷，移做他用。之後幾年，澳洲軍因這項失誤吃盡苦頭，十名死者中就有一人因這些被敵人取為己用的地雷而喪生。一營澳洲軍發生六十四起觸雷事件，其中四十八起是這些地雷惹的禍。澳洲軍後來發現這道雷區不管用，打算將它清除，結果惹出更多問題：奉命清除雷區的戰車與工兵損失慘重，迫使他們放棄。澳洲國內媒體把這場慘禍當成醜聞大肆報導。反對派政客說，這是「澳洲參戰的浪費與徒勞的悲劇典型」。

來自布里斯班（Brisbane）的卡車司機之子羅伯．富蘭克林中尉說，「越南是個有趣的地方。在第一次世界大戰期間，你爬上山頂就知道敵軍在哪裡；但在叢林裡，你永遠不知道敵人行蹤，想在同高位置保持警戒非常困難。然後突然間，地獄之門敞開了。」幾乎就在富蘭克林服役越南的頭一天，一項火力支援任務就出了差錯，而且險些釀成大禍：他負責的幾門八十二公厘迫擊砲發砲，在距離他的營配屬的一個紐西蘭步兵連陣地不到十五碼處爆炸。在發現自己犯下大錯時，富蘭克林痛苦得彷彿頃刻間老了十年。他當時心想，「這麼大的責任我承擔不起。」經過一夜輾轉難眠，他奉命向那個紐西蘭步兵連連長報到。他嚇得幾乎站立不穩：「但那位連長非常和氣，只說了一句『以後小心就好』。」從那以後，富蘭克林果然小心翼翼。

雖說他的營在離開唐市（Townsville）基地以前做了各種準備，進入叢林後，他們改變了戰術。「在訓練時，你若遭敵火攻擊，機槍手往右，步槍兵往左。但在與敵軍接觸幾次以後，我們完全改變了作法：讓所有人員盡可能部署在最廣的正面，三個排的機槍手盡快各射出一百發子彈——也就是壓制火力。你得學會如何在最濃密的叢林裡宿營。你變得更聰明，更強悍。」有些人對叢林戰樂此不疲：富蘭克林的一個迫擊砲手由於想多參加行動而請調步兵排，那人很快就在槍戰中被殺，留下一個懷孕的女友。

在一九六九年初抵越南後不到幾天，十九歲的西澳洲人尼爾．史密斯與另三名新兵，隨著一個營進行熟悉環境的出巡。當巡邏隊與敵人發生短暫接觸時，史密斯覺得很羞愧，因為他發現自己是唯一倒臥稻田藏身的人。在一次夜間伏擊任務中，史密斯與他的三名新戰友部署後方作「斷後小組」，與部署在前方的老兵沒有聯繫。在暗夜中，嚇得發僵的史密斯瞥見八名敵軍排成一列通過。他發現他把克雷莫雷裝設得過近，如果引爆會炸到自己人。他只得動也不動躺在原地，祈禱睡在旁邊的幾名戰友別打鼾。在之後漫漫軍旅生涯中，那天夜裡的困惑始終是他揮之不去的記憶，這顯然也是交戰雙方成千上萬年輕人的共同經驗。

越南充滿異國風情的夜色常令史密斯看得入迷：遠方的照明彈與槍砲火光，還有無所不在的螢火蟲。在部隊躺下睡覺時，地面螢火蟲成群飛起，場面備極壯觀。有一次他光著上身挖壕，取了一條毛巾擦胸前的汗水，隨即發現毛巾上有一隻蠍子正在咬他的左乳，把他嚇得在陣地裡到處亂跑、亂叫。就在這時槍戰爆發，那些失去耐性的醫護兵「禮貌地要我認了」——所謂「認了」就是澳洲人的「不要吵」之意。他在一九六九年十二月三十一日寫信給父母說，所謂新年停火「不過說說而已，對我們而言沒什麼不同。它只是免費讓那些越共重新整頓而已……在這一刻，我很孤單、很哀愁，像這樣打仗真是有夠爛。許多天過去，什麼事也沒發生，但你知道沒有人真正安全。」他談到他的單位憑著壞疽的惡臭找到一群越共：「一個可憐蟲半個臉被打爛，上面都是蛆。」

趾高氣揚的澳洲人與溫和的紐西蘭人之間有一種緊張對恃的傳統，但一旦跨海來到越南，兩國軍人像過去一樣都能同心合力。據說敵人特別懼怕紐西蘭那些毛利人（Maori）士兵，認為毛利人是吃人族。澳洲部隊有許多參加過第二次世界大戰、韓戰或馬來亞戰爭的老兵。部隊裡還有一些外國人——尼爾．史密斯就對單位裡一名參加過希特勒青年團的士官長非常感冒，說「他十分邪惡」，只要有機會殺越南人，無論是哪一種越南人，他都不肯放棄。皇家澳洲空軍派在越南的幾個中隊裡有一群英國飛行員，澳洲特別空勤隊裡還有一名義大利山地特戰隊（Alpini）退役老兵，以及一些英軍老兵，安德魯．傅里曼托就是其中一人。在受完叢林戰訓練後，傅里曼托急著想投入戰場，但英軍能給他的機會，充其量也只是讓他上北愛爾蘭而已：「我寫信給南非、羅德西亞與澳洲特種部隊，說『我是受過專業訓練的殺手，你們有我能作的工作嗎？』」三方面都回信表示願意聘他，但由於澳洲特種部隊還願意提供他頭等艙機票，他選了澳洲特種部隊。傅里曼托在澳洲特種部隊工作了三年，其中一年待在越南，讓他愛之不已：「對專業軍人來說，那是一個非常刺激的環境。」儘管就像澳洲人對英國人一向不假顏色一樣，他的戰友也經常找他麻煩，但他與他的戰友在叢林裡合作得很好。一名綽號「零工」（Oddjob）、體格魁梧的士官對他說，「我們知道一旦事情搞砸，願意第一個挺身而出背鍋的人就是你。」

在尼爾・史密斯看來，志願軍與徵兵們的表現並無顯著不同，部分也因為不願前往越南的徵兵只占極少數：「如果一個人不願去，硬把他拖去也沒意思。」一些老兵成為新兵的榜樣，皇家澳洲軍第八營連士官長希波威（Hepplewaite）就是這樣的角色。有一次，他正在大便時，敵軍來襲。史密斯仰慕不已地說，「他連褲子都沒穿，已經站在那裡指揮作戰了——太酷了，那畫面真令人肅然起敬。」澳洲軍非常重視巡邏，也因此，一些美軍單位在一九六九年以後不肯走出陣地進行巡邏的現象，頗令澳洲軍感到不解。巡邏隊的組成人數各不相同：澳洲特別空勤隊一般以五人一組出勤，主要考量是如果一人中彈負傷，需要兩個人背負傷者，另兩個人掩護後撤。利用巡邏任務找一個越南人套取情報——無論是變節的越共或本地人，是特別空勤隊慣用作法：「如果他們給我們錯誤情報，首先遭殃的是他們自己。」另一名老兵說，「最重要的是耐性。」但就像其他盟軍單位一樣，地方情報的貧乏也讓澳洲軍嘗盡苦頭：農民不相信不久就會離去的外國人，碰上索取情報的外國軍官，他們只會撿些好聽的話，敷衍了事。

安德魯・傅里曼托非常佩服敵軍，特別是在有一次撞上共軍的地道後尤然：「我們坐下來仔細聆聽，聆聽是巡羅任務的一項利器，發現地面伸出一支管子。我們將一枚煙幕彈投進管子裡，攤一頂帽子蓋住管子上方的孔。隔了約一分鐘，我們發現幾碼以外的一片叢林冒出煙來。」他與一名戰友走下地道查看，所幸裡面沒有人，不過地道竟有五百碼長。傅里曼托心想，「我的老天，無論什麼人，能建這樣的地道一定不簡單。」他們用了兩噸C-4炸藥才毀了這座地道。特別空勤隊在偵查一處越共營區時，見到越共士兵忙著從未爆彈中取出炸藥，製作手榴彈與詭雷。傅里曼托也從戰死的北越軍屍身上發現，他們的武器與裝備都保養得很好。有一次，他透過雙筒望遠鏡見到共軍一個單位正在進軍，帶兵官帶著無線電作業員領著一班人走在編隊前方，「我心想，這一幕就像我們當年在沙里斯布利平原（Salisbury Plain）進軍一樣。」

在越戰末期，澳洲派遣軍像美軍一樣，也有同樣軍紀問題，不過造成問題的原因是酒，而不是毒品氾濫。羅伯．富蘭克林說，「我們碰上的是格羅格（grog，烈酒），不是毒。」根據正式規定，士兵每天只能喝兩罐啤酒，不過由於可以累積，在一次二十天的行動結束後，他們可以一天痛飲四十罐。在越戰期間，澳洲軍事法庭審案不多，其中一個案件是，一名尉官在啤酒喝多惹出的爭執中，用手槍打了一個兵。一九七〇年聖誕節，一名喝醉酒的士兵衝進頭頓的士官餐廳，用步槍亂掃，殺了兩名士官，重傷第三名士官。早先的一次碎彈攻擊事件也讓兩名軍官喪生。尼爾．史密斯在抵達越南後，幾乎當天晚上就與一名同伴一起睡在與鮑伯．康維利（Bob Convery）中尉的帳篷鄰近的一個帳篷中。突然傳來一聲巨響，兩名新到的軍官都以為遭到敵軍迫擊砲攻擊而立即臥倒。巨響過後沒有其他動靜，兩人於是起身查看，才發現原來是一名憤憤不平的士兵朝康維利的臥鋪丟了一枚手榴彈，康維利當場被炸死。澳洲軍的碎彈攻擊事件遠遠不及美軍嚴重，但也有類似事件。

頭頓是澳洲軍設在越南境內的休閒度假中心，他們愛開一個玩笑，說敵軍也用這個港做為休假中心，「你在這裡看到的人，每兩個就有一個是像你一樣來這裡度假的越共。對敵我雙方來說，能有一個地方共處，相安無事，確實也是件好事。」軍官們會住進頭頓大酒店（Hotel Grand），老闆是越法混血婦人，她毫不隱瞞她的想法，認為盟軍將打輸這場戰爭，而且早已將行囊打點妥當，準備隨時撤往歐洲。來這裡的士兵則喜歡拖著女孩與酒，打幾場痛快的架。每當有人被人從酒吧窗口丟出來，那丟人的人與被丟的人都是澳洲人，這已經成為整個越戰期間頭頓屢見不鮮的街景。

在澳洲國內，反戰暴力情緒飛漲。在一名步兵戰死後，抗議人打電話給他的父母說，「他死得活該。」一九七〇年底，在因為觸雷一連折損多人之後，由於國內反戰情緒太高，澳洲步兵撤出在隆海（Long Hai）山區的一項行動。那年年底，當一支部隊即將返回澳洲時，部隊長召集軍官簡報說，「管好你們的手下，不要讓我們的兵氣得毒打那些挖苦他們或批判他們的平民。」一名軍官說，回到國內，面對那些反戰怒吼，「我們徹底傻眼，我們無法了解，我們覺得我們參戰是對的，我們做得沒錯。」一九七二年，工黨領導人高夫・惠蘭（Gough Whitlam）主要憑著「結束徵兵、撤出越南」的政綱打贏澳洲選戰。果然就在那年年底，最後一名澳洲與紐西蘭軍撤出越南。總計六萬澳洲軍服役越南，其中五百二十一人遇害；三千八百九十名紐西蘭軍服役越南，其中三十七人捐軀。

現代澳紐史學者一般同意，始作俑者羅伯・曼吉斯投入越戰的決定做得相當草率——那只是一種讓之後幾任澳洲總理因無力挽回而感嘆的反射式冷戰姿態罷了。無論怎麼說，澳洲作家彼得・愛德華（Peter Edwards）對一九六五年澳洲政府的參戰決定有以下論斷：「越南不是一個打『其他人的戰爭』的例子；根據曼吉斯與他的首席顧問的心態，它是如何讓美國為澳洲安全而戰的問題。」他並且指出，由於越戰造成的直接後果，澳洲、泰國、馬來西亞、印尼在一九七五年對抗共產威脅的戰略態勢，都比十年前強得多。根據這些國家許多有心人士的看法，盟軍的越戰作為對他們能有安定的政局居功厥偉。新加坡的李光耀經常告訴美國人：「若不是因為你們參戰，我們可能早完了。」

澳紐聯軍在越南的表現可圈可點，但一些崇拜他們的人認為，如果參戰盟軍都能像澳紐聯軍一樣，越戰結果可能大不相同，這樣的說法也不正確。敵軍在澳紐軍責任區的作戰，即使傷亡較重，但就像在其他盟軍責任區的表現一樣勇猛。更何況，這本書主要強調一件事：盟國面對的最大挑戰不是在戰場上打勝，而是協助建立一個可靠的越南政治與社會秩序。六十歲、在頭頓醫院領導一個志願醫療團隊的諾曼・韋德漢（Norman Wyndham）博士，是虔誠基督徒，還學會一口流利越南話。他在一九六七年寫道本地人的心聲：「大多數人希望越南統一，但不是共產黨控制下那種大一統……但越來越的人感到……無論怎麼都比今天這種日子好過。」兩年以後，整個南越地區的人都這麼想。

◎戰神休伊

在歷史眼中，無疑也在好萊塢眼中，休伊直升機是越戰的代表。當然，在越戰期間亮相的還有海騎士、歡樂綠巨人、辛努克、「飛行香蕉」、塔希（Tarhe）載重直升機、中情局的「噴射游騎兵」（Jet Ranger）等等，但休伊是最具代表性的形象。這種了不起的飛行機器是貝爾（Bell）在五十年代研發成功的，原名「伊洛魁」（Iroquois），一開始代號為HU-1，隨即改為UH-1。它成為美國無敵國力的象徵，但之後也代表了美國的雄風盡失。最常見的後續機型D重四噸，裝備萊康明（Lycoming）引擎，最高時速一百三十英里，於一九六三年初次在越南亮相。它在擔任運兵任務時可以載運九名全幅武裝的兵；在擔任醫護後撤任務時可以攜帶六張擔架；在擔任火力支援任務時可以攜帶火箭、小口徑火砲與其他自動武器。貝爾總計出廠一萬六千架休伊直升機，在戰事最慘淡的時刻，每年因敵火、機械故障或飛行員失誤而損失的休伊多達一千架。就算痛恨這場戰爭的士兵也愛休伊直升機：士兵們坐在它大開的門道邊，腳踏滑板上，或許可以伸一條手臂勾住機身上的護欄，讓涼爽的冷風洗盡塵埃，同時還能免費享受幾千英尺下方東南亞碧綠、青蔥、金黃、粉紅的美景，只有那些娘娘腔才會繫什麼撈什子的安全帶。

CORDS顧問布萊恩．華拉（Brian Walrath）寫道，「我們坐在直升機硬地板上，籠罩在噪音中。引擎在我們身後顫動，變速箱不斷鳴響，將動力傳輸到主螺旋槳與尾螺旋槳，螺旋槳轟轟轉動，風在我們耳邊呼嘯。我們的命就操在飛行員手裡。任何敵人只要朝我們開槍，子彈穿透直升機薄薄的鋁皮不難。我們往西飛往山區，遙望下方一塊塊稻田如飛而逝，很快就為濃密的叢林取代。」

步兵將飛行員看成魔術師，往往還將他們視為救主。美國海軍中尉梅爾．史蒂芬（Mel Stephens）永難忘懷那次在負傷後，由救護直升機在夜間撤離一艘巡河攻擊艇的經驗，「那些飛行員在我們眼中，幾乎像神一樣。」飛行員戴頭盔護目罩的形象，更讓他們看起來超凡不俗。布萊恩．華拉說，「我從未見過飛行員的眼睛。」他只能從直升機貨艙見到坐在綠色裝甲座椅上的飛行員的上背部，看著他們戴著手套的手在儀表板開關與各式操縱桿間動來動去。

大多數飛行員都是新潮、愛現、愛耍酷的青年，他們很顯然不在乎自己的生命，就像不在乎他人生命一樣。澳洲下士羅伊．沙維吉（Roy Savage）有一次站在一架休伊直升機滑板上，剛把班上最後一名士兵送上直升機。直升機突然離地升空，沙維吉剎那間兩腳懸空，所幸一名巨型黑人門艙砲手一把抓住他的束帶，把他推進機艙。那名飛行員斜眼瞥見這幕險狀，開心地大叫，「差點把你留在那裡了，老兄！」記者尼爾．席漢曾不止一次拜託載他飛行的直升機飛行員，不要那麼愛找底下那些棕櫚樹的麻煩。有些飛行員玩得過火，讓直升機四十八英尺長的螺旋槳斜插進濃密叢林，連命也玩掉了。不過玩弄這一招竟能僥倖逃過一劫的飛行員也多得令人稱奇。

丹．希克曼（Dan Hickman）在一九六七年他二十歲那年第一次飛直升機，自此以後就愛上直升機。他來自北卡羅萊納州菸草農場，「我老爸把我送進游騎兵學校」。在德州沃爾特斯堡（Fort Walters）受訓第一天，上校校長在向兩百名新學員致詞時就說，「你們之中有一半人會被刷掉、一個人會就在這裡墜機失事、其他九十九人會上越南。」他們在沃爾特斯堡停留五個月，用小小的休斯（Hughes）教練機飛了一百二十個小時，然後前往沙凡納（Savannah），飛一千三百匹馬力的休伊直升機。希克曼說，「在飛過休斯之後，休伊直升機又大又強，真是太棒了。學飛直升機有些像是學騎腳踏車，你會碰上一段不確定期，然後突然間你開了竅。」他掌握到一些竅門：「它不像LOH或OH-6一樣靈活。如果在順風狀態作低空轉向，不要左轉，否則飛機一定墜落。如果在五百英尺高度失速，你有八秒鐘時間逃生。」在沙凡納停留四個月後，希克曼上了一個月戰術課，認識直升機上各式各樣殺人裝備。

在這不斷的訓練過程中，希克曼一直很擔心戰爭會在他抵達越南以前先行結束。他在一九六八年九月抵達越南，駐在西寧附近的定安。他很慶幸自己的新夥伴顯然都是識途老馬，只是驟然投入戰鬥的過程讓他感到震撼。小隊長說，「你可以睡在這裡這間屋，想不想明天出任務？」希克曼說想。「那你明天就在一架眼鏡蛇（Cobra）當副駕駛，出救援任務吧。」第二天早上，他走到起飛線上與他的新戰友會合。一名戰友問另一名，「你昨天殺了人嗎？」「殺了，三個人。」希克曼心想，「這些傢伙都是瘋子。」

在那以後，他有時一天飛十三個小時：「工作重擔總是壓得你喘不過氣，降落總是問題，因為在距地表最後幾英尺的高度，塵土飛揚，織成一道褐霧，掩蓋了地面。你必須盯著兩腳下那塊壓克力玻璃，直到出現一個洞為止。」但無論如何，對他來說，飛直升機似乎總是樂事，因為沒有電線，沒有任何真正的限制。許多年以後，當他在二〇〇四年以准將之姿在伊拉克領導一支國民軍（National Guard）單位時，他發現美軍對凶險的迴避已經到了令人駭然的地步：「戰爭的一切樂趣都因此一掃而空。」

希克曼在越戰期間服役的騎兵單位，有十架裝備小型機砲的OH-6輕型觀測直升機；六架艙門各裝一挺每分鐘射彈五百五十發的M-60重機槍的武裝直升機；十架眼鏡蛇攻擊直升機；還有一個空中機動的步兵排。他們要不以一千五百英尺高度飛行，要不飛在樹梢、屋頂上方。「我們靠直覺本能而活——我什麼藥也不吃。」一箱J-4噴射汽油能讓一架休伊飛一百五十分鐘，之後它們進行「熱加油」，可以再飛十五分鐘：在戰鬥進行期間，引擎一般都不熄火。希克曼發現，軍中直升機的保養比在飛行學校時仔細得多，容易沾滿過多塵土的引擎濾網每天都得檢查，每二十五小時一次中程機件保養，每一百小時進行一次費時八小時的全程機件保養。

飛行員的口糧包括蛋粉、醃牛肉、奶粉、粗麵包，晚上有時還可以喝到酒。希克曼常在晚間寫信給住在沙凡納的一個名叫凱洛（Carol）的女孩。身為准尉的他，月俸可以領到五百美元，有一次前往香港休假，他買了六套西裝，六雙鞋，還買了一個大音響，四天內花了一千七百美元。他們在基地可以享受冷水浴，不過早上沖澡的水有燒焦的惡臭，因為前一天廁所使用的大桶都剛經過航空汽油消毒。他們渴望美國食物，一次聽說西貢一家餐館賣道地的漢堡，幾名飛官就駕一輛吉普車冒險開了三十英里去買漢堡。第二天，每個人都上吐下瀉，在廁所裡蹲了許多小時。希克曼當時心想，這一次小命不保。

除了步兵以外，最接近戰鬥現場的人莫過於休伊直升機機組。希克曼搖頭嘆道，「有個組員根本是個殺人狂。」他那一班飛行學校同學有相當一部分在越南死傷，總計四千名直升機機組人員在越南喪生。有一次，希克曼機組長的頭盔被子彈打爛，希克曼心想那人一定性命不保，事後發現槍彈只是擦過他的頭骨、造成皮肉傷而已。在另一次任務中，希克曼將直升機盡可能貼近地面，讓組員從艙窗將一枚手榴彈丟進幾碼外一個共軍據點。他見到一名美軍步兵在將傷患送進機艙時中彈倒地。那機組長發了狂，用自己的點四五手槍在直升機機身射了一個洞：後來機組像學校頑童一樣，用槌子把被射穿洞邊外翻的金屬槌向內翻，裝成像是遭敵人擊中一樣。

「我最好的朋友是吉姆．紐曼（Jim Newman）與來自華府的黑人艾莫．喬丹（Elmore Jordan）。我們有個冷笑話，我們中無論是誰，若是發現自己回不了基地，就得把自己的錢包丟出來，讓其他人享用。」一天，希克曼聽見喬丹在無線電中報告說他的飛機著火，之後，在飛機掙扎著朝地面落下的過程中，無線電再次傳來喬丹的聲音：「我的液壓系統報銷了。」他的機組長擠進駕駛艙，那架休伊開始冒出黑煙。最後喬丹又用無線電說，「引擎也完了。」希克曼心想，「這下艾莫要把錢包丟出來了。」他們見到樹梢突然竄出一縷黑煙，一架休伊直升機在距跑道幾百碼處墜毀。但奇蹟也似，喬丹逃過一劫：他的機組長在飛機即將墜地時跳機，然後跑回來，將兩名駕駛從燃燒著的殘骸中拖出來。還有一次，吉姆．紐曼頸部中槍。他也活了過來，沒有把錢包丟出來。

「一天，吉姆把我的飛機打了。我們當時正飛進一處登陸區，我們的飛機開始中彈，當時耳邊吵雜聲亂成一團，吉姆的機槍彈打爛了我的儀表板。我們終於在一處小空地上降落，我對吉姆說，『你再擊落四架，湊足五架，就能當敵軍的王牌飛行員了。』」希克曼的單位裡，最優秀的飛行員是哈雷．高夫（Harley Goff），但高夫的一身本領未能在一次墜機事件中救他一命：他的四肢斷了三肢，所有的牙齒全部撞掉：這又是一個幸與不幸決定戰場上一切事件的例證。

每一架休伊直升機都由機組長負責操作一挺門艙機槍，由一名步兵操作另一挺門艙機槍。除非能精心保養得一塵不染，M-60很容易卡膛。左舷機槍手還得小心提防，不要讓風把他的彈帶刮到鄉野各地。為了心理效果，希克曼要他的砲手不理會標準作業程序每五發普通彈裝一發曳光彈的規定，要他們完全使用曳光彈。「曳光彈很容易燒壞槍管，但在發動攻擊時你得讓敵軍不敢抬頭。」無論怎麼說，由於直升機不斷移動，他也知道門艙砲手打中目標的機率很低。

雖說眼鏡蛇與休伊的負載重量都是九千五百磅，在扮演武裝直升機角色時，休伊攜帶六十二枚火箭與四千發迷你機砲砲彈，飛起來比較安靜、順暢。一場戰爭部署這麼多戰術直升機，這在世界戰爭史上既是破天荒頭一遭，大概也是後無來者的最後一遭。希克曼說，「有好幾次，一個戰場上空出現一百多架直升機。每當十架直升機升空展開攻擊，四架武裝直升機與一架煙幕直升機緊隨其後：場面真是壯觀。」對來自北卡羅萊納、從小到大沒有用過冷氣機的希克曼而言，越南的褥暑完全不是問題。但在夜間升空出照明彈投擲任務時，出發時的溫暖與六千英尺空中的冰冷溫差之大，讓人無法忍受。此外，Mk24百萬燭光照明彈是很危險的載物。希克曼說，「我很討厭這類任務：有幾架直升機就因照明彈在貨艙引燃而失事。」

一九六八年冬天，敵軍蹤影少了許多，戰事也因此沉寂了一陣，但「到了一月，又打得熱鬧滾滾」。有幾次，希克曼飛往高棉邊界，出持續三天的任務，藉助用裝滿沙與油的桶子點火製成的燈號在夜間降落，傍著他的直升機在一旁地上過夜。越共常在晚上射幾枚曳光彈，似乎有所行動，但沒有真正行動。但有時，情勢突然惡化，他們得展開所謂「潮熱」（hot flushes）的緊急升空。一天夜裡，他們奉命拯救一個長程偵搜隊的倖存者。這些倖存者被敵軍火力壓制在地面，無法動彈。美軍以無線電告知當時在上空盤旋的一架南越武裝直升機，要它開火壓制地面敵軍，但這架南越飛機不肯飛近。另兩架眼鏡蛇當時也在附近擔任支援，但由於就算擁有技藝精良的砲手，眼鏡蛇的機砲也有二十碼的誤差，加以夜晚，眼鏡蛇也不敢任意開火。希克曼在上空盤旋一個小時，努力協調救援。最後，困在地面的美軍改用頭盔藏住閃光燈發訊號，引導休伊進入叢林中一處小得不能再小的空地，希克曼的機組終於將他們救出險地。還有一天夜裡，他們擊沉二十三艘駛離高棉的舢舨：「我們先用曳光彈標出它們的位置，再由停在高處的眼鏡蛇下來，用火箭發動攻擊。在之後的簡報中，他們告訴我們，我們殺的敵人比第九師其他所有單位加起來都多。」

希克曼的單位有三百名官兵，其中有四十名機組人員出飛行任務。軍階從來不是誰指揮的決定因素：「單位裡的『長官』寥寥無幾——我們大體上是一群二十一歲的大孩子，努力在沒有大人監控的情勢下做該做的事。」有一個單位的指揮官不願在不到兩千英尺的低空作業，他的繼任人「勇敢，但始終飛得不好」。希克曼大多在白天飛休伊，晚上飛眼鏡蛇。有一次，他奉命在夜間駕休伊起飛，撤回一支困在敵境的偵搜隊。他問飛行指揮官，「為什麼要我去？」指揮官的答覆讓他受寵若驚：「因為你最有可能活著回來。」幾架直升機因撞進樹叢而墜毀——「就是那種莽撞年輕人常犯的錯。」眼鏡蛇的傷亡率最低，LOH最高：「因為LOH在二十英尺高處作戰。」

儘管希克曼的單位也發生幾件自殘以及飛行員請調地勤的事件，「大多數人都能堅守崗位，做該做的事。」希克曼仍然堅信可以打贏越戰：「但到一九六九年，情況已經明顯，我們要不進軍北越，要不乾脆別打。反戰運動讓我有被出賣的感覺，那些反戰分子不過是一群什麼都不知道的大學生罷了。我對軍隊有信心，軍中有許多人都在努力做對的事。」

◎越南化

尼克森在入主白宮的最初幾個月，與顧問們摸索著終止越戰的新作法。國防部長、前威斯康辛州眾議員梅爾文・賴德，在一九六九年三月訪問西貢時告訴亞伯拉姆斯，政府交替買來一段喘息空間：「我想我們有一些時間……可以訂定一項可以向美國人民交代的全國性政策。」他說，必須提出一項計畫，「減少美國的付出，不僅是兵員，也包括死傷、物資與美元……有人會就B-52的使用對我提出許多問題。」亞伯拉姆斯立即警覺，拍胸脯保證B-52的效率：「事實上沒有什麼反應期的問題……只需兩三個小時就能完全搞定，把它根據你要的數量，部署在你要部署的地方。」

國家安全顧問在新政府的角色變得空前重要，但在一開始，媒體與華府政壇沒有人注意到這一點。亨利・季辛吉原是尼克森在共和黨競爭對手尼爾森・洛克斐勒（Nelson Rockefeller）的親信。他現在成了尼克森總統的外交政策主導人。季辛吉是魯維・馮・羅朝（Ludwig von Rochau）在十九世紀中葉首次提出的「現實政治」（realpolitik）的信徒，從來就不認為美國可以打贏越戰。他與尼克森一致認為，無論這場戰爭打得有沒有道理，美國都因打這場戰爭損耗過多政治注意力、物質資源與道德權威，而無法關注其他重要領域。儘管尼克森不喜歡猶太人與知識分子，但聰明絕頂、極具魅力的季辛吉，首先以忠誠贏得尼克森的信賴，然後以他的狂妄贏得同樣狂妄的尼克森的激賞。雖說季辛吉基本上是個冰冷無情的人，但他能裝作得熱情而真誠。亞瑟．史勒辛格對尼克森主政初期的情形有以下描述：「我很喜歡亨利，而且尊敬他。不過我常不由自主地恐懼，害怕他對我說一套，對保守派理論家比爾．伯克利（Bill Buckley）說的又是另一套。」

白宮幕僚長哈德曼（H.R. Haldeman）一度指出，「亨利強調一個論點，認為總統最好的作法，就是讓對方完全猜不透。」季辛吉打從一開始就想讓河內摸不清尼克森心裡到底想什麼。季辛吉認為，「只有讓北越面對難以克服的障礙」，才能誘使北越妥協。第一個步驟就是用B-52對共產黨避難所發動大規模秘密轟炸。根據哈德曼的記錄，三月十六日周日下午，尼克森在上完教堂後授權轟炸高棉：「這是歷史性的一天。K（季辛吉）的『早餐行動』（Operation Breakfast）終於在我們時間下午兩點展開，K非常興奮，就像P（總統）一樣。」在之後三年，美國空軍將十萬零八千八百二十三噸炸彈投入施亞努那倒楣的國家。一次，一個B-52機組在投彈時因估算錯誤，將一整座高棉村落幾乎夷為平地。美國大使前往探視，發給每一名生存者一百美元，那犯了誤判之過的飛行員被判罰款七百美元。

共產黨在一九六九年春節再次展現侵略企圖，對南越一百多個大小城市發動攻擊，讓白宮震怒。尼克森認為河內此舉意在向他示威，將他與林登．詹森視為同樣的軟腳蝦，對他堪稱是一項個人的羞辱。就這樣，轟炸成為季辛吉所謂「強制外交」的一部分。基於同樣精神，國家安全會議提出「鴨子鈎行動」（Operation Duck Hook）方案，建議對北越進行四天密集轟炸，而且不排除使用戰術核子武器。季辛吉隨即將這項方案的構想通知蘇聯大使杜布萊寧，七月間，尼克森寫了一封私函給胡志明，揚言如果河內不妥協，美國將採取「造成嚴重後果的措施」。一九六九年十月十三日，尼克森向全球美軍發出核戰警戒令，向共產黨陣營表示他不是鬧著玩的，惹毛了他，他會不惜後果大幹一場。不過俄國人沒有搭理美軍這項警戒，尼克森的其他姿態對北越也沒有造成多少影響。北越認為，尼克森不是狂人而是理性的政客，認為尼克森渴求的，不是避免美國戰敗，而是讓美國不必公開認輸。

有鑒於季辛吉多麼「天才」的說法甚囂塵上，不得不在這裡強調，他與尼克森認為透過莫斯科可以謀和的共同想法大錯特錯。尼克森在上任後第一個秋天告訴杜布萊寧：「我要你了解，今後三年三個月，蘇聯要跟我綁在一起……我們不會就這樣在越南坐以待斃。」但蘇聯雖說每年提供河內五億美元援助，對河內的影響力卻極為有限，讓莫斯科多年來一直沮喪不已。在范文同於一九七〇年飛往莫斯科以前，蘇聯駐河內大使呼籲范文同，要求北越代表團在巴黎和會展現「更建設性……與更多誠意」，結果他只是白費唇舌。

此外，在設法迫使共產黨改變路線走上談判桌的同時，白宮還得因應國內強大呼聲，減少駐越美軍。季辛吉在國家安全會議中努力說服與會人士——或許還包括他自己——裁減駐越美軍與尼克森政府的政策並無矛盾。他說，裁減駐越美軍「能使美國更持久地介入，可以形成另一種壓力」。這樣的論點幾近於強詞奪理。但季辛吉同時也強調，美國「不能像轉換電視機頻道一樣」撇開南越，這話倒說得不錯。

雖說尼克森與季辛吉一直未將國防部長梅爾文．賴德瞧在眼裡，但提出越戰越南化，導致美國對越南政策大幅甚至戲劇性改變，也讓南越恨之不已的人正是賴德。根據越戰越南化戰略，尼克森政府放棄自一九六五年以來由美軍主導戰爭的戰略：從今以後，軍援越南指揮部只負責支援南越軍作戰。一九六九年五月十四日，尼克森發表全國電視演說，強調美國將繼續信守對越南人民的承諾，幫助越南人民選擇他們自己的命運。為達到這個目標，也為了謀求和平，所有外國軍隊——意指北越軍與美軍——必須撤出南越。美國將從越南撤軍五萬到七萬人，做為越戰越南化戰略的初步成果。白宮認定，美軍在越南的傷亡必將因此迅速減少。但也就在一九六九年五月，美軍展開「阿帕契雪行動」（Operation Apache Snow），只為了強調美軍指揮官求勝的決心，而對阿比亞山（Ap Bia Mountain）——九三七號高地，即著名的漢堡高地——發動連續攻勢。在這場攻勢中，除了南越軍傷亡不計，一〇一空降師也有七十二人戰死，三百七十二人受傷。這項行動的最大後果就是反戰情緒更加激化：參議員愛德華・甘迺迪說，這項戰役純屬「瘋狂」。

尼克森與阮文紹於六月八日在太平洋中部的中途島（Midway）集會，正式宣布越戰越南化戰略。初階段兩萬五千名美軍預定八月撤軍。保守派專欄作家約瑟夫・奧索（Joseph Alsop）說，這項撤軍好比俄國女人在雪地裡被狼群追逐，將孩子丟出雪橇，以引開狼群。在一九六九年九月間一次尼克森也與會的國家安全會議集會中，亞伯拉姆斯對戰局表示心灰意冷：「我們在越南能幹些什麼全靠武力……你把那力量關了，整個局面完全改觀。」亞伯拉姆斯在一九六九年的這項見解，與歷史學者肯・休斯多年以後的觀察所得不謀而同：「越戰越南化並不是尼克森真心推動的戰略，那是他設想的一個騙局。」十一月十九日，梅爾文・賴德告訴參議院外交委員會，這項政策事先已與西貢政府磋商。就像季辛吉一樣，賴德也在這件事上撒了謊：阮文紹不過是在華府已經作成決定之後接獲通知而已。

八月四日，季辛吉在巴黎與北越展開一場顯然冗長之極的秘密談判。只要先後幾任政府繼續一面支撐阮文紹政權，一面讓美軍留在越南，仍然主持正式會談的艾維雷爾・哈里曼當然談不出任何成功的結果。季辛吉手上幾乎沒有牌，他一直反對片面裁減駐軍，因為他知道一旦片面裁軍，共產黨在沒有任何壓力的情況下更加不可能讓步。但季辛吉是國家安全顧問，無權影響尼克森政府的國內政治路線，也因此他的反對沒有效。

季辛吉一度抱持幻想，希望胡志明在九月二日的死亡能動搖北越的信心、安定與士氣。但身為北越國父的胡志明之死雖說引起北越舉國哀悼，但胡志明久已不過問北越政事。從他對重大事件的影響力來衡量，胡志明毫無疑問是個大人物，而他之所以偉大，部分也由於他以優雅、魅力與尊嚴向世人證明他的親善、仁厚。但事實上，自一九五四年以來，他統治下的越南就是高壓統治、貧窮、沒有個人自由的國度：就像所有成功的革命家一樣，胡志明的殘酷無情是絕對的。

黎筍已經牢牢掌握大權。在春節攻勢失敗後，除非美軍退出越南，否則他無望取得絕對軍事順利。十月十五日，美國全國各地出現以「越南停擺」（Vietnam Moratorium）為名的示威，波士頓公園（Boston Common）的十萬人示威聲勢尤其浩大。在那以後，黎筍更加充滿信心，認定他的人民比美國人民更有取勝的意志。參加巴黎和談的美方代表唯一取得的小小慰藉是，北越不再肆意折磨關在河內的美軍戰俘。戰俘的命運顯然成為談判關鍵議題，最低福祉標準於是應運而生。根據六月十日的一項指令，藏身高棉邊界叢林深處的一群部長內定人將民族解放陣線改名為「臨時革命政府」（Provisional Revolutionary Government, PRG）。共幹們獲知，就算與美國簽了和約，「戰爭還是要繼續打下去」。簡單說，就像過去一樣，除非共產黨獲勝，否則不會罷休。

亞伯拉姆斯說，「敵人……不斷投入更多資源，而我們正不斷撤出資源……他一定會越做越好，我們會越做越壞，這是基本事實。」這時在一架L-19觀測機上擔任砲兵觀測員的蘭丹・索恩中尉，突然發現他領到的彈藥配額減少了。他心想：「你得需要什麼有什麼，才能打贏一場戰爭。」他的話沒錯。

第 22 章

一步步的敗戰

Losing by Instalments

◎魚鉤與鸚鵡嘴

一九六九年三月，亞伯拉姆斯與他的情報首腦討論獲准攻擊高棉境內共產黨避難所的可能性。斐爾·戴維森沉思說道，「想到那些鴿派能把老詹森整得那麼慘，把他逼下了台。如果尼克森想進軍寮國與高棉，真不知他們會幹出什麼是來！」不過，一年後，季辛吉迫切需要加強他在巴黎秘密談判中的籌碼。他說，「我們必須強硬。」就這樣，自一九七〇年四月二十九日起，總計一萬九千三百名美軍與兩萬九千名南越軍，跨過高棉邊界對他們的地圖上標示為「鸚鵡嘴」（Parrot's Beak）與「魚鉤」（Fishhook）的地區發動一連串攻擊。亞伯拉姆斯承認，他的部下對這項行動不很熱衷：「它不過是讓美軍保有一種攻勢姿態罷了。」同時，美軍對北越也展開一輪新的轟炸攻勢。

高棉的龍諾（Lon Nol）將軍於三月十八日趁施亞努前往北京時，在金邊發動政變，成立軍事執政團，是造成盟軍入侵高棉的一項誘因。頗具反諷意味的是，施亞努這次往訪北京的目的，正是希望中國人施壓北越，要北越克制它在東高棉的行動，不要將東高棉視為自己的屬地一樣為所欲為。事實上，就像華府一樣，河內在高棉的作為在道德上完全站不住腳：無論華府與河內，都不在乎高棉人民的利益，特別是越南人還瞧不起高棉人。施亞努多年來對這個稀奇古怪的國家進行的稀奇古怪的統治一直就不牢靠，美國是否直接參與這項政變也一直查無實據。政變發生後，施亞努在電台廣播中尖聲大罵越南人，一名西方觀察家說，施亞努的開罵「不像是國家元首作外交，倒像是女童曲棍球員罵對方球員用球棍拐她。」

龍諾與他的那些同謀之所以造反，一方面因為他們痛恨北越占領高棉土地以及因此而惹來的美軍轟炸；另一方面也有比較世俗的原因：他們認為施亞努家族過度斂財，將領們分到的利益過少。

如果華府明白表示不會支持他們，他們不大可能膽敢推翻施亞努。越共高幹陳柏棟正好在政變剛過之後從南方局來到金邊，多年來一直在高棉隨意進出無阻的他駭然發現，自己現在已經成為高棉人搜捕的對象。僅帶了一件T恤與短褲的他只得躲進古巴大使館，之後取道上海回到河內。抵達河內後，正好趕上一件駭人聽聞的事：應邀參觀蘇聯技術人員為胡志明屍身作防腐處理。

高棉新統治者向美國求援，華府果然響應，提供足夠龍諾政權支撐五年的武器與金錢，但想用這些資源消滅幾乎在一夜之間成為強大軍事力量的赤柬（Khmer Rouge）卻遠遠不夠。高棉搖搖欲墜，只有二十名軍醫的軍隊遭到赤柬重創，赤柬軍在那年秋天兵臨金邊。由於躲避美軍轟炸與共產黨恐怖犯行，這時的金邊已經湧入兩百萬貧困難民。老撾人民軍、赤柬與北越於四月二十四至二十五日在越—寮邊界集會，會後宣布三方聯手，共同奮鬥。施亞努雖說能耐有限，在高棉人民心目中卻極具分量，他也因此在被推翻以後，成為共產黨可用的工具。

即使以印度支那的標準而言，自一九四五年起吞噬高棉幾十年的悲劇也堪稱慘無人道，而造成這種後果，美國與北越都責無旁貸。記者瓊·史懷恩（Jon Swain）在磅湛省碰上兩名被高棉軍俘虜的北越軍傷兵。他說，「他們襤褸的制服沾滿泥汙與血跡，他們一身的傷，像困在陷阱的野獸一樣痛苦低鳴。突然間他們發現有外國人在場，他們攪動身軀，睜開眼睛，在昏暗的微光中用充滿仇恨的眼神盯著我。」史懷恩問一名高棉軍少校，能不能帶這兩個傷兵上醫院。那少校用一根手杖在那兩人身上傷處戳了戳說，「讓他們死了算了，我們又沒請他們來我們國家。」其中一名傷兵是名叫陶安恕（Dao An Tuat，譯音）的北越軍尉官。史懷恩翻閱他的筆記，發現一張退了色的胡志名的照片，還有一段陶安恕用越南文寫的短文：

「活著就是將自己奉獻給祖國，就是把自己獻給祖國的土地、山川。

活著就是咬緊牙關面對敵人，就是在苦難的時候鼓起勇氣，就是在憤怒的時候笑……我們必須痛飲敵人的血。」

陶安恕顯然是忠誠的北越幹部，高棉軍用汽油澆在他與他同伴的身上，然後放火，最後把兩人遺骸丟進湄公河。如果情勢扭轉，這兩名北越人或許也會以同樣手段對付他們的戰俘。至於那些完全沒有人性的赤柬若抓到戰俘，手段兇殘就更加不說也罷。

至於美軍—南越軍的入侵作戰，雖說一些美國軍人因為得償多年宿願而興奮不已，但不僅國務卿威廉．羅傑斯（William Rogers）表示反對，民調顯示百分之六十的美國人民也反對這麼做。侵入高棉的盟軍擄獲大量彈藥與口糧：軍援越南指揮部簡報官在五月十二日告訴亞伯拉姆斯，入侵部隊目前已經擄獲「足夠六千五百人吃一年的米糧」。但亞伯拉姆斯本人對這項成果不很開心：「我看到的那些擄獲的武器大多是廢物……這一切是個大騙局，坐在這裡盤算的我們一廂情願，令人非常不爽。」就像過去屢見不鮮的情況一樣，入侵行動的情報工作也做得很差——為了保密，美軍沒有讓南越當局參與計畫進程。北越軍傷亡慘重，為避免與入侵盟軍纏鬥，主力於是西撤。

淪為共產黨戰俘的道格．蘭賽後來發現，美軍入侵代表的，「若不是盲目跳進雲霧深鎖的布谷鳥樂園，似乎就是一種機會主義作祟，目的不在贏得越戰，而在延後它的損失……讓高棉付出慘重代價。」他認為，若是提早四、五年這麼做，出兵高棉或許是理性的選擇，但到了一九七〇年，時機已經過了：「高棉原本急欲避免介入印度支那衝突，為滿足我們本身一代或兩代決策人的邊緣與短暫利益，我們犧牲了這個遙遠小國的長期重大利益……我們自認享有特權，卻絕不讓其他國家享有這些特權。」

尼克森政府一開始就明白指出，入侵高棉在時間與空間兩方面都有限制——入侵部隊頂多只會深入高棉境內十八英里，而且停留期限不會超過六月。尼克森在一次全國電視演說中說，「美軍與南越軍部隊將於今晚攻擊共產黨在南越整個軍事作業的總部。」但問題是南方局成員不過是一群漂泊不定的人，不像尼克森想像那樣有什麼固定總部：臨時革命政府領導成員只須放棄原本寄居的草屋，到美軍自我設定的界限外再找一間草屋就行了。斐爾・戴維森在五月十九日悶悶不樂地告訴亞伯拉姆斯：「我想每個人都心知肚明，早在我們越過邊界以前，南方局就已經搬家了。」事實正是如此：共產黨領導層早在幾近兩個月以前，已經料定美軍入侵在即，而將總部遷往高棉腹地更深處。在北越軍第七師掩護下，共幹們在邊界各地奔波，安排逃亡路線。他們的逃亡作業遭到美軍飛機與大雨的干擾，臨時革命政府一名部長寫道，「我們不僅要逃避無情敵人的毒手，還要為我們這場鬥爭的能否生存而擔驚受怕。」另一名臨時革命政府領導人唐坤花（Duong Quynh Hoa）博士當時懷有七個月身孕：她就在逃亡途中，伴著大砲與小型武器砲火生下寶寶。她的寶寶安全產下，只是幾個月後因瘧疾而夭折。臨時革命政府領導層安全抵達高棉的桔井（Kratie），但張如堂也承認「這整個過程讓我們心有餘悸，肉體上受的折磨更加不提也罷」。

唐坤花形容尼克森出兵高棉的行動是「對越南革命的一份大禮……因為它讓美國領導層進一步疏離它的國內選民基礎，讓許多美國人質疑他們政府的道德標準」。這項行動是季辛吉「高壓外交」的重要一環，但它讓尼克森在國內遭到政治重創，對敵人造成的戰略性痛苦卻低得多：反戰抗議急遽升高，在俄亥俄州肯特州立大學（Kent State University）一九七〇年五月四日發生的反戰示威中，國民軍殺了四名手無寸鐵的學生，其中兩人僅僅是過路人，另九名學生受傷。在密西西比州傑克森州立學院（Jackson State College）的反戰示威中，警方也打死兩名學生，打傷十二名學生。

在印度支那這一波最新動盪過後，軍援越南指揮部將地區內相互關聯但各有不同的衝突分門別類：寮國北部的內戰、北越為維護它在寮國南部與高棉的後勤通路而進行的鬥爭、高棉內戰、南方局在南越的邊界戰、三角洲戰事、中央高地與北部戰區。北越軍醫唐翠沉在南越叢林深處寫道：「瘋狗尼克森愚蠢得擴大了戰事……哦！為什麼世上有這麼可怕、殘忍的人要用我們的血為他們的黃金樹灌溉？……哦，我的國家！……世上還有誰比我們受的苦難更深？還有哪個民族能像我們這樣勇敢、堅決而不倦的戰鬥？……我仍是這場鬥爭的一名戰士，我會繼續笑著……就算敵人直升機朝我頭頂發射火箭也沒什麼……我記得列寧說過，『革命志士有最溫暖的心』，這就是我。」六月二十二日早晨，美軍第二十一步兵團第四營的一支巡邏隊聽到一個電台播著越南音樂。接獲這則警訊的第四營的其他單位，隨後在附近地區碰到四個沿叢林小徑朝他們走來的人。這是隨意開火地區，見到任何動靜都可以格殺勿論：兩名共產黨逃逸，但另兩人遭美軍M-16槍殺。其中一名身穿黑色睡衣、腳踏胡志明涼鞋的死者正是二十七歲的唐翠沉。她的隨身細軟不多，有一具索尼（Sony）收音機、一本醫療筆記、幾瓶努佛卡因（Novocain）麻藥、繃帶、她鍾愛的北越軍上尉的一張照片與這名上尉寫的詩，還有她的日記。

美軍入侵以及「菜單行動」（Operation Menu）——B-52秘密轟炸作業——造成北越軍後勤補給嚴重困境。但這些困境未能如尼克森與季辛吉所期，為戰局帶來起死回生的效果，菜單行動徒然顯示美國空軍無力封鎖胡志明小徑的窘境罷了。國會一開始對尼克森的白宮相當尊重，對尼克森的強硬表態也表示默許。尼克森慷慨陳詞：「偉大的國家不能背叛它的誓言。」他重申美國政府一貫立場說，放棄南越會讓敵友雙方都對美國感到疑慮。梅爾文·賴德將尼克森政府的目標宣示如下：成功完成越戰越南化、將美軍傷亡降至最低、繼續撤軍、促進有意義的談判。

但由於出兵高棉帶來的模稜兩可的結果，渴望退出、甚至願意不計代價退出印度支那的美國人越來越多。民主黨參議員俄勒岡州的馬克·哈菲德（Mark Hatfield）與南達科他州的喬治·麥高文

（George McGovern）首先發難，反對為這場戰爭繼續撥款。五月二十三日，大使艾斯華·邦克在結束美國行政返回西貢任所後告訴亞伯拉姆斯說，「我認為，讓我感到擔心的是，過去一直相當支持我們的一些人，包括國務卿狄恩·阿契森，現在說，『如果這場戰事會造成國家分裂，那不值得。』」在這種背景下，美軍越來越不願為這場戰爭犧牲冒險自不足為奇。

如果更能清楚認識敵方的困境，尼克森與季辛吉或許能稍加寬慰。鑒於美國情報機構規模的龐大，華府對北越、特別是對河內政治局的認識之貧乏堪稱驚人。中情局的人員情報幾乎完全仰仗英國秘密情報局（SIS）駐河內總領事館分站。分站女負責人達芬·帕克每兩個月飛一趟西貢，向「表兄弟」做一次簡報。英國秘密情報局不能在河內經營諜報，不能發密電，也不能擁有無線電發報機。但他們可以隨意與東歐外交官、特別是與蘇聯大使交談。帕克能說法文，俄文也很流利。有一次美方要求秘情局傳遞一份情報，但因河內對英國總領館人員的監控過於嚴密，而遭密情局斷然拒絕。密情局與北越最高層也沒有什麼接觸，不過一名政治局委員曾經突然造訪，在總領館陽台談了六個小時。

一天在曼谷機場，一名英國學者遇見剛結束一段短期休假歸來的帕克。這學者見到帕克身邊大包小包、堆積如山，「活脫就是阿加沙·克里斯蒂（Agatha Christie）小說中那位馬波小姐（Miss Marple）」。他問帕克，這些東西是不是為秘情局採購的補給。帕克笑答，「不是的，這些都是為那些不吃越南食物的東歐外交官們準備的東西。」帕克在她的一九七〇年十月臨別電文中，描述她與她的唯一同事茱莉安·哈斯登（Julian Harston）無論白天夜裡走在河內街頭，身後總跟著一群孩子對她們大叫「俄國佬！」，還常被這些孩子捉弄，搞得身上處處烏青。這兩名英國秘情局官員見到越南人「在路邊架起爐灶，一家人圍在灶旁吃飯，有人已經入夢。在一年中最熱的幾個月，越南人總是想盡辦法離開他們擁擠的住處，老老少少就像一包打散的東西一樣，在貿易部台階上、路邊、門廊、在一切可以倒下身的地方睡著。他們一邊睡，老鼠一邊在他們身周亂竄，爭奪垃圾殘渣，有時還溺死在水泥防空壕積水中……連電影院裡也有鼠群肆虐」。

茱莉安．哈斯登也描寫她們如何在軍醫院外垃圾桶中清點用過的接種注射器，以估算最新一次徵兵的規模。領事館聘用的本地工作人員願意接受像腳踏車修理工具、刀片、阿斯匹靈這樣的小禮，就連空瓶子也成為禮品，由此可見越南人有多貧窮。達芬．帕克就利用所有這一切點點滴滴，在一九七〇年底拼湊出一幅情報景觀，認為河內政權已陷入危機。

中國儘管繼續為河內運送物資，但它的撤出人員已經使毛派死忠信徒黎筍與黎德壽的信譽受創。一月間舉行的十八中全會通過一項決議，強調北越「面對敵人攻擊，不僅必須報以武裝抵抗與政治活動，還必須運用外交」。這項決議不代表河內高層出現決裂，因為河內沒有真正的鴿派，但它明白顯示許多北越人渴望和平。政治局與南方共產黨間的緊張情勢持續升溫，張如堂等臨時革命政府部長發現，自己已因資產階級背景而遭河內那些「無產階級」恥笑。張如堂寫道，「我們多來自富有家族，在加入革命以前已經過慣錦衣玉食的好日子。我們加入革命的動機雖說各有不同，但我們自認已經為國家犧牲許多，而且仍然準備為國家犧牲一切。」張如堂從不認為自己是共產黨，但承認「早自一九二〇年起，越南民族主義唯一的盟友就是共產國際。胡志明就像行將溺水的人一樣，緊抱共產國際的支持」。但無論如何，黎筍一夥人的意識型態狂熱令張如堂越來越感不適，他寫道，「他們為政治信念而犧牲良知與實用，在鋼鐵般堅決的傲慢心態作祟下，妥協已經沒有存在空間。」

北越軍出現兵力不足危機，影響所及，因保安警察開始鎮壓反戰情緒而困擾整個北越社會。迫於兵源短缺，北越不得不將過去排斥的一些人納入軍中，阮海丁就是其中一人。三十三歲的阮海丁由於身為地主之子，幾十年來在北越一直形同棄民。阮海丁加入北越軍以後只有一個願望，就是叛逃：「我在北越一無所有。」他懷抱一個遙不可及的投奔美國之夢，在胡志明小徑隨北越軍第二十八營一起受苦受難，他勤學意識形態教條理論，還因此奉命出任代理政治官：「這一切都出自我的圖謀，但都非出自我的本心。任何為自己打算的人，想在共產黨社會生存都會成為好演員。」

在一次轟炸中，阮海丁遭到耳膜穿孔之傷。之後爆發的高棉戰事讓他趁亂逮到機會，溜出單位，藏身一所學校裡。五月二十三日，他揮著一塊白布，小心翼翼走出學校，向美軍第二十五師投降。他有兩天未曾進食，但在美軍拿出米飯與罐頭肉款待他時，他卻無法下嚥。美軍之後將他送到西貢「招好」中心，住在中心裡的人大多數是農民，「其中有些人真正反共，但許多人只是厭戰而已」。他們在招好中心接受一年再教育，之後可以有六個月自主期，六個月結束後就得加入南越軍。阮海丁無意再投身戰鬥，眼見移民美國之夢不可能成真，他利用一個遠親關係進入當地一所天主教神學院唸了四年書，當祭台助手，接受當神父的訓練。他就這樣勤讀聖經，而讓他感到有趣的是，這所神學院就設在CORDS老闆柯比住家的後面。最重要的是，「自一九五四年以來，我第一次可以吃飽肚子」，阮海丁的體重增加了六十磅，成為尼克森出兵高棉政策的少數受惠者之一。

◎恐怖反制

到一九七二年，招好中心已經安置了二十幾萬名前北越軍與越共分子，這些人大多數像阮海丁一樣，之所以接受「招好」，只因為不願再捲入戰鬥，而不是因為對西貢政權有多少憧憬。一天晚上，中情局的法蘭克．史奈與一名譯員帶著一名史奈有意招好的北越叛離分子前往西貢一家酒吧。酒吧裡像往常一樣，擠滿女郎與醉酒的美國大兵。隔不多久，那名共產黨咕嚕嚕說了一些話。譯員勉為其難地告訴史奈，那名共產黨說的是「我選擇錯了，我不屬於這個地方」。從那以後，史奈再也不犯帶領叛離分子上酒吧的類似錯誤：那些共產黨「要的不是酒、女人與歌，這樣的經驗徒然讓他們深信我們這一邊不值投效罷了」。

在打擊南方共產黨組織的工作上，威廉．柯比創建的「鳳凰」（Phoenix）計畫效果大得多。這是一項幫南越人捉拿、獵殺重要共幹的情報、行動計畫。根據鳳凰計畫首腦們的說法，在一九六九至一九七二年間，他們總共剷除八萬名共幹，殺了其中兩萬人。鳳凰計畫的所謂「省偵查隊」（Provincial Reconnaissance Units）由中情局資助，成員都是越南人，偵查隊員的薪酬比南越軍高三倍。有些美國人認定，如果盟國能早些推出類似計畫、抗衡越共的針對性恐怖作為，越戰的結局可能改觀。陸戰隊上尉安迪．芬雷森非常懷念他在西寧省偵查隊工作的那段經驗：偵查隊以一處中情局擁有的別墅為基地，食物與生活條件富麗堂皇，「我覺得自己彷彿生活在葛拉姆·葛林的小說中一樣」。偵查隊「以前所未有的方式在地方層面上蒐集情報」，利用這些情報搗毀民族解放陣線細胞組織。法蘭克．史考登也同意鳳凰計畫確實有效，「不過我主張採取殺戮味道比較不那麼濃厚的作法」。省偵查隊以心狠手辣著稱：澳洲特戰隊軍官安德魯．傅里曼托說，省偵查隊員「百分百野蠻……我曾眼見他們用剪枝刀切下一名男子的無名指」。

可以確定的是，鳳凰計畫的冷血一經公開，美國國內仍然支持越戰的微弱呼聲也隨即平息。柯比在一九七〇年二月的一次參議院委員會中否認鳳凰計畫是一項恐怖反制行動，但沒有人相信他的說法。史奈也認為鳳凰計畫「真正傷了共產黨」，但「柯比說鳳凰計畫主要只是捕捉越南人的說法是滿篇謊言，因為它從一開始就是一項殺戮作業」。老實說，越共的作法更加惡毒：美國研究人員關特．勞伊（Guenter Lewy）宣稱，民族解放陣線的「保安部」殺了三萬六千七百二十五名越南人，綁架了五萬八千四百九十九人，而且這些數字可信。但美國人渴望相信美方的反制作得比越共高明。鮑伯・凱利（Bob Kerrey）中尉的經歷就是一個例子。

曾是內部拉斯加州一所大學足球明星的凱利，在一九六八年夏結訓，成為美國海軍精英「海豹一隊」（SEAL Team One）一員。凱利雖說頗以身為海豹為傲，但仍希望戰事能在他加入以前成為過去：「我的理由是個人理由，與地緣政治無關……我希望能夠不必拒絕也能避過這場戰爭……我真正的浪漫理想是指揮一艘驅逐艦。」不過他仍然義不容辭、奉召赴越。一九六九年初，二十五歲的凱利與一排人在金蘭灣登陸。他們的指揮官不知道該怎麼安置這群海豹，凱利只知道自己的任務，是運用鳳凰計畫那套成了名的作法協助西貢政府擊敗共產黨。之後他自己發動一項計畫，用巡邏快艇在東岸海灘登陸，展開巡邏與伏擊作業。由於幾經嘗試毫無結果，他們轉入三角洲地區，計畫從吉路（Cat Lo）發起巡邏，深入越共控制的建和（Kien Hoa，今檳椥）。根據情報，共產黨幹部將在西貢東南七十五英里，現在成為越共補給登陸點的清風村（Thanh Phong）聚會。這時凱利與他的團隊來到越南不過五星期，曾經服役越南有巡邏經驗的巡邏隊員麥克・安布洛斯（Mike Ambrose）力主放棄這項行動，因為當時巡邏隊的越南譯員與斥候正好休假。但凱利仍然堅持按照計畫行動；他在日後一份備忘錄中談到地區首長如何向他保證清風位於可以任意開火、格殺勿論地區內。

一九六九年二月二十五日夜，一艘巡邏快艇載著一群海豹沿運河而上，來到距清風村一千碼的一處登陸點。當他們來到第一間房舍時，「我不必下令展開殺戮，不過我原本可以阻止這場殺戮，但我沒有。事實上，我已經記不太清楚究竟發生了什麼事。」在將一間房裡的人全數肅清以後，「我們確定村裡的武裝共幹這時已經全面警戒。我們有兩個選擇：撤軍，或是繼續摸黑在村裡逐戶搜索。我們還沒來得及作決定，有人從一個有一群婦女與孩子聚集的方向朝我們開火，將這群婦女與孩子夾在交叉火力間。我們以強大火力還擊，並開始撤軍。我見到婦女與孩子血肉模糊、倒在我們前面。在撤軍途中，我聽到暗處傳來他們的哭聲與其他聲音。」巡邏隊隨即與他們的快艇會合，不出一小時返抵吉路。凱利後來寫道，「游擊戰的平民傷亡率本來就高，我們的行動造成的平民傷亡只能算是一般而已。」他承認，「我們幹下的那些事讓我內心很不安」。但凱利在海軍的一份正式行動後報告中說，他與他的手下殺了二十一名越共，凱利因此獲頒一枚銅星勳章。

一周以後，海豹們獲悉一名投靠美軍的越共願意帶領美軍前往芽莊外的漢潭（Hon Tam）島，島上有一個爆破兵宿營區。一九六九年三月十四日，海豹們按照預定計畫在伸手不見五指的暗夜登陸，隨即攀登三百五十英尺的陡坡。那名越共領著美軍來到一處沉睡中的敵營。凱利留下四個人守望，帶領其他三人搜索一定就在附近的更多越共。幾分鐘以後，他們迎面遇上來敵，凱利只發了一槍就被一枚手榴彈炸個正著。他倒在地上，知道自己已經身負重傷。他忍著錐心之痛摸索自己右腿，發現腳掌幾乎已遭切斷。凱利的醫護兵本身也因遭彈片打傷一隻眼睛而倒在一邊，無能為力。

凱利在一片槍聲與爆炸聲中，在膝蓋上方綁了一條止血帶，然後咬牙忍痛站起身，指揮部下還擊。戰鬥終告平息，凱利在自己的腿上打了一針嗎啡；一名海豹隊員將一支駱駝牌（Camel）香菸插在他嘴裡。巡邏隊無線電兵召喚一架醫護救援直升機。巡邏隊就在一片寂靜中等著，對岸芽莊城的喧囂不時劃破夜空傳來。直升機終於飛來，機組降下一條吊索，將凱利吊上飛機。他在黎明時分抵達基地時已經陷入半昏迷狀態，依稀記得他的戰爭，他的海豹生涯也在短短五十天後就此結束了。

一年多以後的一個上午，凱利在白宮與其他十一名老兵一起接受尼克森總統頒發榮譽獎章。凱利寫道，當尼克森告訴他們說他們是英雄時，他感到很不自在，因為在那個時候，他已經認為美國打這場戰爭是一項大錯。不過他還是認為「美國人願意長途跋涉到那個陌生的國度，為他們既不認識又不了解的人民的自由犧牲奮鬥」，確實很有英雄氣概。

凱利之後成為非常著名的美國人，當過內布拉斯加州州長，選上美國參議員，還是影星黛布菈・溫格（Debra Winger）的影迷，說黛布菈「讓我神魂顛倒」。這位英俊非常、和藹可親的英雄也在成名後成為著名反戰人士。直到很久以後，凱利在清風突擊事件中記不清的那些真相才終於公開。二〇〇一年四月，《紐約時報》與哥倫比亞廣播公司電視網合作，對清風突擊事件進行一項調查，調查結果與凱利在事件過後的說法頗有出入。首先，調查顯示，凱利所說、海豹對他們攻擊的村子不了解的說法不誠實，因為海豹在攻擊發起前十天對這個村子作了一次偵查。其次，清風事件是一場有系統的屠殺，海豹並沒有設法辨認誰是越共、誰是無辜村民。凱利告訴《紐約時報》：「標準作業程序是處置與我們接觸的人。」為避免打草驚蛇，他的手下用刀子殺了住在第一間房裡所有的人。巡邏隊員、德國出生的吉哈・克蘭（Gerhard Klann）作證指出，在淮入小村腹地以後，海豹們聚在一起，又槍殺了十五名居民，其中大多是婦女與孩子。最後遭槍殺的是個尖聲哭叫的嬰兒。克蘭說，「現場到處都是血與肚腸、內臟。」另一名海豹威廉・塔克（William Tucker）告訴《紐約時報》，他在乘巡邏快艇返回基地時，悶悶不樂地對凱利說，「我不喜歡這勾當」，凱利答道，「我也不喜歡。」

其他巡邏隊成員駁斥《紐約時報》這項越南人遭到肆意屠殺的說法，說他們是在聽到敵人向他們開火之後才展開屠殺。但後來揭密的一篇一九六九年二月二十七日的報告對真象有明確陳述。報告中指出，一名越南老人向美國陸軍軍官討公道，說一群來路不明的美軍在清風幹下暴行，殺了二十四人，包括十三名婦女與兒童。同樣一份陸軍文件指出，海軍海豹特戰隊當時一直在清風作業。凱利在面對這項證據時說，「這件事遠遠不只是罪惡而已，它是羞恥，你永遠別想從那裡面掙脫。我過去認為天下最壞的事莫過於為國捐軀，現在我不這麼想，為你的國家殺人比為國捐軀壞多了。」在凱利政治生涯中，他那些國會山莊的同事常感到他有一種令人費解的謎。在這些越南舊事事隔三十年後，這個謎似乎可以解開了。

清風事件的精確細節仍有爭議，但基本情況似已明朗。一群殺氣騰騰的突擊隊員進入一處所知甚少的地區，對一處毫無疑問的越共登陸區展開突擊，他們有權格殺勿論，也像所有特戰隊員在所有戰爭中一樣，他們也濫用了這項特權。他們濫殺了平民，然後謊報他們的犯行。在這次事件中，美國海軍作為一種體制，表現得比那些攻擊清風的突擊隊員更惡劣。它授權它的海豹發動攻擊，事後為他們頒勳，這些作為說明它一心一意只想塑造美國英雄形象，對於它以負責任、甚至以文明方式對付敵人的承諾卻置若罔聞。

不僅如此，清風以及其他許多類似事件還造成政治與道德層面的損傷。越共運用他們絕佳的在地情報網路，以虐待狂的手段肅清敵人。但被越共集合到刑場，目擊砍頭、活埋暴行的村民，都知道被砍頭、活埋的人犯了「反革命」罪。相形之下，雖說許多平民因「共黨分子或共黨同路人」罪名遭美軍或南越軍殺害，但因為莫須有罪名而遇害的人也不在少數。美軍在不了解對方身分——更遑論忠誠——的情況下不分青紅皂白地濫殺，對美國的戰略目標與美國發動戰爭的道德合法性都造成重創。

負責監控凱利的海豹突擊隊作業的人，是美國海軍上校羅伊．哈夫曼（Roy Hoffman）。哈夫曼在他的辦公室牆上掛了一面圖，記錄殺了多少敵軍。套用凱利的話，「他們需要屍體」。海軍將領們渴望擴大他們在越戰、在每一場戰爭的市場占有率：「我們的故事就在肯特州立大學反戰示威事件過後發生，對美國海軍來說，不啻是天賜福音。」凱利說，在二〇〇一年有關清風事件的說法公布後，他覺得自己被人出賣，幾乎想將他的榮譽章退還，但又說，「我無意爭取同情，我能活下去。」凱利同時指出，無論他的海豹突擊隊在清風做了什麼或沒做什麼，游走在三角洲格殺勿論區水道上的美國海軍巡邏艇，就像飛在空中的美國飛機一樣，想殺人就殺人。凱利這番話暗示，美國作戰機器動輒殺人成百上千，那些巡邏艇或飛機的操控人無須背負任何罪責，而他與他的團隊卻必須因為當年與敵人面對面時大開殺戒，而在事隔數十年後被問罪，顯有不公。

有一次，安迪．芬雷森在高棉審問一名被俘的北越軍高官，那高官說，主要由於鳳凰計畫，共產黨情勢很嚴峻。芬雷森問道，這是否意味河內必敗無疑，那高官笑著搖頭，答道：「你們要走的路還遠著呢，而且你們不了解我們國家的戰略現實。你們會越來越擔心，因為你們只見越來越多美國人戰死，卻見不到戰事成果，你們的總統已經說你們準備退出。我們會等，等到你們走了以後再發動攻擊，不斷攻擊，直到那個傀儡政權不支垮台為止，最後勝利一定是我們的。」中情局的史奈說，「我審問的那些共產黨讓我很佩服，特別是其中有個人是我這輩子見過最有紀律的人，他對我們的恨意讓我很是詫異。美國人很少遭外國人這麼仇恨，他似乎願意不惜一切達到他的目標，那讓我印象非常深刻。」

一九七〇年十一月，福瑞德．韋恩出席交接式，將他的第二十五師總部移交南越共和軍，並承認自己非常不安：「我們即將離開，而他們還沒有做好接班準備。一旦展開撤軍，我們對北越的制衡力也就此煙消雲散。」「區域軍」與「民團」的折損比南越正規軍重得多：以一九七〇年為例，區域軍與民團有一萬五千七百八十三人戰死，南越正規軍只有五千六百零二人戰死，戰死比率在之後一年持續惡化。南越武裝部隊擁有全球第四大兵力，但他們的作戰意志與戰技卻大有問題。

美國人似乎無論怎麼做都走背運，尼克森忙著展現他對困在北越美軍戰俘的關切，美軍戰俘已經成為越來越情緒化的國內議題：尼克森很擔心這些戰俘的家人會與反戰運動連成一氣。他因此在一九七〇年十一月授權對河內北方二十英里的山西（Son Tay）發動突擊，希望能救出據說關在那裡的一些美軍戰俘。在突擊發動前三天，空中偵察顯示戰俘營已空——裡面的美軍戰俘已經撤出。但華府仍然下令進行這項用直升機進行的突擊，突擊隊在二十至二十一日夜間展開行動，結果空手而回。

崇拜克萊登．亞伯拉姆斯將軍的人說，到一九七〇年年底，美軍已經在戰場上搶占上風，只因國內政治意願崩潰才使美軍無法趁勝追擊、擴大戰果。史學者、亞伯拉姆斯最忠實的盟友路易斯．索利（Lewis Sorley）寫道，「戰事還沒有結束，但這場戰爭已經打贏了。」甚至直到最後，仍有一些死忠派篤信越戰可以打贏。梅爾．史蒂芬中尉在一九六九年年底離開越南時，已經贏得一枚銀星、一枚銅星、兩枚紫心勳章，還有各式各樣的美國海軍河防作業褒揚狀，之後成為海軍作戰部長巴德．祖華特（Bud Zumwalt）上將的個人助理。史蒂芬在離開海軍後，加入凱利等老兵行列，開始公開鼓吹越戰承諾，還為此出席參議院外交委員會作證說，「對我來說，這是一場正義之戰。我有不凡的經驗，我的戰鬥紀錄也為我開啟了不凡之門。我相信越戰越南化可以成功，相信只要努力，我們可以打贏這場戰爭。」

事實真相是，若不是因為北越死咬不放，若不是因為美國人民對這場戰爭的離心離德，在越共因鳳凰計畫與作戰損耗而元氣盡喪之後，南越原本也可能在一個非共政權控制下穩住陣腳。只不過尼克森政府時運不濟，黎筍與北越軍就像季風與蠍子一樣是一種一成不變的現實。亞伯拉姆斯在回憶他的一九四四至四五年經驗時悲傷地說，北越人「就像德國人一樣——你給他們三十六小時，他媽的，你就得重頭來過，再打一次」。到一九七〇年年底，十四萬美軍已經打道回府，他可用的兵力比他上任之初小了許多。在巴黎，季辛吉也不再要求北越軍呼應美軍，進行同樣撤軍：他知道指望北越撤軍是天方夜譚。

◎藍山七一九

令人稱奇的是，北越雖是殘酷無情的獨裁社會，卻是一個文人統治的社會。另一方面，南越雖號稱民主，統治者卻是既沒有政治長才、又不諳軍務的將領。路易斯・索利在他的亞伯拉姆斯將軍傳中指出，阮文紹「有可能比林登・詹森更坦誠、更正直——有鑒於兩人各別環境的差異——很可能是一位更有效的越南總統」。他以類似手法為一九六五至七五年的南越軍參謀長高文員（Cao Van Vien，譯音）與美國陸軍參謀長艾爾・惠勒作比，認為高文員「可能不像惠勒那麼不稱職」。不過，阮文紹主要經由遵從美國人而不是本國人民的願望，以更加熟練的手法保住美國人的信任與親善。高文員頗有幹才，問題是阮文紹在選派將領時，執意只看將領對他是否忠誠，不看他們是否具備指揮長才。

越戰越南化為阮文紹與高文員以及兩人的親信部屬帶來巨型負擔，因為過去他們只需放任美國人替他們打點一切，現在突然間他們得治理自己的國家、打自己的戰爭了。但矛盾的是，巴黎和談是北越與美國人季辛吉的對角戲，西貢代表並沒有真正發言權：共產黨將阮文紹一夥人比為「美國傀儡」絲毫不過分。另一方面，無論你以多麼嚴厲的眼光審視河內政治局，除了白宮與美國保守派媒體以外，已經再也沒有人認為黎筍一夥人只是蘇聯或中共的馬前卒了。

把南越共和軍推上戰場測試越戰越南化的決定，出自華府而非西貢，當然也不足為奇。儘管一九七〇年出兵高棉之舉收效甚微，華府仍然堅持，如果想在巴黎談判桌上取得讓步，就得繼續對北越施加軍事壓力。季辛吉告訴亞瑟・史勒辛格，「我一直在考慮辭職的事」，但又說，他正在進行一項不能談論的事，必須把事情做完才行。史勒辛格猜想，所謂不能談論的事指的是秘密談判。他猜得沒錯。季辛吉說，尼克森「是個害羞的人，需要同情」，又說，隨著一九七二年大選逼近，反戰示威不斷升溫，尼克森「擁有的支持足夠贏得大選，但不夠進行治理」。

一九七〇年十二月，國會通過庫波－邱奇修正案（Cooper-Church amendment），禁止政府派遣美軍地面部隊進入南越邊界以外的地區。但如何防堵人員與補給沿胡志明小徑南下仍是巨型問題。北越在一九七〇年獲得蘇聯與中共加速運補，數量估計高達兩百五十萬噸，包括每個月五百輛卡車。軍援越南指揮部的報告說，「對越共、北越軍來說，寮國南部與高棉東北部的後勤戰爭，現在是關鍵性大事。」一九七一年初，空軍第七軍軍長魯休斯・克雷（Lucius Clay）在談到亞伯拉姆斯給他的指示時說：「他要我們把胡志明小徑炸得稀爛，讓那些越共只有長了翅膀才能飛過去。」克雷的參謀找出穆加（Mu Gia）、班卡萊（Ban Karai）與班拉文（Ban Raving）山隘等幾個「咽喉點」，還有一處緊傍非軍事區西方的地點。美軍裝設了新的動態感應裝置，由無人偵察機負責監聽。第七軍每天至少要出動二十七架次B-52與一百二十五架次戰術轟炸機，對每個「咽喉點」進行一連六十天轟炸。轟炸與雨水確實讓胡志明小徑有許多路段的卡車交通阻斷數周，但進駐南方的北越軍仍能想方設法，取得繼續戰鬥的足夠補給與彈藥。

同時，國會資助越戰越南化的意願也越來越薄弱，美國空軍出擊架次受到的限制也比過去更加嚴厲——現在每個月只能出擊一萬四千架次，比一九六九年配額的半數還少。在一九六九年，越戰戰費有三百億美元，在一九七〇年年底，尼克森與梅爾文・賴德面對戰費枯竭的難題：下一年的戰費撥款只有一百一十億美元。基於這個背景，華府決定在戰場上冒一次大險：以一支南越軍大部隊在美軍空中與火力支援下，對寮境北越軍展開大舉攻擊。一九七〇年十二月，季辛吉的軍事助理、逐漸嶄露頭角的亞歷山大・海格（Alexander Haig）准將奉命前往西貢，向亞伯拉姆斯解釋這項行動建議。這項代號聽起來有些傻——叫做「藍山七一九」（Lam Son 719）——的行動，始作俑者究竟是誰頗有爭議。堅決支持亞伯拉姆斯的索利說，首先提出這項建議的人是海格；但海格後來堅稱，這是尼克森與季辛吉的主意。

亞伯拉姆斯的老闆、太平洋戰區總司令約翰．麥坎（John McCain），由於他擔任海軍飛行員的兒子被俘、關在河內，而更進一步捲入這場戰爭。麥坎曾贊成出兵高棉，現在也支持進軍寮國，但他告訴亞伯拉姆斯，「我發現這項行動可能帶來許多問題。」亞伯拉姆斯隨即將行動計畫告知阮文紹，阮文紹同意出動南越軍進入寮國，攻占寮國城市車邦（Tchepone）。十二月十日，接替惠勒出任參謀首長聯席會議主席的湯瑪斯．穆爾（Thomas Moorer），將一項展開這項行動的總統令交給亞伯拉姆斯。穆勒說，這項行動有助於推動越戰越南化：「敵軍的欠缺機動力應能讓我們隔離戰場，確保南越軍的勝利。」美方認為，如果南越軍能搗毀北越軍的補給路線，能為南越爭得一年喘息時間。亞伯拉姆斯不放心南越軍執行這項行動的能力，並提出警告說，不同於在高棉的情況，在寮國境內「敵人可望堅守他們的基地地區與後勤中心」。不過亞伯拉姆斯並沒有設法否決，還同意為行動成敗全權負責，他也因此為隨後發生的事大大背鍋。

十二月十七日，在西貢一次區域性大使會議中，中情局西貢站主任泰德．夏克利（Ted Shackley）說，共產黨已經察覺盟軍將對他們的庇護區發動又一波攻勢。北越軍已經在寮國南部部署重兵；在濃密的叢林中，可以運用的直升機起降場寥寥無幾。一九七一年一月二十六日，中情局還截獲敵軍一則解密電文，說盟軍即將發動攻擊，還在結論中強調「準備動員，痛擊敵人，要提高警覺」。戰後河內的一項研究坦承，共產黨當時在南越的態勢很弱：「我們的攻勢能力已經耗盡」，游擊戰作業也已元氣大喪。反之，在北越大門口的寮國，河內的自信大得多：「我們握有戰略主動權，而且比敵人強。」幾乎可以肯定的是，河內已經接獲南越軍線報，預測西貢將動用十五到二十個營的兵力發動攻擊。河內政治局於是認定「這將是一場具有決定性戰略重要性的戰役」。龍庭判定，班東（Ban Dong）—車邦地區最適合北越用兵，因為它的地緣位置接近北越，當地的叢林又能提供掩護，讓美軍飛機沒有用武之地。共產黨計畫人宣布，他們要在這場戰役中打死一萬兩千名南越軍，擊毀三百架飛機與直升機。

在西貢，隨著一九七一年二月的攻擊發起日不斷逼近，亞伯拉姆斯越來越對南越軍的能力表示擔心：「我們把他們逼得太緊……太遠也太快」。一月二十九日，他向穆爾提出警告說共產黨已經等在那裡，不過仍然沒有要求取消行動。他們犯下的最嚴重的錯誤是，未能發現「藍山七一九」的風險比任何可能取得的好處都大得多——而這項錯誤，整個美國領導層都難逃罪責。如果共產黨擊敗這樣一場大規模攻勢——許多美國官員認為共產黨確實有此可能——整個越戰越南化進程必將陷於崩潰危機。特別是，尼克森在一月間簽署「援外銷售法案」（Foreign Sales Act），附帶宣布廢止東京灣決議案。儘管白宮否認它在越南境內的戰鬥不會因此受到任何新限制，但有鑒於當時政治氣氛不斷惡化的事實，「藍山七一九」行動一旦挫敗，影響尤其嚴重。

一旦行動展開，北越軍可以就近出動六萬人應戰，包括八個爆破兵營，足夠多的大砲，甚至還能出動一些戰車。南越軍預定用直升機運兵，配合裝甲車輛對溪山以西二十到四十英里間的九個目標發動攻擊。南越軍第一軍軍長，眾所周知毫無領導長才的黃春林負責指揮全權。美軍第二十四軍軍長「約克」·蘇澤蘭（'Jock' Sutherland）中將控制擔任支援的美軍，配合支援的美軍單位還包括五十三架辛努克、五百架休伊、十八門一五五公厘榴彈砲、十六門一七五公厘砲以及八門八英寸榴彈砲。在距寮國邊界一百碼處立了一塊牌子，上面寫道：「警告：美國人員不得跨越這一點」。在一九六八年順化戰役中指揮過「黑豹」的陳伍輝少校，對這個野心過大的行動有一種不祥預感：在率領步兵第二團第二營展開行動以前，他懇請留守的營顧問戴夫·韋斯曼（Dave Wiseman），請韋斯曼照顧他的孩子。

「藍山七一九」行動於一九七一年二月八日展開。一支由六十二輛戰車與一百六十二輛M-113

裝甲運兵車組成的裝甲縱隊，浩浩蕩蕩沿九號公路西進，同時由空降部隊與游騎兵保衛縱隊北翼，第一步兵師保衛它的南翼。由美軍與南越軍操作的休伊直升機負責運送南越軍發動攻擊。共產黨由於算準了南越軍即將來襲，甚至在預期將發生戰鬥的地方建了小徑，埋下彈藥，還將幾處山頭與橋樑要塞化。他們仔細進行了地形偵測，一些單位還作了實地演練。但無論如何，南越軍達到了暫時性戰術奇襲目標：共產黨反應緩慢，因為來襲直升機機隊規模龐大得讓他們看傻了眼。經歷過大規模戰鬥的北越軍軍官寥寥無幾，無線電的短缺也造成指揮管制的混亂。

在開戰頭幾天，南越軍沒有多大損傷，在惡劣的天候狀況下，西貢的戰車在進入寮境十二英里的班東與一個空降營會師。步兵建立火力基地，開始挖壕固守。河內後來承認它的一些指揮官亂了手腳：「我們沒能確切掌握所有敵軍活動……許多單位的戰場部署不成熟。」十三日，高文員將軍告訴亞伯拉姆斯，阮文紹已經下令南越軍必須就此打住，不能再向西進。未經證實的傳言說，阮文紹還下了一道密令：南越軍傷亡一旦超過三千，整個行動就得取消。

在寮國，由於共產黨不斷增兵對來襲的十六個營進行合圍，戰場均勢逐漸轉而對南越軍不利。亞伯拉姆斯雖呼籲南越軍不斷運動，還提出警告說，就地固守只會遭敵軍好整以暇地各個擊破，但只是白費唇舌。二月十八日晚，兩個北越營攻擊第三十九游騎兵營，迫使後者很快後撤。南越軍的火力基地遭到北越軍砲火猛轟，其中一個基地在所有的砲都被擊毀以後放棄。二月二十三日，在三百英里外的南方，頗受愛戴的杜高智（Do Cao Tri，譯音）將軍在一次直升機墜機事件中喪生。由於傳說他已奉命接替完全不能勝任的黃春林，杜高智的喪生對「藍山七一九」行動造成一大衝擊。

一周以後，蘇澤蘭氣急敗壞地透過保密電話告訴軍援越南指揮部：「敵軍布滿那個鬼地區，而且兵力似乎越來越強……我們在那裡血戰。」亞伯拉姆斯厲聲斥責蘇澤蘭，說蘇澤蘭無法掌握不斷惡化的狀況。越戰爆發以來頭一遭，戰車對戰車的戰鬥場面出現。由於地面沒有配置美軍前進空中管制員，而南越軍官又幾乎沒有人具備與美軍飛行員有效溝通的語言技巧，空中支援的效果有限；北越防空砲火也逐日轉強，造成盟軍飛機可怕的損耗。最難堪的是，美軍直升機的出勤率直線下滑——能夠起飛的直升機僅剩下四分之一。福瑞德．韋恩中將怒道，「派了一個軍長在那裡，理應對每一架飛機的狀況都能掌控。但問題出現……他根本搞不清狀況。」亞伯拉姆斯也對蘇澤蘭厲聲斥道：「這場戰事攸關整個國家的戰略概念！」

白宮的警懼也不斷升溫。季辛吉在二月底說，「我不知道亞伯拉姆斯在搞些什麼。」陸軍副參謀長布魯斯．帕爾墨中將酸酸地寫道，「當事情進展順利時，季辛吉毫不客氣地以元帥角色自居；但他不了解戰爭，不了解戰場情勢多變的特性，一旦藍山七一九觸礁時，他變得惱怒不已。」但軍援越南指揮部老闆亞伯拉姆斯並不氣餒：「我們陷入一場真正苦戰，但我們必須撐下去，打贏它……過去我們也曾多次在看似絕望的逆境中取勝。」三月九日，亞伯拉姆斯仍然對戰局保持樂觀：他「越來越相信這或許是這場戰爭中唯一一場決定性戰役」，而且相信盟軍可以憑藉優勢火力取勝。但美軍指揮官們看不見戰鬥現場實況，也不能派遣親信代替他們到現場觀戰，這是他們面對的一大難題。

由於只有阮文紹有權調度南越軍，亞伯拉姆斯找上阮文紹本人求助，要求阮文紹投入第二師扭轉戰局。阮文紹的答覆是：第二師可以出動，但條件是美軍也必須出動同樣兵力投入戰場。隨著戰事轉劇，南越軍將領呼籲阮文紹退出寮國。反之，海格於三月十八日抵達西貢，告訴蘇澤蘭說，白宮要南越軍繼續打到四月底。不久，空軍正在重創共產黨的消息傳來，華府戰意止跌回升。每隔八分鐘就有一架C-130滿載補給與彈藥降落溪山。每個夜晚，總有三架照明直升機與三架武裝直升機飛在戰場上空。在這場戰役整個過程中，美軍戰術飛機出動了八千架次，幾乎一天一百五十架次，

B-52也出動一千二百八十架次。北越軍上校阮安在描述他設於沙沐河（Sa Mu River）邊指揮所的狀況時寫道，「山丘上的蘆葦與芒草都被燃燒彈燒個精光，我們的森林成了一片焦黑荒涼之海中的一個孤島。」

不過南越軍已經傷亡五千五百人，海格准將突然改變主意說，結束行動的時機似乎已至。三月十八日，北越軍發動猛烈攻勢，切斷一些暴露的南越軍單位。阮安手下一名來自河內的班長寫道，「那天夜裡月光明媚，我們在入夜後出發上路。敵軍用大砲彈幕從路邊一步步由下而上，轟擊我們設在山上的要塞化陣地，然後又由上而下，如此這般反覆轟擊。我們班有兩人受傷，只剩下七個人還能戰鬥。每個人都盡快挖掘射擊陣地，有人利用炸彈彈坑，或利用敵人先前挖掘的散兵坑。我隨即躺下來，把我的吊床拉到肚子上蓋著，像狗一樣沉睡。我在天將破曉前醒來，雨水濕透了我的衣服，我冷得牙齒不住打顫。越是冷，我越饑腸轆轆……昨天下午吃的那個比拳頭略大一些的飯糰帶來的氣力，早已隨著我們在彈幕下穿梭奔馳而耗盡。」隨即一名手下捧著一個鋼盔跑來，鋼盔裡裝著他剛從一處敵軍放棄的碉堡裡找到的米飯：「我非常開心，就像我們已經打贏一場戰役一樣！」

北越軍果然打贏了這場戰役：共產黨將南越軍陣地一一孤立，然後用射程將近十四英里的一二二公厘砲、射程十七英里的一三〇公厘砲將這些陣地夷為平地；至於本身死傷多少，北越軍似乎不以為意。北越同時也大打無線電戰，一面干擾敵軍通訊，一面透過廣播宣傳：兩軍官兵用共同語言互罵；戰場傳來一名女子發號施令的聲音，令南越軍陸戰隊員一陣騷動。一名北越軍教部下如何在戰場上搜尋敵軍棄置的M-79 Thumper榴彈發射器，沒隔多久他們又開始在一個南越軍車隊找尋四十公厘砲彈。在南越軍撤退後，戰場終於沉寂下來。共軍在處處堆著敵軍棄置的卡車——有些卡車的引擎還開著——的公路上小心翼翼前進，一路數著敵軍屍體。

南越軍軍官陳伍輝少校在他設於六六〇高地的營陣地遭北越軍砲擊時晉升中校。當他的營終於奉命撤軍時，已經遭迫擊砲彈片擊傷的陳伍輝要大家撇下他逕自撤離——他的營最後只逃出一名上尉與六十名士兵。在遭共產黨俘虜後，他被押上胡志明小徑，蹣跚而行，斷了幾根手指，身上傷口還爬著昆蟲與蛆。他在二十九歲那年抵達河內，之後像其他許多參與藍山之戰的南越軍一樣，在北越度過十三年俘虜歲月。阮文紹基於面子理由，堅持南越軍必須攻抵預定目標車邦。南越軍於是在三月三日發動新的空降攻擊，先頭部隊在一場血戰過後進抵車邦，只是很快就被迫撤軍。

在南越軍官兵為保命而奮戰的同時，它的將領卻像過去一樣，表現得暴躁、無能。軍長黃春林似乎陷於癱瘓，空降部隊指揮官不肯與他討論軍情；南越最高階的陸戰隊軍官拒絕離開西貢。阮維新（Nguyen Duy Hinh，譯音）上校寫道，藍山行動因「南越軍戰地指揮官傾軋造成不和而倍遭干擾，阮文紹總統與高文員參謀長或許也知道，但都沒有採取匡正行動……或許這是因為這些將領都是這個政權的支柱吧」。在戰場上，空降部隊九個營中有五個營的營長或死或傷，一名未負傷的營長卻強行登上一架醫護直升機後撤。三月二十七日，福瑞德．韋恩在美軍指揮部會議中說，面對現實、承認「藍山七一九」行動失敗的時機似乎已至：「我們面對一個公關問題或一個心理問題……這非常非常重要。」報界處理這場戰役的手法讓亞伯拉姆斯大為光火，特別是《紐約時報》的葛樂莉亞．愛默生（Gloria Emerson）「那匹大母馬」尤其讓他憤憤不平。在談到美－越關係時，亞伯拉姆斯的語氣幾乎透著絕望：「兩國間有相當大的文化裂口，對一些美國人來說，要他們跨越這個文化裂口根本辦不到。」

第一批南越軍於三月三日起開始撤出寮國，撤軍行動在越來越混亂的情況下於整個三月間持續進行。撤出的戰車不到半數，裝甲運兵車略超過三分之一，餘下的戰車與裝甲運兵車或損壞、或燃油耗盡、或遭共軍砲火擊毀。美軍損失一百多架直升機，另外五百四十四架受損。一名美軍簡報官以顯然輕描淡寫的語句說，「空中機動概念在這項行動中遭到嚴厲考驗。」在北越軍節節進逼下，南越軍的撤軍出現恐慌，士兵攀在直升機滑板上逃生的照片成為「藍山七一九」行動驚心動魄的寫照。當行動終於結束時，南越軍在寮國打了四十二天，損失幾近半數兵力的八千人，包括許多戰俘。

軍援越南指揮部估計北越軍死亡人數高達一萬三千人，但這樣的評估有太超過之嫌。北越在戰後承認它在此役的傷亡數字為兩千一百六十三死、六千一百七十六人傷，相當於投入兵力的百分之十三。根據共產黨發表的數字，共軍傷亡半數來自大砲與迫擊砲；三分之一以上來自空中攻擊，令美軍與南越軍稱奇的是，燃燒彈造成的傷亡竟只有百分之二；其餘來自小型武器。北越軍戰史紀錄說，北越軍此役死傷半數來自戰線後方，這或許意味，造成這些傷亡的是美軍而不是南越軍火力。北越也承認物資損失很重：六百七十門高射砲、六百輛卡車、五分之一的迫擊砲、八十八輛戰車。

中情局軍官莫里・普利班諾與兩名南越空降部隊士兵結為友人，這兩名士兵每到西貢總會到普利班諾的公寓造訪。藍山行動過後，其中一人突然形容憔悴、隻身到訪，因為他那位好友以及單位中大多數同袍都在寮國送了命。普利班諾心想，如果這是精英部隊士兵的現狀與感觸，「南越軍其他部隊的狀況一定更加慘不忍睹」。資深越語戰俘審問員鮑伯・戴斯塔憤然說，「如果說藍山七一九行動過程中有罪犯，罪犯不是那些拚死作戰的士兵，而是那些把士兵們送上死路的人。」阮維新上校寫道，「南越軍被迫拋下大批死傷留在寮國，可憐他們那些遺在越南的家屬，既要為死者哀傷，又要為傷者勞神，註定悲傷愁苦，一輩子難以平復。這是越南人永遠不能忘懷、不能原諒的一種對信仰、對家人慈愛的違犯。」中情局的史奈說，「藍山七一九行動告訴我們越戰越南化究竟會走到哪一步——也把同樣訊息告訴了河內。」

這場大敗仗讓白宮非常惱怒，但尼克森仍不得不擺出一幅硬漢嘴臉，在四月七日的一次電視廣播中說：「南越人已經證明，即使沒有美軍顧問相助，他們仍然可以有效對抗北越最精英的部隊。」但實際狀況是，這項行動帶來的結果與發起行動的本意恰恰相反：它不但沒有強化、反而削弱了美方在巴黎談判的立場。阮文紹政權以及南越軍作為戰鬥武力的威信都因這項行動失敗而遭受重創，但迫於國內政治需求，美軍必須按照預定計畫繼續撤軍。

美國政府決定把戰敗罪責部分推給越南人，但主要歸咎於美軍。海格說，「國防部對這項行動的處理，讓尼克森總統與我們白宮參與這項行動計畫的人非常震驚。」尼克森盛怒之下，憑本能第一個反應就是將亞伯拉姆斯去職，用手邊親信軍官取而代之。他告訴海格，「搭明天最早第一班飛機到西貢。你來負責軍援指揮部。」海格後來說，他當時勸總統作幾口深呼吸，冷靜二十四小時之後再做這樣的決定。當然，之後尼克森氣消了，也不再堅持將亞伯拉姆斯革職。季辛吉對海格此說表示懷疑，但也說他以後不會再相信亞伯拉姆斯說的任何話。

不斷逼近的大選對白宮的決策評估影響越來越大，一九七一年三月十九日，季辛吉說，「我們不能讓南越在選舉以前被狠狠打翻。」尼克森說，「沒錯。」季辛吉認定，尼克森若在美國人投票以前就露出放棄越南的意圖，會無法當選連任；他呼籲尼克森不要幹那件「熱門的事」，在那年把所有美軍全數撤回美國。尼克森、季辛吉與白宮幕僚長哈德曼，似乎從未討論讓越戰在一九七二年美國投票日後繼續打下去對越南人民究竟有什麼意義。白宮現在已經決心犧牲越南人民，目前的挑戰是堅持下去，等待適當時機放棄越南。

握在共產黨手中的幾近六百名美軍戰俘，現在逐漸成為國內爭論的重大議題：美國人買了五千萬個貼紙與一億三千五百萬張郵票表達對戰俘的支持。美國政府不斷請求國會撥款，支援越戰戰費，說單是這樣做就能加強美國在巴黎的談判立場。但在一次國會山莊簡報過後，在總統於四月七日發表全國廣播以前，一名參議員問道，既然過去用五十萬大軍都不能說服河內、讓河內交換戰俘，現在只有五萬美軍駐在越南，又怎能發揮什麼功效。尼克森在第二天告訴季辛吉，「我當然不能對這參議員說，『我們在撤得只剩下五萬人以後，才能與共產黨直截了當談交易：五萬人交換戰俘』——他們不出一分鐘就會照做，因為他們要我們拍拍屁股離開那裡。」季辛吉說，「沒錯。」尼克森笑道，「真是天曉得！」

在藍山事件過後，新任綏靖主任、中央高地資深美國官員、位階等同二星將領的約翰・保羅・范恩說，「這場戰爭正逐步轉向北方兩個軍區，漸漸成為北越與南越之間比較傳統的對抗。」這是一項精確的評估。四月七日，空中偵測顯示，寮境胡志明小徑的卡車交通已經回復到藍山七一九以前的流量。

在持續不斷的殺戮聲中，不時也傳來一些趣事：亞伯拉姆斯有一次聽取美國海軍在金蘭灣部署五隻寬吻海豚的簡報。這五隻海豚都受過攻擊敵軍蛙人破壞分子的訓練。簡報官說，「敵人不知為什麼，相信這些受過訓練的海豚只會攻擊男性蛙人的下陰。根據我們最新的情報，為了反制，敵人計畫以後只派遣女性蛙人進行破壞。」亞伯拉姆斯並且獲悉，一隻海豚已經「叛逃」了。另一方面，經查證，由於在布蘭（Bu Prang）特種部隊營區服役的山地人與高棉人之間關係緊繃，營區的士氣瀕臨崩潰。山地士兵崇拜住在附近叢林裡的一條巨蟒，不時為牠獻祭，但有一天高棉士兵殺了這條巨蟒將牠吃了。美軍顧問進行調停，好不容易才讓雙方達成一項休兵協議，但為了安撫山地士兵，必須殺一頭白色水牛獻祭。特種部隊軍官找遍附近地區，終於找到一頭白水牛，買下來，用一架C-7運輸直升機吊運回基地。不幸的是，吊運過程中吊索纏到水牛的睪丸，勒死了牠，而死水牛不能做為祭獻。經過一陣討價還價，山地士兵同意可以用兩百隻雞代替水牛做祭獻。美軍隨即將兩百隻雞空運布蘭做為獻祭，讓士兵吃了，化解一場士氣危機。

在寮境這場慘敗過後不久，亞伯拉姆斯到西貢郊外越南國家公墓出席一項紀念儀式。但在儀式結束時，貴賓、儀仗隊伍紛紛離去，他的直升機座機卻還沒回來。最後，公墓裡只剩下將軍與他的保鑣不耐煩地等著。隨即，將軍見到一名南越軍士官朝公墓走來，旁邊還跟著他的妻子與孩子：「她懷孕了，他們有三個幼兒，他手中抱著其中一個……那可是一段很長的路。我還看到一個小男孩，他帶著一個大袋子，一個塑膠袋，一堆香燭從袋子頂上穿了出來，我猜袋子裡裝的是午餐之類的東西。大概……是為他們的親戚準備的。」像許多戰士一樣，亞伯拉姆斯有時也多愁善感、情緒激動。這時的他就非常感慨：「我們總說『亞洲人……不珍惜生命』什麼的——那根本是胡扯。我認為他們對生命的感覺就像我們一樣。」

第 23 章

附帶損害

Collateral Damage

◎瑪麗安

由於不滿的情緒、種族傾軋、毒品氾濫，以及對這場戰爭的厭倦，許多美國陸軍與陸戰隊單位戰力大幅萎縮。軍中開始流傳一種說法，不想打這場戰爭的人就有權退出這場戰爭。三月間，溪山附近有五十三名陸戰隊員不肯戰鬥，結果沒有受到懲處；火力支援基地佩斯（Pace）的士兵抗命不肯執行巡邏任務。類似事件不斷流傳，打擊了更多美軍單位的士氣。一九七一年三月二十七到二十八日夜發生在火力支援基地瑪麗安（Mary Ann）的事件是一個極端例證。在那次事件中，駐在基地的人——他們幾乎不能算是「守軍」——死了三十人，八十二人受傷。以第一名指揮官的妹妹命名的瑪麗安，建在廣定（Quang Tin）省一座不毛山丘上，距寮國邊界三十英里。就像一般美軍火力支援基地一樣，它是一處用許多貨櫃與沙包堆砌、圍以鐵刺網、滿布天線的小鎮。駐守瑪麗安的部隊是美軍第二十三步兵師第四十六團第一營C連。二十三步兵師因一九六八年美萊村屠殺事件而惡名昭彰，它的威廉．卡利中尉不久以前才因參與事件而判刑。C連官兵對他們駐守基地的任務不是很在意，因為根據計畫，他們不出幾周就要將瑪麗安移交給南越軍，而且基地的大砲已經轉交到南越軍手中。

一等兵艾德．福洛斯（Ed Voros）說，「這場戰爭已經不再有任何意義，我們都認為它是狗屎……我們只是身在戰地，基本上只求保命，以及保住同袍的命，如此而已。」一等兵詹姆斯．克里文（James Creaven）也有同感：「我們不是傻瓜，我們知道我們正在撤軍，也知道南越共和軍不願打他們自己的戰爭。既然他們就連你遠道而來都不歡迎，為什麼還要冒生命危險去救他們？只有職業軍官願意到越南。任何躍躍欲試，擺出一幅想殺越共模樣的人都非常可疑。」在離開基地出巡邏任務時，克里文與他的同伴就算見到敵人也視而不見，但求相安無事：「那些人對我毫髮未傷，我又何必傷他們？」

第四十六團第一營的軍紀比其他許多單位略遜一籌，拒絕戰鬥的事件層出不窮，有一次一整連官兵集體拒戰。在附近一個南越軍單位擔任顧問的布萊恩．馬格拉斯（Brian Magrath）中尉，在有關瑪麗安基地的無線電對話中聽到「巡邏隊不肯前往某些似乎特別危險的地區」。當時有傳聞說，橇開克雷莫雷背蓋吃裡面的C-4塑膠炸藥能讓人像嗑藥一樣飄飄欲仙。第四十六團第一營就有一個人聽信這傳聞照做而送命，另三人還險些學樣。保羅．史匹柏（Paul Spilberg）上尉在家信中談到第四十六團第一營的一個連：「這個連實在是一團糟……士兵們圍坐著看報紙、玩牌……大多數官兵連武器都懶得帶。」一般認為史匹柏是一名有幹勁的優秀職業軍官，但他手下的一名排長說，「史匹柏總是指責我們這些排長在士兵面前當好好先生，但如果我真的板起臉來要那些士兵聽命行事，我很可能遭到碎彈攻擊。」

高級軍官會說，瑪麗安基地事件代表領導的失敗——事實上，事件發生後，他們確實也這麼說了。但問題是，第四十六團第一營營長，三十九歲矮壯的愛爾蘭裔美國人比爾．道爾（Bill Doyle）中校，是一位勇猛得幾近莽撞的角色。他是以身作則的信徒，面對敵軍常走在最前線用隨身武器開火。他在他的作戰中心外豎了一塊牌子，寫道：「強大、勇猛、用專業手段殺敵」，牌子頂端架著一個水牛頭骨與角。據說他打仗勇猛，玩起來也很瘋狂，不滿他的人因此罵他「愛說大話」。

道爾手下的軍官與士官資質良莠不齊，有人能幹，也有人無能。在二月間一場砲戰中，C連一名尉官調砲出了偏差，將砲彈打到自己的排陣地，炸死一個人。所有指揮官都面對一個基本的難題：究竟能對部屬做多大要求，而不招來部屬的碎彈攻擊？甚至「集體拒戰」（說白了，就是叛變，不過軍中忌諱使用叛變這個詞）？軍官們每天都得為部下願意或不願意出什麼任務的問題傷神。第四十六團第一營D連有一次開出條件說，除非上級提供偵察犬、眼鏡蛇武裝直升機與一架盤旋空中待命的醫護直升機，否則他們拒出掃蕩任務，之後經道爾苦口婆心力勸，D連官兵才勉強出勤。

那次事件過後一個月，在三月二十七日沒有月光的夜晚，道爾中校在瑪麗安作戰指揮中心沉睡，史匹柏上尉也在附近另一據點休息。負責防務的是C連連長理查・奈特（Richard Knight）上尉。戴眼鏡的奈特二十四歲，父親是佛羅里達州一家餐館的老闆。奈特在大學輟學後投軍，曾在一九六八年服役越南期間受重傷，這是他第二次服役越南。但他既無意也無力讓部下官兵守好長五百碼、寬兩百碼的陣地周邊，保衛所有二十二個據點；他無力讓部下重設絆索照明彈與克雷莫雷；無力讓部下樹立新鐵刺網；無力讓部下保持警醒；也無力讓他們不酗酒、不抽大麻。瑪麗安火力支援基地包括軍官、無線電作業員、迫擊砲組、砲手、步槍兵、廚子與雜役等，總計有兩百三十一名美軍與二十一名南越軍人員。

根據規定，每四人就有一人必須保持警戒。但瑪麗安基地從未遭遇攻擊，負責周邊警戒的人早已戒心盡失，不是在睡覺，就是在玩牌，或醉酒、抽大麻——他們吸毒的狀況如何或有爭議，但酗酒情況極為嚴重毫無疑問。奈特把督導責任交給手下排長與士官，但他們似乎都懶得管事。到了凌晨兩點，像每天夜晚一樣，一座架設在吉普車上的二十三英寸探照燈朝基地鐵刺網外開闊空間來回照射。經過二十分鐘照射，眼見沒有異樣，操作探照燈的人員關了發電機，回到他們的據點休息。

大約就在這段日子，一名「起義」的前共軍爆破兵，在另一座火力支援基地向美軍軍官示範爆破兵如何突破基地周邊層層密密的鐵刺網。亞伯拉姆斯說，「這顯然是一個非常駭人的經驗。美軍軍官們眼見那個小個子在那鐵刺網陣地中穿梭來去，如入無人之境，而且一點聲音也沒有。」三月二十八日凌晨兩點四十分，同樣但規模大得多的情景，在瑪麗安基地防禦周邊上演，只不過這次是玩真的：約五十名爆破兵僅穿綠色短褲，身體、臉孔用油脂與煤灰染黑，發動一次計畫精密的攻擊。他們從西南方過來匍匐潛行，先在外圍雙層六角鐵刺網防線剪開四個大洞，然後進入兩層疏於維護的內層障礙物間，守在那裡，等候迫擊砲響聲發動攻擊。背包炸藥、手榴彈、CS煙霧彈爆炸聲夾雜著AK-47槍聲突然在黑暗中響起，美軍在睡夢中驚醒，就連企圖倉皇應戰也辦不到。奈特上尉在他的掩體內與通信班長一起遇害。北越軍衝進火力支援基地，以非常有效的手法一面開槍一面丟炸藥，兩支爆破隊趕往小丘頂端的大砲陣地。

發動這項攻擊的是北越軍四〇九爆破兵營。在發動攻擊以前，他們對這座他們根據附近一個村落命名，稱為沙杜（Xa Doc）的基地做了兩個月偵察。他們首先在夜間對基地周邊進行試探，為穿越鐵刺網的路線作準備。他們做了一個地形模型，在模型上作簡報，每個班的班長都必須從觀察哨研究他的攻擊目標。在攻擊發起日那天下午，直升機與一架L-19偵察機突然出現，加以一支美軍特戰隊在附近巡邏的相關報告，一度讓爆破兵們擔心攻擊行動可能泡湯。雖說這些警訊經證實查無實據，但在夜幕低垂後，瑪麗安基地突然亮起的探照燈仍讓他們提心吊膽了好幾分鐘。在那幾分鐘，八名共軍「矛頭小組」一動不動躺在鐵刺網障礙陣地裡，而且其中一定有人可以聽見自己饑腸轆轆的鳴響聲：這些爆破兵已經斷糧了好幾天。當天晚上，他們在吃了一餐木薯根裹腹後發動攻擊。

或許因為恐懼，或許也因為守軍以為他們面對的只是一場迫擊砲轟炸，美軍在聽到爆炸聲後採取的對策就是躲在碉堡裡。道爾中校違反旅部常規命令，沒有在作戰中心外安置警衛，進擊的爆破兵因此可以輕鬆將一包背包炸藥丟進他的指揮所，炸傷了他的腿。史匹柏上尉握著一把手槍來到指揮所，在煙霧中幾乎語不成聲地說，「長官，他們在用CS煙霧彈！」道爾中校喘著氣，怒罵了幾聲。北越軍將俘獲的CS彈裝在迫擊砲砲彈與炸藥包裡製造混亂，一方面讓美軍忙著找防護面罩。

爆破兵按照預定計畫在基地裡左衝右突，守軍卻像無頭蒼蠅一樣四處亂竄。通信設施裡面的人因設施布滿黃色煙霧，全部逃了出來。除了一個砲兵頻道作業員要求發射照明彈以外，幾乎所有無線電連繫完全中斷，但這名作業員沒有報告瑪麗安遭到地面攻擊，因此高層指揮部不了解狀況。一箱白磷手榴彈遭炸藥引爆，造成指揮中心起火。道爾仍有知覺，但有些腦震盪，或許只是受到驚嚇，尚未回過神來。在之後三十分鐘，瑪麗安的大多數守軍都躲在碉堡裡，祈求能逃過敵軍注意。拿起步槍抗敵的人寥寥無幾，所以，大多數人都沒有武裝，或充其量握著手槍而已。爆破兵只要見到美國人就用AK-47一陣亂掃。有些守軍聽到敵軍相互交談，眼看他們將手榴彈丟進碉堡，再從容將碉堡的門關上，增加爆炸效果。

有些共軍從倒臥在地美軍的手腕上剝下手錶，這些美軍有些已經死亡，有些只是裝死。一名共軍彎下腰，用英文對一名受傷的美軍說，「你還好嗎？大兵？你死了嗎，大兵？」說完還不屑地朝那名美軍身體踢了幾腳。那名美軍屏住氣，一動也不動，讓那名共軍拿走他的手錶與錢包。傑瑞．山姆斯（Jerry Sams）中尉當了一個月排長，沒有聽到一聲槍響。這天晚上，就在他忙著套上靴子時，一枚手榴彈炸瞎了他一隻眼，還讓他遍體鱗傷。他痛苦地躺在那裡，「我可以聽見他們正在殺害我的手下！」位於基地一角的一個南越軍榴彈砲連始終未發一彈。基地餐廳也為CS煙霧彈煙霧吞噬，廚子們的尖聲驚叫，在陣陣手榴彈爆炸聲中更加令人恐慌。

只有少數守軍反擊。據說，西點出身，曾是「金手套」（Golden Gloves）拳擊手，為部下士兵們不喜的貝里．麥基（Barry McGee）中尉，在徒手殺了一名爆破兵後，自己也遭槍殺。東尼．佐金森（Tony Jorgensen）用手槍射傷一名共軍，但隨即遭這名共軍丟來的手榴彈炸傷，於是他倒在地上，身上濺滿美國人與越南人的血。手榴彈爆炸讓補給士路易斯．米茲（Louis Meads）與威廉．米克（William Meek）愣在當場，但兩人隨即從瓦礫堆中探出頭來，見到兩名正在喃喃低語的敵軍。他們槍殺了這兩名敵軍。米克說，「我非常高興，因為我知道這狗娘養的沒辦法再找我麻煩了。」北越軍在描述這項行動的報告中也談到一名張姓小個子爆破兵與一名大塊頭美軍扭打在一起，美軍扼住張姓爆破兵喉頭，但後者引爆手榴彈，最終殺了這美軍。報告中還談到另一名爆破兵用一節爆破管打破一名守軍的頭。

史匹柏上尉說，在一片火光中，道爾與另兩名美軍在指揮中心操弄著那些形同廢鐵的無線電。名叫艾德·麥凱（Ed McKay）的軍官歇斯底里叫道，「我們都快要死了！」中校打了他一記耳光，厲聲斥道，「閉上你的狗嘴，中尉！」指揮中心已經熱得讓人難受：裡面的官兵設法趁暗溜到附近一處棄置了的急救站。

高層指揮部仍然搞不清瑪麗安基地的狀況。照明彈雖說也射了好幾枚，但在燃燒與彈藥引爆造成的濃煙籠罩下，基地情況渾沌不明。當史匹柏建議道爾撤出指揮中心時，負傷的道爾不同意，還對史匹柏說，「保羅，此地就是我們葬身之地。」不過就在這時，位於基地南端的指揮中心已經恢復平靜，史匹柏等軍官可以聽見只有基地北端還傳來不斷槍聲，因為共軍這時正忙著摧毀兩門一五五公厘砲，忙著射擊從砲陣地奪門逃出的砲兵。一名砲兵事後在接受陸軍調查時說，他的同袍「都嚇得六神無主，四散奔逃」。兩名醫護兵在逃命時險些被一名躺在地上、兩腿炸斷了的補給士官絆倒。

第一架美軍武裝直升機：一架裝備紅外線夜視儀的「夜鷹」（Night Hawk）休伊直升機於凌晨三點二十五分出現在瑪麗安基地上空。北越軍也在攻擊發起四十五分鐘之後的這一刻收兵。飛臨基地上空的「夜鷹」的探照燈與曳光彈還照到爆破兵穿越鐵刺網撤軍的影象。沒隔多久，一架醫護直升機降落。全身五處負傷的約翰·卡洪（John Calhoun）士官是第一批後撤的傷員。他說，「我來自鄉下，過去經常屠宰山豬。屠宰山豬時會沾上一種異味——我在後撤直升機上就聞到那種肚腸橫流的異味。那味道令人作嘔，傷兵們痛苦呻吟聲不絕於耳。」

瑪麗安基地的秩序逐漸恢復。道爾中校拖著一條打上綳帶的腿，在傷兵叢中來回穿梭，開些「價值百萬美元傷口」（如：因為有了這些傷，就可以回美國了）的小玩笑。許多地方仍在燒著，彈藥爆炸造成的火光不時打破了黑暗。一架直升機載來團長，直升機槳葉造成的熊熊火光映出團長的一臉驚惶失色。一名醫護直升機機長問是否需要屍袋，一名士兵答道，「你能找到多少就帶多少來。」有些美軍的屍體已經燒焦。五具嚴重變形的共軍屍體被丟進垃圾堆焚燒，之後負責這項行動的軍官還險遭戰罪指控。

攻擊基地的共軍奏凱撤軍，但日子更加難過：由於缺糧，他們之後四天只能在森林裡挖一些植物裹腹。他們承認在這場戰役中死了十四人，撤軍時還帶走二十一名傷員——這表示，至少少數美軍也曾有效抵抗。在道爾撤出以後，上級派遣克萊．泰特（Clyde Tate）中校進駐瑪麗安基地整頓軍紀。這位新指揮官在上任第二天就在作戰指揮中心找到威士忌，他將酒瓶當場砸爛。倖存官兵一口咬定這次事件是「外神通內鬼之作」——他們認定駐在基地的南越軍為爆破兵通風報信，南越軍駐紮區未遭攻擊就是證據。這種說法未必正確，但反映美軍與「他們的」越南盟軍之間的缺乏信任。

第二十三師的事件調查報告內容令人膽戰心驚：奉命守衛的官兵在睡覺；大多數官兵在遇襲時只想躲避藏身，不敢起而迎戰接敵。主持這項調查的將領不假辭色地指出，許多死傷「都是因為沒有做到應該做的事而淪為事件犧牲者」。他同時也承認發動攻擊的北越軍展現了勇氣與專業精神。他說，美軍「一般不願承認，在任何指定狀況下，越共、北越軍的表現就是比我們略勝一籌……這也可以理解……大多數越共、北越軍似乎……認定他們打的是一場正義之戰……但在一九七一年春的越南，一般美軍可沒有這樣的信念」。第二十三師師長詹姆斯．包文（James Baldwin）少將原本決定讓道爾繼續指揮第四十六團第一營，但西貢的亞伯拉姆斯否定了這項決定。包文本人連同第四十六團團長都遭到革職。

軍援越南指揮部在七月發表報告，認定奈特上尉「疏忽職守」，還說其他幾名關鍵人員「沒有效率」。道爾很幸運，躲過軍法審判一劫。隨著有關瑪麗安基地的事實不斷流出，美國報界也忙得不亦樂乎。不過由於適逢卡利審判結束不久，美國陸軍正極力避免宣揚家醜。魏摩蘭在華府寫道，「陸軍部長與我願竭盡全力減少陸軍自我帶來的創傷。」道爾獲准保有軍職軍銜，但不能再擔任帶兵作戰任務。他與包文的人生都因這次事件蒙羞，最後都英年早逝。之後也有人為兩人抱不平，說兩人是替罪羔羊。由於這場悲劇反映當時美軍一種制度性病症，說兩人是替罪羔羊也言之有理：在那個年代，無論哪一級指揮官，甚至只想用權威迫使部下遵守軍紀都很困難。

在與敵軍短兵相接的情況下，竟然有人意圖片面放棄戰爭——瑪麗安基地事件是這種愚行的最佳寫照。瑪麗安基地的軍官居然默許部下怠忽、甚至荒廢職守也讓人匪夷所思。由於這次事件實在太慘，許多人事後對瑪麗安基地官兵的遭遇表示同情。但從道爾中校以降，基地幾乎每一名官兵或多或少，都只能說是咎由自取。

姑不論南越軍、美國空中武力在之後作為如何，美軍地面部隊在鬥志、紀律以至於在效率上都遠遠不及他們的共產黨對手。在瑪麗安基地附近工作的美軍顧問布萊恩・華拉斯（Brian Walrath）中尉日後寫道，「依我看，在那個階段……駐守瑪麗安基地的那些軍隊與越境大多數美軍並無多大差異」。在五月二十一日發生的另一起類似事件中，共軍用十一枚一二二公厘火箭攻擊一個火砲支援基地，造成美軍三十三死二十一人受傷的慘劇。美軍死傷所以如此慘重，主要原因是當攻擊展開時，美軍都聚在餐廳用餐，攻擊展開以後，他們又都逃進一處掩體躲避，偏偏這處掩體又遭火箭擊個正著。

亞伯拉姆斯非常憤怒，因為這個單位事先已經接獲即將遭到攻擊的警告。他說，「你不能拿情報警告這種東西開玩笑，你這麼作是拿部屬的性命開玩笑。」同樣悲劇也在英吉利登陸區（LZ English）重演：當敵軍發動攻擊時，美軍官兵正在那裡打排球，還集合準備看一場電影。亞伯拉姆斯氣急敗壞地叫道，「那是不及格，是指揮的不及格。他們已經獲得情報……我真不知道他們在想什麼」。他們想的是回家：在瑪麗安基地遇襲事件過後一個月，美軍撤出那座山頭，永遠不再回來。一九七一年聖誕節那天，鮑伯．霍伯在為越戰美軍舉行的年度勞軍秀中遭在場美軍喝倒彩。

◎「替罪羊」

美軍高級將領已經知道就算地面戰鬥繼續打下去，美軍地面部隊也不再扮演重要角色。福瑞德．韋恩在一九七一年五月說：「我們的空中武力將成為維繫所有這一切的力量……現在全靠空軍把敵人擋在牆外。若不是空中武力，我們的情勢會非常危急，但華府那些人仍不斷叫囂，打擊我們的空軍。」韋恩指的是，國會正透過裁減經費的方式，不斷運用政治壓力，迫使美國裁減駐在越南的地面部隊與空中武力。在美軍不斷撤軍的情況下，空中武力成了尼克森與季辛吉仍然可以運用的主要武器。在一九六九年三月與一九七〇年五月間，總統親自下令對高棉境內目標進行了四千三百零八架次B-52攻擊，而這些行動就連空軍參謀長約翰．雷恩（John Ryan）也蒙在鼓裡。在出飛越高棉與寮國的任務以前，領航員必須簽一紙保密同意書：由於河內否認派軍進駐這兩個國家，北越領導人很難利用美軍在當地的行動搞宣傳。美軍戰略空軍指揮部備有兩套行動結束後報告，一套僅供極少數人士參閱，載明真正攻擊目標；另一套記錄南越境內的虛構目標。

但尼克森當局另有一項對當年美軍作戰影響至大卻鮮為人知的謊言，從一九六九年以降，尼克森要求空軍指揮官們盡一切力量狠狠打擊北越。他當時對軍方很不滿，經常抱怨軍方過於膽怯。但基於國內理由，政府又不願升高「交戰規則」（Rules of Engagement, RoE），因為這樣做必然招來國會與媒體撻伐之聲。在一九七一年最後幾個月，尼克森親自授權對非軍事區以北的裝甲車與車輛集結區發動反復攻擊。由於北越當時正在集結部隊，準備發動春季攻勢，美軍這些攻擊絕對有理，但它們違反了交戰規則。那年十一月，參謀首長聯席會議主席湯瑪斯．穆爾告訴駐西貢的空軍第七軍軍長傑克．拉維爾（Jack Lavelle）中將，要他派偵察機飛越北越洞海空軍基地，因為這樣做必然招來北越砲火，讓美軍找到轟炸的藉口。後來所謂「拉維爾醜聞」（Lavelle Scandal）的一個中心議題就此出現。根據一九六八年以來的交戰規則，美軍飛機只有在遭到北越境內高砲與飛彈陣地開火以後，或北越境內雷達設施已經導引米格－21攻擊美機時，才能對這些陣地與米格－21發動攻擊。這些交戰限制儘管荒謬，但它們反映了當年許多國會議員竭盡全力結束這場戰爭的心態。

美軍交戰規則也容許某些自由裁量——舉例說，在遭雷達鎖定以後，美機可以不等敵飛彈發射升空，逕行對雷達站發動攻擊。但自一九七一年十二月起，共產黨開始在雷達鎖定的同時發射SAM地對空飛彈，讓美機飛行員得不到飛彈來襲的預警。究竟在什麼情況下，才能對可能擊落美機的敵軍飛彈陣地發動先制攻擊，讓美軍飛行員與指揮官越來越困擾。白宮的意圖非常明確：尼克森要狠狠打擊北越。部分由於雲層濃密影響所及，雷達轟炸精準度往往不佳，尼克森不斷埋怨空軍，說空軍沒有盡力。一九七一年十二月，雷恩將軍往訪泰國視察烏隆（Udorn）基地，對機組人員說，他對他們「丟人的表現」非常失望。但當國防部長賴德訪問西貢，拉維爾中將要求開放交戰規則限制時，賴德拒絕了他的要求。賴德當時對拉維爾說，第七軍「應該盡可能運用我們既有的授權，他會在華府支持我們」。但一個月以後，不在白宮決策圈的賴德又變了卦，說，只有當雷達設施控制「已經升空、而且有敵意」的米格機時，美機才能攻擊這些設施。

一九七二年二月二日，穆爾上將告訴尼克森，他已經指示身為拉維爾頂頭上司的亞伯拉姆斯，「加強他的機場偵察作業，確使這些偵察機都有轟炸機提供強大後援，如果這些偵察機像過去屢屢發生的情況一樣遭敵人攻擊，他就可以攻擊機場，我們就這樣進行了一連串這類行動，長官」。尼克森答道，「我只要求做到一件事，就是用非常、非常廣義的方式解釋交戰規則。」第二天，尼克森為正在華府述職的大使艾斯華．邦克做簡報。他對邦克說，邦克必須告訴亞伯拉姆斯「他可以攻擊SAM飛彈基地。不過要設法不聲張……但如果事情一旦鬧出來……他可以說那是一種『保護性反擊』。」

但這類行動現在引發巨型爭議。身為二次大戰王牌戰鬥機飛行員的拉維爾確實下令發動了幾次「保護性反擊」，當發動這些反擊的機組在事後表示敵人當時沒有反應時，空軍當局警告這些機組，要他們不得在電腦化的OPREP-4行動後報告中承認這件事。事隔一個月，在烏隆空軍基地服役的情報士官隆尼．富蘭克斯（Lonnie Franks）寫信給反戰參議員哈洛．休斯（Harold Hughes），說機組人員為了讓轟炸合理化，在行動後報告中做假。事情隨即爆發，一直與拉維爾不合的雷恩派遣空軍檢察長路易斯．威爾森（Louis Wilson）到西貢，調查這些指控。威爾森根據一些極其可疑的證據提出報告，說第七空軍軍軍長拉維爾下令進行顯然有違交戰規則的任務。拉維爾立即被召回華府，根據「健康理由」以兩顆星少將身分從空軍退役。

在這個階段，尼克森對這事並不知情。但他與新任第七軍軍長約翰．瓦特（John Vogt）中將會了一面，季辛吉也在場。尼克森在會中告訴瓦特，他希望空軍的表現能比過去更積極。瓦特後來說，尼克森在這次會面中「眼神顯得很迫切」。不久媒體在頭版刊出拉維爾被罷黜的消息。社論作者指責拉維爾，說拉維爾搞「私人空戰」，說他不聽上司命令，要飛行員與部下指揮官投入「一場大陰謀」。六月十四日，在與季辛吉與國務卿羅傑斯的會議中，尼克森第一次注意到拉維爾的事。

「這究竟怎麼回事？……誰是拉維爾？他是不是替罪羊？如果是……很不好。」季辛吉與羅傑斯向尼克森解釋富蘭克斯那封信以及之後引發的事。在當天稍後另一次會議中，季辛吉說，「拉維爾的事件就在於，他有理由相信我們要他採取激進步驟。」尼克森答道，「沒錯，沒錯。」季辛吉說，「隨即，賴德突然間就像牆倒磚塌一般向他發難。」尼克森說，「我不希望一個人因為做他認為應該做的事而遭迫害。」季辛吉開始數落軍方，「他們都像耗子一樣，相互爭權奪勢。」尼克森表示同感，說，「我們能不能採取行動制止這件事？」這時，無情的政治主宰一切。季辛吉說，「我想這件事會不了了之，我想我們應該不動聲色，就說……就說我們已經採取匡正步驟就行了。」尼克森又長嘆一口氣說，「這事真的很丟臉。亨利，這對那人的名譽打擊太大了。」拉維爾的職涯就此斷送。

季辛吉說軍方「都像耗子一樣，相互爭權奪勢」，這話說得不錯：穆爾於一九七二年九月在參議院一個委員會中作證撒謊，說他從未要求部屬對北越發動保護性反擊。亞伯拉姆斯也在同一聽證會中說，拉維爾「違反了交戰規則，而我認為規則與政策略有不同」。亞伯拉姆斯的這番模稜兩可，突顯這場戰爭已經形同錯綜複雜的大騙局。拉維爾為了遂行總司令的願望而遭罷黜，卻遭他的長官穆爾與雷恩落井下石，套用尼克森的話，成了穆爾與雷恩的替罪羊。美國空軍奉命遵守的交戰規則既荒謬又偽善，無論對有意向北越發動空戰、或對無意這麼作的美國人而言，合理的選擇只有一個。但越來越荒腔走板的華府決策世界已經既無理性、也沒有誠實可言。

◎「我們回家吧」

在潰瘍、肺炎、高血壓與酗酒的折磨下，亞伯拉姆斯日趨憔悴。姑且不論白宮對他信心盡失，單憑這些理由，他仍能保住駐越美軍司令的職位已經令人稱奇。一九七一年五月二十九日早晨，就在國家安全顧問季辛吉動身展開新一輪秘密談判前，尼克森與季辛吉有一段非常發人深省的對話。季辛吉告訴尼克森，說他打算如何如何在下一次總統大選前即時達成協議，「讓我們度過一九七二這一關，對這一關，我可是一直非常記掛在心的，總統先生。」

尼克森：「是的。」

季辛吉：「如果可以，從一九七二年十月起，我們就可以在全國各地到處宣揚，說我們想打贏這場戰爭，而民主黨想把勝利拱手讓給共產黨……」

尼克森：「當然啦，這樣好。」

季辛吉：「這樣一來，我們就能穩操勝券。」

季辛吉毫無顧忌地談到西貢的命運：「如果最後勝利一定是共產黨的，與其讓戰爭不斷拖延下去，不如讓它在你第二任任期的最初六個月內結束。」

尼克森：「當然。」

季辛吉：「我對這件事一直非常冷血。」

尼克森：「我知道我們要的究竟是什麼。」

《紐約時報》自六月十三日起，開始刊登後來所謂「五角大廈文件」，這是羅伯．麥納瑪拉五年前撰寫的一份極機密報告，報告中毫無遮掩、坦然記錄了導致美國捲入越戰的種種欺瞞與誤判。美國政府一開始把怒氣都發在洩漏這份機密文件的丹尼爾．艾斯柏格身上，雖說如此，但這次洩密事件使美國人民更加深信美國根本不應捲入越戰，應該盡可能早日脫身。

亞歷山大．海格說，情勢明顯，美國必須接受西貢出現一個包括共產黨參政的聯合政府。不過對河內來說，這樣的讓步遠遠不夠：他們堅持阮文紹總統必須去職，而且毫無商量妥協餘地，讓談判陷於僵局。國務院於是一百八十度扭轉十年來的政策，呼籲這位南越總統向共產黨伸出雙手。尼克森在七月間告訴季辛吉：「他們知道已經抓住我們要害了。」到一九七一年年底，尼克森與季辛吉都已經準備接受停火，不再堅持北越軍必須撤離南越。

尼克森總統任期內最重要、無疑也最具有想像力的成就——人們往往忘了，尼克森確實也有一些成就——就是與中國的和解。生活在二十一世紀今天的人，很難想像當年美國政府得跨越多大政治、道德與戰略距離，才能與一個近四分之一世紀以來保守派心目中的「邪惡搖籃」建立實事求是的和解關係。在思考透過東歐向北京接洽之初，尼克森與季辛吉有兩個目標，首先是建立對話，加深共產黨陣營內部分裂，孤立蘇聯；第二個更重要的目標是推動越南問題和平解決。尼克森政府仍然相信一旦中國與蘇聯縮手，河內縱想繼續再戰也力不從心。

兩人的想法就狹義而言沒錯，但他們低估了莫斯科面對的強大的意識形態壓力。蘇聯必須支持北越，如果在黎筍英雄式革命的緊要關頭背棄黎筍，蘇聯在社會主義世界的名譽會一敗塗地，莫斯科不可能這麼作。特別是季辛吉，這時已經將可以接受的和平協議條件壓得很低。在一九七一年七月第一次飛往北京、秘密會見中國總理周恩來的飛機上，季辛吉在記事簿上寫道，「我們要一個體面的間隔。」他的意思是，在越南落入共產黨手中以前，美國需要有時間從容、體面的撤軍。那年十月，在第二次公諸於世的北京會談中，季辛吉重申這項要求。這第二次會談震驚了世界，也讓河內提高警覺。從那以後，無論南越、北越都面對一項新困境：中國與美國統治者關心的，顯然只是發展兩國雙邊關係，而不是河內或西貢的命運。季辛吉的北京行不能加速越南和平進程，但成了謀和外交進程的一項重要因素。

南越在一九七一年十月舉行它最後一次總統選舉，讓華府難堪、全球恥笑的是，阮文紹是這次選舉唯一候選人，副總統阮高祺與楊文明都退出競選：在這種情況下，還想將越戰描繪成一場爭民主的聖戰就更加難上加難了。但許多決策人仍不肯認敗服輸，仍不信美軍將撤出越南。尼爾・席漢擔憂地說，「美國人永遠也不會有他們必須走的念頭。」湯姆・波加（Tom Polgar）在即將飛往西貢出任中情局西貢站站長時告訴國防部長賴德，說他不放心他在西貢家屬的安全。賴德說，「啊，不必擔心。就像當年在德國一樣，我們在越南會駐軍三十年。」但美軍撤軍腳步繼續不斷加快，造成的負面影響也持續擴增。當第一七三空降旅撤出平定省時，綏靖作業瓦解，共產黨取得政治主控權。七月間，CORDS與鳳凰計畫老闆柯比離開越南。到那年年底，儘管仍有十七萬五千名美軍駐越，但他們大多擔任輔助性任務：只有兩個戰鬥師仍然留駐，而且其中一個是預備師。

就算是相對軍心較穩定的澳洲派遣軍，羅伯・富蘭克林在一九七一年役期最後幾個月時也不禁心想，「我終於可以脫身了。」富蘭克林對共軍非常敬佩，認為他們是「非常資深的軍人」，一方面他也衷心盼望不要在這時戰死。「他們稱這些任務是『搜索與摧毀』，但到那時，我覺得它比較像是『搜索與躲避』。你可以看得出來，這事情完全結束了。」有一天，富蘭克林帶著一個步兵排，追逐兩名越共一路追進一處橡樹園。當時日頭西沉，天色漸晚，富蘭克林示意休兵，他的班長亞瑟・法蘭西斯（Arthur Francis）問道，「我們為什麼停下來，老闆？」富蘭克林答道，「這些老共也跑了這麼遠了。放他們一馬。我們回家吧。」

第 24 章

最大的戰役

The Biggest Battle

◎黎筍的軍隊

許多有關越戰的史書，將一九六八年春節後發生的事稱為「後續」發展，因為在那年春節過後，美國開始逐漸撤離越南，南越的敗亡已是在劫難逃。這種說法或許屬實，但龐大的事實不容忽視：一九七二年見證了整個越戰史上最大規模的戰鬥——雙方都全力投入，都傷亡慘重，衝突規模之大，足令一九六八年那些衝突相形見拙。同時也就在一九七二年，全球最大的幾個國家舉行歷史性的高峰會；巴黎和談陷入僵局，幕後勾心鬥角、爭執不斷；尼克森則當選連任。

黎筍或在沿海的涂山（Do Son），或在河內泉邦賓館（Quang Ba Guest House）思考他的軍國大計。一九七一年秋，經過在這兩處地點的盤桓，他達成一項重要決定：北越軍要發動一項傳統攻勢，向全世界證明越戰越南化的失敗。這項決定遭到黨內一些人反對，認為美國空中武力太強，發動傳統戰會敗得很慘。但黎筍不為所動，他認為北越在與美國打一場意志戰，暴露西貢政權的軟弱就能加強河內的籌碼，或許還能造成阮文紹的垮台。至於在美國撤軍已成定局的今天，發動這場攻勢，造成本國軍隊數以萬計傷亡是否值得的問題，他絲毫不在意。如果說美軍將領喜歡標榜自己的凶狠，北越領導層的心狠手辣也毫不遜色。

北越籌畫的這項代號「阮惠」（Nguyen Hue，十八世紀的一名越南統治者，曾經擊敗中國人）的行動，預計動用十個師，由於規模過大，動員準備工作難以隱藏，美方事先獲得極明確的預警。在一九七一年十二月二十二日的一次簡報過後，亞伯拉姆斯說，敵人顯然「在搞著些什麼，跡象一籮筐……我只是不喜歡這氣味」。他在十天後的另一次會議中說，「我們不知道何時或在何地……只知道敵人已經決定一旦時機妥當……他願意把一切軍力全部投入」——亞伯拉姆斯的意思是，除了兩師正規軍以外，河內將把全部武力完全投入。一九七二年一月二十日，軍援越南指揮部在一次簡報會中告訴與會指揮官：「毫無疑問，這將是一場大規模攻勢，主攻目標可望是中央高地與廣治省北部。」兩天後，簡報官指出，「自一九六五年來，我們首次面對主要必須藉由南越資源擊敗敵軍大規模攻勢的情勢。」他達成結論說，「沒有人能夠擁有他想擁有的一切資源。」這話引來在場指揮官們一陣大笑，笑聲既充滿無奈，也帶著理解。

亞伯拉姆斯也在二月二日說，「好戲上場了！序幕已經拉開，我們上台了。」在為一個到訪的南韓代表團做的簡報中，他精準預測北越的目標是「打擊整個越戰全局最弱的一環，也就是美國人民的意志……如果他們能占領濱黑（Ben Het）或崑嵩市，哪怕僅占領一星期……並威脅廣治，媒體會說越戰越南化已經失敗，少數仍然支持繼續經援的國會議員會因此信心盡失。」由於以上這些記錄，北越軍發動攻擊，而且大體上竟能達到奇襲效果，令人格外震驚。部分原因是亞伯拉姆斯原以為北越軍這項攻勢將在春節發動；之後春節過去，北越軍並無動靜，媒體開始嘲諷他只會喊狼來了。此外，華府沒有一個人願意聽到這樣的警告。特別是國家安全顧問季辛吉更似乎充滿信心，認定他能在巴黎制服共產黨，一心一意想的都是其他地緣戰略議題。

二月二十一日，尼克森展開他的歷史性中國之行，為他本人與他的行程代理人季辛吉帶來一場勝利：儘管訪問中國是尼克森的主意，但季辛吉因此成了《時代》雜誌封面人物。美、中雙方相當坦誠交換了意見，同意在台灣問題上各行其是。尼克森明白表示美國決心撤出越南，而且不在乎越南在美軍撤出以後會像什麼樣子，但他要求，在美軍撤出以後以及在共產黨接管以前，必須有一段「合理的間隔」、「充分的間隔」、「時間的間隔」——季辛吉在幾次與周恩來的會談中使用了所有這三個詞。中方表示他們願意結束孤立鎖國政策——事實證明果然如此——與美方建立一種新工作關係，並且準備為達到這個目標而付出一些政治犧牲。但他們不會因此切斷對河內的援助，尼克森與季辛吉如果認為中國人可能這麼做，就太一廂情願了。尼克森此行雖說讓他在媒體上出盡鋒頭，但他為越南謀和的重要意圖沒有如願。

無論怎麼說，尼克森信心十足返回美國，認定中國十年來的介入既已終結，他可以幾乎對北越為所欲為。自此以後，在訂定印度支那政策時，他可以只考慮美國人民透過國會表達的心聲，不必擔心中國或蘇聯掣肘。這場戰略均勢的轉變讓黎筍與他在河內的同志憤怒異常，認定毛澤東出賣了他們，認定毛澤東只要向尼克森提出警告，就能讓北越免於又一場轟炸洗禮。一名資深共幹說，毛澤東會見尼克森等於「丟一個救生筏給一名即將溺死的海盜」。儘管中國軍援仍然如潮如湧流向北越，但河內仍然抱怨不已。

自一九六八年起，美方代表團先後在哈里曼、洛奇與大衛．布魯斯（David Bruce）領軍下，繼續在巴黎與北越進行空洞的正式會談。曾在美國代表團擔任軍事顧問的福瑞德．韋恩事後憶道，「這些共產黨是死對頭，根本一步也不退讓。只要阮氏清平在場，你會感受到她一身充滿仇恨。」但唯一真正重要的，是那些不時在法國共產黨擁有的一棟粉白灰泥別墅舉行的秘密會談，談判雙方是季辛吉與北越的黎德壽。和談一直沒有進展是因為河內堅持阮文紹下台，美國則要求北越軍撤出南越——不過自一九七一年夏以降，美方已經心知肚明，他們在這個議題上，充其量只能獲得北越的撤軍姿態而已。在大選年期間，尼克森為顯示自己決不投降，一再強調「我們不能打輸這場戰爭」。他原本有意在美國大選很早以前就將美軍全數撤回，但遭季辛吉勸阻，季辛吉堅持即使在大選過後，部分美軍仍應繼續留駐越南。有趣的是，在白宮錄音帶上錄下的許多尼克森-季辛吉對話中，身為國家安全顧問的季辛吉，對一九七二年總統大選重要性的強調，似乎猶重於身為總統的尼克森本人，而且季辛吉對尼克森的拍馬逢迎，或許就連法王路易十四聽在耳裡也會感到肉麻。尼克森有一次說，「我或許是自西奧多．羅斯福（Theodore Roosevelt）以來最強硬的白宮主人了。」季辛吉答道：「毫無疑問。」

尼克森認為空中轟炸是向北越施壓的好辦法，因為他在仔細研究民調後發現，美國民眾不喜歡使用美軍地面部隊，但對空襲情有獨鍾，甚至對空襲的作法讚譽有加。到一九七二年後期，尼克森所以決定加強轟炸北越，究竟有多少出於外交必要，有多少出於嶄露個人強勢的狂妄決心已經引人爭議。美國在巴黎和談過程中的立場變化，繼續成為學者們激辯的主題。但誰是誰非似乎也不必非得爭個水落石出，因為關鍵事實很明顯，而這些事實已經不容否認：美國人民決心退出越南；他們現在唯一關心的，只是陷在共產黨手中的那些美軍戰俘的命運。許多人為戰俘問題爭得面紅耳赤，其實沒有必要，因為情勢已經明顯，一旦最後一名美軍撤出，河內就會交還戰俘。B-52砲手傑克·考特爾（Jack Cortel）寫道，「現在唯一讓我們有使命感的事，就是把我們的戰俘弄回來。」

另一方面，南越的作戰意志以及南越軍為西貢政權奮戰的熱忱現在已經薄弱。南越軍少校阮公倫與同事們討論南越的一百多名將領，達成結論說，大約其中二十人有才幹、有品德，十人是貪腐無能、無可救藥的傢伙。在與美國人討論如何提升南越軍士氣時，吳祝（Ngo Dzu，譯音）將軍建議恢復法軍當年的活動野戰妓院系統。一名年輕的南越軍軍官寫信給一名英國記者，說他與他最親密的友人都在西貢軍非戰鬥部門工作，「因此我們不必被迫殺人，這讓我們非常開心。」

一旦美軍撤離，南越軍生存的可能性微乎其微，無論季辛吉或尼克森對這一點都不抱幻想。他們只想用一年半到兩年時間，裝模作樣地為越南前途謀福。特別是季辛吉，對待中國與俄國等美國敵人的態度，遠較對待他的南越友人誠實得多。為兩人辯解的人說，越戰不是兩人造成的，但事到如今，為了讓美國從這場戰爭中脫身，兩人身負重責大任，也只能盡可能打好這一手必輸的爛牌而已。至少這種說法的第一部分正確。歷史對兩人的指控不是他們挑起越戰，而是他們為黨派利益而隱瞞美國選民，不讓選民知道越戰遲早必敗的事實，坐視這場戰爭憑白打了許多年。

一九七二年初，華特·布莫少校在廣治省沙吉火力基地擔任一個南越軍陸戰隊營的顧問。在從馬里蘭州貝賽達（Bethesda）家鄉啟程以前，他的妻子阿黛（Adele）不解問道，「我不了解你為什麼要上越南。」布莫當時回道，「我是軍人，這是軍人做的事。」但在抵達越南以後，由於太多美軍已經撤離，蜆港一片荒涼，各處設施的殘破與凋零讓他震驚。在進入南越軍陸戰隊營以後，他發現前任顧問行事乖戾，惹得越南人痛恨不已，他花了好一陣子才讓部隊官兵改善對他的印象。軍官與士兵之間的隔閡令布莫十分擔心：「營長少校用大棍子執行軍紀，我發現，一旦我們捲入麻煩，這會是個問題。我很寂寞——看很多書，做許多鍛鍊。與他們在一起讓我感到不安，他們似乎都疲倦了，沒有人想戰鬥。」北越軍發動這項攻勢以前，在布莫建議下，這個陸戰隊營實施了幾次深入敵境的巡邏，但在一次這樣的巡邏引發一場槍戰之後，營長不肯再派部下出巡。布莫說，「我們必須不斷出巡，打斷他們的擴張。」但營長聳聳肩說，「我們沒這個實力。」布莫並不認為南越軍是懦夫，「但他們都有一種心態，不願冒任何不必要的險。」但現在，可怕的危機已經迫在眼前，南越的百萬大軍就算想逃也逃不了。

◎風暴來襲

葛瑞·特里中校在廣治省第三師總部進行採訪，原定於一九七二年三月二十九日飛回西貢，但他的直升機延誤。第二天中午「天下大亂」了，共產黨破壞了一九五四年日內瓦協定碩果僅存的最後一些協議，派遣戰車衝過非軍事區南下，並從西方發動攻擊，達成奇襲效果。北部火力基地遭北越軍重砲猛轟，很快搖搖欲墜。北越軍參謀長文進勇在中央高地發動大規模攻擊，並攻擊位於西貢北方僅僅六十英里的春祿，同時越共與北越軍也在湄公河三角洲製造進一步混亂。讓美國人與南越震驚的，不僅是北越這項攻勢的規模，還有北越軍使用的蘇聯與中共造的新武器：六百輛輕型與重型戰車；尖端科技的SA-7「箭」（Strela）肩射型防空飛彈；包括線導「火泥箱」（Sagger）在內的反戰車飛彈。數以千計北越人員在主要是東歐國家的海外地區受過使用這種反戰車飛彈的訓練。

在南越北部地區，第一軍軍長黃春林不承認敵軍這項攻勢有多強，高文員在新山一說，「黃春林從來報喜不報憂」。美國大使艾斯華．邦克已經離開西貢返美度復活節。亞伯拉姆斯當時與妻子在曼谷，正在辦理皈依天主教的事，所以由副手福瑞德．韋恩暫時代理軍援越南指揮部指揮權。韋恩也設法淡化恐慌，但「在這個案例中，無論你怎麼形容它，它是一場人海攻勢，因為一波波人潮不斷湧入你的陣地」。共產黨刻意選定廣治的季風季節發動這場攻勢，特別在攻勢發動最初幾天，濃雲低垂，讓美國難以施展空中武力。

四月二日，復活節周日一早，共軍戰車往南，朝跨越瓜越河的東河鐵橋直奔而來。九點十五分，葛瑞．特里發現他所屬的第三師正在潰退，他的美軍上司已經隨越南裔師長逃之夭夭，自己現在是第三師首席顧問。特里描述當時情景如下：「南越軍參謀官與他們的士兵一言不發站起身，拿了私人物品就離開碉堡，官階最高的首先開溜。無線電就開著，無人搭理；地圖與機密文件就丟在原地。秩序已經解體，士氣完全潰散，官兵們只是一窩蜂跑向最近的車輛。許多美軍抱著收音機與音響，驚惶失色奔往登陸區。那真是黑暗、悲哀的一天。」

特里不得不當面下令一名本想逃逸的美軍軍官留下來——而且之後還兩次重覆這道命令。特里本人心想：天候狀況對我們不利，南越軍步兵正在潰散，他們的砲兵不會反擊，戰車正朝我們直直逼近。當他的直屬上司下令由他接掌第三師指揮部時，特里為求謹慎而要求那名上校顧問寫下命令，並附上社會安全號碼做為證據——還好他採取了這一步防範措施，因為亞伯拉姆斯在返抵西貢，接獲從北部傳來的噩耗時，氣得不敢相信這是真的。亞伯拉姆斯接獲報告說，「廣治戰鬥基地的一名陸戰隊中校顧問說，情勢非常危急」，這名陸戰隊中校就是特里。但特里的上司、蜆港的福瑞德・克羅森（Fred Kroesen）少將卻說特里慌了手腳，謊報軍情。

亞伯拉姆斯氣得暴跳如雷：「我的印象是一大堆人都在那裡吸大麻……我不知道究竟該怎麼弄，但……我要這些亂糟糟的狗屁都給我結束了！」只不過能不能止住這些「狗屁」現在得看北越的臉色，而且事情才剛開始而已。北部地區的南越共和軍領導系統已經崩潰。特里說，「關鍵議題總不外一個：誰在負責？我們忙了六年，還沒有解決這個問題，指揮權不統一。在北部地區，在我們撤出七萬名美軍後，南越一直沒能填補我們留下的空缺。」

當一架EB-66被擊落，機上飛行員在非軍事區內發出求救訊號後，美軍地面部隊與空軍之間出現一場激爭。空軍當局為拯救這名飛行員而大舉動員，並且在這名飛行員疑似墜落位置方圓十五英里地區——包括北越軍縱隊洶湧南進使用的走廊——頒布禁止砲擊令。空中支援顧問大衛・布魯克班（David Brookbank）少校在一篇火藥味十足的行動結束後報告中說，「這道禁令給了敵軍一個戰史上前所未見的大好機會，讓敵軍肆意前進。」在兩架固定翼搜索機與一架「歡樂綠巨人」直升機遭共軍飛彈擊落後，南越海豹特戰隊員與他們的美國海軍顧問終於在四月十二日找回這名失蹤的飛行員。儘管這時越南境內仍然駐有七萬美軍，但其中只有六千人是戰鬥部隊，現在戰場情勢得由南越軍與他們的顧問來決定，而且最主要的是靠空中武力來決定。

常說，死戰不退的直升機機組是駐越美軍與陸戰隊的唯一制式武力。這場一九七二年之戰出了許多了不起的英雄，其中不乏冒著奇險拯救顧問脫困的美軍飛行員。一架休伊在兩架眼鏡蛇護送下，從緊鄰非軍事區南方的「艾爾發二號」（Alpha 2）掩體救出一支五人前進觀察小組。這架休伊直升機在敵軍砲火下降落，喬・艾森斯坦（Joel Eisenstein）中尉衝到三十碼外的艾爾發二號，發現戴夫・布魯格曼（Dave Bruggeman）中尉的頭部被彈片擊成重傷——布魯格曼早先將他的頭盔交給一名因頭盔被偷而恐懼不已的越南陸戰隊員。艾森斯坦把布魯格曼拖上直升機，又將幾名傷兵也救上來，然後起飛，卻見到留在地面的一名越南兵因為直升機不能帶他走，憤而舉起「巨漢」榴彈發射器瞄準他的直升機。艾森斯坦不由一陣顫抖：「那狗東西想把我們從天上打下來，如果他不能走，他也不讓任何人走。」那越南兵後來沒有開火，但布魯格曼在飛行途中陣亡，死在艾森斯坦懷裡。後來，當他們從艾秀（Ai Tu）基地撤出美軍時，當地西貢最高階軍官把眾人推開，自己首先登機。

在廣治省作戰中心，南越空軍戰術空中管制員已經與其他許多人一起人間蒸發。特里告訴峴港，必須在敵軍戰車抵達以前炸毀東河鐵橋南端，但美軍高階軍官否決了這項建議：因為一旦發動反攻，需要這座鐵橋。特里只得要求南越軍迅速增援鐵橋防務。但第三師參謀長不肯。特里隨即找上旅長，要求旅長採取主動。那旅長一聲不響、面無表情地停了老半天，隨即看了看地圖，又看了看特里，說道，除非先經過西貢方面批准，否則不幹。經過特里再三懇求，那旅長「終於用最美的英文說『我會下令營長守住東河。』」特里開心大叫，「謝天謝地，或許我們畢竟還有一線生機！」

南越軍在鐵橋南端部署三個LAW反戰車隊。就在難民人潮還在不斷過橋之際，他們眼見入侵敵人在鐵橋的一座鋼樑上升起軍旗。特里不理會上級命令，下令步兵顧問約翰．萊普利（John Ripley）上尉「想辦法炸了東河鐵橋」。不過在幾天以前，為了排解無聊，萊普利還在拼一個一千片的「金剛」（King Kong）拼圖；現在他搭一輛M-48戰車便車，往東穿過東河市，道路上已經處處散落著共軍砲擊造成的瓦礫與車輛殘骸。瓜越河北岸，就在四年前吉姆．李文斯登上尉與他的陸戰隊連在大道之戰前夕部署的同一地點，他見到一支由二十輛戰車組成的敵軍裝甲縱隊。一些逃竄的南越軍搶了美軍顧問的吉普車，連同車上的保密通信裝置。總部日誌上寫道，「第五十七團已經解體，正全面潰散。」一名越南陸戰隊少校從一輛戰車上跳下來，抓住一個正在逃命的兵，咆哮著說，「你要到哪裡去啊？」那個兵哭道，「沒用了，沒用了」。那少校拔出手槍殺了那兵，但已經於事無補：成百上千的南越軍已經潰散。

但也有人留下來，英勇奮戰。在東河鐵橋，一名羅（Luom）姓下士朝走在最前面的敵戰車射出一枚LAW，但射偏了。他又射出第二枚，這次命中目標，在戰車砲塔下爆炸，迫使那輛戰車匆忙掉頭後撤。他在幾周後陣亡。北越軍隨即調轉步兵取道附近一座法國殖民時代建的舊鐵路橋。這座橋的一座墩距在一九六七年被毀，但徒步仍可通行。約翰．萊普利召來美國海軍艦砲制止了步兵，之後又毀了四輛敵軍戰車，守在南岸的西貢軍戰車開始向跨河而來的共軍裝甲車開火。

萊普利與陸軍少校吉姆．史莫克（Jim Smock）想辦法摧毀那座公路橋，在橋邊見到五名悲傷的南越軍工兵，對著一堆裝滿塑膠炸藥的箱子，愁眉不展。萊普利後來說，「他們似乎是在想，不知我們是奉命來殺他們的，還是說他們應該乾脆自行了斷，省得我們動手腳。我從沒見過……這麼絕望或無助的人」。在兩名美軍遍尋雷管不著之際，這五名南越軍消失了蹤影。在橋與這堆炸藥之間橫著一道大柵欄。萊普利首先跨過柵欄，再由史莫克一箱一箱，把二十五箱炸藥運過柵欄。兩名美軍就這樣手臂被柵欄上的鐵刺網割得處處血痕。

兩人隨後爬上橋樑，開始安放炸藥，被北岸敵軍發現。敵軍開始向史莫克開火，但不知為什麼沒有向萊普利開火，不過後來一輛T-54戰車終於朝萊普利射了幾發砲彈。三十三歲的萊普利不斷自言自語「耶穌啊，聖母啊，讓我完成這件事」，就這樣，經過三小時痛苦、疲累、驚恐萬狀的拚搏，炸藥終於裝置妥當。兩名美軍找到一箱電雷管，然後帶著線跑回南越軍防線，從一輛輪胎起火的殘破吉普車裡找出一個電池，然後壓下引爆桿。但沒有動靜。兩人氣急敗壞，一試又試，突然間一聲巨響傳來，鐵橋南段斷落墜入河裡。萊普利用無線電通報特里：「東河鐵橋斷了。我再說一次……這橋斷了。完結。」根據特里的記錄，收到這則電訊的時間是下午四點半。在更偏西部地區，面對本身一堆問題的華特・布莫，後來以非常感激的口吻說，「萊普利救了我們的命。」在西貢，一名簡報官告訴亞伯拉姆斯說，陸戰隊「在等候命令澄清時」炸了這座橋，指揮中心眾軍官聽到這話立即爆起一陣寬慰笑聲。萊普利後來獲頒一枚海軍十字章：在共軍南下過程中，他的炸橋發揮了非常關鍵性的遲滯作用。

在更西邊的卡洛營（Camp Carroll），南越共和軍團長、在一九六八年順化之戰時曾經率領一個營的范永定少校說，他接獲當地北越軍團長的電訊，要他「投降，否則死路一條」。范永定要求停火，以便與他的部下軍官討論這件事。四月二日下午三點，他手下十三名軍官齊集作戰室。他告訴他們：「如果我們繼續戰鬥，許多人會送命。就算我們或死或傷而且打贏了，也不會有人照顧我們。現在，我們必須自己照顧自己。」作戰室裡只有一名少校主張戰鬥，其他人都不吭聲。范永定於是決定投降，隨即找上他的顧問威廉・坎波（William Camper）中校與喬・布朗（Joe Brown）少校。坎波早已認定這個由許多逃兵組成的團「是一個隨時隨地可能爆發的災難」。他在七年前已經認識范永定，而且早在北越這波攻勢發動前，他已經發現范永定與過去大不相同，似乎「矮矮胖胖，麻木不仁」。

范永定後來也承認「我腦子出了一些問題」。他告訴兩名美軍顧問，說他的部下不想再打，還建議兩名顧問不如自行了斷「免得我們尷尬」。坎波當時答道「我們美國人不幹這種事」，還一度考慮拔槍斃了范永定。隨後，坎波用無線電告訴特里說，「基於一些他無法解釋的理由」，他即將離開任所。對這件事一無所知的特里答說，「不行！中校，你得留在原地做你他媽該做的工作！」但經過坎波說明情勢緊急，一架直升機冒著共軍驟雨般彈火在卡洛營降落，它的液壓管也遭擊損。在五架眼鏡蛇武裝直升機掩護下，這架直升機終於救出兩名美軍顧問，飛到廣治。在卡洛營，一千八百名戰俘與五個連的大砲落入共產黨手中：范永定因此獲收編，成為北越軍軍官。

當特里將這些進展報回軍援越南指揮部時，指揮部的反應很憤怒：「中校，你瘋了嗎，南越軍參謀部沒聽說有投降這回事。卡洛營有二十二門砲，兩千名共和軍士兵……你別胡說八道。」沒隔多久，特里奉命立即離開駐所飛往西貢，向亞伯拉姆斯報告。特里在軍援越南指揮部遭到厲斥，若不是因為能出示書面命令做為證據，他險遭軍紀處分。在那段從白宮以降，每個人都在尋找替罪羊的日子，特里運氣不佳，淪為第一個犧牲品。

在一陣暴風雨般的火箭轟炸過後，共軍對位於卡洛營西方的沙吉火力基地展開攻擊。他們迅速攻占基地邊的山頭，山頭守軍隨即潰散。華特・布莫深感孤立無援，認為自己再也見不到同為顧問的好友雷・史密斯（Ray Smith），就連自己大概也就此葬身異域他鄉。對沙吉的砲轟更猛了，死傷不斷增加，死者中包括兩名年輕的美軍電子監聽員。布莫在自己的碉堡也遭砲彈直接命中之後，知道陣地守不住，於是呼籲基地的南越軍指揮官撤軍。那名少校後來終於同意：「我們現在走。」他們帶著能夠行走的傷患，趁黯夜出發，在叢林跋涉兩天，經常聽見敵軍就在左近，但始終未見到敵軍。之後，共軍在他們走出叢林時發現他們，將他們打散。

與布莫走在一起的南越軍四散逃竄。布莫用英語大叫：「停！別跑！不能丟下傷患！」但一點用也沒有。他發現自己的無線電兵丟下作為生命線的發報機逃跑，氣得想將他一槍斃命。布莫事後說，至於其他逃兵，「我仍然清楚記得當他們從我身邊匆匆過去時，臉上那種恐怖的神色……事到如今，也只能各自保命了。」布莫等一小群人，在體能與情緒都已經瀕臨崩潰的情況下跌跌撞撞前行，終於抵達一處仍然控制在友軍手中的火力基地。讓他稱奇的是雷・史密斯也出現了：他在僅僅一名南越兵協助下，扶著一名受傷的南越軍官——他營上其他六十八名生還者竟沒有一人肯幫忙。他們知道共軍即將湧至，他們必須繼續往前走，但布莫已經筋疲力盡，再也走不動。史密斯用一根繩索綁在布莫手腕上，繩索另一端繫在自己腰帶上，兩人就這樣纏在一起，在一片黑暗中摸索而前。他們於黎明時接近廣治。史密斯用他的無線電通知當地美軍，讓那些斷定他們已經沒命的美軍大驚。廣治的美軍隨即派來一架休伊。不過他們的營已經半數或死或遭敵軍俘虜，而敵軍的攻勢甚至還沒有真正開始。

四月三日，北越軍在中央高地採取第一項行動，對「代爾他」（Delta）火力支援基地發動攻擊。在之後數周，代爾他防務的主角是約翰·保羅·范恩。范恩曾經在一九六三年一月發生在北庄的那次慘敗中主導過美軍戰鬥。自那次戰鬥以來，他彷彿脫胎換骨般，從絕對反權威的極端懷疑論者轉型為勇猛的鬥士。大衛·艾利約說，「范恩已經判若兩人，他在最後幾年說的那些話，與過去的他的說法完全南轅北轍。」由於與第二軍那位懶散的大塊頭軍長吳祝交好，范恩當了吳祝的高級美國顧問，成為位階等同二星將領、在中央高地扮演軍閥角色的美國平民。雖說亞伯拉姆斯不喜歡范恩，但范恩那種救世主般的熱情投入，贏得尼克森、韋恩與南越軍官的敬佩。南越軍官稱他「B-52先生」，因為他有超人一等的本領，每能在緊要關頭召來空中攻擊。

在他最後兩個月狂放不羈的生命中，范恩在中央高地使盡渾身解數逐退北越軍。他不斷飛行運補，指揮空中支援，在猛烈砲火中激勵指揮官，到最後，就連多年來一直為他駕機的飛行員鮑勃·理查（Bob Richards）也為他這種玩命般的作法嚇破了膽，就算范恩給他一大堆威士忌作獎勵，理查也不肯為他繼續賣命駕機了。對范恩來說，越南好像他的私人資產一樣，所以許多美國人發現，要他們想到范恩時而沒想到越戰、想到越戰時而沒想到范恩幾乎不可能。他的勇猛幾近瘋狂，但有智慧的人或許能看出，在他內心深處，他是在抗拒命運。

許多駐在中央高地的南越軍多年來一直愁苦不堪。空降作戰官段方海上尉記得，他曾於一九六七年的一次行動中在十四號公路負傷，並在當地一所天主教教堂受到法國神父「喬神父」的治療。有一次他的單位沿這條公路北上前往崑嵩，他見到那所教堂的尖頂已經崩塌，結構體也已化為瓦礫。他的第十一空降營奉命守衛新更西南方的查理（Charlie）火力基地，第十一空降營營長，人稱「五哥」的阮定保（Nguyen Dinh Bao，譯音）中校對他接獲的命令非常不喜，因為這項命令就像大多數其他命令一樣，要他守在固定陣地裡，把主動權讓給敵人。基地派出的巡邏隊很快就遭遇北越軍大部隊，北越軍開始在距基地不遠處築壕，建立火砲陣地。

雙方開始用大砲交火。北越軍於四月六日對查理南方的代爾他火力支援基地發動大規模地面攻擊，而且徹夜不停。他們攻破代爾他的周邊，占領它半數的陣地。黎明時分，北越軍終於在造成代爾他慘重損失後撤退，但第十一空降營的官兵也知道，下一個攻擊對象就是他們了。深獲部下敬愛的阮定保，告訴他兩名最得力的屬下黎文梅（Le Van Me，譯音）少校與段方海上尉，要他們在距離他的碉堡一定距離外占碉堡，一旦他遇害，其中一人才可以接掌指揮權。阮定保要求部屬節約彈藥，把一切可用的克雷莫雷全數裝置妥當，將監聽哨往外延伸。段方海寫道，「我們營準備迎接可怕的日子」。

入夜以後，隨著敵軍不斷增兵，守軍眼看摩托瓦（Moltova）卡車車隊開著頭燈，大搖大擺沿胡志明小徑而下。「我們的砲射程夠不著他們，我們要求空中攻擊，但始終不得要領。我們單位的美軍顧問約翰·杜菲（John Duffy）要求B-52支援，也毫無結果。」阮定保曾因在馬來西亞參加叢林戰學校，而取得一套英國傘兵迷彩服。他很喜歡穿這套衣服，但部下士兵都認為這是不祥之物，不斷求他別穿，但他始終不以為意。

之後一連幾天，砲彈彷彿驟雨般打進查理，隨即在四月九日出現第一次步兵攻擊。守軍在付出沉重傷亡代價後擊退這波攻擊，但北越軍一三〇公厘砲對守軍的打擊越來越兇。四月十日，在又一次猛烈砲轟過後，北越軍三二〇師發動一波波攻擊。那天夜裡，「五哥」手下軍官再次求他脫了他那套迷彩服。但阮定保不屑地說，「好吧，我明天再考慮這檔事，反正約三十分鐘以後就是明天了。你們這些傢伙就是喜歡給我找麻煩，或許是你們看上了我那套迷彩服。衣服與運氣有個鳥關係！」

隨即杜菲招來B-52。段方海寫道，「突然間大地震動，火焰沖天……連呼吸都很困難。我站起身，背靠通信壕的牆，兩手摀住兩耳，張開嘴以反制衝擊，但仍然覺得氣血從胸口不斷湧上來……灰土、石塊、殘枝斷木打在我的鋼盔上。第二天，敵軍地面攻擊停了，只有零星砲擊。」但敵軍高砲砲火仍然兇猛，讓醫護直升機無法接近基地。一架醫護直升機也曾試圖降落，但遭砲火擊中，只得冒煙倉皇逃離。「五哥」與部下軍官會商，大家都勸他放棄陣地。由於晨霧以及早自下午四點起便已經低沉的夜幕，空中支援就算可以取用也派不上用場。段方海說，「如果只是坐在這裡挨打，我們必死無疑。」阮定保說，「我已經對總部說了，但沒有人理會，他們只命令我『堅守到最後一人』。就像你們一樣，我也對這命令厭惡到極點。」

醫療補給幾告用罄，在傷兵們哀號呻吟聲中，守軍士氣更加低落。四月十二日晨，段方海又一次求「五哥」換掉他的迷彩服。阮定保勉強同意說，「你們這些傢伙整天就知道看這些星象書，滿腦子都是蠢念頭。我現在回碉堡寫一封信，有事情就叫我。」他知道基地不會有再補給，於是下令從死者身上蒐集武器與彈藥。隨後敵軍再次對山頭發動大砲與火箭攻擊。杜菲後來說，「北越軍派駐在查理的砲兵前進觀測員很了得，十分鐘就把四個指揮碉堡打掉了三個。」阮定保的碉堡遭直接命中，部下從裡面拖出他的屍體——他仍然穿著他那套英國傘兵迷彩服。

到那天傍晚，砲彈已經炸死或重傷三十人，另外一百人輕傷。當砲擊突然停止時，陣地籠罩在一片煙霧與塵土中，南越守軍見到一排又一排敵軍步兵頭戴硬紙盔、卡其制服插滿樹葉，向查理潮湧而來。友軍火砲與空投的燃燒彈開始把他們一片片劘倒。在這場持續兩周的戰鬥中，杜菲引導眼鏡蛇與固定翼飛機對北越軍進行總計一百八十八次攻擊，但美方也有兩架飛機被擊中，一架墜毀。沒有被炸死的北越軍終於撤退，留下許多焦屍。

但由於彈藥漸盡，守軍人數大減，南越軍指揮官與杜菲決定查理不再可守。新一波B-52攻擊為守軍掙來一些時間，讓他們在四月十四日趁夜撤軍。總共一百六十七名已經斷糧兩天，又累又餓，還帶著傷的官兵跌跌撞撞下山。第二天早上，他們在等候直升機後撤時，再與從後方掩來的敵軍激戰。在休伊忙著撤離地面空降部隊的同時，兩架直升機盤旋往來，不斷用機槍與火箭驅趕迫近的共軍。在又成功撤出三批空降部隊之後，留在地面的只剩下杜菲與幾名越南人。眼鏡蛇又發動兩次攻擊，再次擊退共軍。隨後又一架休伊在敵軍猛烈砲火下登陸，副駕駛中彈受傷。疲憊不堪的空降兵滿心感激登上飛機，當休伊就要升空時，段方海遭AK-47兩度擊傷腿部，倒在機艙門外。杜菲一把抓住小個子段方海的束帶，把他拉回機內。休伊終於安全升空，杜菲於是忙著照料那位胸部中彈、一天後就服役期滿可以返美的副駕駛。他在幾分鐘後傷重不治。

部署在查理的四百七十一名官兵只有三十七人從空中脫身，代爾他與米楚（Metro）火力基地也隨查理一起陷落。四月二十四日，新更（Tan Canh）也陷落了。特種部隊軍官杜菲之後獲頒一枚戰功殊勳十字章（Distinguished Service Cross）。正是由於有關美軍與南越軍之間緊張關係的傳聞著作太多，第十一空降營這段戰史以及營美軍顧問那些英勇事蹟值得注意。直到今天，為洗卻卡洛營投降之辱，查理基地保衛戰仍是南越老兵津津樂道的當年之勇。

同時，廣治省北部也出現兩軍戰車的殊死戰鬥。當M-48戰車擊毀走在一列縱隊最前方的T-54

時，南越軍步兵興高采烈，跳著鼓掌叫好：「就像電影情節一樣！事情結束啦！」當然，事情並沒有結束。一名軍官寫道，「地平線一角竄起許多火舌，濃煙密布，屍體焚燒的刺鼻惡臭夾雜著火藥味陣陣傳來。」艾秀基地彈藥庫著火，共軍大砲開始轟擊廣治市。亞伯拉姆斯說，「武元甲在這裡採取了籃球場上所謂全場緊迫盯人的作法，他把手邊一切兵力都投進來了！」

而且河內此舉明顯違抗了蘇聯的意旨。四月二十日，就在印度支那戰火方熾之際，季辛吉在莫斯科會晤蘇聯領導人布里茲涅夫，發現布里茲涅夫渴望與尼克森舉行高峰會。那一年的主軸是，蘇聯儘管繼續在口頭上譴責美國在越南用兵，並將大批武器運交北越，但私底下他們表明這並非他們所願：就像中國人一樣，他們的第一優先也是與美國和解，達成戰略武器限額協議就是一個例子。就像美國政府主要基於國內政治考量而繼續支持西貢一樣，中國與蘇聯之所以支持河內，為的也是安撫本身意識形態圈內的情緒。

范恩曾經信誓旦旦說，雖面對兩師北越軍攻擊，代爾他火力基地與新更仍然可以守得住，而且一度證明他所言不虛。但在代爾他陷落後，防守新更的南越軍第二十二師慘潰。眼見共軍火泥箱飛彈擊毀守軍戰車，打垮他們的指揮所碉堡，第二十二師守軍戰意盡喪。范恩在撤離美軍顧問的過程中扮演重要角色。美軍顧問們在跳上直升機逃命的緊要關頭，還得與窮追不捨的共軍近距離槍戰。撤軍過程中有可歌可泣的英勇事蹟，也有卑劣可恥的惡形惡狀：美軍救護直升機飛行員干冒生命危險拯救傷員，一些南越軍直升機飛行員卻趁機出賣休伊直升機機位給沒有受傷、急著逃離的人。許多地區保安軍與民團民兵先行潰散。吳祝將軍嚇得精神崩潰，甚至勸阮文紹放棄整個中央高地，讓范恩非常鄙夷。

由於共軍在奪下新更以後停下腳步進行持續三周的整補，讓南越軍得以增援，美軍也派出兩架裝備TOW式反裝甲飛彈（對付T-54特別有效）的武裝直升機，終於穩住廣治地區，特別是保住了位於十四號公路邊，人口兩萬五千的省都崑嵩。在如何鼓勵部屬這個議題上，西貢將領有一些怪念頭。有一名軍長就對奉命防守崑嵩的指揮官李宋柏上校說，「全力以赴，不可以跑！」幾近十年前，李宋柏曾因北庄之戰表現不佳而遭范恩蔑視，但兩人這次建立了相當成功的戰場夥伴關係。

在南越北部廣治作戰的共軍有一名十七歲的砲手范成雄（Pham Than Hung，譯音），這是他第一次上戰場。打從一枚子彈擦過他頭盔，嚇得他「汗流浹背」那一刻起，他就深信自己有一天會成為一個詩人，不會當一個英雄。在他的部隊裡，像他這樣敢為自己前途著想的人絕不多見。范成雄的父親一直想盡辦法不讓兒子當兵，若不是北越當時出現兵員短缺危機，他說不定真能成功也未可知。但在范成雄在河內大學唸完大一時，校方突然通知學生，儘管無須接受徵召，但他們應該「志願」從軍。就在接受當兵入伍體檢的前夕，范成雄與一名友人在學生宿舍樓頂坐了幾個小時，想著如何在咖啡裡加菸草以逃避兵役。他們曾經聽說用這一招可以讓人血壓猛升，從而避免當兵，不過他們沒有真正嘗試，部分由於兩人都不知道可以從哪裡立即找來菸草，而且兩人說著說著都睡著了，等到一覺醒來已經日上三竿，體檢也開始了。幾周以後，他們整個學年學生齊聚大學禮堂，聽校長演說。不幸的是，校長講到一半時，他站的講台竟然垮了。這件意外讓台下許多學生當場落淚，認定這是可怕的凶兆：「我們當時真的以為這表示我們都得戰死。」

學生代表北越的知識分子精英，但他們對即將面對的經驗一無所知。有些學生在報到入伍時還帶著吉他與時髦的英文小說；同窗的女生告訴他們，要他們有一天穿著上校制服風光凱旋；男生們則神經兮兮地相互開著玩笑說，「要不草地變綠，要不你胸前發紅」，意思說他們有一天或許躺在綠草如茵的墓地，或許胸前掛滿勳章，如英雄般凱歸。

在廣治省，范成雄的單位露宿在北越軍新占領的土地；儘管方圓幾英里內沒有敵蹤，但一連幾夜總有士兵遭人槍殺。北越軍後來抓到兇手，是當地一名七十歲老婦，她這麼做為的是替她兩個南越軍兒子之死報仇。她遭到北越軍立即處決，這讓范成雄很不心安。他想，沒錯，這老婦確實是敵方，但她不也是另一邊的國家英雄嗎？身為北越軍一員而有這種想法非常危險，但這不是范成雄的唯一想法。他與他在三十七公厘高砲連的同袍都覺得他們那些「一味只想當英雄的軍官」非常噁心。他們因「擊落六架美機」獲得上級褒獎，但范成雄說，「那一切根本是宣傳，我不記得我們曾經擊落任何東西。」

四月二十一日，高砲連遭到慘重空襲，三分之一的砲手陣亡，三分之一受傷，所有高砲全毀。連上士兵很憤怒：「那些軍官為什麼開火，用棍子捅馬蜂窩，招來這場慘禍？」事件過後，全連士氣低落。有些倖存者告病，一名班長用槍打傷自己的腿，在范成雄扶他上急救站時懇求范成雄，要范成雄幫他向醫生圓謊，說他是被敵人打傷了腿，這名班長之後被捕。在他的連慘遭空襲的現場，范成雄眼見經過的北越軍從他死去同袍的身上搜刮物品，還說「他們不需要這些東西，我們需要」，也令范成雄憤恨不已。在轉調到一個一三〇公厘高砲連後，范成雄發現，連上的兵大多是被捕的逃兵，加入這個連為的只是可以避免坐牢。這個連隨後也遭到空襲，死了好幾十人，范成雄還因此被活埋在一處壕裡一陣子。上級令他拿個桶子蒐集屍塊：「我當時嚇得打定主意，我不僅不是英雄的料，就連一個詩人也當不成。」

范成雄這個故事的要旨，不是說他那些同袍都是些惡棍或懦夫，而是說天下所有的軍隊裡，人性都是一樣的。保寧說，「沒有一個頭腦正常的人喜歡到那種地方……但我們職責在身」。就整體而言，北越軍的領導、紀律與訓練都比南越軍強。但與一九六八年春節攻勢相形之下，北越軍在

一九七二年大攻勢的指導原則並不比較高明，只比南越略勝一籌而已。

位於西北的巴斯棟（Bastogne）與將軍（Checkmate）兩個火力基地，在經過一番苦守之後相繼陷落，「東河防線」就這樣在四月最後幾天被北越軍攻破。雖說進擊的北越軍也遭到空中火力阻撓，但與更偏南方的情勢相比，這裡的空中攻擊效率差了許多，因為美軍已經將廣治省境的前進空中管制責任交給南越軍。此外，共產黨在非軍事區以南地區擁有最強大的飛彈防禦設施：根據估計，在這項攻勢期間，美軍與南越軍飛機共遭到一千枚SAM-2型飛彈攻擊。

隨著北越軍縱隊不斷南下湧過甘露（Cam Lo）橋，情勢已經明顯：廣治即將失守。最後一批南越領導人與他們的美軍顧問於五月一日撤離，共軍於翌日占領廣治城。一些南越軍撕毀軍服，半裸逃命，蔚為奇觀。第一軍軍長黃春林終於被免職，由吳廣章（Ngo Quang Truong）中將繼任。亞伯拉姆斯曾說，吳廣章是「南越共和軍最具專業資格的軍官」。廣治那名運氣不佳的師長成為這場災難的替罪羊，以「敵前脫逃」罪名被判處五年徒刑。

在勞動節那天，季辛吉再次在巴黎會晤黎德壽。黎德壽在這次會談中，對季辛吉大唱宣傳獨腳戲。情勢已經明顯，美國充其量只能經由和平協議謀得就地停火，不過季辛吉仍不斷要求北越撤出投入這項攻勢的軍隊。但黎德壽建了一條從巴黎到南方戰場的直接無線電聯繫，有時還越過龍庭親自下令，而且總是要戰場指揮官不斷攻擊，令他們非常不滿。一名北越軍軍官說，「簡直難以置信！參謀本部不贊同這種行事做法，但我們不知道可以向誰抗議。」在一九七二年攻勢後期階段，共軍發動攻擊的目的不在攻城掠地，而在搶占全球新聞頭條、影響美國民意以及在巴黎對季辛吉施壓。黎德壽在追求這些政治目標上，做得非常成功。

五月二日下午，在廣治南方的美政河（My Chanh River）下方，南越軍與他們的美軍顧問望著眼前殘兵敗將撤下來造成的爛攤子發呆。這個爛攤子包括一個步兵師、四個游騎兵大隊、一個裝甲旅、兩個騎兵小隊與一個陸戰隊旅，外加地區保安軍與民團民兵，以及輔助部隊。這些撤下來的官兵一個個垂頭喪氣，不過在談到丁氏石（Dinh Thi Thach，譯音）時都豎起大拇指。丁氏石是一名士官長之妻，住在廣治附近小村。小村陷落後，她冒生命危險在她的地下室裡藏了十幾名南越軍，之後還帶領他們潛回本軍防線。

撤軍過程越來越混亂，一名戰車軍官寫道，「天啊，在近抵一號公路時發生在我們身上的悲劇真是一言難盡。整個部隊秩序蕩然，前方的路已經遭敵軍封鎖，敵軍也阻絕了我方退路，用砲火蓋向我們頭頂。」有些駕駛員不顧一切猛踩加速器，讓他們的M-48戰車衝進石瀚河（Thach Han River），還有些駕駛員把照明手榴彈丟進戰車艙里，看著它焚燒，然後隨其他人涉水過溪，穿過水田，逃往順化市。

在西貢，有南越人抱怨說，南越軍欠缺與敵軍對抗的武器裝備。亞伯拉姆斯對這類說法嗤之以鼻：「南越軍從來沒有因為遭敵軍戰車擊毀而丟了他們的戰車，他們丟了戰車，是因為他媽的他們把戰車丟下，跑了。而且，狗屎，就算給了他們史達林三型（Josef Stalin 3）戰車，他們照樣打不出什麼屁來。」亞伯拉姆斯也以同樣語氣告訴阮文紹總統與南越軍參謀長高文員，「你們需要的不是裝備。你們需要的是願意戰鬥的士兵，是願意戰鬥、願意領導士兵的軍官……你們已經擁有你們需要的裝備……你們之所以失去你們大多數的大砲，只因為你們將它們丟了。」許多西方媒體預言，這場慘敗會讓南越落幕。

廣治醫院最後三百名傷兵搭乘的後送車隊，在一號公路南下路段被一群難民與車輛殘骸所困。共軍砲火將這些救護車輛打得稀爛。空降部隊醫官范越許（Pham Viet Tu，譯音）對平民的命運有以下一段描述：「路上橫七豎八躺著數以百計汽車、卡車、腳踏車、機車殘骸，車身到處是共軍子彈與彈片，有些車輛已經燒成一堆灰燼。路基處處散置著人骨……特別讓我感到心酸的，是一個大鋁質洗衣盆裡那具約兩歲小兒的骨骸，它的母親的遺體旁還擺著一雙小塑膠涼鞋。」

令亞伯拉姆斯與南越人稱奇的是，共軍在奪下廣治後，竟沒有趁勝追擊，一路南下奪取門戶大開的順化。西貢一名軍官寫道，「順化看起來像是一座沒有法治的城市，少數警察與憲兵控制不了大量難民與士兵。強盜、搶劫、劫車事件不斷發生。大路兩邊有許多年齡從三、四歲到十二、三歲不等的流浪兒，哭著，望著湧過身邊的人潮。我見到一名大約十二歲的男孩抱著他大約三歲的弟弟，依靠在路邊一株樹上。那做哥哥的拿著一張像信件大小的紙，上面有他寫的幾個字：『我們是廣治春先生家的孩子，我們找不到父母了，請幫幫我們。』」

牆壁上用粉筆或焦炭寫了數以百計短信，也有人用鉛筆寫字在紙片上，再將紙片用米飯黏在樹裝上，「給第五十七營第一連的一兵阮文博：孩子與我會搬到峴港姑媽家」，或「第二步兵營第三連的白下士寫給妻子：我還活著，正在戰鬥，願佛祖保佑妳與我們的孩子。」另有人寫的是，「妻子花寫給丈夫廣治地區保安軍張班長：我們的小女兒昨天被越共迫擊砲炸死，兒子與我一起，安全無恙。不要擔心，不要逃兵。」一九六八年春節攻勢期間曾經有過慘痛經驗的吳氏芳現在寫信給友人說，「我剩下唯一的兒子也已離我而去，我一個人守著我的女兒與小孫子。如果我那兒子也遇害，我不知道該何去何從。我們現在擔心這場可怕的戰爭永無休止……我可憐的子女。」

南越軍少校阮康倫見到一名帶著一個營上戰場的年輕上尉軍官，這軍官狀甚頹廢地對阮康倫說，現在他要求的空中支援有過半數得不到美軍回應。阮康倫對他說，想要美軍回應，最重要的因素是南越軍必須首先展現自己的戰鬥意志。以一九七二年為例，這個營損失了兩百輛戰車，兩百七十五輛裝甲運兵車，六百三十四輛卡車與三百門砲，其中半數丟在北方或毀於北方戰場。所幸西貢政權走運，共軍在拿下廣治與新更之後，在北方與中央高地的攻勢後繼乏力。共軍主要因為遭到空中攻擊而死傷慘重，加以後勤支援欠缺，無力趁勝追擊。南越軍在五月間組建一條防線擋住敵軍攻勢。之後在夏季展開反攻，緩緩奪回廣治。

五月間最激烈的幾場戰鬥出現在廣治省首府崑嵩。崑嵩坐落在北部中央高地的一處山谷，三面環河。這是個相對繁華的城市，有九座天主教堂，由第二十三師防守，還有一些戰車、大砲與民團擔任支援。共軍首先切斷崑嵩南方的十四號公路，隨於五月十三日以三個師的兵力從城北與城西北兩方發動攻擊。李宋柏准將日後寫道：「那真是人間地獄，每天都像世界末日一樣，瘋狂砲轟了四十天。」范恩的身影無處不在——空投彈藥，在三周內指導三百架次B-52空襲，鼓舞指揮官奮勇抗戰。

李宋柏的指揮中心遭砲彈直接命中，參謀官們就在醫護兵在身邊忙著為傷兵包紮急救、搬離死者屍體的同時，繼續坐鎮指揮。五月十八日晚，北越軍一度攻陷半個崑嵩，情勢緊急萬分，之後終遭守軍擊退。進擊的北越軍戰車不斷在毫無掩蔽的空曠處被空中攻擊逮個正著。城郊三處墓地也出現激戰。到了五月二十六日早上九點，一名北越軍官承認攻擊已經後繼乏力。他僅剩的幾輛戰車中，兩輛觸及南越軍埋下的地雷，最後兩輛也遭武裝直升機擊毀。河內的戰史紀錄說：「我們的攻擊開始放緩，而且效率也越來越低……同時敵軍取得增援，加強防禦並發動反擊。六月五至六日晚，前線總部下令從崑嵩撤軍，結束北部中央高地的這場攻勢。」

美軍與南越軍也在事後一致公認，若不是因為有范恩力抗，崑嵩一定會失陷。范恩歷經無數次大小劫難都能履險如夷，有一次他在乘坐一架「噴射游騎兵」（Jet Ranger）直升機起飛時，不得不用步槍槍托打走企圖劫機的越南暴民。李宋柏感傷寫道，「這場勝利最大的功臣莫過於范恩，這個人唯一的目標就是讓南越軍擊敗共產黨侵略者。我經常自問，『為什麼一個美國人會為這場鬥爭不惜獻出他的生命？他為什麼願意先在北庄，現在又在北中央高地這樣出生入死？』」李宋柏說，范恩是值得每一個越南人感念的烈士。

范恩本人也在多次大難不死之後相信自己無敵，只是世事無常。六月九日，他隨一名經驗不足的飛行員在昏暗不明的天候條件下起飛，直升機墜毀，范恩遇害，得年四十七歲，遺下一堆疏於照管的妻子、情人與子女，有美國人也有越南人。范恩傳《閃亮的謊言》（*A Bright Shining Lie*）一書作者尼爾・席漢，在這本越戰名著中指出，范恩雖說救了崑嵩，但他在崑嵩保衛戰的表現恰恰證明一件事：除非有更多像他這樣的美國人想盡辦法動用空中武力進行干預，南越軍守不住他們的家園。也正因為這樣，所有之後的戰鬥與垂死掙扎，只不過是在拖延一個遲早必然出現的結果而已。

亞伯拉姆斯在一九七二年攻勢進行半途時說，「暴力與殘酷……都達到前所未有的程度。」甚至就在廣治與崑嵩之戰打得如火如荼之際，在南越南方，北越軍三個師從高棉出擊，攻陷祿寧，進逼平隆（Binh Long）省會安祿（An Loc）。安祿有人口一萬人，是個衛戍城，座落高原地區兩條河之間，位於西貢北方六十英里。四月五日傍晚，北越軍爆破兵占領安祿附近的機場，機場守軍在見到共軍戰車出現的第一時間逃之夭夭。北越軍並且切斷安祿與南方的通路，使安祿此後只能依賴空中補給。

第三游騎兵大隊在四月七日空運進入安祿，大隊長阮文碧（Nguyen Van Biet，譯音）提出警告說，機場遭到砲擊。就在直升機剛著陸，部隊衝出直升機時，大隊總部參謀官已經傷亡慘重。南越軍第五師師長黎文洪（Le Van Hung，譯音）上校告訴阮文碧少校，「你們來得正是時候。」他自己的部屬已經敗象畢露，一個團已經被打跨。

共軍在一陣短暫的休兵之後展開攻勢。在這短暫的休兵期間，市民照舊忙著日常俗務，幾輛政府卡車載著擴音器在大街小巷亂竄，呼籲民眾保持冷靜，保證援軍將至，要他們一見到共產黨滲透分子立即上報。北越軍隨即展開完全無視平民死活的攻擊——他們用從祿寧擄獲的一二二公厘火箭與一五五公厘砲對安祿發動地毯式砲轟。一名南越軍軍官寫道，「可怕的嘶叫聲，屍體與屍塊炸得到處都是，甚至掛在樹梢與屋頂上，讓人觸目驚心。許多百姓也逃進軍人的碉堡避難。」那天有兩千枚大砲與迫擊砲砲彈落在安祿。

一天傍晚，游騎兵突然發現他們的美軍顧問一言不發衝上一架直升機，消失在東方空際，讓他們一陣錯愕。這代表什麼？代表當局已經準備棄守這個城了嗎？第二天黎明，一個新顧問團隊抵達，謎團也終於解開。城防指揮官為這次突然走馬換將的事向游騎兵致歉，還說所以事先未做說明是為了保密。他並且保證安祿會獲得美軍全力空中支援；這項保證果然兌現，守軍士氣重新振作。

四月十三日凌晨兩點半，共軍展開首次大規模地面攻擊。擔任矛頭的戰車一開始造成一陣慌亂，一名守軍寫道：「我方士兵都嚇壞了。」但隨即地區保安軍的一個單位用LAW擊毀一輛共軍戰車。守軍很快發現，這種履帶車非常不利城市巷戰，開始將共軍戰車一輛接一輛擊毀，美軍飛機也加入戰團。北越軍裝甲部隊充分暴露他們的無能：一輛T-54在黎明前的一片昏暗中墜入一個炸彈彈坑。另幾輛戰車也犯下嚴重戰術錯誤，在沒有步兵支援下衝進城裡，遂遭LAW火箭與空中攻擊各個擊破。到早上八點半，北越軍已經損失七輛戰車，剩餘裝甲部隊於是調頭撤軍。

美軍顧問哈爾·摩菲（Hal Moffett）後來說，「感謝上帝，共軍沒有善用他們的戰車。如果他們能用一種良好協調的方式進擊，一定可以一舉突破，但他們完全沒有組織。直到今天，我仍然不了解他們這樣運用戰車，將戰車四輛或五輛一組送上戰場是想幹什麼。」南越軍現在擊毀每一輛戰車都能獲得現金獎勵：事實證明，一貧如洗的士兵更願意為了錢，而不是為了國家而冒生命之險。摩菲說，一些配備LAW的步兵「讓戰車逼近到距他們僅僅十到三十碼的地方然後開火」。在城東的一座關鍵性橋樑，「這些小矮個躲在那裡，等到那輛戰車走到橋中央才開火，將它炸得稀爛」。共軍裝甲縱隊發現局勢不妙，於是掉頭想從下游強渡，結果淪為美國空軍的獵物。

步兵戰鬥打得十分激烈而血腥；守軍逐漸失利，一個游騎兵營幾遭全殲。無線電通信不斷遭共產黨宣傳干饒：「投降可以保命！抵抗死路一條！」北越軍一度控制東北部若干市區，只因一架美軍「幽靈」（Spooky）武裝直升機在一場暴雨中突然臨空，以奇準的火砲發動攻擊，才不支撤退。一名南越軍官興高采烈地在無線電中叫道：「正中靶心！繼續打！」不久幾座敵軍掩體崩塌，這名軍官又用無線電報告，「幾名嚇破膽的敵軍跑出來，被雨淋得透濕，不斷喘氣」。

十五日凌晨四點半，圍城共軍發動又一波砲轟，幾處住宅區著火。半小時過後，第二波大攻勢在暗夜中展開。北越軍一輛戰車履帶故障，另一輛因缺乏油料引擎熄火，因此只有七輛戰車隨同步兵展開攻擊。共軍在黎明時控制住城郊地區，但重蹈兩天前的覆轍，在沒有步兵支援的情況下派遣戰車進擊。南越軍用LAW擊毀更多T-54，北越軍因攻勢受阻撤軍。另兩個空降營與一個游騎兵大隊隨後開抵增援。儘管共軍在之後一周攻陷安祿外圍一些陣地，他們始終未能滲入市中心區。

如果說共軍這項對安祿的攻勢管理不佳——北越軍一名師長因此去職——守軍的表現也差強人意。美軍高級顧問威廉·米勒（William Miller）上校在報告中憂心忡忡地說，第五師師長黎文洪

「疲倦、不穩、沒理性、煩躁而且找不到人影」。在四月二十二日至五月十日之間，圍城一方與被圍一方兩軍對恃。C-47照明機投擲的照明彈照亮夜空，空中攻擊讓共軍攻擊線無法推進。配置了二十五名美軍顧問的六千兩百名守軍發動反攻，終於逐退北越軍。共產黨史家也承認共軍士氣重挫。五月十日，阮文紹總統在西貢宣布全國進入緊急狀態。他並且得意地指出，面對危機，五萬三千多名南越人已經志願從軍入伍。顯然在共產主義即將取得勝利的可能下，集中了一些人的注意力。另有一件值得注意的事是，儘管成千上萬南越軍逃兵，但他們絕大多數只是逃回家鄉，並沒有轉投共黨陣營。

但進攻安祿的共軍並未就此認敗服輸。五月十一日，在三十五輛新戰車增援下，他們以五個團的兵力分成四路，發動又一場攻擊。煙塵從射口飄進南越軍總部指揮所內，北越軍戰車引擎聲清晰可聞。一名美軍顧問警告他的越南譯員：「我得告訴你，我們可能守不住，所以你若想保命就緊跟著我，隨時準備走。」哈爾・摩菲說，就像在其他戰場上一樣，安祿之戰的決定性因素。他說，「一枚雛菊切除機（daisy-cutter，指重磅炸彈）可以擋住一個營。他們的領導人向共軍大吼大叫，要他們起身攻擊、衝鋒。我們可以聽見他們聲嘶力竭的叫喚聲，但士兵們不肯攻擊。從東北方滲入的共軍被我們殲滅，我看見他們逃跑。我們已經趕走他們，我們本來那天就能打敗他們。」

北越軍傷亡慘重，而且幾乎功虧一簣。摩菲在戰後報告中鮮活描繪了戰場狀況。他說，一些南越軍像猛虎一般戰鬥：「空降部隊打得有聲有色……是真正的拼命三郎」。但其他南越軍就不行了，一個游騎兵大隊「被大約六名敵軍打得節節敗退。士兵們根本不肯還擊，只知道丟幾枚手榴彈掩護撤退。他們說，開火射擊會暴露陣地的位置……他們的上校來到我面前……像小孩一樣哭得淚流滿面，問我為什麼得不到空中支援」。

守軍的消極被動，例如眼睜睜坐視共軍架設迫擊砲等等，讓摩菲非常惱火。不過共軍對安祿砲擊的猛烈，在越戰史上也不多見。安祿的醫護設施全面崩潰：「我估計他們炸死三到五百人，包括婦女、兒童、軍人，無一倖免。他們只是不分青紅皂白，一陣亂轟。」另一方面，為躲避猛烈的地對空飛彈砲火，眼鏡蛇直升機只能從五千英尺空中開火；攻擊機也只能從南越軍陣地後方，而不是掠過北越軍上方發動攻擊，以減少暴露在敵火中的時間。

甚至在巷戰激烈登場的同時，南越軍一個師沿十三號公路北上，試圖突破重圍。這個師一直沒能突圍，但至少它牽制住一些北越軍。美軍投入龐大空中資源為困守安祿的南越軍運補，以空投方式送進兩千六百九十三噸彈藥與口糧。五月十一日，B-52幾乎每小時一波、一天二十四小時不斷地猛轟，外加每天近三百架次的戰術空中攻擊。高級顧問詹姆斯·郝林伍斯（James Hollingsworth）少將告訴軍援越南指揮部：「我確信，若不是因為有那些美軍顧問，共產黨……已經打進西貢了。」之所以如此，原因倒不是因為這些美軍顧問提供的「顧問」，而是因為他們扮演前進空中管制員的角色。在這個美國陸軍與陸戰隊服役越南的最後階段，在歷經太多挫敗之後，顧問團隊的許多軍官、士官展現高度勇氣、奉獻精神與專業技巧，發揮了阻擋共軍攻勢的決定性作用。摩菲與他的顧問團隊在安祿苦戰五十三天：「我們在出城時，得將越南人拉下直升機，我們不能搭載傷患，因為你若帶一個人，你就得帶所有的人……我本人就曾為了上機而從直升機上推下四個越南人。」美軍翻譯官陳文提（Tran Van De，譯音）承認「許多人棄械逃亡，以受傷為藉口想逃走的人也很多」。

摩菲在撤出安祿以後立即接受軍方問訊，審問官問他，如果遭到又一次像五月十日一樣激烈的攻擊，安祿是否守得住。摩菲說，「守不住，長官……防線上漏洞太多，守軍也太弱。如果共軍再次發動像上次那樣猛烈的攻勢……依我之見他們下次就能得逞……我不認為那些南越軍會奮戰到底。」摩菲對一些南越軍官非常不滿，說他們始終躲在碉堡裡，不敢出門。他曾看見指揮官派小兵冒著砲火外出幫他們拿菸，或拿濕毛巾幫他們擦拭身上的汗，「而奉命擦汗的小兵本人，看起來已經幾個月沒洗過澡了……沒有人管小兵死活」。這是南越軍為人詬病已久的制式性弱點。

儘管安祿圍城之戰一直持續到六月八日，但共軍威脅自五月中旬起開始減輕。北越軍總參謀部歷史紀錄寫道，「我們打得不好。」南越軍為守住安祿死傷一萬兩千五百人，北越軍死傷約近兩萬五千，外加三十六輛珍貴的戰車。

就在南越軍在南方血戰的同時，尼克森總統對北越發動自越戰展開以來最兇猛的空中轟炸，以懲處河內的桀驁不馴。在五月一日至六月三十日之間，美國空軍與海軍發動一萬八千架次空中攻擊，損失二十九架飛機。在五月八日的一次全國性電視廣播中，尼克森告訴美國人民，說他將採取「決定性行動以結束這場戰爭」：代號「線衛」（Linebacker），對北越後勤與通信設施的空中攻擊行動就此展開。每天出動飛機三百三十架次，並且首次對海防港入港水道實施布雷。此外，在這場一九七二年大戰的最高峰，美國海軍出動五個航空母艦戰鬥群、三艘轟炸巡洋艦與三十八艘驅逐艦，為南越軍提供海軍支援。這項針對北越大攻勢的猛烈反擊，讓尼克森的民調聲望暴漲：美國人不願派出美國子弟與共軍在沼澤與叢林纏鬥，但贊成從空中攻擊敵人。

在四月與五月，美軍空中武力大舉進駐戰區，從關島與泰國境內起飛的B-52最後多達兩百一十架，外加三百七十四架F-4。空襲首要目標是北越通信設施，包括安員（Yen Vien）鐵路橋與河內的龍編大橋——美軍用二十九枚雷射與光電導彈把這座鐵橋炸垮。從四月到十月，十五萬五千五百四十八噸炸彈落在北越。北越的陸路運輸進口從每個月十六萬噸減為三萬噸；海路運輸進

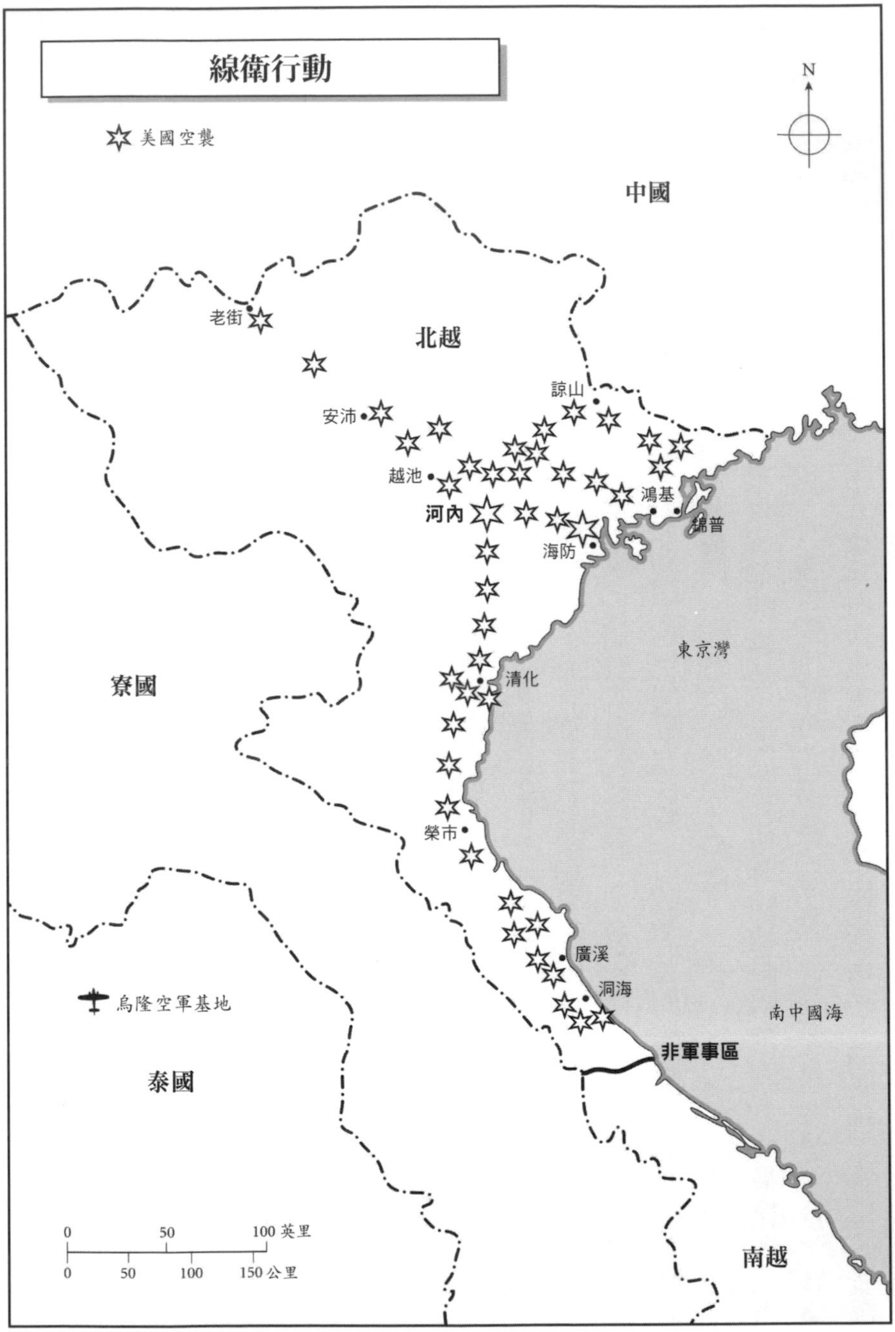
線衛行動
美國空襲
N
中國
老街
北越
諒山
安沛
越池
鴻基
河內
錦普
海防
東京灣
寮國
清化
榮市
廣溪
洞海
烏隆空軍基地
南中國海
非軍事區
泰國
0 50 100 英里
0 50 100 150 公里
南越

口從每個月二十五萬噸減為零。中國暫停對北越海運，還關閉了鐵路。線衛行動幾乎搗毀北越所有石油儲備與百分之七十的發電能力。但從美國觀點而言，這項行動代價不斐：這時許多美軍機組相對經驗欠缺，六月間，共軍米格機擊落七架美軍戰鬥機，本身僅損失兩架就是證明。總計，美軍在線衛行動共損失四十四架飛機。另一方面，儘管戰術空軍武力在南方戰場上造成毀滅性、幾近決定性的衝擊，但由於北越基礎設施實在太貧乏，空中轟炸對它的影響有限。

不過，尼克森不肯承認影響力有限這一點。在亞伯拉姆斯反對線衛行動，主張集中空中武力資源投入南方戰場之後，尼克森對亞伯拉姆斯的忍耐終於告罄。季辛吉用他那一貫一矢中的的直覺說，「尼老闆受不了啦！看他那麼肥，喝得那麼多，那裡能幹活。」那年六月，亞伯拉姆斯在軍援越南指揮部壽終正寢最後幾個月前返美，由福瑞德·韋恩取代。亞伯拉姆斯並非遭到免職，事實上他是更上一層樓、繼魏摩蘭之後出任陸軍參謀長。亞伯拉姆斯是一位意氣風發的幹練將才，擅長在歐洲打傳統戰。但駐紮西貢的那幾年，特別是最後數月，或許拜政治與軍事壓力之賜——面對如此龐大的壓力，沒有一位指揮官能經受得起，他銳氣漸喪。他的同事說，亞伯拉姆斯奉命「在果凍上指揮戰爭」，而且說得並不誇張。

五月二十二日，尼克森成了第一位訪問莫斯科的美國總統，與蘇聯領導人布里茲涅夫展開一周高峰會。雙方最關心的是惱人、難談的核武議題，越戰議題也不時浮上檯面。布里茲涅夫的譯員事後寫道，「或許越南問題也不時走上談判桌，但我們所以討論它，只為了敷衍了事，以便事後可以向越南人與我們的盟友交差，顯示蘇聯的堅強不移的立場。」蘇聯總理柯錫金警告說，美國若進一步升高越戰，一定會迫使河內要求中國派兵。「尼克森面容嚴肅地聽著，之後他冷靜但堅決地否認那些他所謂沒有根據的傳言，強調他要結束這場血腥衝突。他說，和談沒有進展是因為越南人太頑固，並且呼籲我們對我們的盟友發揮影響力。」儘管俄國人在答覆尼克森時用詞強硬，語氣卻相當溫和。

他們很怕尼克森不想談和，也急著防止越南人阻撓和談。在這項美俄高峰會中，美方數度呼籲俄方勸河內拿出誠意談判；作為回應，俄方則數度指責美方放任以色列欺負巴勒斯坦人。雙方就這樣互踢皮球。美國人說，以色列是一個獨立國，我們與以色列有親密關係，但我們不能迫使以色列改變政策；俄國人也回敬：我們與北越的情況亦若是。莫斯科峰會達成「反彈道飛彈」（ＡＢＭ）與「第一階段限制戰略武器談判」（ＳＡＬＴ Ｉ）條約，對美、俄雙方來說，這比越南問題重要得太多。

◎空洞的勝利

從六月直到秋天，美軍飛機打退了北越軍，使西貢軍得以緩緩收復一些失土。共軍損失慘重，換成黎筍以外其他任何領導人早就撤軍了。三〇八師師長電告武元甲，要求放棄這項攻勢。他憤憤不平地說，任何人只要主張撤退，都是政治幹部口中的懦夫，「但我建議撤退，根據我們目前的兵力，就算只是迎戰敵軍一個排都得煞費周章」。六月間在廣治城郊，共軍工兵費盡心血搭起四十二個浮橋段，準備渡河，卻眼睜睜看著它們在一次空襲中被炸毀，保護他們的側翼部隊也被殲滅。一個砲兵旅甚至還沒有開到戰場，已經遭到同樣命運，在空襲中被殲。北越軍仍然按照預定計畫重新發動步兵攻擊，但套用費隆（Phi Long）將軍的話：「一周打下來，我們的資源都已耗盡，每一個營都只剩下三十或四十個人。」一些高階軍官因為筋疲力盡、形同廢人而遭撤換。北越學得一個血淋淋的教訓：用來對付游擊隊與叢林補給線，空中力量的作用或許有限；但用來對付傳統部隊，特別是對付運動中的裝甲部隊，空中武力可以造成毀滅性效應。但河內當局無視後勤資源貧乏，不理會武元甲的建議——在這場攻勢中，武元甲似乎只扮演行政性與榮譽性角色，並不參與實戰——堅持繼續攻擊，遂造成許多不必要的難題。

七月十一日，南越軍發動一波直升機空降攻擊，揭開了收復廣治漫長戰鬥的序幕。河內眼見共軍節節敗退，於是派遣阮安上校前往戰場，力圖穩住戰局。阮安在傾盆大雨中抵達前線，發現大多數步兵連只剩下百分之二十的兵力，存活的士兵健康狀況很糟，士氣也很低落。他寫道，「敵軍在狠狠打擊我們，把我們打得全無招架之力。」阮安也主張撤軍。另一名高階軍官也說「情況很明確，敵軍已經取得主動……我知道師的其他幹部也同意撤軍，但沒有人膽敢大聲說出來。」

阮安寫道，「或許由於『革命只有攻擊』這句話深植我們腦中，無論是誰，如果膽敢建議採取防禦，就很可能被扣上『負面意識形態思想』的罪名……雨季造成數不盡的難題，戰壕裡永遠積滿雨水與汙泥，就算我們將碉堡清了出來，不到幾小時它們又積滿了水……運輸人員無論多賣力，補給始終不足。我們的士兵……饑寒交迫，又髒又臭，而且還生病。」

八月二十六日，在南越軍砲火下，三〇八師的范杭在廣治慶祝他的十八歲生日。他決定運用士兵們流行的辦法，抓些魚為自己慶生：趁著砲擊暫停的片刻，跳出散兵坑，跑到附近一處小塘，用他的AK-47對小塘一陣亂射。之後他把浮上水面的死魚揣進懷裡，然後衝回自己的掩體。不幸的是，他才跑到半途，一堆美軍炸彈已經落下。他被炸得倒栽在地，腦中作夢也似想著：「我就要死了，而且死得不光不彩。我當不成英雄，因為我懷裡抱著一堆死魚。我這輩子還沒跟女孩做過愛呢。」

他非常惱火，但隔了一陣子之後他了解自己雖說滿身是血，但不會死。他大喊求救，卻叫不出聲。連醫護兵已經戰死，所幸那名替代醫護兵的獸醫系學生發現范杭受傷，過來為他在手臂與頭部包紮了傷口。隨後兩名公差用擔架抬他上急救站，但新一波空中攻勢來襲，那兩名公差猛然把他丟在曠野，尋找掩護。當空襲停止，兩名公差回來時，范杭說，「不用抬我，我寧可爬去，也比被你們從擔架丟到地上好得多。」在抵達急救站時，戰友都向他恭喜，欽羨他好運：他還活著，可以回家了；而他們還得繼續受苦受難。

范杭心想，他們講這些話真奇怪，特別是自己傷成這樣全身血汙，哪來好運？受傷一周以後，他隨著一長列傷兵隊伍，蹣跚、痛苦地沿著胡志明小徑徒步北上。「我們眼前是一幅可怕的景象，是一支敗軍。我們邊走邊唱，但唱的是非常悲哀的歌。在那一刻，我們感覺這場戰爭一定會沒完沒了打下去，而且我們不可能打贏。我們一路上迎面遇到許多徵招入伍的新兵，並且為他們更感哀傷。我們相互說，『如果這些孩子知道他們即將面對什麼，他們一定會掉頭跑回家。』」

但當他們回到北越時，這些傷兵的精神突然振作起來。在接近堅江（Kien Giang）時，有人大聲叫道「對面就是武元甲誕生的地方！」范杭說，「我們心想，只要武元甲仍與我們在一起，我們可以打贏，那情況就像枯樹獲得救命的雨露一樣。突然間，我也覺得我們能打贏；覺得我必須重回戰場，再打。」當時他傷得太重，但他志願留營留了兩年，以免他的弟弟必須代他入伍。當他終於在一九七四年五月退役時，他有一種為人做白工、不受尊重的不值感：軍旅生涯讓他成為聽覺與心理殘障，而且直到離開軍中多年以後仍然不癒，但他在退役時得支付現金賠償幾件丟失的裝備，還得步行九英里搭公車返家。

一九七二年秋，一名駐在南方的北越軍砲兵團長承認「我們的官兵再也承受不起了」。保寧說，士氣很低落：「傷亡損失比一九六八年還慘。」在河內，教師陶氏秋在獲悉她班上三名學生在

廣治戰死後泣不成聲。在戰局改觀之後，南越軍士氣一度昂揚。空降部隊上校李文廣與一群軍官在他的西貢寓所邊喝著越南米酒，邊通宵達旦地交換經驗。在談到共軍戰車指揮官在安祿之戰幹的那些蠢事時，他們暴笑不已。李文廣的家人後來寫道，「他們非常得意：南越軍能靠自己完成一件真正重要的大事，這還是破天荒第一遭。」共產黨高幹張如堂承認，「就像在春節攻勢、在高棉以及在其他眾多對抗越共與北越軍主力的陣地戰一樣，我軍傷亡慘重」，南越軍與他們的美國老闆又一次取勝。但儘管如此，「頗具反諷意味的是，對我軍而言，這場春季攻勢是一次決定性勝利……美國與南越已經輸了這場戰爭，越共也已經輸了」。張如堂的意思是，北越終將壓制所有南越人，無論是忠於西貢或忠於越共的人都一樣。

季辛吉警告阮文紹說，南越軍需要在和約簽字以前盡可能占領土地，因為一旦和約簽字，共產黨當時占有的地方就是共產黨的，要不回來了。雖說南越軍陸戰隊在歷經一場血戰與五千人傷亡過後，終於在九月十六日奪回廣治、取得大勝，但他們之後也因元氣大傷，無力趁勝追擊，奪回九號公路沿線與非軍事區以南幾處失陷的火力基地。曾是美軍重要基地的東河，在越戰最後三年成為共軍將海外物資送進瓜越河，北上運補的重要海港。南越四個北方省分的一半（面積約占整個南越領土十分之一），以及與寮國與高棉接壤的西部邊界地區，一直都在共產黨控制下。

一九七二年上半年，就在南越軍為生存搏命時，十三萬五千美軍返國，留下僅僅四萬九千美軍駐越。一名南越軍官描述駕車經過富排、同心、歸仁等地棄置營區，眼見附近那些過去擠滿酒吧、夜總會、妓院的市集一片荒涼，或關門或倒閉的古怪經驗。在戰爭較早期沒有北越軍影子的湄公河三角洲地區，河內現在進駐了八千正規軍。美萩的一名美軍顧問寫道，「北越軍已經打到我們門前了」。在湄公河三角洲的榮金，另一名顧問說，五百名共產黨剛剛洗劫了一處美軍營區：「我們招來B-52，他們仍然死戰不退，這是我們過去在這些地區從未遭遇過的現象。」由於必須在北方戰場進行大規模戰鬥，西貢不得不從在地駐所抽調兵力，把整片地區拱手讓給共產黨。更重要的是，與西貢軍相形之下，共軍在軍民關係上做得好得多，進駐後隔不多久，已經有在地民眾為他們提供食物。再次壯大的越共，也對協助西貢政權的人發動新一波暗殺攻勢。

對南越而言，一九七二年大戰是一場戰術勝利，取勝的成本是一萬一千戰死，傷亡總數約在五萬左右。三百名美軍在這一年捐軀，其中大多數死於春季攻勢。北越軍的死傷或許超過十萬，不僅損失大多數重砲，投入這場大戰的裝甲兵力也損失過半——至少兩百五十輛戰車被毀。兩萬五千平民在這場大戰中遇害，就算以越戰標準而言，這樣的「附帶損害」也頗為驚人。中國嚴厲指責河內，說河內不自量力。一名北越高幹說，「我們的軍人說，他們所以失去廣治，是因為黎筍下令攻占順化。」

在美國這邊，亞伯拉姆斯等樂觀派為南越軍的勝利大聲叫好，說，「儘管過去犯下那麼多失誤，交出那麼多劣績……如果不是因為有一些人……堅決奮戰……我們也沒有今天。」他隨後又加了一句，「喔，上帝，南越人終於打了一場漂亮的仗！」但同意這種看法的人寥寥無幾。當時在西貢的中情局軍官普利班諾說，「情況很明顯，若是沒有美軍大舉空中支援，這個國家會陷落。」大多數有識美國人也同意他的這個見解，但許多國會議員就在這時不斷想法緊縮美軍空中作戰戰費。

北越政治局對這場攻勢的結果很滿意，西貢的軍隊已經黔驢技窮。經過這次大戰，南越軍士氣耗盡，再也無心戀戰。許多美軍顧問因這場大戰的經驗而心灰意冷，大衛・強森少校就是其中一人：「我只是盡責做我的工作，但我的心不在上面。」隨著越來越多美軍前往空軍基地、啟程、返美，南越越來越像一個殘破的消費者商品與軍事裝備垃圾場。打了那麼久的戰爭，花了那麼多錢，但南越統治者與他們的支持者卻始終沒能學到三個要件：尊嚴，自重，以及用來與本國人民達成共識的同胞感情。缺了這三個要件，戰場上的勝利算不了什麼。

第 25 章

又大、又醜、又肥的傢伙

Big Ugly Fat Fellers

◎「它會絕對、徹底地毀了麥高文」

季辛吉因為主導巴黎和談讓美國掙脫越南泥沼，成為美國人民心目中的超級巨星。在一九七二年十月，他與美國人民都相信，他即將憑藉他超人一等的外交手段在巴黎談出成果。但事實真相是，美國最終屈服於河內唯一關心的條件，即同意北越軍留在南越，而美軍撤出越南。除此而外，巴黎和約的幾乎所有其他條款都只是聊備一格，河內與華府雙方都不指望對方真能遵約行事。為了給華府面子、促成這項和約，共產黨只做出一項讓步：河內不再堅持阮文紹總統必須下台。

促成北越讓步的因素有二：在那年夏天，北越發現尼克森當選連任已經是定局。河內知道，他們與另一個比較同情的美國政府談判的希望不僅已經落空，一旦投票結束後，白宮的立場可能更趨強硬。此外，河內做了實事求是的評估，認為讓美軍撤離是唯一重要的目標：一旦「美帝」撤出印度支那，想打垮美帝的西貢傀儡應該既不難，也不至於曠日持久。南越政府也有同感。

拜錄音帶之賜，尼克森與季辛吉兩人在白宮有關越南問題的交談，一五一十記錄得非常完整。兩人雖說都對和談真象心知肚明，但都決心讓美國人民相信和談有所進展。季辛吉認為河內改變對阮文紹的立場是外交勝利，因為這項改變使越南情勢得以出現一種「體面的間隔」。他在八月三日告訴尼克森：「如果北越在一、兩年以後吞了南越，我們大可推動外交政策，讓大家都說這是南越自己無能造成的結果。但如果我們現在就出賣南越，不到三、四個月就會讓阮文紹下台。」就連中國人也會覺得美國人太笨、太偽善。在之後的談判中，談判重點不外是安排時機，讓一切看起來妥當而已。

九月二十六到二十七日，為因應北越提出的三方面聯合政府的要求，黎德壽與季辛吉在巴黎就成立三方面「選舉委員會」的書面協定達成協議。所謂「三方面選舉委員會」即南越所謂「全國和解委員會」。季辛吉在九月二十九日針對這項協議向尼克森解釋說，「你知道，總統先生，這一切都是鬼扯蛋。因為就像他們的提議一樣，我們的提議達成的實際結果也是停火。根本不會有選舉。」尼克森問道，「然後呢？然後怎麼樣？他們隨後會重啟戰端，是嗎？但到那時我們已經走了。」季辛吉說，「沒錯。」

之後幾天，尼克森對北越數度發怒——或許這是因為他的特使製造的這項出賣南越的陰謀讓他感到罪惡。他揚言發動猛烈轟炸的新攻勢：「我已下定決心，不能坐視用五萬五千條美國人命換來失敗。」但在十月六日晨，季辛吉迫使他的主子做出一項艱難抉擇：季辛吉本人即將以總統特使身分飛往巴黎，與黎德壽討論北越的幾項建議。其中最主要的是就地停火，其他都是些無關痛癢，過去已經討論過的建議。總統是否授權他的特使接受這些建議？在與季辛吉長談之後，尼克森同意授權。當時距離美國大選投票日不到一個月，尼克森擔心南越總統阮文紹會公開批判這項協議，說這是一種出賣。季辛吉對尼克森說，「阮文紹說得對，我們這些協議最後會毀了他。」兩人還討論在西貢安排政變以改變南越政府的可能性，兩人最後否定這個選項，認為阮文紹必須領導南越走向幾乎已成定局的滅亡。

季辛吉為了安撫尼克森，對尼克森說，他會要北越承諾退出寮國與高棉，放棄胡志明小徑。尼克森說，「說什麼承諾，我才懶得理會，反正他們永遠也不會撤軍。」季辛吉表示同意：「他們不會，但我會想辦法要一紙書面承諾。」他還以戴高樂一九六二年帶領法國退出阿爾及利亞，結果「每個人都認為他是偉人」的歷史為例，把尼克森說得大放寬心。季辛吉說，河內已經表示希望各派外交部長簽署這項協議，還說，「我不想簽這項鬼東西，應該由你來簽。」尼克森不以為然地說，「我不覺得我的簽字能讓它變得尊貴些。」美國總統隨即授權季辛吉接受黎德壽的建議。

一九七二年十月八日下午四點，在巴黎郊外的伊維特（Gif-sur-Yvette）莊園，黎德壽打開一個綠色卷宗，提出北越的條件。這些條件不出所料，當然也通過季辛吉訂下的低之又低的門檻：釋放戰俘，南越與北越軍就地停火，以交換美軍完全撤離。河內堅持武備對等原則：如果美國繼續武裝南越軍，北越也將繼續武裝它派駐南越境內的部隊，並且自稱會「嚴格尊重」寮國與高棉的主權。河內並且要求美國賠償戰費。

季辛吉喜不自勝地離開會場，但隨後當國務院的約翰・尼格洛彭（John Negroponte）預測西貢會憤怒時，季辛吉大發脾氣。他對尼格洛彭說，「你不了解，我要接受他們的條件……我要在大選以前結束這場戰爭。」十月十二日，季辛吉興奮地返回華府：共產黨準備簽約了，而且距離投票日還有幾乎一個月。他告訴尼克森：「總統先生，我們談成的這項協議，比我們目前為止所能夢想到的一切都好。我的意思是，它會絕對、徹底地毀了麥高文。」

尼克森算是走運，他在一九七二年大選的民主黨對手，南達科他州參議員喬治・麥高文（George McGovern）是美國現代史上最不起眼的總統候選人之一。如果那一年代表民主黨參選的不是麥高文，而是因夏帕基迪（Chappaquiddick）醜聞[10]而名譽重創的愛德華・甘迺迪，尼克森或許仍能獲勝，但他的越南政策將面對更尖銳的審視。甘迺迪指控越戰越南化是一場低俗的猜謎，說白宮早已打好算盤，準備在大選前夕宣布與共產黨達成的交易。他說得沒錯：在那段時間，尼克森政府內部私下辯論的焦點，只是應該隔多久才讓共產黨占領西貢而已。季辛吉認為隔十八個月應該夠了：他在那年八月告訴尼克森「如果我們達成交易，假設這個十月締約，等到一九七四年一月沒有人會管越南的死活」。

季辛吉在返回華府後與尼克森討論這項交易，說北越的戰費索賠案是「它們會守約的最佳保證」。美國當時的援外預算總共不到二十億美元，但尼克森毫不吝惜地說，「給他們一百億」。在那天與哈德曼與海格共進午餐時，尼克森點了一九五七年拉非酒莊（Château Lafite Rothschild）葡萄酒全程待客。這件事非比尋常：一般情況下，尼克森只會將白宮頂級佳釀留給自己，部屬們只能享用加州紅酒。他不厭其煩地寫下一紙書面指示交待季辛吉說，美國此後，無論對北越或對南越，一切言行都不應受選舉時機影響：若不是這指示與白宮內部各式各樣想法格格不入，看在史家眼裡，這指示還真令人肅然起敬。

十月十七日在巴黎，美方與北越就釋俘問題發生激辯：除了戰俘以外，黎德壽要求釋放遭西貢以共幹罪嫌關押的三萬名平民。季辛吉提出警告說，自己現在已經得費盡九牛二虎之力，才有可能說服阮文紹接受這項他無法置喙，卻能決定南越命運的協議，若是再要求阮文紹同意釋放三萬平民，阮文紹很可能翻臉。尼克森告訴季辛吉，「基本上，你得強迫他就範。」季辛吉隨即以總統特使身分抵達西貢，遭到西貢最冷漠的接待：早在美國方面認為時機成熟，可以透露任何口風之前很久，阮文紹已經從他的情報人員口中得知即將達成的巴黎協議內容。西貢情報官潘唐虞上尉根據所謂「西寧人士」共黨雙面諜的情報，提出一份正式報告說華府與河內即將達成交易，阮文紹當然知道這項交易將毀了他的政權。

但季辛吉向阮文紹保證說，共軍會逐步撤出南越：「我國軍方判斷，如果得不到增援，現有這些北越軍最後終將撤離。」他並且保證美國將提供南越巨量新武器，在新條約簽字以前加強南越防衛能力。季辛吉在前後一年間一直向北越保證說，只要有一段讓美國體面下台的間隔期，一旦條約簽字，美國將不再干預南越事務，並且逐步撤軍。但為了換取阮文紹的支持，他提出絕對矛盾的

10 譯注：夏帕基迪醜聞，一九六九年，民主黨籍的愛德華．甘迺迪因在夏帕基迪酗酒駕車，從橋上墜入海中，導致同車的年輕婦女瑪麗．科佩奇尼（Mary Kopechne）溺死。

保證說，如果河內違約，美國將立即採取軍事行動：「如果北越再次攻擊，尼克森總統絕不會坐視。」

剛宣誓就任陸軍參謀長的亞伯拉姆斯也在一邊幫腔，勸告阮文紹說美國人會信守承諾。季辛吉對阮文紹說，「你得相信我」，但阮文紹答道他找不到可以相信的理由。季辛吉睜眼瞎話說，協議草案還沒有越南文版本，但阮文紹已經讀了「西寧人士」提供的一份共產黨方面直到區級幹部都獲傳閱的一份協議草案摘要。

在十月二十一日的一次會議上，阮文紹的外長提出一份清單，要求對巴黎協議草案進行二十三項修改，其中最重要的就是所有北越軍全數撤離南越。季辛吉說，「我相信，想讓他們同意這項草案簡直不可能。」尼克森於是電告季辛吉，要他盡可能逼阮文紹同意，但避免「迫使他在十一月七日以前與我們公開決裂」。第二天二十二日上午，季辛吉在一陣威迫利誘、軟硬兼施之後飛往金邊，向高棉總統龍諾做簡報。

那天傍晚，當季辛吉返抵西貢時，阮文紹譴責這項交易是騙人勾當。阮文紹說，擬議中的選舉委員會不過是一個偽裝的聯合政府：「美國在與蘇聯、中國一起造假。現在你該認清北越在我們這裡駐軍的情形了，我們南越人認為我們已遭美國出賣，北越已經打贏這場戰爭。」阮文紹在與季辛吉的這次會議中幾度落淚。季辛吉說，「我只能說，你說美國與蘇聯、中國一起造假這話讓我非常苦惱。」讓阮文紹最反對的是，美國把南越全境各處許多土地讓給北越，等於默認一個如同「豹斑」一樣，沒有人認為可行的政體；此外，共黨與反共人士在擬議的選舉委員會中地位對等，也讓阮文紹無法接受。季辛吉電告白宮，提出警告說阮文紹的頑固已經造成新危機。他並且致電河內，抗議總理范文同把協議草案大多數條款走漏給一名《新聞周刊》記者，激化西貢不滿。

在返回華府後，季辛吉繼續忙著「造假」：他首先打電話給蘇聯大使杜布萊寧，要求俄國人向河內解釋，如今距離美國大選只剩兩周，美國政府必須在公開場合謹言慎行，避免與西貢公然決裂。他並且要求北越軍象徵性地從南越撤軍，還告訴杜布萊寧，「河內或許以為我們是在刻意拖延，拖過十一月七日以後我們就會轟炸他們或什麼。我告訴你，總統已經鄭重保證，我們不會這麼做。」但就在季辛吉打這電話的同時，尼克森也在橢圓形辦公室裡告訴海格：「等選舉一過，我們就把他們炸得雞飛狗跳。我不會對亨利（季辛吉）說，不過我們會這樣幹。」

白宮頭頭們也努力相互告慰，說他們對西貢的背叛其實談不上背叛，因為西貢政權原本就不是一個真正的政府。海格對尼克森說，「我們已經給了阮文紹一百萬大軍，還給了他那麼多裝備，如果他還是兜不轉，那就去他媽的，這樣的人不值得救。」季辛吉則告訴尼克森，「總統先生，我不得不告訴你我的一個讓我心碎的結論。我們一直以來支持的那些南越頭頭，經過這幾年的仗打下來，已經失去對和平的想像力。他們怕的其實主要不是共產黨，他們怕的是和平。」

當尼克森與季辛吉討論西貢政權可能迅速崩潰的危險時，季辛吉說，「我想，我們應該可以全身而退，他們不至於垮得那麼快。」十月二十四日，季辛吉以他特有的那種自嘲式幽默對中國大使說，「兩個越南都討厭我——我已經達成越南統一。」這名中國大使在等他的車時問季辛吉的助理，和平協定可不可能在選舉日以前簽定。助理答道，如果在十一月七日以前就與西貢鬧翻，尼克森別無選擇，只能幫西貢對付河內；但如果拖到投票日過後，情勢會倒轉，所以拖延對共產黨有利。美國政府已經向莫斯科與北京明白表示，私下裡，華府並不指望北越能遵守和平協議條款：華府要的只是河內在文件上的簽名罷了。

許多國家的許多領導人在國事問題上也有類似尼克森與季辛吉之間上述對話的交談，但像這樣因為錄音而將他們的偽善揭露的，尚屬首次。對後人而言，唯一重要的是他們是否真有選擇。早在尼克森入主白宮以前，這場仗已經幾乎肯定打不贏。阮文紹總統與他的部屬沒有為他們治下的人民做什麼，而共產黨做得更少。尼克森如果有罪，他的罪就是為了一己的國內政治利益，不是為了印度支那、南越或北越人民之福，而不斷採取軍事與外交行動，讓兩萬一千名美國人與數以萬計越南人送命。

就若干程度而言，美國選民也脫不了共謀之罪：甚至在越戰最後幾年，許多選民仍然渴望這場戰爭能有一個不失美國顏面的結局。為安撫這些選民的情緒，尼克森與季辛吉沒有發揮堂堂正正的政治領導，而是小奸小猾地製造假象，在一九七二年大選前後那段有限的期間拉攏選民。他們製造這種假象的巧思令人嘆服，但他們展現的道德令人不敢恭維。季辛吉雖說頗富「現實政治」（realpolitik）大師盛名，但他的表現說明他不懂現實政治。他在十月二十三日當面告訴阮文紹：「美國絕不會犧牲一個誠信的朋友。」兩天以後他回到華府，告訴商務部長派特・彼得森（Pete Peterson）：「我只有一個願望——讓越南人放手拚個你死我活，最好是兩敗俱傷。」

二十六日，北越向全球宣布擬議中協議的條款，要求美國依據黎德壽與季辛吉先前討論的結果，在三十一日以前簽署協議。河內這項宣布在美國引發一場騷動，尼克森因此下令季辛吉，要他以明星之姿在電視新聞亮相——在這以前鮮少公開發表談話的季辛吉，就這樣成為無數電視新聞節目的巨星。初次公開亮相的季辛吉顯得有些靦腆，但他的權威、急智幽默與坦誠讓他成為電視新寵。在一次人潮擁擠的記者會中，他侃侃而談：「女士們先生們，一場打了十年的仗明顯已近尾聲。」

他說，河內已經放棄南越建立聯合政府的要求；另一方面，西貢也已經果不其然提出異議。美國廣播公司電視網（ABC TV）在報導他這些話時用了「和平近在手邊」的標題。在投票日前兩周，季辛吉向尼克森拍胸脯保證勝選。尼克森當天晚上在電話中對季辛吉說，「他們認為你已經把和平弄到手了嗎？」季辛吉說，「沒錯。」尼克森說，「這是他們的想法，但沒關係，就讓他們這樣想吧。」政界人士無分黨派紛紛對這位國家安全顧問讚譽有加。威廉・伯克利的哥哥，參議員詹姆斯・伯克利（James Buckley）打電話向季辛吉道喜，希望取得一點象徵性保證：「我能因此認定，這項協議不會扯任何政權的後腿嗎？」「當然，絕對不會。百分百保證。」「那太好了。」《紐約時報》的詹姆斯・芮斯登說，「你為美國建了奇功，亨利。」民主黨總統候選人麥高文又犯下一堆選戰錯誤：他譴責尼克森不肯放棄阮文紹，卻不知就在那一刻，尼克森正在想方設法安撫阮文紹，為一場共產黨的烤肉盛會提供一道主菜。

西貢在發了幾天脾氣之後終於決定讓步，以避免與華府公開決裂。阮文紹語焉不詳地說，南越絕不接受一項損及南越人民利益的解決方案，但沒有說季辛吉這項方案損及南越人民的利益。第二天，他告訴國會，北越撤軍是他的「最低限度要求」，《紐約時報》因此指控阮文紹頑固。十月二十七日，《洛杉磯時報》（*Los Angeles Times*）以頭條報導「美國堅持河內撤軍：要求北越必須在簽約以前採取行動，撤回十四萬五千名軍人」。這篇報導錯得離譜，但它在全美各地激起反響，擦亮了季辛吉立場強硬的招牌，也淹沒了「水門」（Watergate）醜聞激起的漣漪。

在那段期間的美國，幾乎所有評論員都異口同聲把季辛吉描繪成國家救星。政界人士無分黨派，都渴望美國早日掙脫越南泥沼，都認為美國可以在保有若干尊嚴的情況下謀得和平。南越人民的命運就這樣被大多數美國人拋在腦後。許多人認為，只要能不再有炸彈、子彈、燃燒彈，任何結果都比現在這樣拖下去好。誰又能指責這樣的看法可恥呢？

季辛吉原本反對在大選過後對北越發動進一步空襲，但西貢的頑固與河內的輕鄙激怒了他，他開始主張空襲。他在十月三十一日告訴尼克森：「我認為我們應該把B-52進一步往北調。」總統表示同意：「說得很對。」季辛吉繼續說，「因為這些狗娘養的只懂這個……如果隔了一周他們還不答覆，我們應該恢復轟炸。」第二天，阮文紹公開譴責這項協議草案是「對共產黨的投降」。麥高文抨擊尼克森與南越，說尼克森不肯簽約，想再打四年仗，讓阮文紹繼續當總統。這指控與事實離譜得可笑。

總統選戰史學者席奧杜．懷特對一種現象嘖嘖稱奇：幾十年來共和黨候選人一直得不到美國選民青睞的情勢，在一九七二年最後幾天完全改觀：群眾開始擁戴尼克森。共和黨在選前最後廣播中呼籲選民：「這次要像全世界都仰仗你這一票一樣投票。」十一月七日，尼克森以百分之六十點七的得票率，擊敗民主黨麥高文的百分之三十七，取得歷史性壓倒勝利。

之後幾個月，尼克森政府的越南外交只有一項中心工作：威迫利誘，使西貢不再頑抗，說服阮文紹接受巴黎協議草案。十一月二十日，在回到伊維特莊園後，季辛吉向黎德壽提出阮文紹政府擬出的一紙六十九項草案修改清單，其中最重要的一項就是要求北越軍全面撤出南越——河內根本不承認在南越境內駐軍。很可能的情況是，季辛吉向北越代表強調他如何碰上難題，無力迫使西貢就範。第二天，黎德壽針對南越提出的六十九項修改要求做出答覆：「我們決不會接受。」美國人竟然連他們的西貢傀儡政權都控制不了，著實令河內費解。黎德壽隨即重提本身的要求，要西貢釋放關在獄中的三萬平民。季辛吉於是拿出尼克森給他的訓令念出來，訓令上要他終止談判。

之後上演的矛盾鬧劇是，尼克森政府在公開場合極力強調對河內的憤怒，私下卻軟硬兼施，迫使西貢改變主意。十一月二十九日，尼克森在白宮會見南越特使時，毫不客氣地揚言要切斷一切援助：「若是沒有我們的援助，你們存活不了，懂嗎？」但阮文紹仍然不肯接受巴黎協議。黎德壽同意不再要求西貢釋放關在獄中的三萬平民，但在十二月十二日說，他得返回河內商量這件事。

越戰過程中最怪誕的鬧劇隨即登場。尼克森下令展開新一輪大轟炸，表面原因是教訓共產黨的頑固，同時也為了報復北越拒不釋放美軍戰俘。但黎德壽在十二月的立場與他在十月的立場並無多少差異。唯一的差異是，南越逐漸軟化，開始同意這項擬議中的協議。尼克森之所以在聖誕節期間發動代號「線衛二號作戰」（Operation Linebacker II）的轟炸行動，最可能的解釋是，它是一種武力展示，目的在讓西貢與美國人民相信美國支持南越的力量與決心；同時也為了懲罰北越，因為北越四年來一直抗拒尼克森的意旨。這項行動對外交運作並無影響，但它是美國介入越南過程的最後一項重要軍事行動。

◎「我們要把他們炸得屁滾尿流」

一九七二年十二月十八日周一，中午十一點，在關島安德森（Andersen）空軍基地的B-52機組簡報室，來自田納西州的詹姆斯．麥卡錫（James McCarthy）上校揭開一道蓋住路線圖的幕，誇張地說，「各位先生，今晚你們的目標是……河內！」飛官范斯．奧斯邦（Vince Osborne）說，「我敢說，長官們一定以為我們會大聲喝彩……但機組一個個臉色凝重地坐在那裡，在心裡嘶喊著『噢，狗屎！』」在聽到他與他的同伴將飛往「市區」時，艾德．彼得森（Ed Petersen）上尉幾乎不敢相信自己的耳朵：「我一開始險些以為是開玩笑。」飛行員們自我打趣說，對美國人來說，這場戰爭還早著呢。隨後十一天，B-52出動七百二十九架次，在北越投下一萬五千二百三十七噸炸彈，戰術飛機也投彈五千噸。「線衛二號作戰」是越戰期間規模最大的B-52作戰，總計一百五十五架B-52轟炸機從一處五英里寬的機坪起飛，每天耗油兩百萬加侖。機組們都痛恨安德森基地，一些駐在基地的人自稱「機組狗」（crewdog）或「關島囚犯」（Prisoners On Guam,

POGs）。基地車輛上模仿那些要求「釋放戰俘（POW）」的貼紙，貼著「釋放POG」的標籤。原本為容納三千官兵而設計的基地現在擠進一萬兩千人；每當有機組被擊落時，其他機組總忙著搶占他們的傢私。自一九六五年斷斷續續打著的空戰這時已經進入最高峰。

無論哪一場戰爭，飛行員生活的世界與地面戰鬥人員的世界總是大不相同。以越戰而論，地面戰鬥人員得在叢林露宿、在草屋藏身，而B-52機組人員可以睡在鋼筋水泥的冷氣房裡，沒有槍聲或爆炸聲干擾清夢。在大多數日子，他們都能沖個澡，享用美式早餐，然後起飛前往敵人領空。他們在幾個小時過後返航，讓龐然大物的B-52滑到護岸邊停下，然後前往基地軍官俱樂部買醉。但不要誤會，他們的仗打得並不輕鬆：他們得緊繃著心理壓力，在例行公事、單調乏味的關島，與飛彈橫飛的北越上空之間不斷往返穿梭。

在談到對印度支那的轟炸時，世人想到的不外乎是轟炸下的犧牲者，這當然沒錯。但那些出轟炸任務的人，心裡想的不是幾萬尺下方那些他們看不見的人，而是他們自己面對的風險。就像「戰鬥機喬克」（fighter jock）喜歡他們的角色一樣，高速飛行、戰鬥甚至毀滅的激情也令一代代年輕飛官沉醉其中。但轟炸也讓許多飛官喪膽，特別是一九七二年聖誕節期間的轟炸尤然。海軍中校約翰・尼柯（John Nichols）寫道，「沒有人願意成為一場打不贏的戰爭中的最後一名死者。」許多飛官閃躲危險任務，而且不以為恥；有人在奉命出擊時發現任務凶險而當場哭泣；有人立即辯駁說，「等一等，我昨天才出過一次地面砲火壓制任務，今天應該輪我休息。」還有人藉口技術故障不肯起飛，或提早返航。基地還流傳一些醜陋的謠言，說共產黨認為監獄已經人滿為患，不再收戰俘了。

航空母艦艦載機飛行員，以及從泰國烏打拋（U-Tapao）基地起飛的美國空軍戰鬥機與B-52轟炸機飛行員，每次任務來回只需三、四小時。相形之下，駐在關島的B-52，得飛將近三千英里才能飛臨北越的目標。大多數機組得飛九個小時才能抵達目標上空，投下炸彈以後還得長途跋涉八千英里，與沖繩起飛的加油機進行至少一次空中加油後，才能返回基地。雖說飛行員有時或許也能藉由自動駕駛稍事休息，但就算還沒有與敵人遭遇，單單駕馭B-52已經極端耗人心血。吉姆・麥卡錫寫道，「與高性能戰鬥機或與較新型B-52機型不同的是，B-52D沒有動力管控。想飛精準編隊或運動，飛行員得運用許多老式的手動操作技巧。」他說，操作B-52D，「就像尖峰時段在華盛頓市區駕一輛沒有動力方向盤、空氣制動或自動排檔的十八輪大卡車」。

每一次任務都得投入擔負各式各樣任務的各類型飛機，在同溫層堡壘展開轟炸以前，戰鬥機先對敵軍高砲與飛彈陣地展開攻擊，電子反制機不斷干擾敵軍通信頻道與雷達信號，幾架F-4幽靈機釋出反制箔，更多幽靈機伴在B-52旁邊，以防米格機來犯。B-52同溫層堡壘有機組六人：兩名駕駛；一個兩人「防衛」小組，成員包括一名電戰官與一名砲手，兩人坐在駕駛艙後方幾英尺處，面向機尾，盯著螢幕，操控著電子戰儀器；以及一個由領航員與雷達領航員組成的兩人「攻擊」小組，坐在下方艙裡。雷達領航員就是過去所謂的「投彈手」。架在機尾的四挺五〇機槍是二次大戰留下的骨董，置身六英里高空的它們鮮少能對敵人造成什麼傷害。不過根據戰報，它們在線衛二號作戰中擊落兩架米格機。

在關島基地，負責保養B-52的是五千名駐在「腳踏車廠」（Bicycle Works）的地勤人員。這些B-52是一九四九年設計，四年後才首次升空的飛機，其中一些轟炸河內的飛機已經有十七年機齡。同溫層堡壘有十個獨立水壓系統與四個大型發動機，由熱氣渦輪引擎打出攝氏兩百五十度高溫的壓縮空氣帶動。由於熱氣導管與控制纜、油槽、氧氣線路擺在一起，一旦走漏，後果不堪設想。

當安德森或烏打抛基地處於緊繃狀態時，一架轟炸機可以在四小時內完成加油與填彈作業——僅有正常作業時間的一半——大檢修也只需八小時就能完成。機內彈艙滿載可以裝填八十四枚預置彈匣中的五百磅炸彈。地勤人員得在超過華氏一百度高溫、不時還有熱帶暴雨來襲的天候中進行裝填作業，極為耗神費力。他們有許多英勇奉獻的事蹟：有一次，一架轟炸機在滑行準備起飛時爆胎，地勤人員在引擎不熄火的情況下，僅用十五分鐘時間就完成一般需要一百五十分鐘才能完成的換胎作業。

在每次任務展開以前，企畫人員得花許多小時辯論目標，用SR-71高空偵察機拍攝的SAM發射站與雷達設施照片進行比對，調整攻擊點，優化攻擊軸線。B-52轟炸機一般以三機編隊方式出擊，這種編隊稱為「單元」（cell）。在翼掛彈載滿載的情況下，由六架每架可以攜帶三十噸炸彈的B-52組成的兩個「單元」，可以將一個「格子」裡幾乎一切生物全數滅絕，將「地毯式轟炸」詮釋得淋漓盡致——所謂「格子」（box）指的是一塊八分之五英里寬、兩英里長的長方形地面。根據最新情報與目標選定，機組會在出擊前接獲「個別命令」（fragmentary orders, frags）。目標或位在低威脅區，或在高威脅區，視地面高砲設施密度而定。優先目標是必須「勉力完成」的目標，也就是說，無論遭到多麼猛烈的敵軍攻擊，無論飛機出什麼狀況，機組必須將飛機飛到目標上空投彈。

在任務簡報過後，牧師主持天主教祈福儀式，讓有些人覺得很受用，但也造成其他人反感。機組隨後上車來到機坪登機，飛機上堆著笨重的求生背心、隨身武器、口糧箱，還有裝了飛機技術手冊、轟炸電算表、星象導航資料與機密簡報材料的大公事箱。機組還得攜帶禦寒裝備，如果機上暖氣系統正常運作，這些裝備就成了累贅；但一旦暖氣系統失靈，機艙溫度降到攝氏零下五十六度，這些裝備就是保命必需品。

戰鬥機飛行員稱B-52為「Buff」——就是「又大、又醜、又肥的傢伙」（Big Ugly Fat Fellers）。戰略空軍指揮部喜歡另一個比較冠冕堂皇的說法，形容一群B-52在跑道滑行，準備起飛是「大象遊行」。B-52機群起飛場面壯觀，總能吸引一群群旁觀者、地勤人員、下了勤務的機組在跑道邊、基地辦公室與陽台上駐足觀賞。一架接一架 Buff 加速準備起飛，引擎排氣孔不斷冒出陣陣黑煙。

它們不斷攀升，飛越停在外海海面，數著飛機架數的俄國拖網船。機組打點著，準備長途飛行：兩名領航員或許可以下個棋，或寫信。一名機組在代數教科書上解題，其他人有唸函授班的，有個人唸的是牙科。當他們想幹點壞事、開個玩笑或質疑一個程序時，為躲避戰略空軍指揮部督察的監控（督察會監聽機艙錄音），他們會相互傳紙條。在飛越海上時，整個機組往往都沉入夢鄉。在健康身體狀況下登機很重要，因為當飛機在高空飛行時，感冒、耳塞或鼻竇炎都能讓人極度痛苦，可能造成嚴重感染。不可測的天候也是問題，例如逆風增加耗油，使飛機必須進行額外的空中加油。

當轟炸機接近目標時，所有機組都必須保持警醒。北越在一九七二年十二月已經擁有可觀的米格機、高射砲與飛彈防空武力。美國飛機一進入射程，SAM二型飛彈組員已經大舉展開對空射擊。機艙裡反應不一：在十二月十八日領導第三波B-52出擊的飛行員羅伯・克拉克（Robert Clark）說，「我已經準備好了；我的領航員嚇得全身抖顫；我的砲手耀武揚威；我的電戰官非常擔心他的裝備會失靈，他很興奮，但也很害怕。」樂岱爾（Les Dyer）覺得自己天不怕地不怕：「我年輕，自認是百毒不侵、金剛不壞之身」。布魯斯・伍迪（Bruce Woody）說自己「嚇得屁滾尿流」。傑利・威克蘭（Jerry Wickline）說，「我在整個過程中都覺得自己會在下一秒死去……好幾次，飛彈近距離爆炸造成的強光，或它們掠過我身旁時噴出的尾焰令我眼前發黑，我正後方那架B-52被擊落了。」他又說，「我在那次任務中發現我不是懦夫，我絞盡腦汁想找一個藉口，讓我可以將飛機繞道，而不是直接穿越這些飛彈。但我雖怕死，卻更怕背上懦夫的罵名。」

要做到精準轟炸，在目標進擊的過程中，飛機必須無視於呼嘯襲來的飛彈，保持四分鐘平穩、筆直的飛行。三機「單元」以密集編隊進擊，以混淆敵軍雷達：如果其中一架偏離隊型，或其中一名駕駛閃躲，編隊保護網的效力就會減弱。機組會聽見電戰官那些令人心跳停止的通話：「SAM來襲！」機長會問，「距離目標還有多遠，雷達？」「還有十秒。五，四，三，二，一。炸彈下去了！開始……轉向，機長。」

線衛二號於十二月十八日下午七點四十五分登場。在將三十噸炸彈釋出的那一刻，B-52會稍有顫慄。驟然轉向可能暫時阻斷雷達訊號，讓飛機在幾秒之間處於無防禦狀態，導致致命後果。在一次月夜出擊任務中擔任任務指揮官的韓斯里．康納（Hendsley Conner）上校，談到中彈經驗：「卡砰！我們中彈了。就像我們飛在雷聲中心一樣，聲音震耳欲聾。機上一切東西突然變得非常亮，旋即轉暗。我可以聞到火藥燃燒發出的臭氧味，覺得我的右肩有些抽動。」他用對講機詢問機長克里夫．艾希利（Cliff Ashley），艾希利答道，「我很好，但飛機的狀況不妙。」

敵軍飛彈在這架B-52左舷爆炸，炸毀兩具引擎與翼尖，斷裂的殘骸不斷冒出火焰，機艙艙壓與大多數儀器也報廢了。儘管駐在關島，他們決定調轉航線飛泰國，並請求護送：兩架F-4幾乎立即回覆，「我們就在這裡，兄弟」。他們開始從三萬英尺高空迅速下降，極力避免在北越或在寮國上空跳傘：「我們知道他們在寮國不收什麼戰俘。」三十分鐘後，飛機進入泰國領空，他們開始大放寬心，以為終於可以安全降落了。隨即飛在一邊的一架F-4飛行員提出警告說，殘骸噴出的火焰更猛，整個左翼都已起火：「我看你們撐不下去。」所有六名常規機組都有自己的彈射椅，幾秒鐘過後，「棄機」紅燈亮了。砰一聲，領航員消失了。沒有專屬彈射椅的康納爬過一堆殘骸，來到最後一名機組彈出的洞口，凝視著遙遠下方的土地。他隨即跳傘，隔幾秒鐘拉了張傘索。他仰望遠方，只見那架B-52裏在熊熊烈火中轉著圈，墜向地面。他降落在一堆泰國村民間，受到他們茶水款待。又隔二十分鐘，他登上一架陸戰隊直升機，這架直升機已經將B-52六名機組完全救起。

在線衛二號行動第一夜，根據理查・瓊斯（Richard Jones）的計算，北越朝瓊斯的編隊發射五十六枚SAM，約翰・菲爾莫・葛拉漢（John Filmore Graham）也在攻擊河內福安（Phuc Yen）機場時見到三十枚。擔任副空中管制員的唐・奧德里治（Don Aldridge）少校對夜空景象有以下描繪：「開始見到高砲……大多數射在兩萬到兩萬五千英尺，但砲火相當猛烈。河內西方有米格機活動，但有F-4對付他們。開始見到SAM發射……出現一些二二公厘非導向火箭……砲手報告……B-52編隊以密集隊型移動。SAM越來越猛烈，但大多數偏離目標至少一英里半……一百二十秒之後，一點鐘方向的兩枚SAM射得很偏，在目標水平距離外一英里半爆炸……兩枚SAM向B-52飛去——我可以見到排放尾——它們都在上方爆炸……B-52擺平直飛，展開投彈飛行……三十一枚SAM攻擊綠色編隊。」

約翰・奧華（John Alward）上尉的B-52因飛彈在近距爆炸而重創，兩具引擎報廢，另兩具也出問題。奧華駕著這架大鳥越過非軍事區，朝南飛往峴港。但峴港雖是距離最近的基地，對已經打殘了的B-52而言，跑道卻短得可怕。飛行經驗不很豐富的奧華在惡劣天候狀況下飛近峴港，發現基地正遭共產黨迫擊砲與火箭攻擊。他與機組討論是否跳傘降落海上，組員一致同意降在基地。但當副駕駛拉桿啟動機尾拖傘以便降速時，飛機沒有反應：啟動索已經斷了。眼見飛機衝向跑道外的一處雷區，奧華狠狠加速，將這架受創的大鳥硬是拉高，飛到空中。他們打了一個轉，嘗試第二次著陸。這次奇蹟似的成功了。

美軍已經摸清敵軍砲手與SAM飛彈組員的能力。他們借用電視鬧劇的名字，將一個北越飛彈連戲稱為「搞笑連」（F Troop），因為這個連的命中率低得可笑。反之，部署在河內西南方的另一個飛彈連是所謂「VN-549殺手連」（Killer Site VN-549），成為美軍必欲去之而後快的對象。

北越米格機往往只是遠遠跟在B-52旁邊，保持安全距離：美軍認為他們「只是SAM的交通警察」——將B-52的飛行高度資料轉告地面，讓地面SAM飛彈組員無須雷達鎖定也能發射飛彈。對許多飛行員而言，高射砲比飛彈更可怕，因為直到砲彈爆炸，機組才能見到它們。北越的一〇〇公厘高射砲在三萬英尺以上高空很有效。

在五英里下方的地面，俄國防空顧問、二十一歲的法萊利・米洛尼成柯（Valery Miroshnichenko）中尉說，「我們在看一部講述二戰故事的電影，名叫《解放》（*Liberation*）。前一分鐘還看見螢幕中戰車在開火，下一分鐘就聽見放映會場外傳來爆炸聲，我們心想大概有暴風雨來襲了。隨即我們抬頭望見B-52：我們見到一架飛機像火炬一樣墜向地面。」北越現在將一九七二年十二月這場大轟炸說成「空中奠邊府」，意思是他們在這場戰役中重創美國空軍。這場空戰登場以前的幾個月，北越飛彈部隊由於戰績不佳，士氣很低。一名飛彈組員寫道，面對美軍強大的電子反制措施，「有人開始耳語，說我們既無力，也無能。」

那年秋天有一天，阮建丁中尉剛朝一架射程六英里外的美國飛機射出兩枚SAM，「我聽見有人大叫，『小心，有百舌鳥反飛彈！』」他們要求營長降低追蹤雷達功力，以縮小輪廓，從而減少遇襲風險，但營長不肯。阮建丁寫道，「兩三秒鐘過後，一次可怕的爆炸把我炸得撞在我的螢幕上。我回過頭，見到雷達車的門已經被炸開，硝煙與灰塵布滿空中。車內幾乎所有人員全部帶傷，我們的裝備也被炸得稀爛。」阮建丁在發射站的發電機卡車裡，找到一名士兵趴在控制盤上，一動不動。「我叫他，但他沒有反應。他的身體有些扭曲，胸前有幾滴血。百舌鳥的一塊小彈片刺穿了他的心。」這是阮建丁入伍六年來第一次見到死人，他很震驚，也悔恨異常，因為他覺得他們失敗了。

美軍這項聖誕節攻勢真正的目標不是實質，而是士氣：計畫人意圖用夜間突襲的方式對敵軍造成最大騷擾，而且果然奏效。十二月十八日夜，阮建丁在一連迎戰兩波B-52攻勢以後，筋疲力盡地倒在床上，「希望能睡幾分鐘恢復一下我的元氣」。但幾乎剛闔上眼，新的警報聲響，這一次是F-111來襲。F-111消失在空際以後，阮建丁又一次疲累不堪倒在床上。但就在十九日凌晨四點，第三波B-52來襲，美軍釋出的干擾波全面封掉北越的雷達螢幕。終於熬到淒冷的黎明，疲憊不堪的飛彈組員意興闌珊地吃著早餐：他們的團迎戰六波美機，卻連一架也沒有擊落，不過其他幾個單位說擊落三架B-52。到十二月二十一日一早，「我們已經經歷了四或五次戰鬥警戒，由於缺乏睡眠與神經緊繃，每個人都筋疲力竭。只要聽到鑼聲響起，每個人都扯下毯子穿上鞋，冒著刺骨寒風趕赴戰鬥位置」。幾天以後，一架F-4丟下集束炸彈，殲滅了阮建丁的營。

在「河內希爾頓」，炸彈爆炸聲激起美軍戰俘罕見的歡欣鼓舞。他們鼓掌跳躍，讓一名摸不著頭腦的警衛忍不住質問羅賓森・萊斯納（Robinson Risner）上校：「這些飛機是來殺你們的！」上校毫不客氣地答道：「你錯了，它們是來殺你們的！」

談到老百姓。阮氏清平住在河內以東好幾里的地方，在線衛行動期間，她常與一群人站在一起，望著一波波轟炸機在遠方地平線丟下炸彈，情景就像「火山爆發」一樣。她說，「B-52機群似乎鋪天蓋月」一般飛過。這話當然只是比喻，因為B-52飛得太高，站在地面、躲在掩體內仰望夜空的人幾乎不可能見到它們。唯一可以肯定的是，這些轟炸讓數以百萬計的北越人民心驚膽戰。

在距離地面幾里的高空，美軍電戰官與雷達領航員坐在他們的「黑洞」裡，看不見底下的城市與鄉村、監獄與SAM發射站。他們生活在一個只有雷達螢幕，沒有其他視窗的古怪世界。領航員菲爾・布勞法斯（Phil Blaufuss）說，敵人的砲火「是必須不予理會的惡魔……你躲在一架飛機的機腹，腹艙裡沒有窗戶，望不見飛機外面火砲漫天飛舞的恐怖。你沒有供你射擊的槍，沒有供你進行干擾的電子反制裝備，也沒有供你操控的控制桿或油門」。但對電戰官而言，在螢幕上見到一個代表SAM-2的小點朝他的飛機逼近，是一種難以言喻的悲慘。艾蘭．強森（Allen Johnson）少校經歷了這樣的經驗。他只來得及叫了一聲「他們逮到我們了！」他的飛機在一陣猛烈的爆炸中解體，他遇害了。

所有飛越敵境的年輕人都得靠訓練與紀律支撐，他們也常故作英勇狀，相互打氣。雷達領航員迪克．帕里（Dick Parrish）記得，一天夜裡，機長見到SAM在空際不斷飛舞，還見到一個無疑是一架B-52爆炸造成的火球。當砲手在雷達幕上見到兩枚飛彈軌跡時，他們極力閃躲。之後飛機飛近寮國，取道返回泰國烏打抛，就在他們覺得比較放心時，他們從機艙望見地面又出現一次大爆炸，幾乎可以肯定那是一架美機。帕里後來說，「機長見到的這一切，加上我們自己的經驗，我想多少讓我們驚魂難定。當我們朝南飛向海邊時，我努力製造一些笑話破冰。我們的電戰官迪克．安克勒（Dick Enkler）一直埋首他的螢幕，盯視著那些亂七八糟的東西……他立即訓了我一頓，說我不該打屁說笑……我想，『搞什麼飛機，我們已經完成任務，還能全身而退，我覺得我們應該好好笑鬧一番才是。』」

約翰．艾蘭（John Allen）與他的機組，每在朝東飛越太平洋折返安德森基地時，都會透過對講機，徹底放鬆的合唱「杜比兄弟」（Doobie Brothers）的〈聆聽這音樂〉（Listen to the Music）。不過只要是任務，直到它結束才算真正的結束，領航員金．辛普森（Ken Simpson）就得了這樣一個教訓。有一次就在飛回基地準備降落前不久，彈艙仍有殘餘炸彈的警示燈亮了，他奉機長之命前往調查。辛普森發現彈艙已經清空，於是爬進輪艙，插上他的對講機，向機長報告這個好消息。機長於是放下起落架準備降落，將沒有戴降落傘的辛普森暴露在暹羅灣清晨閃閃陽光中。辛普森嚇得混身發抖，緊緊抱住起落架，直到機長發現情況有異，重新收回起落架，辛普森才又回到他的座椅上。

在線衛行動第一次出擊結束回到基地以後，幾乎每一架飛機都自稱擊中目標：三架B-52被擊落，另兩架重創。在發現他們得在第二天夜晚循著單一進擊線再次出擊之後，許多機組很是不滿。而這條單一進擊線的製定人，是遠在奧瑪哈（Omaha）戰略空軍指揮部的那些長官。許多軍官建議使用多條進擊路線，同時對河內與海防發動攻擊。負責作戰的空軍副參謀長彼得．向尼斯（Pete Sianis）少將在聽了這些建議之後作出決定：「這不是我們的作法！」他下達命令：「從一條路殺進去，從一條路殺出來！」在十二月十九日那天夜裡，他這套戰術似乎有效：九十三架B-52出擊，只有兩架受損，沒有一架被擊落。

當B-52於第二天、二十日夜裡飛近河內時，河內大多數防空SAM營已奉命將三連發減到二連發，因為飛彈儲備越來越少，美軍的攻擊也讓飛彈交運更加困難；河內也已下達嚴令，只能用SAM攻擊B-52。但儘管面對這一切重重障礙，隨著空襲不斷進行，SAM機組發現，由於戰略空軍指揮部那些計畫人的一成不變，飛彈機組的空防工作輕鬆了許多。美軍在十二月二十日出動九十九架B-52出擊，有六架被擊落。套用一名北越軍官的話：「美國空軍完全暴露了他們的作戰型態……敵機從西方進來，從東北方退出……進擊區、時段與飛行編隊仍然未變。」約翰．菲爾莫．葛拉漢與其他許多飛官對於戰略空軍指揮部的這種僵化非常憤怒。葛拉漢說，「我們就像遊樂場上那些供人打靶的鴨子一樣」。十二月二十六日，戰略空軍指揮部終於勉強同意改變戰術：一百二十架B-52分十路進擊河內與海防，而且都在十五分鐘同一時段內投彈。那次攻擊只損失兩架B-52。

電戰官比爾．康利（Bill Conlee）中校的座機，就是那天損失的兩架B-52中的一架。在飛抵投彈點的最後幾秒鐘，十枚SAM在他的三機單元附近爆炸。他的飛機遭兩枚飛彈夾擊，左翼首先著火，傷了五名機組。艙壓系統報廢，電力也沒了。警告燈亮了，機組紛紛跳傘。康利在跳傘時，因眼見兩枚SAM從身邊呼嘯而過而驚出一身冷汗。他在著地時全身多處擦傷，血流如注。在一輪小型武器攻擊後，一群越南人逼近他，除了一條短褲頭外剝光他全身衣物。他被抓著遊街，地方農民用農具與棍棒不斷打他，打斷了他幾條肋骨、打傷他的右膝。他被臉朝下綁在一輛卡車地板上，送到一小時車程外的河內。抵達河內時，押送他的人把他從卡車上丟到柏油路上，撞得他肩胛骨脫臼。兩名士兵把他拖進河內希爾頓的院落，把他關進一間獨人囚房。

在安德森基地，剛下任務的機組發洩他們的沮喪、疲累與緊張，發洩方式也大同小異。羅伯・克拉克說，在線衛行動第二天，當飛官走進安德森基地軍官俱樂部時，「你可以聞得到恐懼，大家摟在一起，確定彼此都還活著。」有人喝得爛醉；有人打架；有人把聖誕樹與墜海標示染劑丟進游泳池；有人對著高爾夫球場發射信號彈；有人在舞池引爆救生筏。瓊・畢雪（Jon Bisher）說，「如果你是死刑囚犯，你想幹什麼差不多也沒人敢管你……飛官們的態度是，反正他們拿你沒辦法，他們不會把你送回美國。」馬克・克洛德費爾特寫道，士氣低落的關鍵因素在於「美國政治與軍事領導層未能精確說明機組需要怎麼做才能成功……他們不斷出任務，卻見不到任務盡頭」。

傷亡報告的處理也頗有值得非議之處。凱蒂・騰納（Katie Turner）在安德森軍官俱樂部游泳時接獲通知，說她的先生不會回來了。有些「失蹤」機組的妻子等了幾年，全無丈夫音訊，或許指揮官不該抱持他們仍然生存的奢望。加州海軍航空站那些「遊輪寡婦[11]」（Cruise widows）也陷於無邊無際、前途未卜的痛苦中。美國空軍與海軍都有許多人不滿尼克森政府，認為尼克森政府不夠強硬，沒有迫使河內將失蹤美軍問題交待清楚。不過，最可能的狀況是，就連共產黨本身也不知道一些燒焦、甚至是蒸發了的屍體的身分。

隨著線衛二號行動持續，機組休息時段也必須緊縮。十幾名飛官在出了兩三次任務以後就告病，不肯再出任務。到行動結束時，這個數字增加到將近四十——每次出任務總有約十分之一的機組告病。保羅．蒙寧霍夫（Paul Munninghoff）的兩名戰友「罷工」，「我間接還聽到其他幾個人也這樣」。同樣的，機長泰德．漢奇（Ted Hanchett）「眼見機組逃避任務……我們還得繼續冒著生命危險出擊，領導人如果願意，我們其實可以很快結束這種狀況」。但聯隊長一般以寬厚態度處理不肯執勤的機組，不對他們進行懲處。飛行員與砲手承受的壓力越來越重，越來越疲憊。一些B-52機長開始不理會進場投彈時保持平穩的命令，採取劇烈閃躲運動。在前後十一夜的空襲過程中，北越總計發射約一千枚SAM彈幕方式多彈齊發，效果相當可觀。

在華府於十二月二十九日下令停止線衛二號行動時，美軍已經損失十五架B-52，但對於他們不用再出轟炸任務一事，飛行員不可能知情。一九七三年一月三日，戰略空軍指揮部司令、二戰期間著名戰鬥機飛行員約翰．梅爾（John Meyer）將軍到安德森基地視察。他沒料到這次提振士氣之旅竟鬧到以灰頭土臉收場。梅爾之前曾帶著家眷造訪關島，讓基地裡那些與家人離散的官兵看在眼裡，非常惱火。這一次，當他為聯隊長麥卡錫上校別上空軍十字章時，會場上已經出現騷動，因為麥卡錫僅僅以乘客身分出過兩次線衛二號任務。在之後與機組人員的問答會中，一名飛官對密集任務造成的緊張婚姻關係表示不滿，梅爾聽了這話，竟大笑答道，「有些婚姻本來就不會白頭到老」。梅爾緊接著滔滔不絕指責機組，強調在進行投彈飛行時必須嚴守單元紀律，還揚言軍法懲處違規者。他這番表態引發一場機組與一名空軍將領之間前所未有、極其火爆的衝突：幾名機組一臉不屑地走出會場，其他機組也發出噓聲，不斷喝倒彩；椅子、可樂罐、簡報冊紛紛丟到講台上，好幾次擊中梅爾。一群高級軍官衝上來護送梅爾下台。當他駛離時，憤怒的飛行員意猶未盡，還用石

11 譯注：遊輪寡婦，在丈夫生前經常因跟隨丈夫調動，乘遊輪往來的婦女。

頭砸他的座車。

這是戰略空軍指揮部有史以來最不尋常的一次事件。有些機組對於同袍這種行為也不以為然，但許多機組認為梅爾是自取其辱。套用詹姆斯・拉西（James Rash）的話說，「這些機組大多在敵意環境中飛了太多時間……幾天以前還與我們親密相處的友人，如今已經生死異路，這情況在我們中間比比皆是。」

無論美國本土與世界各國，全球對這場聖誕節大轟炸的反應都一面倒的不佳。河內展出兒童死亡與尖叫、醫院被毀的鏡頭，極盡巧妙能事地操控它的宣傳。美國空軍的目標主要是鐵路中心與電廠：北越發電能量從十一萬五千千瓦減少到兩萬九千千瓦，全國燃料儲備四分之一被毀。但河內市長宣布，這場大轟炸炸死一千三百一十八名平民，海防也有三百零五名平民遇害。《華盛頓郵報》譴責這些攻擊是「一個主權國人民對另一個主權國人民發動的……最野蠻、最沒有意義的戰爭行為」。湯姆・威克（Tom Wicker）的《紐約時報》評論以「全球之恥」（Shame on Earth）為標題。倫敦《泰晤士報》說，這場轟炸「不是一個渴望和平的人的作為」；《每日鏡報》（*Daily Mirror*）的標題是「尼克森的聖誕節死亡暴風雨」。漢堡的《時代周報》（*Die Zeit*）寫道，「就算是盟國也必須說這是對人道的犯行。」參議員愛德華・甘迺迪說，這場攻擊「應該激起所有美國人的義憤」。在坎培拉，新上台的高・惠蘭（Gough Whitlam）工黨政府也與美國畫清界線，譴責線衛二號。閣員之一的湯姆・烏倫（Tom Uren）抨擊尼克森與季辛吉的「暴行心態」。另一名閣員稱線衛二號是「人類史上最妖魔的行動，是瘋子訂定的政策」。

隨著水門事件逐漸暴光，自由派十年來對尼克森的積怨趁勢爆發，上述近乎謾罵的攻擊就在這種時空背景下出現。許多美國保守派仍對尼克森與他的政策充滿信心：他們接受尼克森的看法，認定為了迫使共產黨釋放戰俘，轟炸北越有其必要。但就全球而言，線衛二號讓人更相信北越是美國肆意施暴的犧牲者。雖說批判這項行動的言詞或許太超過，幾近半世紀以後證據顯示，發動線衛二號只為遂行尼克森的黨派宗旨，無論就政治或就軍事意義而言都有不當。

河內報紙宣稱，自戰爭爆發以來，它的部隊共擊落三千五百架敵機。但實際上，自一九六四年以來，美國在北越上空總計損失九百四十四架飛機。空軍第七軍司令威廉·摩耶（William Momyer）在戰後很久，在給同事的信中寫道，「我很遺憾我們沒能打贏這場戰爭。我們擁有取勝的部隊、技巧與情報，但我們的文人長官不肯讓我們放手一搏。我們的空軍毫無疑問表現得可圈可點……如果說這場敗績能帶給我們什麼教訓，那就是——除非你準備不惜一切打贏一場戰爭，否則不要打。」在二次大戰戰後的世界，摩耶這番話就戰略角度而言算得上文盲。因為除非摩耶與他那些同志能使用核子武器——這也確實是許多美軍將領的希望——單憑空中武力而改變越戰結局幾乎不可能。

這波聖誕節攻勢沒能對外交情勢造成多少影響，一切條件與十月間並無不同。河內已經信心十足，知道能在談判桌上幾乎予取予求。

第 26 章

臨死前的吻

A Kiss Before Dying

◎戰俘

或許最關心巴黎談判結果的，莫過於關在共產黨手中的幾近六百名美軍戰俘。他們大多是關在河內市內或近郊的飛機機組。不過也有二、三十名在南方被捕的美軍（從一九六五到一九七三年間，人數有消有長）分別關在高棉附近的叢林戰俘營中。其中最著名的戰俘包括外交官道格・蘭賽。他在一九六六年一月落入越共手中，在被俘初期，蘭賽大多時間被關在一個讓他無法站直身軀，螞蟻、蠍子、白蟻、蚊子肆虐的竹籠裡，他每個月只能刮一次鬍子。在被囚禁七年之間他只接到兩封信，有一次一連七星期沒機會洗澡。有一次一條六英尺長、黑黃相間的金環蛇游進他的囚房，占了他的床。這條蛇後來溜出去，遭警衛發現打死。

蘭賽一開始想說服那些抓住他的人，讓他們相信他不過是個無足輕重的平民百姓。他們於是問道，既然如此，你為什麼有那枝AR-15卡賓槍？你的卡車廂裡為什麼裝了手榴彈。共產黨還發現，根據《華盛頓郵報》的說法，這個自稱無足輕重的平民位階相當於中校，是「目前為止被俘的最重要的人物」。美聯社說，他是「美國駐越文職人員中最有知識的官員」。蘭賽學識非常淵博，對戰爭的看法深受修斯底得（Thucydides）與孫子影響。他的父親是退休美國政府官員，生長在「新政」（New Deal）時代，對大蕭條時期的民生困苦感受甚深。蘭賽的父母不喜政壇公職人物，常將他們與職業專業人士的正直做對比，蘭賽也深受這種觀念的影響。在哈佛大學唸研究所期間，他曾師從麥喬治・邦迪。研究所畢業後，他先在日本與沖繩美國空軍情報部門工作了兩年。在國務院黎巴嫩科工作一段時間後，由於自始就對詹姆斯・龐德（James Bond）沒什麼好印象，他拒絕調任中情局的一項邀約。不過抓到他的共產黨理所當然地相信他是情報官。

關在河內的戰俘在一九六九年以前一直遭到酷刑，蘭賽與其他前前後後與他關在一起的戰俘雖能倖免於這些酷刑，卻備受饑寒交迫之苦。他們不知道自己會不會像其他一些落入越共手中的美國人一樣遭越共殺害，不知道什麼時候會遭殺害。蘭賽聽說，在自己被俘前不久，美軍戰俘肯．羅拉貝克（Ken Roraback）士官與胡伯．佛賽斯（Humbert Versace）上尉剛遭越共處決。據說兩人當時被領到一張桌子前，就像要準備進餐一樣，結果遭人從後方朝頭部開槍射殺。蘭賽於是懇求那些越共，如果自己也會遭到同樣命運，一定要給他十五分鐘時間寫一封信給父母。他在被捕頭兩年一直生活在恐怖中，經常失眠，不斷做著遭處決的惡夢：「我不知道自己是怎麼在心理上撐過來的。」

他無論要坐、要躺、要刷牙都得先徵求警衛同意，警衛會吹哨向他示意。越共會射殺那些絕口不與他們溝通的美國人。通曉越南話的蘭賽能與警衛們暢所欲言，他誠懇地告訴他們，他贊同越南村落的社會主義化。當他終於簽了一份宣傳聲明，讚美越南社會主義時，越共幹部之間還為聲明措辭夠不夠謙卑的問題掙得面紅耳赤。共幹們不斷詰問蘭賽美軍可能投入多少兵力侵入北越等等各種問題。蘭賽答道，可能得投入四十到七十萬兵力，一名共幹點頭表示同意，還說「你現在終於上道了」。但他的生活始終處在半飢餓狀態中。一些戰俘因為受不了飢餓而死亡——早年韓戰期間美軍戰俘稱這種狀態為「放棄求生症」（give-upitis）——但也有戰俘因不肯放棄而存活，陸戰隊少校唐．庫克（Don Cook）強迫自己吞下自己嘔出來的東西就是例證。

蘭賽得了一大堆病，包括鉤蟲、傷寒、壞血病、肝炎、腳氣病等等。瘧疾的來襲不會認人，他的那所戰俘營的副司令就因瘧疾而死，蘭賽本人也得過一百二十三次瘧疾。當然，痢疾與阿米巴症也經常在戰俘營肆虐。稍微割傷一點皮肉就會帶來嚴重感染。蘭賽日後對他自己與其他戰俘的情況有以下描述：「我們每個人都瘦弱得不成人形……由於身體實在太弱，有時就連上廁所都得靠人扶持，而且往往走到半途就屎尿俱下。沒有經歷過戰俘營生活的人，特別是那些神氣活現的陸戰隊與特種部隊軍官，不知道什麼叫屈辱。但更惡劣的是，你因為戴著手銬腳鐐、或因為關在獨身禁閉室而不能動彈，經過幾小時甚至幾天，你醒過來，發現自己躺在自己的屎尿中，那種羞辱真是難以言喻。」一名戰俘有一次在一天內大解了八十四次。

蘭賽描述發瘧疾時抽筋、猛烈顫抖、大便失禁的情況。在暴雨中，「我緩緩拖著鎖鏈來到鎖鍊盡頭，挖了一個小坑，拉了一下肚子，然後慢慢往回走——所幸可以扶著沿路幾株樹與竿子，我沒有昏倒。」隨後他來到床邊，但不幸身子一軟，跌坐在床邊六寸深的泥水中。他就在泥水中呆坐了十分鐘，「虛弱得連咀咒的力氣都沒了」。蘭賽一連四天高燒，無法進食；急性期持續了兩星期。同為戰俘、來自緬因州的小兵查理・克拉夫（Charlie Crafts）形容瘧疾病發的情況如下：「那感覺就像有人用一根吸塵器的吸管插進你的屁眼，把你裡面的東西完全吸出來一樣。」蘭賽有一次病發，全身抽搐，關在一起的戰俘都以為他這下真要玩完了。

他們像警衛一樣也穿著黑睡衣，每天總有很長的時間綑在樹邊，「一條很重的鐵鍊磨著你的腳踝，一個大鎖在你的踝骨上撞來撞去」。他們的身體太衰弱，幹不了體力活，蘭賽每在奉命劈材時都會頭暈。一九六九年冬，戰俘們奉命為自己建造新戰俘營，結果他們花了五周時間完成這項工作。有時戰俘會為誰做了分內工作、誰沒做而爭執不休。由於不能對越共大喊大叫，他們會為了打鼾或放屁等芝麻小事而相互叫罵。但對於一起關在營裡那些惡形惡狀的難友，包括兩名民間包商，蘭賽並不記恨。「大多數本身承受極度苦難的戰俘，不願對其他人過分批判，就算那些人在壓力下幹出失常的勾當也不例外。」

一天，南方局下令釋放查理・克拉夫。警衛們不同意，認為應該釋放唐・庫克，因為庫克已經關了兩年。但庫克為克拉夫力爭，說克拉夫整個身體系統都在潰爛，應該是這個超級幸運兒。之後克拉夫果然獲釋。過了兩年，一名高幹在視察戰俘營時告訴蘭賽，他們已經決定，只要蘭賽不逃，他們要讓蘭賽活命。當庫克告訴那名頗有威嚴的高幹，說自己是天主教徒時，那名高幹應聲答道

「Pax hominibus bonae voluntatis」（平安歸給天主喜悅的人）。之後蘭賽與庫克獲准交談，兩人對天主教教義爭辯了很長一段時間。

蘭賽在被俘七年間只獲准看了五本書，分別是《湯姆歷險記》（*Tom Sawyer*）、《三怪客泛舟記》（*Three Men in a Boat*）、《大衛・柯波菲爾》（*David Copperfield*）與澳洲共產黨韋福瑞・伯契（Wilfred Burchett）的兩本著作。聖經是明文禁止的讀物，讓一些戰俘極端苦惱。有一次蘭賽與庫克偷聽到英國廣播公司一段巴哈音樂會的廣播：「我們兩人都哭得像嬰兒一樣。」在被俘第五年，蘭賽得了一副紙牌，用這副牌玩了許多單人牌戲。談到夢想，蘭賽說，「有時我彷彿見到自己穿著一套布魯克兄弟（Brooks Brothers）裁製、六百美元一套的鯊皮西裝，腳踏芙洛西極品（Florsheim Imperials）紳士鞋，在拉斯維加斯最豪華的度假酒店外，與一名身材美好的歌舞女郎在一輛賓士600（Mercedes）前打情罵俏，風光留影，然後將一張16×20加框照，送給一名我敢打賭一輩子碰不上這種好康，也沒這品味的警衛。不過對我來說，梵谷（Van Gogh）的太陽照在梵谷原野上、一次熱水澡、可樂、聊天與九十分貝音響古典樂，比這樣的夢境重要得太多了。」

蘭賽思考了許多哲學與量子力學的問題：「既然我不能控制我自己這一角世界的環境，倒不如思考整個宇宙，這是一種精神自慰。」這段漫漫歲月中沒有出現什麼趣事。偶有笑聲傳來，不外一些無厘頭鬧劇，例如：一隻雞掉進糞坑裡，牠飛快掙了出來，拼命拍打翅膀，將旁邊一名不得人緣的幹部濺得一身都是糞便。有一次一名戰俘因病重沒有露面，其他戰俘那天用猴子肉裹腹。一名美國人拿起一隻猴掌放在自己盤子裡，仔細檢驗：他說他一定得弄清楚他吃進肚裡的，是不是與他關在一起的那位難友。疾病不時總會奪走一名戰俘性命，對戰俘們造成沉重打擊。蘭賽筆下「我所曾見過印象最深刻的戰俘，我既需要他讓我跟上腳步，也需要以他作為典範，幫我找振作」的庫克於一九六七年死於瘧疾。蘭賽說，美軍顧問約翰・蘇曼（John Schumann）少校死於腎衰竭，不過蘇曼仍然列在官方失蹤名單上。如果華府願意，蘭賽本可以提前一年半離開戰俘營返美，不過也幸好他在很久以後才知道這件事，否則他可能氣瘋。一九七〇年十二月，阮大（Nguyen Tai，譯音）成為落入西貢手中最高階的共幹；六年來，他一直是西貢境內間諜與恐怖活動首腦。一九七一年十月，臨時革命政府提議換俘：用阮大與另一名高階共幹交換蘭賽。但阮文紹手下與中情局都不同意這項換俘案。他們說，特別是阮大太重要了，阮大就這樣一直被關到西貢陷落。蘭賽的命運則要等巴黎和談的結果。

◎「和平」

一九七三年初，當一艘艾賽克斯（Essex）級航空母艦駛離舊金山，執行她在東京灣的最後一次任務時，艦上官兵凝視著擋在空空如也的金門橋兩邊的車輛，分不清是愁是喜。當時美國國內反戰情緒已經勢如鼎沸，為防止反戰分子從橋上向通過橋下的這艘母艦丟石塊甚至炸藥，警方封鎖了這座橋。但這時，儘管越南本身人民仍然困在無邊的戰爭泥沼中，至少美國人已經脫身在即。季辛吉在二〇一三年說，聖誕節轟炸造成一九七二年十月巴黎協議草約的修訂，修訂項目包括美國有權無限制為南越提供軍火與裝備；共產黨從寮國與高棉撤軍；內部管控機制加強（季辛吉於一九七二年十月十二日私下告訴尼克森，「所有這一切都只是說給那些一廂情願的人聽，讓他們感覺甚好的鬼扯蛋」）；還有一些次要技術性修訂。

這些修訂的第一項，早在四個月以前已經談妥；其他幾項要不是無關緊要，就是共產黨根本不會遵守。季辛吉還強調，由於美國轟炸北越，黎德壽在一九七三年一月快馬加鞭地同意史上稱為「巴黎協定」（Paris Accords）的文件。但在之前一年十月，美國卻不肯簽署就任何有意義層面而言，都與這項最後協定一般無二的一份文件，讓北越非常惱火。國務院的約翰．尼格洛彭說，「我們轟炸北越，迫使北越接受我們的讓步。」

在一月間導致決定性翻轉的事件出現在西貢，而不在河內。在參議員高華德與約翰．史坦尼斯（John Stennis）兩名著名鷹派壓力下，阮文紹總統勉強默認。一月二十三日，橢圓形辦公室宣布：尼克森總統告訴美國人民，在全面停火過後，戰俘將在六天內返美。他呼籲嚴格遵守巴黎協定條款，他說，「美國將繼續承認越南共和國政府是南越唯一合法政府。我們將繼續根據協定條款援助南越，將繼續支持南越人民和平解決他們的問題。」

在談到違約後果時，尼克森刻意含混其詞：「我們會做到我們根據這項協議必須做到的一切，也指望其他各造做到他們根據這項協議必須做到的一切。」大多數美國人相信，一連幾屆美國政府始終談不成的協議之所以能夠談成，正是因為聖誕節大轟炸反映的尼克森的強硬。尼克森的民調支持率高漲到百分之六十八。一月二十七日，國務卿羅傑斯簽署了巴黎協定：最後兩萬七千名美軍與顧問開始返美，在三月二十九日完成撤軍。自尼克森據說帶著一項謀和方案上任以來，兩萬一千名美軍死在越南。獲釋的共產黨戰俘在乘卡車北上通過非軍事區時，模仿北韓戰俘在一九五三年休戰協議後獲釋返國時的作法，撕毀西貢政府發給他們的衣服，丟到卡車外面。河內大放煙火以示慶祝。

季辛吉在三月十四日告訴他的主子，他非常擔心北越會早在那年秋季就大舉發動攻勢以完成統一大業，為尼克森政府帶來進退兩難的困境。那天稍後，尼克森對哈德曼說，「亨利說的完全正確，我們得盡一切力量讓巴黎協定至少管用一陣子。等兩年以後，沒有人還會在乎越南發生什麼鳥事。」尼克森隨後開始忙期中選舉的事，絲毫沒有料到自己會因水門案而於一九七四年八月，期中選舉前被趕出白宮。

根據巴黎協定的條款，南越釋放兩萬六千五百零八名共產黨戰俘，北越釋放四千六百零八名南越軍戰俘、五百八十八名美軍戰俘與九名其他國家的國民。美軍戰俘的返國——幾乎都從河內搭機飛離——在美國社會引起極大騷動，特別是當他們公開被俘期間承受的種種苦難時，更在美國國內造成情緒大爆表。自他們離開美國以來，世事變化甚多。戰鬥機飛行員福瑞德．齊瑞（Fred Cherry）上校在離家幾近八年後重返家園時，發現他的妻子已經與他人生了孩子，他的兩個兒子從中學輟學，妻子還把家裏的儲蓄全部花光了。當時的美國社會，電影充滿赤裸裸的性，同性戀肆無忌憚，男人穿著豔麗花俏的長褲與寬皮帶招搖過市，以及高得嚇人的物價等等——這一切文化落差讓虔誠基督徒諾姆．麥丹尼爾（Norm McDaniel）上尉震驚、沮喪。「我帶著一九六六年時代框架回到美國，我們對暴動與暗殺一無所知。記憶為我帶來許多困擾，我得學會選擇一些事專心投入。」

麥丹尼爾留在空軍現役，繼續老本行。此外，對那些留在越南的北越人，他也抱著一顆寬容、憐恤的心：「我回來享受好日子，他們得繼續撐下去。」他只有三十歲，但維生素缺乏症讓他的骨骼架構與六十歲的人一樣。他說，「美國對我們這些回國戰俘的待遇，比對一般退伍老兵好得多。許多老兵需要寬慰，但得不到。」有些前戰俘在身體與心理上完全康復，跨出軍中建立成功職涯，其中最著名的首推參議員約翰．麥肯（John McCain）。其他人一輩子無法掙脫那段苦痛的回憶。

在關在南方戰俘營的蘭賽與其他美國人獲釋以前，戰俘營司令向他們致詞說，他們獲釋後懷恨在心在所難免。儘管戰爭免不了造成了他們艱困的戰俘歲月，但越共惡行也是造成戰俘們苦難的一大原因。但無論如何他還是希望，身為成熟的人，美國戰俘應該知道，越共沒有將他們一槍斃命，費力耗神地讓他們活下來，已經算他們運氣。他希望戰俘們回國以後能說服他們的同胞，不要在其他地方重演這場干預越南的悲劇。經歷過一無所有、貧病交加生活的戰俘，或許更能了解那些必須一輩子一無所有，連翻身希望都沒有的人的命運。大多數美國戰俘在聽完戰俘營司令這番話後，立即的反應都認為他得了便宜還賣乖，對他的話嗤之以鼻：沒有人會在回國後變成一名「自由鬥士」。但蘭賽日後達成結論，認為那戰俘營司令的話不無道理，「甚至有深奧的智慧」。

他們一夥總計二十七人，於一九七三年二月十二日在祿寧獲釋，他們的個人財物也當場交還。吉姆·洛林斯領回一只廉價「精工」（Seiko）錶，一名幹部向洛林斯解釋說，洛林斯的那只勞力士（Rolex）金錶由於「戰時緊急事件」已經遺失，這話讓洛林斯氣得大罵說，「狗屁，我前兩個星期才看見那只金錶戴在你表兄的手腕上。」一名共軍上校在戰俘返還儀式上，要求在場美軍代表（包括蘭賽的老戰友法蘭克·史考登）讓他看看美軍大直升機的機艙。這名上校說，他希望自己的兒子有一天能夠到美國念書。這話聽在美國人耳裡，似乎說明北越人並非不知道北越社會的封閉落後。美軍戰俘們在即將獲釋的最後一刻才知道，看管他們的一名警衛在聖誕節海防大轟炸中失去了孩子，另一名警衛被炸斷一條手臂。這讓美軍戰俘們大驚失色。但那失去孩子的警衛仍然過來與戰俘們握手，祝他們好運，還拿自己的香菸請他們抽。蘭賽說，「換成是美國人，處於這種情況下，一定會拿起 AK-47 對戰俘們來一場美萊村式大屠殺。」

直到今天，一些鷹派仍然相信，如果尼克森當年留在白宮，當北越發動最後攻勢時，他會出動空中武力拯救西貢政權。但早在一九七三年二月與三月，尼克森已經向返國戰俘們明白表示，他認為恢復軍事行動就政治角度而言已經不可能。六月二十九日，眾議院少數黨領袖吉拉德·福特（Gerald Ford）宣布，尼克森將簽署法案，禁止美軍在印度支那四國海岸內外以及上空的一切戰鬥活動，讓國會議員大驚，因為僅僅兩天以前，尼克森才否決了一項禁止美軍轟炸高棉的法案。福特為了確定自己沒有誤解總統的意思，還在聖克萊門提（San Clemente）與尼克森通了一次電話，之後，禁止美軍戰鬥活動的法案在眾院以二百七十八對一百二十四票、在參院以六十四對二十六票通過，成為法律。儘管尼克森後來將南越崩潰的罪責歸咎於國會，但記錄顯示他自願放棄自己的裁量權在先。尼克森所以這麼做，動機非常明顯：一旦北越果不其然地發動最後攻勢，他可以不必考慮是否重新啟動軍事干預一事。

雖說他在聖克萊門提的談話沒有錄音，但他三月二十九日在華府告訴季辛吉，「在高棉，我們得趕在國會把權力奪走以前，炸這個鬼地方。然後我們可以把爛攤子全部丟給他們。」六月，他撇清了印度支那，無論有沒有水門案，這都是一個聰明的決定。美國與美國人民已經因為這場戰爭而四分五裂，巴黎協定代表一個和解的開始。八月四日，尼克森簽署他本人倡議的法案，禁止美國捲入進一步戰鬥活動。之後他寫信給國會領導人，如果共產黨因此赤化印度支那，罪在國會山莊。

早在兩年多以前的一九七一年二月十八日，季辛吉已經告訴尼克森說，他打算向黎德壽表示「我們願意給一個明年撤軍的固定期限，交換釋放所有戰俘與停火」。季辛吉接著對尼克森說，「我們然後可以告訴南越，他們可以享有一年太平時間整頓軍備。」季辛吉在隨後半世紀常說他促成一個體面的解決方案，是水門案、共產黨背信以及國會的怯懦搞砸了它。但根據傑夫瑞．金寶（Jeffrey Kimball）與肯．休斯（Ken Hughes）等學者從白宮錄音帶中找出的證據，季辛吉與尼克森從一開始就知道南越註定要垮，水門案根本改變不了南越的命運。此外，對季辛吉與尼克森的指控並不是兩人沒有保住西貢政權，因為西貢政權根本不可能保住，而是兩人欺騙美國人民，讓美國人民以為他們可以保住那個政權。

在尼克森辭職六個月後，季辛吉對史勒辛格談到尼克森：「他比大家想像中的他更邪惡，但也更好。」一九七三年十二月成為國務卿的季辛吉說，尼克森懶得出奇，經常不看重要文件，「他的工作習慣，很像史皮爾（Speer，希特勒重要助理）口中的希特勒……在白宮那略帶同性戀、危機四伏的氛圍中，一切都很古怪……你不能相信他說的每一句話。」這就是季辛吉的看家本領：他把自己完全撇清，彷彿在那段白宮歲月中，他只是個好奇的天文學者，透過天文望遠鏡觀察總統的一舉一動罷了。

季辛吉讓美國在勉強保有一絲顏面的情況下，從越南泥沼中脫身，美國人民可以對他感恩戴德，但他在越南人民心目中一無是處。當季辛吉與黎德壽成為諾貝爾和平獎共同得主時，季辛吉為滿足一己虛榮而受獎，讓自己終生蒙羞，而黎德壽卻明智地婉拒了這個獎。直到今天，流亡海外的越南人大多痛恨季辛吉，認為季辛吉背叛他們。南越史學者阮齊方（Nguyen Ky Phong，譯音）對他的評斷算非常客氣了：「他的工作就是竭盡一切可能讓美國從越南脫身，他做到了。」

◎旗子的戰爭

一九七三年一月底，當北越一個軍事代表團飛抵新山一機場籌辦聯絡辦事處建立事宜時，由於北越代表拒絕遵守南越移民程序——遵守這些程序，等於默認南越法統——雙方在停機坪相持不下。在現場觀察這些北越軍人的幾名美國人熱得險些昏厥，不過最後南越讓步，沒有堅持要北越代表遵守南越移民程序。那天在現場擔任南越空軍衛隊隊長的嚴正中尉，在談到這些共產黨軍人時說，「他們的言行舉止就像老大一樣。」冉謙的幾名部下很是納悶：「中尉，他們怎麼每個都是將軍啊？」北越軍軍階上無所不在的金星，讓南越人看得一頭霧水。

整個共產黨陣營一片喜氣。根據一名北越軍班長的話，「士氣高上天，因為我們百分百確定我們勝利在即。」他的單位發狂似的慶祝，「因為我們認為這表示我們都可以活著回家了。」隨著對胡志明小徑轟炸的落幕，河內士兵們的補給——特別是口糧——逐漸好轉。阮安上校寫道，「那情況就像有人轉了無線電卡式放音機的停止鍵一樣：一切噪音突然都停了。」共軍欣喜欲狂，因為從今以後他們可以一覺睡到天明，可以在野外放炊，可以凝望長空而不必搜索來襲的敵機。北越派出歌舞團前來南方勞軍，有時他們那些南越軍對手還會遠遠站在一邊，與他們同樂。保寧的單位開始接獲書本等一些勞軍物品，「不過這些書都是沒有人要看的宣傳品」。

敵對兩軍之間也並非沒有兄弟之愛。原是河內大學學生的「治」就與一名輟學的西貢青年結為好友。兩人都認為既然身為軍人，無論站在哪一邊都得盡職，如果要怪罪，只能怪那些高高在上的領導人。相互競爭的宣傳告示牌彷彿雨後春筍一般在南越各地出現。一處越共控制區就在邊界蘆葦中立了一面牌子，寫道：「士兵們，讓我們拋開讎怨，我們現在需要的是重建與友誼。」艾利約的妻子楊文美說，「一段短暫的樂觀出現了，倒不是說大家不相信共產黨終將獲勝，但一般認為那需要很長一段時間。」

西貢中情局的普利班諾訝然發現，國務院的一些同事竟然認為南越可以生存下去。中情局越南作業負責人飛來西貢，徵詢中低層官員的看法。普利班諾說，「我們幾乎一致認定河內不會放棄，又一場大規模攻勢在所難免。但中情局官方的看法是，情勢可以管控，因為北越在一九七二年戰鬥中受創甚重，現在需要美國經濟援助。」

在巴黎協定剛簽署過後那幾周，情勢確實洋溢著一片樂觀。河內要求遵守和約條款的聲浪不斷升高，武元甲認為，北越已經打得筋疲力盡，需要一段安定期，用美國保證的援助休養生息。但就像過去一樣，狂熱革命信徒黎筍反對，就連暫時緩下腳步他也不幹。在一九七三年三月二十七日的河內政治局擴大會議中，黎筍說，北越必須增兵戰場，但一方面要想方設法，務使對方背負打破停火協議的黑鍋。

河內做成關鍵性決定：繼續作戰。儘管蘇聯與中國削減援助，但北越軍已經擁有發動攻勢的足夠武器，而且不虞遭到空襲。在一九七三年，北越將兩萬七千噸武器彈藥、四萬噸米、六千噸燃料運往南方——數量高達之前一年的四倍。此外，河內並派遣十萬名生力軍沿胡志明小徑南下，將非軍事區以南的共軍兵力增到四十萬人。季辛吉雖曾呼籲採取軍事行動對北越進行壓制，但隨著水門事件案情不斷升溫，甚至在國會否決尼克森以前，美國人已經倒盡胃口，無意恢復轟炸行動。

而且，無意遵守巴黎協定的也並非只有北越而已。基於可以理解的理由，任由共產黨控制大片南越土地的事讓阮文紹總統無法忍受。有些史學者似乎認為，如果簽約各造都能遵守協議，巴黎協定原本有望長長久久。但就地停火讓南越境內出現一塊塊兩軍萬旗飄揚、相互對立的共軍控制區，任何稍有理性的人都知道，像這樣的國家，無論就經濟與政治角度而言都難以長治久安。更何況，這時年已五十的阮文紹發現自己處境尷異常。他憑藉遵循美國主子的意願起家，但從這時起，尼克森的許多親信已經開始渴望他能消失無蹤。詹森的前國防部長克拉克．克里夫就曾公開指稱阮文紹是和平的障礙。克里夫說，如果阮文紹辭職，一個「真正中立而且具有代表性的政府將在西貢成立，與對方進行誠摯的談判」。

這種說法完全講不通：就算阮文紹辭職，除非能成為一統越南的主子，共產黨仍然不會答應。當年許多美國人要的不是越南改朝換代，而是整個越南從他們的良知中徹底消失，克里夫的上述說法，反映的正是美國人這種可以理解但不光彩的渴望。阮文紹在南越滅亡前最後兩年雖說沒有成就可言，但檢驗當年南越那些人物，無論換成誰上台取而代之，未必就能做得比他更好。阮文紹繼續打這場戰爭，固然因為黎筍逼他不得不打，但或許正如季辛吉一度所說，也因為這場戰爭已經成為阮文紹政權存在的唯一道理。

儘管南越已經不再享有美軍武力加持，阮文紹沒有推動軍隊改革，掌控南越統兵權的仍是他的政治親信，不是能征善戰的將領。在季辛吉反覆保證下，阮文紹一廂情願地相信一旦共軍又次入侵，美軍空中武力與火力會再次馳援。只不過這一次，就算不很老謀深算的華府人士也可以告訴這

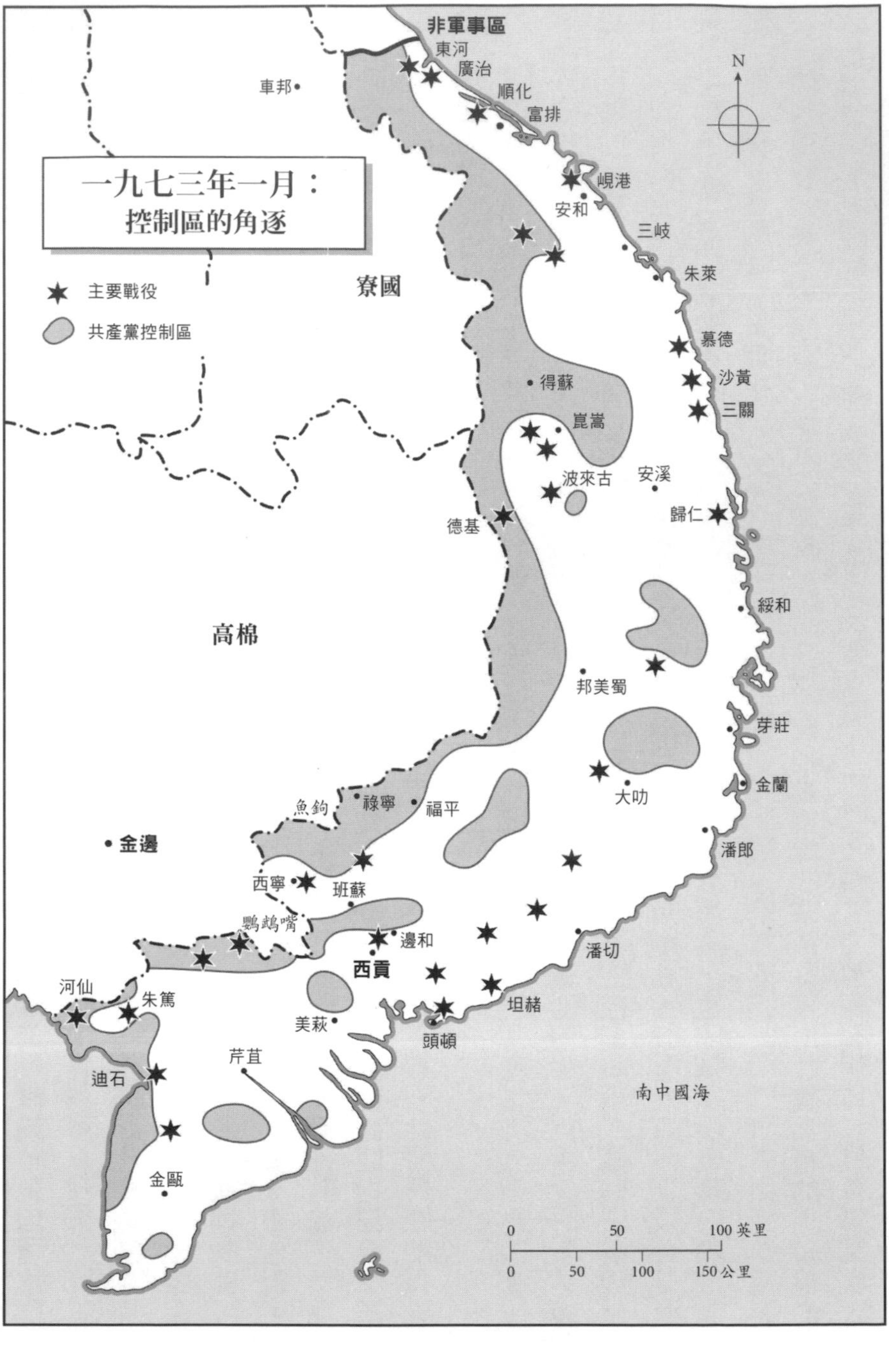
一九七三年一月：
控制區的角逐
主要戰役
共產黨控制區
非軍事區
東河
廣治
順化
富排
峴港
安和
三岐
朱萊
慕德
沙黃
三關
車邦
寮國
得蘇
崑嵩
波來古
安溪
歸仁
德基
高棉
綏和
邦美蜀
芽莊
大叻
金蘭
魚鉤
祿寧
福平
金邊
潘郎
西寧
班蘇
鸚鵡嘴
邊和
潘切
西貢
河仙
朱篤
坦赭
美萩
頭頓
芹苴
迪石
南中國海
金甌
N
0
50
100 英里
0
50
100
150 公里

位南越總統，這一次無論發生什麼狀況，都不會再有B-52來了。

在停火過後，美軍顧問向他們派駐的南越單位道別，他們不再為這些單位提供建議，但更重要的是，不再為這些單位提供美軍火力支援。葛瑞·特里中校告訴他的南越陸戰隊同僚，美國海軍不會再為他們提供火力支援。那名南越中校答道：「你今天斷了我的右臂。」眼看北越與越共旗幟在許多村落升起，特里知道這名中校說得沒錯，「南越要沉淪了」。情報顧問愛德華·布萊迪（Edward Brady）說，「越南人一直不覺得我們會出賣他們……直到和約簽訂。在簽約以前，他們認為我們雖然傻，但我們與他們站在一起。」海軍中校阮治（Nguyen Tri，譯音）說，「共產黨並沒有贏，只不過美國人決定一走了之，任由南越戰敗。」

三年前，亞伯拉姆斯在對部屬談到他的南越盟友時，說了一段既憂慮又輕蔑的話：「我知道這些人已經在這場爛仗中打了二十年。我是說，他們這些年來始終沒過什麼太平日子。他們當然厭倦，受夠了。但……如果他們真想打贏這場戰爭，就還得犧牲，還得他媽的犧牲很多。如果不能做到……五、六年以後，他們就他媽的等著當共產黨吧。」與一九七〇年相比，到一九七三年，更多美國人對越戰已經厭倦，亞伯拉姆斯的上述表態，真確反映了這許多美國人的心聲：從今以後，南越能不能逃脫共產暴君厄運，取決於南越人民、特別是南越軍之手。

南越沒有得到季辛吉保證的「一年沒有戰爭」的喘息。季辛吉在二月中旬飛往河內，進行試探會談，發現與北越的工作關係根本無從建立。隨著南越全境各處的「旗子戰爭」開打，雙方的地方控制區爭奪戰愈演愈烈。南越軍指揮官一旦發現一支部隊與在地共軍過度友好，會將這支部隊輪調。一名北越軍士兵一天早上來到一處老會合點，與南越軍交換水果——結果險些被新調來南越軍埋的地雷炸死。三月二十九日，軍援顧問團正式關門：大多數工作人員收了帳篷，或者應該說，放棄了他們的冷氣宿舍。接管軍援顧問團剩餘業務的武官辦事處，用了兩千五百名美國民間合約工與四百名在地平民，但只有五十名美軍軍官在裡面工作。

副總統阮高祺後來滿懷恨意寫道，美國人在走的時候，得意揚揚地指著他們創建的百萬大軍，但他們「就算對他們自己也不敢承認，領導這支大軍的，卻是以阮文紹為首的一群貪婪、獻媚的小人」。阮高祺這話說得沒錯，只不過或許他不得不承認他本身也是這個模子裡出身的。一名南越軍上尉說，巴黎協定「是對我們的死刑宣判」。約翰．范恩在他去世前不久，對一群美國人說，「絕大多數越南人，約百分之九十五，不喜歡受到共產黨政府統治。」但事實是，雖說只有極少數人希望河內取勝，但那些討厭共產主義的越南人對他們自己的國家愛得太少，他們一心只想和平，不願繼續為他們的信念奮戰。

南、北越雙方都背了不斷破壞停火的罪名。一九七三年三月三日，為切斷三角洲地區彰善（Chuong Thien）省烏明（U Minh）森林內的敵軍據點，南越軍發動大規模攻勢，在遭到共軍頑抗後撤軍。武元甲後來說，南越這些行動使他放棄他本人遵守巴黎協定的初衷。但無論南、北越雙方，從頭至尾就不可能遵守停火：北越固然不可能放棄唾手可得的勝利，南越也知道美國人帶來的這種偏安局勢不可能久長。

一名南越軍將領寫道，這場戰爭「已經把南越帶到道德與物質破產的邊緣」。他說，大多數南越人已經耗盡犧牲的能力；他們現在只想聽西貢著名反戰歌曲作者鄭公山（Trinh Cong Son）的歌。一名上尉說，「我們的一般士兵大多數沒有痛恨敵人的理由，因為他們沒有見過共產黨的惡形惡狀。」阮國詩（Nguyen Quoc Si，譯音）中尉哀傷地說，「誰在領導西貢政府都一樣，真正主控的一直就是美國人。當他們認為打這場仗符合他們利益時，他們就打；一旦情況不對，他們就丟下我們走人。」阮國詩談到自己在巴黎協定簽署後的戰鬥經驗：「沒有人願意戰死，因為他們知道這場戰爭快結束了。」在一九七〇至七二年間，南越軍自稱擁有一比五的「殺戮率」優勢（南越軍損失一人能讓共軍損失五人）。估不論這項統計數字正確與否，到一九七三年這項優勢已經減少到一比二，之後一年更降到幾乎一樣。到一九七四年，戰鬥部隊由於彈藥短缺，士兵們奉命使用單發、不使用「搖滾」式自動射擊。

一九七三年秋，一名記者造訪邊和南越陣亡將士公墓。當地是一萬兩千多名——不過是南越陣亡將士總數的一小部分——南越軍人埋骨處。在「和平」協定簽字後，每天添增十名亡魂：在巴黎協定簽字後最初三個月，共有六千六百名南越軍戰死。這名記者寫道，「空氣中瀰漫著寡婦與子女的飲泣聲，耳邊還不斷傳來鐽子鐽地，為明天送來的屍體掘墳的沙沙聲」。除了戰場上的折損，南越的經濟也陷入困境。十年來，除了稻田以外，南越的主要經濟活動就是為那些富有得令人難以想像的外國訪客、老闆與占領軍提供服務。現在，占全國勞動人口總數三分之一的兩百萬城市工人失業了。西貢一名汽車代理商嘆道，他在之前一年的八月賣了一百輛車，現在每個月只能賣一輛車。電視機、機車、進口香菸從商店櫥窗中消失了，米價漲了一倍。一九七三年十月中東戰爭以及接踵而來的油價與肥料價格暴漲，造成大毀滅，也讓所謂「奇蹟米」不再經濟合算。共軍爆破兵在十二月發動的一次攻擊毀了西貢半數儲油設施。通貨膨脹增加到百分之三十、四十。

一名南越青年軍官對記者友人賈文．楊（Gavin Young）說，「反對共產主義的論證必須是物質或道德的，對嗎，賈文？但我們這裡現在的情況是失業、物價高漲、貪汙，不是嗎？所以說，我們找不到物質或道德的論據；我的意思是，西貢根本不存在真正的愛國主義。既如此，我們怎麼抵抗？但我們想抵抗——我們大多都想抵抗，卻辦不到。這豈不是悲劇嗎，賈文？」

這確實是悲劇。西貢在一九七〇年推出一項「耕者有其田」的農村土地改革方案。三年以後，在付出近五億美元成本之後，南越政府讓非自耕地主幾乎絕跡，為一百二十萬南越家庭帶來他們渴盼了幾十年的土地所有權。只不過就像早期外海油田開採作業一樣，這項激進項目來得太遲。越南外海油田儲油量高達十五億桶，不出十年，它的開採改變了越南經濟景觀。那情況就像一名重病病人獲悉自己得了一大筆遺產一樣：但你得活著才能享用。

阮文紹政權積弊難改，無效如常，物質與彈藥短缺也不斷腐蝕著軍隊士氣。造成這種短缺的主因，不是美國國會吝於支援，而是美國人已經根據本身形象，以昂貴的科技為基礎，打造了越南戰爭機器——直到一九七四年，共軍每消耗一噸彈藥，南越軍仍得消耗五十六噸彈藥——而且效果還比不上共軍的低科技模式。此外，貪腐仍是根本問題。《洛杉磯時報》的賈奎斯・萊斯利（Jacques Leslie）揭發一個騙局：南越指揮官一直在新加坡高價出售砲彈殼（一九六八年前出廠的廢銅）。大衛・艾利約因此論斷「一九七三到七五年的額外援助只不過肥了那些將領，其他沒有人能受益」。美國大使館政治官哈爾・曼海（Hal Meinheit）說，「那是一個分化的社會，它的人民應該何去何從沒有任何共識。」一名南越軍少校寫道，「許多騎牆派預見共產黨勝利在即……民眾對西貢的支持迅速消退，許多原本與政府站在一起的人現在轉而支持共產黨。」

這名南越軍官不屑但不無道理地說，阮文紹總統「不夠強硬，當不了獨裁者……世上哪有一個處於戰爭狀態中的國家能讓人這樣猛批政府？有哪個第三世界國家准許記者這樣公開叫板，指責官員與將領貪腐，抨擊總統？」背叛已經深深蝕刻南越社會。中情局的山姆・亞當斯（Sam Adams）在一份報告中達成結論說，西貢政權的基礎架構是一種瑞士起司：據估計，匿跡政府或軍隊中的敵方線民有一萬兩千人。潘唐虞上尉在派駐西寧省負責特警情報作業時，發現他的司機只要一下勤務就消失在高棉邊界。經過監視、調查發現，這名司機在高棉邊界與共軍軍官密會。在之後的審訊中，他還承認自己奉命殺潘唐虞。最後，他對潘唐虞說了聲「我非常抱歉」，隨即關入監獄。

一九七四年初，國務院情報分析師根據西貢大使館「非官方人士」提供的資料，寫了一份南越前景展望報告。所謂「非官方人士」，指的是對南越前途過於悲觀的大使館官員。正由於他們的看法過於悲觀，在之前一年取代艾斯華．邦克出任大使的葛拉漢．馬丁（Graham Martin）不會將他們的看法交給華府。這份前景展望報告作者之一的哈爾．曼海說，「我們達成結論，認定除非美國能繼續大舉提供援助，否則這個政權的前景非常黯淡。」這時由威廉．柯比領軍的中情局反駁這項觀點，認為國務院所以這樣悲觀，目的無非是為大使撐腰，希望爭取更多援助罷了。隨著戰況愈演愈烈，一九七四年一月四日，阮文紹在他曾經擔任第四軍軍長的芹苴發表演說：「我們不能坐視，我們必須採取適當行動以懲罰共產黨的侵略，這場戰爭已經再次開打了。」就像共產黨意圖縮緊南越控制區一樣，南越擴展領土的意圖也讓華府惱火不已，因為這兩種意圖都能危及越南現狀。

一九七四年三與四月，河內龍庭二樓會議室舉行了兩次重大北越戰略會議。與會軍官一致同意，胡志明小徑現在擠滿車輛而不是人力挑夫，運作情況比過去任何時間都順暢。一條長達一千英里，為進駐南方的北越車輛運補的油管已經鋪設完成。另一方面，越共仍然軟弱，事實上一直未能從一九六八年春節攻勢的慘敗中復元，也因此，共產黨在都市地區聲勢仍然相當薄弱。北越軍的裝甲車輛與重砲大多情況不佳。最重要的是，如果河內發動大規模攻勢，美國是否干預仍是未知數。

在越戰早先階段，共產黨絲毫不關注美國國內政治。但現在，河內以及在祿寧設了臨時「首都」的臨時革命政府——套用臨時革命政府一名部長的話——透過英國廣播公司與美國之音（Voice of America），「以幾近著迷的好奇」注視著華府一舉一動。對這些消息來源的分析，開始讓北越蠢蠢欲動。一九七四年一月，中國發動突襲，兼併了南越外海的西沙群島，這件事沒有引起美國劇烈反應。在巴黎協定簽字後頭十八個月，兩萬六千名南越軍戰死，但美國國會繼續削減軍援。對西貢的援助從二十一億美元減半到一九七四年的十一億美元，之後又減為十億。

河內在一九七四年的第一個重要戰略決策，是在傳統上用來整編與再補給的春日雨季繼續戰鬥。那年三月，北越軍在西貢以西發動攻擊，遭到南越軍全力反擊——這也是南越軍在整場越戰過程中最後一次反擊。這場戰役令北越軍損失慘重，但也進一步耗損了南越軍已經薄弱的戰鬥意志。兩個月以後，北越軍第九師朝邊葛（Ben Cat）以西、爭戰不休的鐵三角地區發動大規模攻勢。兩軍激戰數月，都出動裝甲部隊。南越軍發動反攻，奪回失土，阻止共軍突破，但也付出慘重代價：南越軍十八師有兩百七十五人戰死，一千人受傷。駐防當地的南越軍軍長要求運補十五萬枚大砲砲彈，最後只得到五萬枚。那年十一月，當七號公路之戰接近尾聲時，南越軍幾個步兵營的兵力已經折損四分之一。北越軍的傷亡至少不相上下，但就像過去一樣，北越比較不在乎。河內政治局那些不滿分子不斷埋怨：黎筍「就像在一九六八與一九七二年一樣，又在燒我們的軍隊了」。但黎筍不為所動。共軍在湄公河三角洲地區不斷施壓，進一步削弱南越軍與地方民兵。

有關兩軍一九七三到一九七四年血戰的歷史紀錄極少，對數以萬計戰死在這段期間的越南人顯然不公。所以造成這種現象的部分原因是缺乏可靠證據——經公布的有關說法似乎像是神話。此外，交戰雙方士兵現在認定共軍終將獲勝幾已成為定局，因此不願多事聲張也是原因。南越軍在一九七三年有兩萬五千四百七十三人戰死，之後一年又死了將近三萬一千人。西貢高階警官之子、二十歲的阮國詩中尉奉派駐防頭頓附近一處東南方的民團。當地原本沒有戰火，地方上的越共與民團一直相安無事。現在戰火重燃，阮國詩在進駐第一天就碰上戰鬥。他的排的兵力很少超過十八人，而且只有幾支M-16，用的武器多是陳舊的賈蘭（Garand）M-1步槍：「用這種東西不可能擊敗AK-47，你死定了。」

他們經常欠缺彈藥。有一次在與越共交火時，阮國詩身邊只有一枚手榴彈。醫護後送直升機不再出現：傷兵如果運氣好，活得夠長，得靠人用擔架抬到路上。阮國詩的部下是「一盤大雜燴」，有些人因為家人遭敵人迫害而對共產黨深惡痛絕；也有人只想逃避，哪裡安全就往哪裡躲。本地人有時跟隨民團出巡，希望能為旅途增添幾分安全，但未必都能如願。一天有一名孕婦跟在阮國詩的士兵後面出巡，不小心走偏了一碼，士兵突然聽見後方傳來劇烈爆炸聲響。阮國詩說，「那位女士被炸得飛入叢林，不見蹤影。她的整個下半身不見了，胎兒掉了出來，恐怖得嚇死人……你見到許多這類慘事。」

北越軍爆破兵士官武光賢（Vu Quang Hien，譯音）在這段期間的一場戰鬥中大腿中彈，隨後他的單位後撤，他留了下來。一名身材瘦小的本地婦人上來，扶他躲進一處水塘邊的樹叢。武光賢對她說，「現在就把我留在這裡，如果妳在幾小時內聽到一聲槍響，妳就知道我死了。如果沒有聽到槍響，入夜以後來救我出去。」那婦人果然在入夜以後帶著先生前來救援，因為武光賢是個大漢，她一個人力有未逮。武光賢日後說，「她並不支持任何一方——她只是不喜歡見到我無助地躺在那裡。」

一九七四年七月十八日，在看完總參「在南方打贏這場戰爭的一項作戰研究」之後，武元甲下令準備發動攻勢，在一九七六年年底以前取得最後勝利。這項攻勢將以一場對中央高地的攻擊揭開序幕，後續攻勢的時機將視中央高地戰局變化而定。這項攻勢計畫於八月二十六日完成，隨於十月經政治局會議批准。雖說武元甲個人究竟扮演什麼角色始終爭議不斷，但史學者一致認為，在一九七四年一月從莫斯科返回河內以後，他重拾睽違多年的工作，指揮這項最後攻勢。（武元甲因膽結石險些送命，到莫斯科接受治療。）他所以能暫時重掌兵符，最可能的解釋是，在共軍一九六八與一九七二年慘遭敗績後，黎筍不得不同意，想取得這場決定性一擊的勝利，武元甲個人的威望與能力必不可缺。美國總統換人也影響河內的決策。讓共產黨難以置信的是，新上台的福特，雖說用了季辛吉當國務卿，卻仍然要把他脆弱的新政府與美國人民又一次帶進越戰痛苦的淵藪。

一九七四年八月十日，福特寫親筆信到西貢，向阮文紹保證他會信守尼克森許下的承諾；但由於國會準備將援越撥款從十億減少到七億美元，而且之後真的這麼做了，這樣的保證自然不能讓人信服。拜通貨膨脹之賜，武器彈藥與其他各種物資價格飛漲，國會在這時裁減援越撥款，對南越軍造成巨大衝擊。九月十三日，季辛吉大聲抱怨說，美國願意拿出十億美元援助以色列，對於這麼多美國人捐軀的越南卻捨不得投入同樣援助，令人費解。

季辛吉的現實功利盡人皆知，但在這裡，他把握了一個國會與大多數美國人視而不見的道德、物質與政治重點。撤出對南越的直接軍援既是無可避免，也是正確作法。但無論怎麼說，當蘇聯與中國繼續援助河內的同時，美國國會不應該攔阻對西貢的援助。事情演變至此，僅僅是金錢援助已經不能改變結果：南越軍太弱，無力抗拒北越攻勢。但繼續慷慨援助能在這個越戰最後階段保住美國臉面。儘管早先的情勢誤判與背叛可以歸咎於白宮，但國會確實得為這種不值得的作法負責。

西貢在一九七四年接獲九億四千五百萬美元，但要維持一支百萬大軍的訓練、組織，讓他們在一種美國模式上拚戰，這樣的經費遠遠不足。南越空軍迫於經費短缺，不得不停飛二百二十四架飛機，包括六十五架直升機，其他飛機的作業時數也幾乎腰斬。陸軍的半數卡車因缺乏油料而擺在停車場，通信能力也因少了無線電電池而受損。在一九七五年一月與四月，國會兩度拒絕了參謀首長的聯名呼籲，要求提供經費，讓南越能購買迫切需要的彈藥、燃料與零組件。許多南越軍現在已經不得不在長期填不飽肚子的狀況下生活、戰鬥，通貨膨脹讓他們原本已經少得可憐的口糧更加縮水。

一九七四年年底，中情局的普利班諾在談到西貢情勢時說，「我深信，局面撐不了多久。」他的越南妻子「水」（Thuy）想為她母親在邊和北方買一塊地，於是普利班諾一家人驅車往北看地。但在接近當地時訝然發現，附近小村竟然沒有一個村飄著政府旗幟。他們掉頭返回西貢，沒有買地，因為他們已經很清楚，阮文紹政權的「旗子的戰爭」已經輸了。十一月，蘭賽以政府貴賓身分來到西貢，出席阮文紹總統的國慶日慶典——事實證明，這也是阮文紹的最後一次國慶日慶典。蘭賽發現，他的導遊是共產黨的信徒：「他懂共產黨那套辯證，而只有身為共產黨一分子，才能懂那套東西。」

南越空軍軍官嚴正說，「我們知道事情不對勁，不過我們仍然抱著希望，但隨著不斷戰敗，我們也越來越沒信心。」法蘭克．史考登在美國大使館的一次晚宴中預測，西貢政權熬不過一九七六年。大使館大多數資深官員認為河內縱使不能在一九七六年，也將在一九七七年取勝，「唯一還有爭議的是，這項結局將經過政治聯合或戰場上的崩潰而出現。」越南海軍情報長在一九七五年一月告訴鮑勃．戴斯塔：「共產黨今年還打不贏，但他們可能明年就能打贏，而且最晚後年一定會贏。」戴斯塔遇到一名頭髮灰白的越南游騎兵老班長。這老班長揚言要殺戴斯塔，因為戴斯塔是美國人。老班長說，他剛在高棉邊界打了一仗，由於美國人「背叛」，他的單位彈藥缺乏、損失慘重。一名計程車司機告訴戴斯塔，說他已經厭倦這場戰爭，只要不再打仗，無論付出什麼代價都行——這是越南較低層社會的一致渴盼。

阮文紹也顯然有些抓狂，甚至考慮戰略性撤軍，放棄包括整個南越北部、南越軍兵力過於單薄、無法力守的地區。但儘管眼見地盤不斷縮水，阮文紹始終抱持一線希望，認為有些土地仍然可以據守。不幸的是，河內內部一種主張立即採取決定性行動的意識逐漸升溫。北越領導人見到美國陷於後水門案時期的混亂，見到美國國會與世界輿論顯然不同情西貢。南越的經濟幾乎與北越一樣糟，但南越沒有北越那種殘酷而有效的控制機制。河內也發現南越街頭亂象持續升溫，天主教神父領導的反貪腐抗議事件層出不窮。南越軍部分部隊仍然打得有聲有色，但許多南越軍顯然已經無心戀戰。經過八月至十二月的激戰，北越軍占有峴港以西高地，並擊退兩支南越軍的反攻。爭奪一〇六二號高地的血戰打了六周，南越空降師勁旅折損兩千五百人。

南越北方的戰事讓龍庭相信，北越軍現在可以與南越軍硬碰硬取勝。若干北越軍可以從深入南越腹地處發動攻擊，有些共軍駐處距西貢不到三十英里。黎筍一夥人終於與武元甲有了一致看法，認定發動攻擊的最佳時機已至。據說，河內政治局十一名委員中有七人贊同在一九七五年發動一場新的「全面攻勢與起義」，以完成越南統一大業。

第 27 章

最後行動

The Last Act

◎入侵

一九七五年三月，在南越北部山丘，越盟老兵阮武安（Nguyen Huu An，譯音）少將凝視眼前景象，竟彷彿年輕時奠邊府經驗重演：「到處是泥濘、泥濘、更多的泥濘。」他的步兵與工兵使盡渾身解數，冒著大雨，把一九七二年戰爭中俘獲的一〇五公厘榴彈砲拖向陡坡上的陣地，以便砲擊南越火力基地。黎筍以壓倒性兵力——總計五十萬人，包括十五個步兵師、十七個爆破兵營、十個裝甲兵營與五十個砲兵營——發動這場統一越南的大戰，阮武安在這場大戰中擔任軍長。第一階段代號K-175的作業預定三月到五月完成，如果進展順利，第二階段攻勢將於七月至八月展開。阮武安的軍奉命打著「兵貴神速」、「疾如電閃」的旗幟，搶占順化與蜆港。但他承認，經歷過一九六八與一九七二年兩場慘敗的同志，私下也不看好K-175。北越擁有能夠選擇目標集中兵力的重大優勢，但南越在機動性、火力與空中支援方面保有相當優勢。

這項計畫先後推演了八次，最關鍵的變數不是「西貢會怎麼做」而是「華府會怎麼做」。共產黨知道，一旦美國干預，無論是中國或蘇聯都不會出兵挺河內，一切取決於共和黨政府對美國民意的評估。季辛吉仍是國務卿，而且是個脾氣暴躁的國務卿，他不時在外交政策問題上教訓腦子不很靈光的福特，他下令對一些據說行事莽撞的部屬進行監聽，會議中的他也總是長篇大論、滔滔不絕。他憑藉他對歷史的宏觀，現在會對福特總統提出什麼建議？根據河內的觀點，自一九七三年十月贖罪日（Yom Yippur）戰爭以及接踵而至的石油危機以來，季辛吉忙著應付中東問題，越南已經不再是矚目焦點。

在一九七四年十二月十三日到一九七五年一月六日之間，北越軍用兩個師對西貢東北方一百英里的福隆（Phuoc Long）省發動攻擊。這是一次眾目睽睽下的無端進犯，河內密切注視華府的反應。但就像當赤柬軍隊加緊對高棉首都金邊的包圍圈時，華府沒有積極作為一樣，這一次華府也只是出動「企業號」（Enterprise）航母戰鬥群上飛機，虛應了一下故事。在一月二十一日電視記者會中，福特總統強調，無論發生什麼狀況，美軍不會重返印度支那。兩星期以後，國會拒絕新的援越要求。北越總理范文同充滿信心地在政治局會議中說，「就算你給他們糖吃，美國人也不會回來了。」阮武安與部屬看著挑夫揮汗把一箱箱彈藥送上十四號公路砲陣地，心頭還不斷打鼓，擔心關島起飛的B-52隨時可能臨空。武元甲仍然預估，必須在明年發動又一場大戰才能取勝。

一九七五年這項戰略計畫是北越在越戰期間最有想像力的一項計畫。它的第一階段的主要目標，是中央高地首府、人口十萬的邦美蜀。邦美蜀位在南北縱走的十四號公路上，崑嵩與西貢之間，距高棉邊界三十英里，環繞城郊的咖啡園為邦美蜀提供有用的掩護。對南方局軍事首長陳文茶上將來說，一九六八年春節攻勢的戰術敗績一直是揮之不去的恥辱，現在他誓雪前恥。陳文茶日後宣稱，通過中央高地發動一九七五年這項攻勢是他的主張，但負責在地指揮權的黃明草（Hoang Minh Thao，譯音）中將也曾建議採取同樣路線進軍。

共軍沒有直接進兵攻擊邦美蜀，而是從三月四日早晨起發動一連串協調攻擊，切斷邦美蜀以北一百英里的百里居，封鎖百里居周邊道路，以孤立邦美蜀。北越軍投入四個師兵力攻擊南越軍兵力相對薄弱的中央高地，由參謀長文進勇擔任中央高地作戰總指揮。若能在中央高地取勝，河內很有機會進一步將南越一分為二，讓南越部署在更北方的大軍無法南下救援。

阮文紹政權主要透過北越軍戰俘，接獲許多邦美蜀將遭到攻擊的情報。但就像過往一樣，河內為掩飾情報術語所謂「信號」的真正意圖，也釋出各式各樣「雜音」。擔任主攻的北越軍保持無線電靜默，一方面在百里居四周釋放無線電訊號進行欺敵。他們在三月八日切斷邦美蜀以北的十四號公路，隨即封鎖通往海岸的二十一號公路。共軍同時在西貢東方與北方、在三角洲、在阮武安領軍攻打的承天（Thua Thien）與廣治省發動攻擊，讓南越軍摸不清敵軍主力擺在哪裡。

三月八日早上五點四十五分，阮武安的砲兵開始砲擊附近南越軍火力基地，他的步兵隨即發動攻擊。共軍三二四師在一片晨霧迷濛的景色中進軍，但初步行動戰果不佳。一如既往，指揮與管制仍是北越軍脆弱的一環：進擊的北越軍有些走失，有些被南越軍大砲與迫擊砲擊潰。第二天，三月九日，南越軍發動反攻，打得很好。關鍵陣地二二四號高地的爭奪戰持續整個星期，雙方都死戰不退，南越軍大砲一天就打了四千六百發砲彈。阮武安毫不隱藏地寫下自己部下官兵的情況：「我的軍在這個階段的戰鬥效率很低。」經過八天激戰，共軍在北方始終沒有突破——有鑒於一般認為整個南越軍在一開始就潰不成軍，這一點值得強調。

但儘管南越軍在北方打得不錯，隨著西貢對河內的意圖越來越迷糊，中央高地的戰局也逐漸開始惡化。中央高地的情勢一開始與龍庭的預期不相上下，隨即情勢發展令龍庭喜出望外。三月九日，在僅僅兩門配彈五十枚的一〇五公厘砲支援下，北越步兵攻下邦美蜀西南方五十英里的德立（Duc Lap）。三營西貢軍潰敗，北越軍擄獲十四門大砲與二十輛裝甲車，隨即北上攻擊已有爆破兵與小股步兵滲透的邦美蜀。三月十日，在六十四輛戰車與裝甲運兵車前導下，北越軍以十二個團的兵力展開總攻擊，擔任先頭部隊的爆破兵與步兵也在這一刻攻向機場與南越軍指揮所。見過共軍以如此大陣仗出擊的共軍寥寥無幾。保寧嘆為觀止地說，「我們幾乎都在打游擊戰，兵力充其量也就只有一個連。」士氣很高，因為雖說沒有人知道勝利還得等多久，但大家都相信它必然到來：「我們知道，沒有美國人，南越軍的實力只有過去一半。」

南越軍派駐當地的軍長，是四十七歲的奠邊府老兵范文浦（Pham Van Phu，譯音），事實證明他無力應付共軍錯綜複雜的攻勢。范文浦認定百里居是敵軍首要目標，把重兵集結在百里居。經過三十二小時戰鬥，在用猛烈高射砲火趕走南越空軍空襲後，萬先勇將軍向河內報告，已經占領第二十三師總部與巨量彈藥，本身損失輕微。但南越軍仍然堅守位於城東三英里機場的第五十三團鐵刺網要塞化陣地，取得初步勝利的北越軍得意忘形，於三月十四日以裝甲部隊發動夜襲，結果以敗陣收場。一輛戰車因為撞上樹而毀了砲，另一輛墜入溝渠。共軍步兵在遭到重創後敗退，南越軍基地指揮官阮富安（Nguyen Vo An，譯音）中校勇武果決，率領五百官兵死戰不退，終於取勝，值得表彰。

共軍於三月十六日傍晚重新展開攻勢，爆破兵在付出慘重傷亡代價後，終於置妥爆破管，炸毀基地周邊鐵刺網。之後雙方激戰九小時，共軍攻勢並無進展。但在十七日早上五點，四輛戰車突破防線，三個小時後基地陷落。阮富安中校帶領殘部逃逸，於二十四日抵達海岸，身邊僅剩下三十人。北越軍的一些部隊，特別是戰車指揮官，像一九七二年一樣乏善可陳，但這改不了關鍵性事實：共產黨打贏了。南越軍敗退，在邦美蜀醫院留下四百名無法撤離的傷兵。

西貢參謀長高文員將軍在談到邦美蜀淪陷時說，「這是這整場戰爭中最關鍵的轉捩點……我軍現在得與一個不斷得寸進尺的對手攤牌。」阮文紹總統慌了手腳，做出一連串災難性決定。首先他下令精銳的空降師撤出北方陣地，加入西貢衛戍，導致北疆門戶洞開。隨後他下令從邦美蜀東方展開反攻，結果以慘敗收場。在邦美蜀淪陷後，崑嵩與百里居失守也是遲早的事：當地守軍奉命沿著法國殖民時代建的老朽的 7b 公路撤向海岸地區。高文員以越盟曾於一九五四年在同樣地區、同樣狀況下重創法軍一百機動大隊為例，向阮文紹提出此舉可能後果嚴重的警告。

阮文紹在三月十四日在金蘭灣舉行的危機處理會議中，向自己的指揮官宣布放棄中央高地，他事先既未與美國官員商討，事後也未告知美國官員說他已經做成這項決定。法蘭克・史奈認為，阮文紹所以這樣是因為「他怕美國人在聽到這事後會氣得發瘋、撤回對他的支持」。但阮文紹此舉絕非草率行事，它反映了他在之前一年建立的想法：南越的防衛周邊迫於版圖形狀而長得離譜，如果能加以縮小，他的部隊仍然可以守住富裕的南方。儘管這想法已經令人難以置信，更糟的是，他堅信，兩萬五千部隊可以不出幾天就通過山區、跋涉一百五十英里退入海岸地區。他完全不理會軍眷住在中央高地造成的巨大議題，至於平民百姓更不在他設想之內。據說范文浦在從金蘭灣飛回百里居途中落淚，說他與南越已經沒有前途。范文浦本人乘直升機撤往東方，留下一名旅長押著他的軍與官兵、車輛、彈藥、裝備，沿著漫長、崎嶇的山路，通過一道道隘口緩緩後撤。

美國航空飛行員福瑞德．安德森（Fred Anderson）日後說，「我永遠忘不了百里居出城那條公路當年的景象，帶著大包小包的人潮擠滿整條公路，慢慢蠕動著。一望而知，數以千計人命將丟在這條公路上。」驚恐、憤怒的南越人為了洩憤，經常舉槍亂射撤離美國人員的美航客機。另一名美航飛行員說，「他們這樣大多出於沮喪，他們情緒太激動，需要宣洩，他們沒辦法想。那是一種徹底無政府狀態，人只會暴露最低劣的本性。」

撤退於三月十六日上路，除了大群難民緊緊跟在軍隊後方緩緩而行以外，頭兩天還能相安無事。問題出在離百里居五十英里的小鎮召寮（Cheo Reo），九百輛車輛將小鎮狹窄的道路擠得水洩不通。無政府狀態出現，軍紀蕩然的士兵開始燒殺擄掠。共軍乘機封鎖前方隘口。南越軍發動夜襲，但無力突圍，之後游騎兵部隊在三月十八日突圍成功，卻遭到友機誤炸，炸死游騎兵領軍上校與許多官兵。北越軍隨即對困在召寮的人員與車輛展開砲擊，一些南越軍戰車與卡車另尋路徑，越野突圍。少數南越軍軍容仍然整肅，其中一個游騎兵營在重重共軍包圍圈中殺出一條血路，於三月二十七日晚上九點抵達綏和，兵力折損了一半。中央高地的兩萬五千名駐軍，最後只有四分之一官兵連同約五千名眷屬與百姓撤入海岸地區。高文員將軍估計，駐守中央高地的南越第二軍戰鬥力量在十天內毀了四分之三。共軍事後承認，北越軍在中央高地之戰中戰死九百人，其中大多數很可能死在開戰最初幾天。

邦美蜀的淪陷帶來接連不斷的人倫悲劇，讓好幾百萬人受難。高文員將軍形容這項撤軍「可恥」，充分顯現每一階層的領導無能。西貢記者阮旭（Nguyen Tu，譯音）寫道，湧在通往東方道路上的難民，「現在除了背上那件汗濕了、沾滿塵土的衣服，已經一無所有。他們的腳腫脹著，兩眼無神、無助。幼童……慢慢拐著跟在後面。」士兵為保護自己家人而集體逃兵成為這場撤軍不斷上演的戲碼；甚至在敵軍還沒出現的情況下，民眾與民用車輛已經不斷造成道路堵塞，讓政府車輛無法通行。不時襲來的共軍大砲與迫擊砲火讓撤軍沿線地區更加混亂，更加苦不堪言。

三月十八日，武元甲在河內告訴政治局，關鍵一刻已經到來：他們必須趁著這場局部性驚人勝利發動全面總攻。情況已經明顯，美國人不會投入空中武力，許多南越軍已經失去戰鬥意志。儘管後來有關南越軍缺乏彈藥的報導甚多，但就算南越軍有更多武器彈藥可供運用，一九七五年早春局勢的發展看來也不會出現什麼變化。南越流亡史學者阮齊方認為，根據後來落入北越軍手中的巨量軍備物資——單在中央高地就有一萬八千噸——判斷，西貢政權當時仍然握有足夠打一年仗的物資。問題是，南越後勤系統因無效與貪腐而跛足，許多裝備與彈藥都擺錯了地方，這不能完全歸咎於美國。

美國大使葛拉漢・馬丁在三月返回華府述職時，曾直接找上國會領袖，要求為西貢提供新援助，但沒有接獲任何迴響。馬丁不善辭令，但在這一刻，就算西賽羅（Cicero，古羅馬雄辯家）在世，也不可能說動國會為西貢提供援助。大多數國會參、眾議員這時認為，他們的選民一致要求切斷對南越的援助。不過儘管如此，馬丁仍在三月十五日在西貢將一封滿紙謊言的信交給阮文紹總統，信中說，「我可以向你做最誠摯的保證，一旦華府這場戰鬥結束，總統、國務卿與國防部長一定會給你一切你需要的資源。」

剛動完牙科手術的馬丁，隨即回到他在北卡羅萊納州的農場休息了十天。雖說無論他說什麼、做什麼，這時已經於事無補，但就像國會一樣，他的這些作為甚為可恥。南越不僅是美國多年盟友，細究起來還是美國的犧牲品，但在這關鍵一刻美國卻見死不救、斤斤計較金錢，向南、北越雙方釋出非常明確的訊息：渴望脫身的美國人民已經狠下心腸——套用史奈的話：「明白表示他們自己對越南人的命運根本一點也不關心」。切斷援越造成的道德衝擊比物質衝擊更加重大。南越軍從將軍到小兵，無不了解西貢政權已經遭到主子拋棄，也因此沒有人願意再為這個註定垮台的政權做更多犧牲。被美國人「背後捅刀」早已是阮文紹百萬大軍內心深處揮之不去的夢魘，中央高地的失陷不過是更立即的一場災禍罷了。除非美國肯動用空中武力，否則這場戰爭大勢已去，但新入主白宮的福特形單勢孤，無力不顧國會反對、採取這項行動。

河內政治局這時下達重大指示，下令部隊在五月完成對南越的征服。阮武安少將說，「情勢變化快得令人眼花撩亂。」三月二十日，他的砲兵朝南北縱走的一號公路重新部署，開火後不到幾小時，就打斷了順化與蜆港間的交通，迫使許多逃往南方的車輛調頭往北。當阮武安的軍在開一次指揮官會議時，一名地方越共女性幹部闖入會場打斷會議說，數以千計南越軍逃兵正穿過她的村莊逃竄，要求阮武安派兵阻截那些逃兵。阮武安於是派兵蒐集逃兵的武器，並告訴那名共幹，放那些逃兵走，若將他們抓捕，反而多添累贅。阮武安說，「我發現敵軍正在潰敗。」南越軍這時的無線電通信已經不再加密，有時還會在通訊時夾雜髒話。

在這場戰爭最後幾個月的戰鬥中，西貢軍彷彿在一團迷霧中亂竄，完全不能掌握敵軍動態與意旨。反之，拜西貢叛徒之賜——包括南越共和軍總參辦公室的一名職員，河內卻能對敵人的一舉一動，包括阮文紹放棄大片土地的戰略決定，瞭若指掌。武元甲最擔心的是南越軍撤入順化與蜆港這類大城附近、據險頑抗，也因此他最緊急的優先要務就是打斷南越軍再部署的作業。他在北方的戰略就是沿幾條軸線，迅速往東進兵，切斷南越軍再部署大動脈，而一號公路正是他最重要的目標。

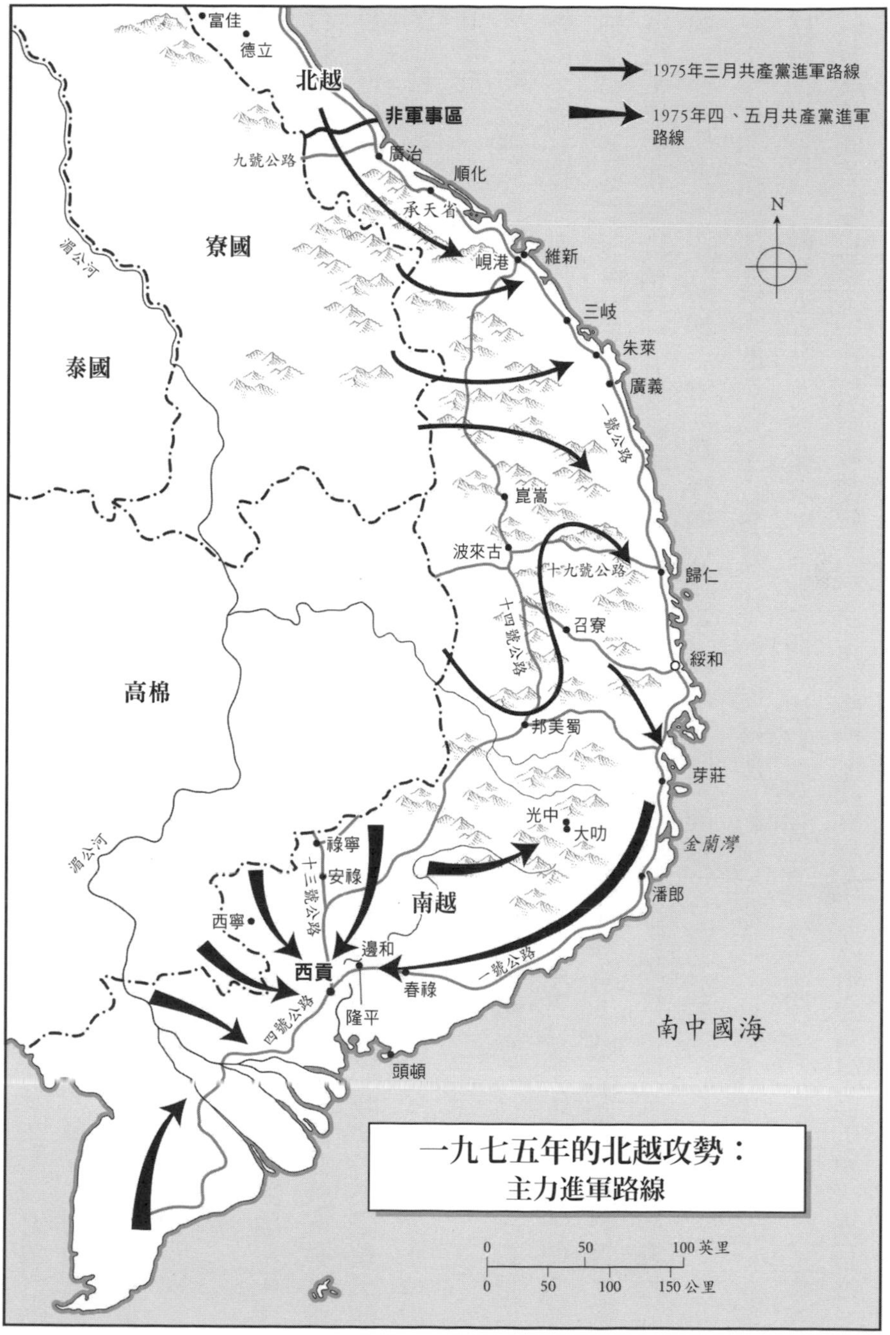
1975年三月共產黨進軍路線
1975年四、五月共產黨進軍路線
N
富佳
德立
北越
非軍事區
九號公路
廣治
順化
承天省
寮國
湄公河
峴港
維新
三岐
朱萊
泰國
廣義
一號公路
崑嵩
波來古
十九號公路
歸仁
十四號公路
召寮
綏和
高棉
邦美蜀
芽莊
光中
大叻
金蘭灣
湄公河
祿寧
十三號公路
安祿
潘郎
南越
西寧
邊和
西貢
一號公路
春祿
四號公路
隆平
南中國海
頭頓
一九七五年的北越攻勢：
主力進軍路線
0
50
100 英里
0
50
100
150 公里

在第一周的戰鬥中，南越軍第一軍軍長吳廣章認為他的部隊守得很好，而他的對手阮武安也同意這一點。一些地區保安軍展現了勇氣與決心，陸戰隊也不斷發動有效反攻。但由於阮文紹在中央高地失陷之後的反應，情勢急轉直下，南越軍防務迅速解體。阮文紹撤出空降師的命令，對吳廣章是一記士氣與戰術上的重擊——他若知道阮文紹還想撤走他的陸戰隊師，會更加憤怒。這個陸戰隊師曾在一九七二年浴血奮戰收回廣治，現在他們往南撤軍，將廣治在一天之內交給敵人，引發又一場大逃亡潮。

中央高地的亂象重演，徒步的難民與各式車輛塞滿道路。越來越多北部地區人民，無論軍人或百姓，發現他們已經成為棄民，發現他們的政府已經準備棄守北疆。儘管南越軍也曾在幾處負隅頑抗，但從順化以北到峴港以南的十幾處關鍵要點，共軍都能一路順利闖關，直逼海岸：吳廣章與他的部隊已經失控。阮文紹也舉棋不定，一會下令必須堅守順化，戰至最後一兵一卒，隨即又下令放棄順化。

經過兩周激戰，在第一軍自稱打了二十萬發砲彈、死傷兩千人後，北越軍於三月二十一日打垮防衛一號公路上方重要高地的游騎兵，共軍隨即轉北攻擊順化。三月二十五日下午一點，一個名叫阮文逢（Nguyen Van Phuong，譯音）的北越士兵在順化古都揚起北越旗。阮武安找來駕駛兵，駕著南越軍丟在順化城裡的五十輛戰車與裝甲運兵車，加入他的先頭部隊往南進擊。一群群沒有武裝、不知何去何從的南越軍士兵在街道上遊蕩，數以百計南越軍軍官成為戰俘。

在從北方海岸線撤軍的過程中，疲憊不堪的陸戰隊師軍紀開始崩潰。一名美軍武官早在一年前已經提出警告，敵軍若在北方發動攻勢可能造成「沒有船艦後撤的敦克爾克（Dunkirk）」，現在這樣的慘劇果然出現：一小群雜亂無章、完全不合適的船隻想撤出一大群急著逃命的軍人與百姓。對阮武安將軍來說，最惱人的不是南越零零星星的局部性抵抗，而是為散在各處的手下官兵運送米糧，因為他的西段運補線的每一條道路這時都已泥濘難行。

數以萬計乘軍艦或小船撤離順化的軍人與百姓，在經過幾小時航程抵達蜆港時都被趕下船艦，在蜆港街上四處亂竄，散播恐慌。遠方傳來隆隆砲聲——蜆港以北富佳（Phu Gia）的守軍正在向阮武安的部隊開砲。在三月最後幾天，估計有一百萬難民湧在蜆港街頭。美國領事館園區內，因工作人員與陸戰隊警衛焚毀檔案文件而冒起捲捲黑煙。疲憊的北越軍忙著開往城裡，一些察覺主子已經換人的百姓在街邊向他們喝彩。

在蜆港負責越南海軍小型艦艇的阮季（Nguyen Tri，譯音）中校一再請上級下達指令，但始終未果。阮季於是在三月二十八日造訪已經成為海軍基地的陸軍總部，發現軍官們帶著裝滿個人財物的砂袋，忙著逃生。直升機飛進飛出，載著這些特權階級拋開混亂、飛往安全。阮季帶著自己與部下官兵的家眷也上了船，沿海岸南下。船隻抵達歸仁以後，他們見到的仍是一片混亂。秩序與權威已經蕩然。

吳廣章日後寫到他擔任第一軍軍長最後幾天的狀況時說，奉派值勤的士兵「被擠滿一號公路的人潮與滿地泥濘吞噬。迷惑、沮喪與極度恐慌開始侵襲戰鬥部隊」。美國航空駕駛員韋恩·蘭寧（Wayne Lennin）對蜆港的情況有以下一段描述：「它沒有淪陷，它只是散了架……士兵已經抓狂。他們在街上亂竄，用機槍掃射平民百姓……奪取人們身上的珠寶，強暴女孩。」駭人的場面在機場出現，歇斯底里的群眾強闖準備啟程的幾架飛機，認為每一架都是他們逃離的最後希望。當飛機起飛時，駕駛員收回起落架，將藏身在輪井裡的人活活壓死。由於亂軍與暴民擾亂，空運傷兵行動受阻，五千名傷患與醫護人員只得留在維新（Duy Tan）總醫院。在海岸線上，士兵將戰車與卡車開進海灘搶奪駁船。一名越南目擊證人說，「灘上有游騎兵、陸戰隊，還有戰車。一艘船開進來，陸戰隊率先衝到船上，向其他想登船的人開槍。游騎兵非常惱火，於是向陸戰隊開火。最後船沉了。」

北越軍在一輪猛攻，付出不到三千人死傷的代價後進入峴港。阮武安的團瞬間取得四百八十七輛通用GMC卡車與其他車輛，運輸力大增。他們還獲得許多PRC-25無線電。對於長久以來一直欠缺通信能力的部隊來說，這些裝備是無價至寶。現在，北越軍連級單位有史以來第一次擁有無線電通信能力。每一個步兵班都配到兩具M-79「巨漢」榴彈發射器。阮武安的砲兵擁有的砲，每三門就有一門是擄獲的戰利品。

下一個挑戰是讓這支大軍南下六百英里，與北越緊急調來的兩個師會合，一起攻向西貢。這支所謂「海岸縱隊」擁有兩千兩百七十六輛車輛，由黎仲迅（Le Trong Tan，譯音）將軍擔任總指揮。這支部隊於四月七日出發時，壯盛的軍容令阮武安不禁感嘆：「我從軍許多年，第一次指揮有這麼長，擁有這許多特種部門單位的縱隊。」民眾夾道歡呼，一些投降的政府軍士兵在人叢中乞食。從峴港到春祿，縱隊得通過五百六十九處渡口。由於許多橋樑或遭破壞，或被炸毀，他們必須不斷停下來進行修復。阮武安派出先遣部隊，確保歸仁、芽莊與金蘭灣沿線的油料補給無缺。他的軍就這樣每天二十小時日以繼夜兼程趕路，平均每天前進六十英里，走了近兩星期。

南越的命運讓億萬美國人側目，但生靈塗炭的形象就算再多，也已扭轉不了美國人抗拒重返越戰的全民情緒，國內經濟不景氣也為國會反對援越提供了有力辯解。加州民主黨眾議員亨利・瓦克斯曼（Henry Waxman）提出另一個理由：「我們不能用提供戰爭手段的方式促進和平……為西貢提供更多軍援只會為實質談判帶來更多阻力。」一些美國領導人展現惡劣行徑，明知美國不會伸

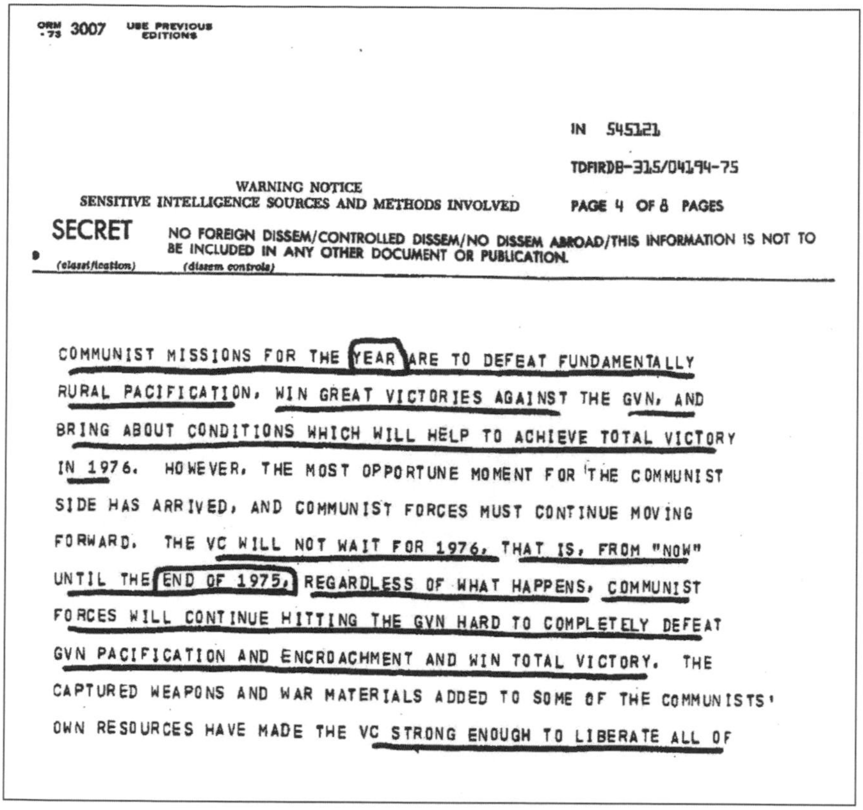

ORM 3007 USE PREVIOUS EDITIONS
-73

IN 545121

TDFIRDB-315/04194-75

WARNING NOTICE
SENSITIVE INTELLIGENCE SOURCES AND METHODS INVOLVED

PAGE 4 OF 8 PAGES

SECRET (classification) NO FOREIGN DISSEM/CONTROLLED DISSEM/NO DISSEM ABROAD/THIS INFORMATION IS NOT TO BE INCLUDED IN ANY OTHER DOCUMENT OR PUBLICATION. (dissem controls)

COMMUNIST MISSIONS FOR THE YEAR ARE TO DEFEAT FUNDAMENTALLY RURAL PACIFICATION, WIN GREAT VICTORIES AGAINST THE GVN, AND BRING ABOUT CONDITIONS WHICH WILL HELP TO ACHIEVE TOTAL VICTORY IN 1976. HOWEVER, THE MOST OPPORTUNE MOMENT FOR THE COMMUNIST SIDE HAS ARRIVED, AND COMMUNIST FORCES MUST CONTINUE MOVING FORWARD. THE VC WILL NOT WAIT FOR 1976, THAT IS, FROM "NOW" UNTIL THE END OF 1975, REGARDLESS OF WHAT HAPPENS, COMMUNIST FORCES WILL CONTINUE HITTING THE GVN HARD TO COMPLETELY DEFEAT GVN PACIFICATION AND ENCROACHMENT AND WIN TOTAL VICTORY. THE CAPTURED WEAPONS AND WAR MATERIALS ADDED TO SOME OF THE COMMUNISTS' OWN RESOURCES HAVE MADE THE VC STRONG ENOUGH TO LIBERATE ALL OF

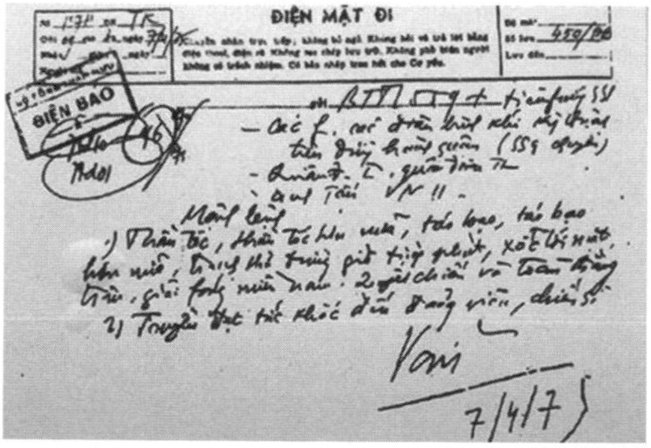

ĐIỆN MẬT ĐI

ĐIỆN BÁO

7/4/75

兩個關鍵電訊

上：取自中情局一封日期為一九七五年四月八日的情報電文，「西寧人士」警告當局說，河內無意於一項政治交易。
下：北越電文，日期為一九七五年四月七日，來自武元甲，要求「速度，比過去更快的速度；膽量，比過去更大的膽量。利用每一小時、每一分鐘向前衝刺、投入戰鬥。解放南越，決心爭取全面勝利！」

手，卻仍然保證援助南越：參議員韓福瑞就不斷揚言支持南越，之後卻在援越案投下反對票。阮文紹坦白告訴福特，如果美國不肯干預，特別是如果沒有B-52的干預，南越的敗亡只是遲早的事。福特在三月二十二日回覆阮文紹，保證支持南越，但仍然含混其詞，不肯說明美國究竟會以什麼樣的形式提供援助。阮文紹提醒福特，說尼克森與季辛吉在巴黎協定簽字後曾如何明確給他保證。但無論怎麼說，福特已經打定主意，不冒違憲危機下令轟炸。他在三月二十五日告訴阮文紹說，「我很遺憾，因為我無權做尼克森總統可以做的一些事。」

在整個這段期間，擔任國務卿的季辛吉對局勢瞭若指掌，也知道憑藉外交根本無力扼阻共產黨的殺戮。他說，「我深信除了軍事壓力，絕對沒有任何一件事能讓北越低頭。」有人建議出動美國海軍協助從順化與峴港撤退，但在指揮官們表示美軍必須登陸以後，白宮放棄了這個案子。後來美方成立「軍事海運指揮部」（Military Sealift Command），經由授權包商方式，在劇烈、時而充滿暴力的環境中撤出數以千計難民。季辛吉在三月二十八日向福特提出報告說，「我想南越撐不住了……這是一次美國的道德大崩潰。」第二天，季辛吉在國務院的一次會議中說，「這是我們的恥辱。」會中有人主張請求莫斯科干預。季辛吉答道，「我們不能藉和解之名，要求蘇聯幫我們挽回我們自己的面子。」

在河內，武元甲開始為他心目中這場「個人勝利」進行最後階段準備：他把床鋪搬進龍庭，除了一次短期南下會見戰地指揮官以外，直到西貢淪陷，他一天二十四小時坐鎮龍庭。他不斷督促手下將領：要快、要快、要快，要趕在雨季降臨前，要趕在美國人改變主意開始轟炸前攻下西貢。黎筍每晚七點聽取簡報，共產黨在戰後紀錄中強調黎筍扮演的角色超越武元甲，是攻打西貢之戰的「實際最高指揮官」，但武元甲短暫復出重掌兵權一事無庸置疑。

三月十日到三十一日間，四個北越師在越共游擊隊支援下，在西貢北方與東方發動攻擊，攻勢雖然受阻，但北越軍已經逼近距南越首都不到四十英里處。三月底，黎筍要中央高地的萬先勇發動奪取最後勝利的一擊。不過不僅勇猛而且倔強的萬先勇不肯，堅持必須先打垮南越第二軍。三月三十一日，萬先勇的部隊攻破防守達拉隘口（M'Drak Pass）的一個空降旅，港都歸仁於是淪陷。第二天，北越軍裝甲部隊衝進更南方的綏和。芽莊美國領事館在一片混亂中緊急撤離。整個南越部隊解體，金蘭灣隨即陷落。四月二日，第二軍潰敗，軍長范文浦逃往西貢。

一號公路沿線所有重要隘口現在都落入北越手中。一些二十一世紀修正論者試圖為南越辯解，說南越曾傾盡舉國之力抵抗強敵。法蘭克．史奈說，這是因為「他們不在場，沒有見識到那種兵敗山倒的混亂，想為南越軍的丟人現眼平反根本沒有意義」。阮文紹當然想為不堪一擊的南越軍說話，不過少股南越軍確實也曾英勇奮戰，只可惜他們少了夠格的國家領導人。

四月一日，黎筍在一封至指揮官的長信中說，迄今為止，北部地區作戰「傷亡很少」，只付出比一九七二年攻勢期間少了許多的代價就拿下大片南越土地。越戰開打以來頭一遭，河內派出攝影師與記者隨軍採訪。旅居歐陸二十年成為成功製片人，近期返回越南的馮白濤（Phung Ba Tho，譯音），就是這樣一名記者。軍方給了他一套制服與攝影機，隨即派他南下為革命成功作見證。他激動地說，「那情景真讓人熱血沸騰」。一開始，在新征服南方城市的一片混亂中，他與他的共產黨媒體友人都心驚膽戰，「但隨即我們發現一切都在好轉」。他們沿路碰到的人，無分軍民，沒有一個人想傷害他們——事實上，南越軍人脫下軍服，身上只著一條短褲，已經逐漸成為他們習以為常的一個怪異街頭景象。

那段日子發生的一切種種，令不少美國人特別哀傷，七年前因大道之戰獲頒榮譽章，這時在外海指揮艦「藍嶺號」（Blue Ridge）上擔任陸戰隊兩棲作戰旅作戰官的吉姆．李文斯登就是其中一人。他在峴港登了一下岸，見到許多「令人痛心」的事。南越軍黑貓（Black Cat）師一名上校，想登上停在金蘭灣外海的「藍嶺號」，遭李文斯登拒絕。由於厭惡他丟下部屬的行為，李文斯登破口大罵道：「我會跟你一起回去戰鬥，你這個婊子養的！」不過那名越南上校拒絕了這個瘋狂的提議。但也有一些南越軍軍官選擇不一樣的路。在歸仁，第四十二團團長讓部屬登艦撤離，在向他們揮別後，他走進一間房子舉槍自盡。

武元甲原本希望北越軍先頭部隊能保持前幾周的衝勁，不必等候來自北方的「海岸縱隊」，就能「長驅直入」占領西貢。他下令陳文茶從湄公河三角洲進兵，以孤立西貢，但北越軍在湄公河三角洲的攻擊遭到的抵抗，比在中央高地遭到的強得多。北越軍與南越砲艇激烈交火，四月中旬對芹苴的攻擊遭擊退，隆安的地區保安軍與民團一連四天，擋住北越軍第五師的攻擊。

共軍最重要的戰鬥出現在西貢東北三十七英里。隆慶（Long Khanh）省省會春祿地處一號公路關鍵會口，周圍橡膠園與香蕉養殖場環繞。四月九日展開的春祿之戰，雖說無力扭轉必敗戰局，卻是南越軍在眾寡懸殊戰況下，展現勇氣與決心的最後一役。

南越軍第十八師師長黎明島（Le Minh Dao，譯音）准將，總戴著一副遮去半邊臉，看來惡狠狠的巨型墨鏡。身為自彈自唱吉他歌手的他，沒有赫赫軍功，卻有花花公子之名。但儘管如此，面對即將到來的共軍攻勢，他與部下官兵以熟練的技巧展開備戰。他們把大多數士兵的眷屬搬進隆平，並且準確預測共軍將再次使用一九六八年春節攻勢中使用過的進兵路線，預先定妥大砲射擊位置。黎明島派兵占領敵軍可能用於砲兵觀測的高地，將自己的三十六門砲藏進碉堡，存放彈藥，監聽北越軍的無線電通信。

共軍於四月九日早上五點四十分展開砲擊，而且幾乎第一發砲彈就炸毀了黎明島設在天主堂附近的總部。之後幾天，共軍的砲擊將春祿大部分地區夷為廢墟，但對築壕據守在城郊的守軍沒有造成多少傷害。六點四十分兩枚紅色曳光彈射向空際，表示裝甲兵與步兵展開進擊。進攻東側翼的北越軍第七師很快就遭鐵刺網、地雷與南越軍空中攻擊壓制。從東北方進擊的三四一師滲入春祿，但南越軍砲火猛烈，欠缺戰陣經驗的三四一師步兵後撤。但第六師從南方深入，切斷春祿與西貢間的一號公路，創下共軍唯一重要戰果。春祿於是孤立。

之後兩天，黎明島部下官兵發動幾次成功反擊，並且多次逐退敵軍的反覆攻擊。南越軍還發動越戰最後一次大規模直升機作戰，用一百架休伊將一個空降旅投入戰場，增援衛戍部隊。共軍砲擊造成百姓生靈塗炭，但河內指揮官已經發現他們犯下的一連串錯誤。首先，陳文茶沒能完成任務，阻止南越軍從邊和發動對春祿的空中支援；直到四月十五日，北越軍的大砲與火箭才展開這項作業。同時，經過數周惡戰，第七師已經師老兵疲。南越軍打得有板有眼，北越軍卻因為只知道對要塞化陣地發動正面攻擊而損失慘重。南越空軍第一次用於戰陣的一萬五千磅「雛菊切除機」炸彈與CBU-55集束炸彈也造成北越軍重大傷亡。

在南越防線一片潰敗聲中，春祿始終不動如山。黎明島將軍的堅守，迫使河內延後原本計畫四月十五日展開的對西貢的攻擊。西方媒體飛進春祿，為守軍加油打氣，只不過當記者飛離時，急欲逃生的居民強闖記者搭乘的直升機，讓這次訪問經驗蒙汙。之後，疲憊不堪的守軍也只能眼睜睜看著北越軍在春祿城西、守軍後方不斷增兵。四月二十日，春祿撤軍：守軍徒步往南穿越橡膠園撤軍，第一空降旅殿後。套用一名士兵的話：黎明島「戴著一臉枯槁倦容」與士兵一起徒步，沒有自己搭乘休伊開溜。春祿是這場戰爭的最後一場會戰。河內一直沒有發布本身在春祿之役的傷亡數字，但據信應在三千、四千之譜。但北越軍強攻春祿本身就是很蠢的事：他們大可繞過春祿、繼續往西貢進發，讓黎明島與他的部下慢慢窒息。無論如何，對劫後餘生的南越軍來說，在那段可恥的大潰敗歲月中，春祿始終是一次令人振奮的光榮回憶。

就在春祿之戰進行同時，兩軍也在金蘭灣南方一號公路上的海岸城市，位於西貢東北兩百多英里的潘郎（Phan Rang）激戰。南越軍一連幾天在潘郎空軍基地堅守不退。停泊在外海的美國海軍艦艇，於四月三日起展開對難民的人道援助，但美軍指揮官拒絕為南越守軍提供火力支援。南越空軍飛機不斷掃射行軍中的北越軍，還在一次極富戲劇性的直升機行動中，救出八百名防守達拉隘口的空降旅殘餘部隊。這八百人隨後飛往西貢增援。

四月十六日，北越海岸縱隊先頭部隊開到，接手潘郎的攻擊任務。潘郎港口與城市很快陷落，但潘郎空軍基地守得比較久，阮武安的砲兵與南越軍艦交上火。北越軍因使用過多擄獲而來的運輸工具而吃了不少苦頭，造成這種現象的主因是越共。因為幾十年來，在越共眼中，任何擁有車輛的人一定是敵人。北越軍一名空防師師長因乘坐的卡車遭一枚B-40火箭擊中，傷重不治；共軍戰車也常遭友軍攻擊。阮武安將軍興高采烈地在一處棄置的南越軍軍部找來一輛嶄新的吉普車，但開了沒多久，就在四月十六日夜間因而遭到游擊隊誤判攻擊，吉普車輪胎也被打爆，所幸還能駕著爆胎的車逃逸。

南越軍軍長阮永義（Nguyen Vinh Nghi，譯音）與中情局的詹姆斯．路易斯（James Lewis）在這場海岸之戰中淪為戰俘，都被送往河內。一名北越宣傳官問阮永義，「我們應該怎麼考慮招降措辭，讓傀儡軍士兵放下武器？」阮永義悲傷地答道，「整個軍隊已經解體，哪需招降？」華府的南越人士想利用春祿之戰向美國國會議員游說，讓他們相信如果美國能提供援助，南越軍仍然有能力一戰。但參議員們無動於衷。因鄰國高棉滅亡，總統龍諾於四月一日出逃，一種強大得令人窒息的末日感籠罩南越。北越一手扶植（但之後與北越翻臉）的赤柬軍於四月十七日開進金邊，旋即展開對高棉人民的大屠殺。

◎「啊！我的國家！我可憐的國家！」

在幾乎整個四月間，恐怖殘殺與戰亂悲劇在越南全境各處上演，只不過由於全球媒體焦點已經轉移，後人所知甚少。數以千計幹部奉派離開北越，在所謂「解放區」接掌控制權。四月二日，黎德壽與這時負責攻打西貢軍務的萬先勇，在祿寧南方局基地邊設立總部。事實證明，萬先勇堅持必須先打垮第二軍，再從中央高地移師南向的策略完全正確。海岸地區的恐慌與兵敗山倒的亂象，向全世界、特別是向美國與南越人民證明西貢政權與南越軍已經註定敗亡。南越軍隊的潰敗已是注定，值得特別一提的是部分南越軍面對排山倒海而來的敵軍，竟能視死如歸，奮戰到底。

一股奇異的不現實氛圍瀰漫著南越首都。儘管共產黨取勝在即已經是不爭之實，許多南越人與美國人無法接受他們過慣了的日子即將成為過去、永不復返的現實。美國大使葛拉漢．馬丁就是其中佼佼者。那年二月，法蘭克．史考登隨一個國會代表團訪問西貢，但馬丁禁止最了解情勢真相的法蘭克．史奈為代表團做簡報，讓史考登非常憤怒。後來史考登向這個國會代表團保證，會請史奈與他們私下晤談。

四月八日，史奈電告華府，詳述來自「西寧人士」的可靠情報，說河內已經決定奪取全面勝利：「無論發生什麼事……不可能有談判或一個三方面政府，共軍將攻擊西貢。」但直到最後一刻，馬丁始終以幾近於離譜的固執否定顧問們的看法，堅持華府可以與河內達成保住南越的交易。他一再拒絕要求，不肯將數以萬計最可能遭共產黨報復的南越人撤退，終於遭致重大後果：當後撤作業最後終於展開時，不僅規模太小，時間也太遲了。他的這種態度讓大使館許多關心南越友人與同事們福祉的工作人員深惡痛絕。直到四月二十一日，美國空軍運輸機才展開從新山一機場後撤的作業。作業總計飛了三百零四班次，撤出近四萬三千名美國人與越南人。

在西貢做為阮文紹首都的最後幾星期，許多沒有關係、不能飛往國外的越南人，也為如何逃離這個國家的問題掙扎不已。另一方面，以法國大使為首的西貢法僑社區，卻對當地人心惶惶的美僑嘲諷不已——認為法國與河內的特殊關係，能讓法國人在共產黨統治下的越南享有特別待遇。

越南比索（piaster）幣值爆貶，帶著美元的外國人發現他們幾乎可以免費狂歡作樂：根據一名美航飛行員的估算，實際算下來，在西貢，找一個最美麗的吧女上床只需六十六分錢，過夜也只需一點一一元。恐懼讓人們沉醉酒鄉，狂歡酒會在酒吧與旅店蔚為風潮。美國人也曾呼籲阮文紹政府至少讓人民了解一部分事實真相，結果徒勞無功。官方發布的空言與謊言，伴著謠言四處流竄，許多夢遊客隨之起舞。設在隆平的南越指揮與參謀學校直到四月二十八日還在上課。高級軍官學員不斷辯論著戰場狀況，而且一致認為，美國不可能放棄這場讓五萬八千名美軍捐軀的戰爭。

雖說許多著名越南人賣掉一切身家財富籌款逃難，也有一些人從海外歸鄉。一九五四年逃離河內，之後成為南越最紅影視雙棲巨星的阮氏晴，覺得自己必須重返西貢：「我的理性告訴我，我不該回去，但我的心卻告訴我必須回去。」四月一日，參軍二十年，剛結束在班寧堡（Fort Benning）一項課程的南越老兵阮公倫少校，與三名同袍一起在舊金山登機。當飛機抵達西貢新山一機場時，一個負責檢查旅客報關的女孩大惑不解地問他們，「你們回來幹什麼？大叻昨晚已經淪陷了。」

儘管澳洲曾在南越防務中扮演重要角色，但現任澳洲工黨政府下令，澳州空軍飛機在撤僑時不得攜帶難民。總理高・惠蘭堅持，澳洲必須接受河內的公開保證，相信即將控制南越的共產黨當局不會加害南越人民。在那段期間，共有三千六百六十七人申請澳洲簽證，只有三百四十二人獲准，最後實際上了飛機的只有七十六人，就連在澳洲大使館工作的越南籍員工也遭遺棄。此外，一些外國慈善團體開始組織班機撤離西貢孤兒院幼童。但除非是瘋子，誰會相信共產黨會殺害可愛的孩子？西貢變天之後，處境最危險的無疑是那些腦滿腸肥的南越軍軍官、政府要員與警察，不過他們沒有外國友人施援。

南越空軍軍官嚴正中尉說，「我們知道快要打輸了，但我們不能設想該怎麼做。為免引起恐慌，我們甚至不敢彼此多談。我們向部下撒謊，以安撫他們。」嚴正是富商之子，他住在歐洲的親戚不斷打電話回來要他「離開越南！快快離開越南！」他說，「他們的消息比我們靈通，但怎麼逃？」在一九六八年春節攻勢中經歷順化之戰的吳氏芳，寫信給她在英國的友人賈文・楊說，「現在一切都沒了。我最親愛的獨子明在峴港……他還能活著嗎？或者他已經死了？對一個可憐的母親，這真是悲哀，無法想像的悲哀。我無法表達我的感覺，因為我們只是一分鐘又一分鐘的苟延殘喘……為我的小明，也為了我的孫兒，我的淚已經流盡。啊！我的國家！我可憐的國家！」

近三百萬美國越戰老兵，以一種特別感情關注著太平洋彼岸這場悲劇一幕幕發展。前美軍陸戰隊上尉海斯・帕克斯（Hays Parks）悲傷地說，「如果南越人早知會有今天，他們當初會打得更賣力。」布魯斯・帕爾墨中將憤憤說道，「揮之不去的殘酷事實是，當南越在垂死之際向我們求援時，美國調頭看向其他地方……我們的南越友人永遠忘不了那臨終幾幕的悲夢。」陸軍護士菲麗絲・布林也有同感：「我為所有那些信任我們的越南人感到難過。」

一度極端反美，非常熟諳印度支那事務的英國記者理查・威斯特，這時以充滿悔恨的語氣在西貢寫道，「有人把南越描述成一個遭革命運動推翻的法西斯政權，這不對。甚至直到這最後一刻，南越反對派仍有權搞著抗議；在揭發辦公室霸凌這類議題上，西貢新聞界的膽子不輸倫敦。土生土長的南越共產黨，即越共，現在在這場戰爭中僅扮演極小的角色。在一九六八年曾經兩度對起事召喚不理不採的西貢無產階級，似乎已經麻木不仁……這場在開始時原是一場革命的戰爭，現在已經演成一場北方入侵南方的傳統戰爭……眼見西貢一些外國報紙以幸災樂禍的語氣報導反共分子的命運，讓人看了倒盡胃口。」這最後一段話，反映了河內宣傳的勝利：包括不少美國人在內，全球各地數以億計的人將北越的勝利視為正義的伸張。

新山一基地保齡球館與網球場外，數以千計驚恐的越南人排隊等候撤離難民的飛機。四月二十三日下午，南越遭殺害政治人物阮文邦（Nguyen Van Bong，譯音）的遺孀、四十五歲的黎氏淑文（Le Thi Thu Van，譯音）在等候撤離時遇見一名友人。這友人是個法文老教師，他突然大驚慘叫，原來他帶在身邊的一個手提箱不翼而飛，顯然被人偷了，裡面藏有他全部家當兩千美元。老先生說，與其身無分文的到美國行乞，不如回西貢的家不走了。他的擔任政府副教育部長的表弟於是陪他一起回到西貢。兩人後來因此在共產黨再教育營受了許多年罪。

在登上一架C-130運輸機以後，黎氏淑文與她的子女占了四張帆布座椅。一名高大的美國青年擁著一名越南女人，推開眾人也登上飛機。他擠到黎氏淑文面前，示意要他們讓座。黎氏淑文不肯，那青年只好帶著他那女伴坐在地上，但故意把一個很重的袋子砸在黎氏淑文腳趾上，說道，「妳知不知道妳到了我的國家以後會幹些什麼事？妳得當洗衣婦。」黎氏淑文寫道，「就這樣，我帶著一顆沉重的心與被砸爛的腳離開我的國家。」

前南越空軍戰鬥機飛行員陳會（Tran Hoi，譯音），在友人協助下將家眷送上一架世界航空（World Airways）的班機逃離越南。當他的丈母娘不肯隨他們離開時，陳會將他的房產與兩輛汽車的所有權狀交給她，還向她保證，「不要擔心，媽，這只是暫時小別。只要情勢安定下來，妳的孫兒們都會回來。」之後陳會搭乘美國空軍「空運星」（Starlifter）運輸機飛往關島，他留在西貢的那些財產都成了勝利者的戰利品。葛拉漢．馬丁的秘書伊娃．金（Eva Kim）對中情局的普利班諾說，「你有越南家眷，我可以幫你在一架『黑』航班上弄幾個機位。」金果然說到做到，讓普利班諾的丈母娘與侄女躲入一處藏身所，然後逃出越南。普利班諾的妻子與兒子已經事先逃離。金非常善良，曾為許多人提供類似服務。

一些兒童，像九歲的邦，認為撤離是「前往新奇、刺激的地方的一種大冒險」。他不了解為什麼身邊的大人會那麼哭個不停。就像幾乎所有難民一樣，他的母親也將計畫逃離的事守口如瓶，沒有向鄰居透露一絲風聲。但在新山一的保齡球館，他們碰到友人、同事、同學，那場面既尷尬，又各有說不出的痛苦。他們就在新山一保齡球館苦守兩天兩夜，直到終於登上一架C-130。飛機升空的幾分鐘最是讓人提心吊膽，因為共軍已經兵臨城下，隨時可能對飛機開火。之後飛機脫離險境、飛到海上，他們開始忍受飛往菲律賓的顛簸之苦。撤離作業自有一些令人悲歎之處：一些有權帶眷屬撤離的美國人與越南人趁機發財：數以百計持有「綠鈔」（即美元）的吧女成為受益人。同時，美國人為求撤離通行無阻，付了五萬多美元給新山一機場的越南軍警人員。

至於南越那位沒有實權的總統阮文紹，當他幾乎獨自一人枯坐宏偉的獨立宮（Independence Palace）中，眼睜睜望著他的政府垮台之際，腦海中想著什麼？法蘭克・史考登說，「阮文紹若是在拉斯維加斯，一定能當個非常了不起的撲克牌賭徒，他可以完全不露聲色。」法蘭克・史奈說，「當我們一旦控制不了越南領導人時，我們就會將他拋棄，阮文紹是個悲劇角色。」一名空軍高級將領說，吳廷琰的下場始終是阮文紹揮之不去的夢魘，害怕如果違背華府意旨，自己也會遭到同樣命運。「也因此，美國人眼中的阮文紹，永遠是個小角色。」臨時革命政府部長人選張如堂說，阮文紹天真地以為美國人會對他死心塌地，他「無法相信美國人竟會這樣絕情將他拋棄」。

由於阮文紹在流亡以後一直保持沉默，他是否真這麼以為不得而知。阮文紹執政八年期間的政治麻木特性，在他主政最後幾星期展現得淋漓盡致。三月中旬，反對派人士陳友成（Tran Huu Thanh）神父與前副總統阮高祺——自一九七一年退出總統選舉後，阮高祺就退隱在一處農場——呼籲他辭職，阮文紹沒有理會。十個人因涉嫌陰謀推翻政府而被捕下獄。西貢參議院票決要求他下台，也遭阮文紹拒絕。四月四日，阮文紹改組內閣，但事實是，這時的他就像過去一樣，能不能繼續擔任總統得取決於將領是否忠誠。中情局的「西寧人士」在報告中說，河內完全沒有興趣與南越任何派系打交道。既然軍事勝利已經近在咫尺，北越又何必談判？只有馬丁大使與一群越南權力掮客仍然抱持一絲幻夢，認為或許可以經由談判達成交易，免了共產黨的接管。

在後人眼中，阮文紹透過一小撮多少有些貪腐的軍閥進行統治，與本國民眾不通聲氣，似乎是個不值得同情的人物。這位似乎永遠面無表情的人物究竟是什麼樣的人，沒有人知道。或許最公允的說法是，在世上許多獨裁者中，他不是最殘忍的。他在四月二十一日辭去總統職位，四夜之後，在前總理陳善謙陪伴下最後一次告別他的國家。那天夜裡，阮文紹從新山一基地內他的私宅上車，由中情局的史奈擔任他的司機，開了一小段夜路，來到一架守候著的美國空軍C-118運輸機旁。阮文紹握了握史奈的手，強忍著淚說了聲「謝謝你」。遠方砲火聲依稀可聞，幾名都穿著便服的美國情報官、外交官與警衛相互開了一些神經質的玩笑。

馬丁在C-118登機梯腳下與阮文紹交談了幾句。馬丁後來說，「我只是向他道別，沒什麼特別值得一提的。」當飛機引擎聲漸響，一幕荒誕的戲碼上演：馬丁大使本人親自動手，氣喘吁吁地將登機梯推離機身。史奈於是大聲叫道，「大使先生，我能幫你推嗎？」之後許多年，不斷有傳言說阮文紹流亡時在行李箱裡裝滿南越的黃金，但在流亡期間，無論是他或他的家人看來似乎都不像有錢的樣子。二〇一六年，他的遺孀得靠友人資助才能籌錢在橘郡為他買了一塊墳地。他的墓誌銘上或許可以這麼寫：當美國人選擇拋棄時，他的傀儡政權垮了。

七十一歲前教師陳文香繼阮文紹之後擔任南越總統，由阮文全（Nguyen Van Toan，譯音）中將負責保衛西貢。他部署六萬正規軍與約略同等數量的地區保安軍與民團，但這樣的兵力不足以保衛西貢，從南方進入西貢的門戶幾近全開。沒有人相信南越可以長久擋住壓境的北越大軍，但若干軍官與政客仍抱著一線希望，希望能撐持一段時間談判一些條件，而不是乖乖投降、任憑宰割。根據國家安全署截獲的一項北越無線電訊，河內已經下令，萬先勇的縱隊一旦開到西貢市區，美國人若還不走，砲兵就可以開火。由於美國高層人員已經因這項情報而在萬先勇縱隊抵達以前撤離，河內這項命令是否只是恫嚇之詞不得而知。

萬先勇部署了超過二十五萬大軍，包括五個軍，十四個師，十個獨立旅與團，外加由北方調來的一個SAM-2防空飛彈營。唯恐遭致美國反彈，河內不肯出動自己的俄製戰鬥機，於是讓幾名飛行員接受緊急訓練，從原本的米格-17改飛A-37，以利用擄獲的飛機。萬先勇以關鍵性總部、新山一、獨立宮……等軍政權力象徵為攻擊目標。十四個旅部署在共軍攻擊發起線與西貢市中心區之間，爆破兵奉令搶先進入市區，為裝甲縱隊開路。萬先勇的主要意旨是在周邊地區釘死、摧毀南越軍，避免在市區進行毀滅性戰鬥。

當時河內有人擔心這場落幕之戰會曠日持久，擔心就算首都陷落，南越軍仍然可能退守湄公河三角洲地區做背水一戰。黎德壽於四月二十五日向河內政治局同僚發出一封長電文，要他們安心。電文中說，「你們可以大放寬心」，一切都會圓滿結束。西貢即將淪陷；南越政權將隨之滅亡。

在新山一基地淪陷前最後階段，南越空軍警衛隊士兵問他們的隊長，「中尉，現在我們該怎麼辦啊？」嚴正中尉沉默了幾分鐘，因為他也不知道該怎麼辦。最後他說，「回家吧，事到如今，除了好好照顧自己還能做什麼？」在淪陷前最後階段，這樣的交談在南越軍民間重覆了何止萬次。嚴正騎上一輛小機車往回家路上走，剛出基地，就在道路中間見到一幕可悲的景象：兩個小孩，男孩

約十歲，女孩約六歲，獨坐在一堆大包小包中。嚴正停下車，走上前問道，「你們在做什麼？」男孩答道，「爸媽要我們守在這裡等他們。」

「那是什麼時候？」

「今天一早。」

當時已經是下午三點左右。嚴正也不知應該如何，只得到旁邊小攤買了些果汁拿給那兩個孩子說，「你們最好把行李丟在這裡，回家等在家裡」。兩個可憐的孩子點點頭。嚴正隨即上路，留下那對無助的小兄妹。

北越計畫於四月二十七日發動對西貢的六路總攻，但海岸縱隊因為必須跨越兩條河，獲准提前一天展開行動。二十六日晨，二十營砲兵從東面開火，戰車與步兵隨即滾滾進發。第二天，春祿之戰的英雄、南越軍第十八師，在遭北越第四軍重創後被迫撤軍，阮武安的第二軍攻擊保衛西貢與海岸之間唯一通道的南越軍。阮武安寫道，「時間一分鐘一分鐘過去，戰鬥也越來越激烈。兩軍你來我往，爭奪每一處殘垣斷壁、碉堡、橡膠樹，戰車對戰車，榴彈砲對榴彈砲。」地區保安軍在龍城（Long Thanh）守了一段時間；空降師殘部也堅守陣地直到遭到包抄，才退進頭頓港。

二十八日傍晚，共軍飛行員駕著五架擄來的A-37轟炸新山一，炸毀幾架停在基地的飛機，重創守軍。十小時候，共軍對基地發動火箭與大砲攻擊，炸死兩名美軍陸戰隊警衛。共軍爆破兵奪下市中心區附近的新港（Newport）橋，據守數小時，引發一場數十名西方媒體記者與攝影師眾目睽睽之下的激烈槍戰。南越陸戰隊據說在北郊打得有聲有色，但北越軍很快就在二十處地方突破南越軍防線，湧入首都，北郊打得再好也已於事無補。

自最後總攻發動以來投入最多行動的北越軍第十師，以戰車為先導，戰車上擠滿步兵，沿著一號公路最後幾英里路段往首都進發。通過古芝——越共曾在這裡的美軍基地底下挖了精密複雜的地道——的共軍裝甲車輛是一支雜牌軍，有共軍本身大多數已經老得可以報廢的T-54與K-63戰車，也有擄獲的美製M-41與M-48戰車。為爭取時間，指揮官下令戰車遇到阻礙時直接闖關，不必停下來讓步兵對道路沿線敵軍進行掃蕩。二十九日早上六點，爆破兵與步兵已經占領詹（Sang）橋。兩輛戰車過橋時將橋壓垮，發動攻擊的共軍在東渡（Dong Du）遭到「頑強抵抗」。更多戰車陷入小溪，在經過工兵救援脫困後與南越軍裝甲車交火，隨即發現他們前面的四號公路已經遭卡車阻斷。在幾乎下了整個早晨的傾盆大雨中，南越軍在越南紡織廠（Vinatexco）與沈梁（Tham Luong）橋堅守不退。之前，新山一基地炸彈儲藏庫發生大爆炸。傍晚，北越軍戰車開始砲擊停在基地裡的飛機。他們在天色暗下時停火，等候天亮恢復攻擊。

另一方面，在西貢市中心區，居民終於察覺一場埋葬他們社會的火山爆發即將來臨。南越軍參謀長高文員已經辭職，於四月二十八日飛到一艘美國航空母艦上尋求庇護，阮文全中將與其他幾名軍官也於翌日登艦。前副總統阮高祺發表了一篇慷慨激昂的演說，呼籲同胞們浴血奮戰，把西貢變成第二個史達林格勒（Stalingrad），然後駕一架休伊逃上美國「中途島號」（Midway）航空母艦。為免遭到美軍繳械之恥，阮高祺一夥人在登艦前，將他們的隨身武器——包括約翰．韋恩送給阮高祺的一把手槍——丟入海中。中途島號艦長在迎接阮高祺時，指著掛在自己胸前的一枚越南勳章說，「這是你頒給我的。」阮高祺後來寫道，「我熱淚盈眶，全身顫抖。艦長退了出去，悄悄關上艙門，讓我獨自沉浸在淚水裡。」儘管阮高祺以貪財著稱，但事實證明當他在加州展開新生活時，他幾乎身無分文。

直升機不斷劃破天空，首先從新山一載出撤離人員，隨即自四月二十九日起從美國大使館與美國最後保有的幾棟建築撤僑。那天下午，嚴正中尉來到他父母親的西貢家中，發現老祖父與家人都哭得很傷心。嚴正根據習俗，要求岳父正式同意讓他帶著妻子蓮（Lien）前往大使館，以便逃往外海的第七艦隊。之後，他帶著蓮上了機車，來到幾條街外的大使館。大使館有美軍陸戰隊守衛，防阻牆外越來越激動的群眾強闖。蓮的爸爸也來了，用一輛蘭美達（Lambretta）摩托車載來蓮的兩個妹妹。他們與嚴正的弟弟會合一處，然後由嚴正強闖人群，擠出一條通往大使館大門的路。

他的警衛隊長身分說服美軍陸戰隊守衛，放他們一群人進入大使館。但他二十三歲正在念法學院的弟弟不見了，嚴正折返家中，他的弟弟不久也回到家中。嚴正又一次強闖人群，擠到大使館門口，在弟弟手裡塞了一百美元，然後用蠻力把弟弟推過圍牆，送進大使館，然後自己回家。

陳丹（Tran Tan，譯音）年二十五歲，像嚴正一樣，也與美國人關係密切——他是美國國際開發署夜間總機業務員。老闆要他以「必要人員」身分留在老闆身邊，他因此享有搭機撤離的特權。他打電話給父母——家裡可以安裝美國電話也是做這份工作帶來的特權——要他十五歲的弟弟「杭」（Hung）帶食物與衣物到國際開發署辦公室。他弟弟到了以後，陳丹要他留下來。陳丹問美國人，能不能讓他另外兩個弟弟也一起撤離。那幾個美國人一口回絕了他，理由是他那兩個弟弟都是士兵，而阮文紹總統已經下令不准軍人離境。陳丹後來說，「我太笨——當我們抵達關島，看到那麼多南越軍人以後，我才發現當初只要能多籌一些美元行賄，我那兩個弟弟也能一起撤離。」他的父親不肯走，說道，「我活到這把年紀，生死已經不在乎了。」陳丹與陳杭於四月二十九日下午六點登上一架直升機，離開美國大使館，拋下心愛的家人親友。像發生在無數其他家庭的悲劇一樣，他們一家在離散許多年後才終能團聚。陳丹後來得知，好在他留在越南的兩個弟弟都只是小兵，沒有被當局送進為南越軍官準備的再教育營受盡折磨。

在撤僑最後一天，中情局戰情室裡每一個頻道傳來來自越南各地、時斷時續的絕望呼救聲，「我是譯員韓先生……」。中情局人員只能滿臉慚愧地聽著，卻不能採取任何行動。法蘭克．史奈稱這是「聲音夢魘」。就算美國大使能洞燭機先，美國也不可能井然有序地將所有與美國有關的越南人完全撤離。事實是，在之後幾周，無數驚慌失措的越南人只能乘各式各樣大小船隻逃往外海，只有幸運少數能飛離越南。

在大使館最後一夜，馬丁的助理肯．穆菲德（Ken Moorefield）與中情局站長、矮壯禿頭、匈牙利裔的湯姆．波加「顯然極為痛苦」地聊天。波加直到最後一刻仍然像馬丁一樣，幻想能達成政治交易。現在他悲聲說，「如果我們不切斷他們的補給就好了。」穆菲德記述大使館園區在他本人離開前最後一刻的狀況：「突然間一切寂靜得近乎詭異，幾乎一點聲音也沒有，沒有砲火聲，對於即將到來的一切也完全無感。」在那最後一波撤離西貢的行動中，陸戰隊直升機飛了六百八十二架次，將一千三百七十三名美國人與五千五百九十五名其他國籍人士——絕大多數是越南人——撤上第七艦隊軍艦。四月三十日凌晨四點五十八分，「虎，虎，虎」的密碼發到第七艦隊指揮艦，馬丁大使於是離開西貢。由於華府堅持停止撤僑、讓最後一批陸戰隊員在早上七點五十三分撤離，數百名越南人被拋在大使館園區內。

甚至就在最後一批美國人撤離時，南越軍仍在光中（Quang Trung）訓練基地殊死抗戰，擊毀四輛北越軍戰車，在陣地堅守一整夜。共軍在三十日早上五點半恢復攻擊，仍然遭到抵抗，一輛共軍戰車遭一枚M-72火箭與南越戰車射出的一發砲彈擊中，另一輛共軍T-54隨即撞上這輛南越戰車，迫使南越戰車的組員棄車逃逸。一支迷途的北越裝甲縱隊說服一名旁觀青年登上一輛戰車，權充嚮導指路。但之後縱隊遇襲，那名嚮導跳下戰車逃逸無蹤，縱隊很快又開上岔路。共軍的作戰紀錄談到「負隅頑抗的情況越來越多」。第一輛駛近新山一大門的北越軍戰車遭到縱火：「我們的步兵遭到壓制，先頭部隊……已經軟弱得無力繼續攻擊。」幾名北越軍軍官趕到現場了解狀況，隨即調兵增援。

南越空軍的一架飛機出現，又擊毀兩輛戰車——這是南越空軍的最後出擊。上午十點十五分，北越軍裝甲部隊損失愈發慘重，「情勢變得極端複雜」。隨後步兵攻擊獲得突破，占領大門西方的幾座碉堡。一支由戰車與運兵車組成的縱隊一擁而上，進入周邊後扇開隊形，見到敵人就開火。一群群守軍開始走出陣地，棄械投降。午後不久，基地的最後抵抗敉平。

越共老將黃公成（Huynh Cong Than，譯音）領著一支師級部隊從南面進入西貢。他發現，雖說整體而言南越正在崩潰，但他的部隊不斷與小股敵軍激戰，傷亡持續增加。對一處地區性軍事總部的攻擊遭守軍擊退，越共後來乾脆繞過這處總部，隨後遵循一九六八年春節攻勢同一路線，跨越芹約（Can Giuoc）河。黃公成最後占領位於市中心區的全國警察總部與海軍總部。他寫道，「我們的士兵因勝利的笑容而容光煥發」。阮武安手下三〇四師的一輛先導戰車在三十日撞開阮文紹棄置的獨立宮的大門，為這一天的戰事帶來象徵性高潮。

已經在三天前繼任南越國家領導人，弟弟是一名北越高級軍官的前總統楊文明，仍希望能談判停火，但這時在共產黨眼中，楊文明就像所有其他南越人一樣沒有任何公權力可言。四月三十日早晨，楊文明做了他唯一可做的一件事，發布投降宣言，隨後並一再廣播，勸南越軍士兵放下武器，從而拯救了許多人命。到夜幕低垂時，所有重大抵抗都已經結束。

數以萬計越南人繼續在那天逃離西貢，事實上逃難人潮一直持續了好幾周。嚴正中尉筋疲力盡地從大使館回到家中，與父母與祖父母聚在一起：「沒有時間哭泣：我得想辦法生存。」三十日上午，家人獲悉，只要付一些代價，他們有機會登上一艘停在河邊的船。嚴正懇求母親跟他們一起走，但她堅持留下照顧他的祖父。他的父親開著他家的業務用卡車，載他到碼頭，非常激動但匆匆與兒子道別。那艘船已經擠了約兩千人，共軍的火箭已經在附近爆炸，嚴正於是跳上船，壓在一堆人身上。他對船員大叫：「趕快切斷纜繩！」他們照辦。那天上午，一隊海軍船隻冒著共軍砲火沿西貢河南下出海。當他們聽到電台廣播說南越已經正式投降時，船已經開道海上，許多人淚流滿面，許多人開始祈禱。

北越軍逃兵阮海丁這時已經在西貢一所神學院讀了四年，接受天主教神父養成訓練。他很清楚，如果留在西貢不會有前途。四月三十日，他擠出混亂人叢，加入十五名空降部隊士兵，登上一艘駛離西貢碼頭的小漁船，抵達外海後再轉上一艘載有四千難民的駁船。之後駁船引擎故障，阮海丁在一片恐慌與萬般困苦中拋了他的南越身分證與他的「招好」卡。他們最後在香港下船，他在香港停留了九個月。他在美國展開新生的畢生夢想也隨離開西貢而破碎：像許多越南人一樣，他現在視美國人為叛徒，選擇往英國定居。

南越共和國已經成為歷史，但南中國海上仍然星羅棋布著各式各樣、大大小小各種戰艦、運輸艦、油船，以及擁在浪頭上的各種擠滿難民的小船，這一幕幕驚心動魄的亂象反映著美國立國以來最慘重的屈辱，但當然，最痛苦的仍然是越南人民。

共軍逼近頭頓時，許多西貢士兵突然纏上紅臂章，宣示他們效忠共軍。阮國詩中尉放棄逃亡的

機會，「因為我愛越南，不願意在美國生活」。在頭頓淪陷前最後幾小時，他見證到可怕的景象：「有些傘兵準備奮戰到死，也有人殺了家人然後自殺。」停在海岸外的一艘難民船遭共軍大砲直接命中。阮國詩與其他一些南越軍官看著北越軍第三師「黃星」師列隊進城。他們的第一個印象是敵軍幼稚得可憐：「許多人看起來只有十三、十四或十五歲。我們面面相覷，『我們怎會竟然敗在這些孩子手上？我們一定可以打敗他們的。』我們非常非常悲傷。共軍不知道該如何處置我們。我把我的點四五手槍交給一個孩子兵，他把它像玩玩具一樣開始把玩起來。我只得把槍拿回來，取出子彈後再交還給他，免得他誤傷了自己。」共軍派給這群投降軍官的第一個工作，就是要他們前往春祿等地鄉野，埋葬在最後幾場戰鬥中戰死者遺下、已經發臭的屍體。

阮季中校領導的海軍小隊自四月六日起就停在頭頓港，艦上官兵們激烈辯論要不要逃的問題。阮季事後淡淡說道，「如果他們知道共產黨那些惡行惡狀，每個人都會離開。」決定逃離越南，前往蘇比克灣的一批官兵，登上一艘載有一千五百人的登陸艦。他們一路風平浪靜，與其他數以十萬計浮海難民的遭遇相比，甚至堪稱舒適地安抵目的地。相形之下，兩艘從芹苴開出，擠滿越南人與幾名美國領事館工作人員的老登陸艦，卻一路顛簸，受盡雨打、饑渴與暈船之苦，終於轉搭上一艘老自由輪「先鋒鬥士號」（Pioneer Contender）。一名早先乘直升機飛到先鋒鬥士號上的中情局官員站在自由輪尾端圍欄邊，對登船的美國乘客叫道，「你們運氣不好，全身都濕了」，讓那些筋疲力盡、覺得自己被拋棄的美國乘客更加懊惱。

在西寧，最恐懼共產黨到來的人，大概莫過於特警部門的潘唐虞中校以及與他同部門工作的妻子了。他的中情局顧問給潘唐虞夫婦在一架休伊直升機上留了兩個機位，但他們婉謝了，因為他們的兩個孩子與祖父母在一起，不在身邊。四月三十日，在燒毀他的檔案後，潘唐虞騎上一輛本田機車，載了妻子去祖父母家，卻發現道路已經遭北越軍切斷。潘唐虞夫婦躲進一座廟裡避難，但那天傍晚就被俘了。三十二歲的西貢警察阮水（Nguyen Thuy，譯音），很清楚自己一旦落入共產黨手中會遭到什麼命運，但因為她那「我最愛的」最小的兒子當時在美萩她的父母家中，她無法狠下心腸獨自逃生。就這樣，她在共產黨的再教育營生活了十三年，她身為南越軍軍官的丈夫也在再教育營待了六年。夫妻兩人的一切財產，包括兩人與兩人父母的房子都被沒收。

在共產黨占領西貢以前，阮公倫少校喝了半瓶伯本（bourbon）威士忌，這比他平常喝的已經多了許多，但還是沒有醉意。他舉起手槍比著自己腦袋，但他的司機說，「我求你，請你不要那麼做。如果你執意要這樣結束一生，前往陰曹地府，讓我跟你一起走，繼續當你的司機。」這番話把阮公倫說得笑起來，放棄了自殺念頭。不過有些人做了不同的決定。距離阮公倫住處幾戶人家，住了另一名陸軍少校，他與妻子以及七名子女享用了一頓大餐，然後讓他們都吃了安眠藥，隨後將他們一一槍殺，最後自殺。他留下一張紙條：「親愛的鄰居，我們一家人無法在共產黨政權下生活。請原諒我們，幫我的親戚埋了我們。我們的保險箱裡有一點錢，請用它做我們的喪葬費。謝謝你們，再會。」

四月三十日下午五點，北越居民聽到街頭擴音器又響起「殺法西斯」的叫囂聲，越南之聲（Voice of Vietnam）要開始廣播了。播音員隨即宣布：「同胞們，請大家聆聽一篇特別勝利宣言。」擴音器於是播放一首歌：「如果胡叔叔能跟我們一起，共享這勝利的日子就好了。」

在西貢，商店裡琳瑯滿目的商品讓北越軍士兵看得目瞪口呆。一名青年軍官趕忙走進啟智（Khai Tri）書局，用他微薄的軍餉買了兩本越南文－英文字典，一本自用，另一本送給妹妹：「我想回去念大學，但我們在河內買不到這樣的東西。」保寧的印象是，許多南越人慶幸戰爭終於結束。他的印象完全正確：數以百萬計南越人見到北越軍進城的第一個反應就是鬆了一口氣，他們也因此暫時拋開對未來的恐懼。

共產黨史家對這場最後攻勢只有零星統計數字。根據這些數字，在春祿、潘郎與西貢西郊之戰，加上對首都的最後攻擊，總共有一萬兩千多人傷亡。一名北越軍高級軍官說，「許多人以為，敵人為我們鋪了紅地毯，讓我們大搖大擺邁向勝利。實情並非如此。」這幾場一九七五年的戰鬥可能讓北越軍付出約一萬條人命。但黎筍為了統一越南，已經讓他的人民屍體堆積如山，添加這區區一萬人算不了什麼。

共產黨取勝前後那段時間出現的廣大人倫悲劇讓國務卿季辛吉震驚不已。但當馬丁大使逃離西貢回到華府向他述職時，季辛吉不忘酸了他一句：「嗯，你最好打點起精神應付吧。因為根據歷史魔鬼理論，我們必須找個替罪羊。」

第 28 章

後記

Afterwards

◎復仇

槍砲聲終於沉寂以後，事實證明，戰勝歸鄉的北越老兵與那些敗北逃離的美國人一樣沮喪。南越人周發（Chau Phat，譯音）語帶反諷地說，「北越人大失所望，發現打贏了不過如此，沒什麼意義。」保寧在他的自傳式小說《戰爭的哀愁》中談到，在一九七五年戰事結束後，他搭乘所謂「統一列車」返回河內，車上擠滿傷兵與解員軍人：「背包都堆擠在行李架與每一個角落上，吊床橫七豎八支著，讓車廂看起起來就像叢林休息站一樣。沒有人為打勝仗的士兵鳴號、擊鼓、奏樂，別說一般民眾，就連他們的領導人也對他們毫不在意。」他把他們通過的那些吵雜的火車站比為下午的市場。他說，火車站專門針對軍人設了層層關卡，檢查他們身上是否攜有戰利品，「擴音器的聲響震耳欲聾，讓受傷、瞎了眼、得了瘧疾的官兵難以忍受。荒誕無稽、矛盾之極的訊息，源源不絕湧向他們的耳朵，要他們拋開和解精神，要他們在南越腐敗社會的戰敗後廢墟上，不要理會人性與溫情。特別是要他們千萬不要有任何南越人也曾英勇奮戰、或值得一絲敬意的念頭。」保寧與他的大多數同袍都對「這種無聊的轟炸」十分厭煩。

對北越「解放」南越的作法不以為然，甚至提出批判的共產黨也大有人在，前秘密幹部、臨時革命政府司法部長張如堂就是其中一人：「河內共產黨把權力集中在貪腐無能的官僚與殘酷的保安組織手中，為奪取最好的房子、最豐盛的養殖場與黑市奢侈品，他們彼此相爭。」張如堂忘不了北越共產黨在黨大會中強橫霸道的嘴臉——他們以老大自居，否定張如堂等臨時革命政府資深領導人提出的主張。在一九七五年七月十八日舉行的這次雷克斯（Rex）舞廳黨大會中，越共革命人士備受屈辱。張如堂發現友人也對他厲聲指斥，他憤憤地說，「至少在吳廷琰與阮文紹統治下，就算是賊也講江湖道義。但這些黨棍就像餓狼一樣，見到什麼都咬。把美國人趕出越南，難道真是什麼好主意嗎？多年來一直在北越過著軍事統治般艱苦生活的共幹與北越軍官，突然間來到西貢，見到童話世界中才有的財富，讓他們予取予求。那情況就像這座城市遭大群蝗蟲入侵一樣。」

最後一批美國人也在這時灰頭土臉地回到美國，拋下這麼多盟友，任由共產黨處置，讓他們羞愧不已。法蘭克．史奈在一九七五年八月華府外交事務研究所（Foreign Service Institute）的一次集會中說，「我們在停機坪上或在大使館圍牆外，拋下我們訓練的四到五百名西貢特警……約一千二百名西貢中央情報組織成員……以及鳳凰反恐計畫的三萬名幹部。」他特別指出，美國在摧毀機密檔案這件工作上的徹底失敗，數以萬計為美國或為南越政權工作的越南人名單就這樣落入共產黨手中；據他估計，最有可能遭到共產黨毒手的越南人只有約三分之一逃了出來。史奈這番話說得在場人士鴉雀無聲，他們之所以如此震驚，倒不是因為美國犯下的錯，也不是因為美國沒有做到些什麼，而是史奈的直言無諱。他在一九七七年出版的《體面的間隔》一書由於火藥味太濃，遭到美國政府壓制，不但扣下他的版權收入，還讓他成為情報圈的棄民。

在這種恐怖狀況下逃離越南的難民，人數遠遠超過可供運用的美國運輸能量。當嚴正搭乘的那艘過於擁擠的難民船在南中國海遇到一艘美國軍艦時，美艦官兵用自動武器對著海浪一陣掃射，向他們示意。嚴正的船靠著星象導航，歷經奇險與艱苦，最後抵達新加坡。在西貢，嚴正的父親被剝去他的業務與一切財產。他的母親開了一家咖啡鋪養家，直到七年後，他們獲許像一九五四年離開河內時一樣，身無分文地離開西貢為止。嚴正苦笑著說，「就這樣，我們有生以來第二次洗淨了我們的手。」

阮氏晴憑著南越首席銀幕紅星的特權，持外交護照飛離西貢，但在飛抵不久前拍片的新加坡時遭到扣留：隨著阮文紹政權垮台，她持有的護照也形同廢紙。兩天後，她拿了一張友人為她買的環球旅行機票，遭新加坡驅逐出境。她就這樣展開一場浪跡天涯之旅：在巴黎，她透過移民局玻璃門與她妹妹匆匆見了一面，隨即被送往倫敦。她在倫敦再次遭到拒絕入境。之後她飛越大西洋，在紐約甘迺迪機場又遭擋駕。最後在五月二日，她終於獲准進入多倫多：「我成了加拿大第一名越南難民。」不過幾天以前，她相對而言還是有錢人，但現在她的一切財物都留在西貢，永遠拿不回來。加拿大社會服務部給了她一件外套與七十五加幣；根據入境條件，她必須立即找到工作。就這樣，她演出似乎只有電影中才有的情節，在一家養雞場當清潔工，操作高壓水槍，工資每小時兩塊錢。

阮氏晴絕望之餘，只好拿出她的唯一資產，一本電話地址簿，打極其昂貴的電話給曾經與她共事的幾個好萊塢明星。她首先聯絡威廉．荷頓（William Holden），但荷頓當時去了歐洲；她找上葛蘭．福特（Glenn Ford），但福特的管家說福特不記得有她這號人物；畢．雷諾斯（Burt Reynolds）的辦公室一再堅持他們找不到雷諾斯先生；最後，在只剩下最後一點電話費時，阮氏晴打電話給一位與她只有一面之緣的女士——蒂比．海德倫（Tippi Hedren）。「我是行將溺水的人，」說著說著就在電話裡哭起來，她也哭了。」海德倫於是說，「妳慢慢說」，並記下阮氏晴的地址與相關細節。不出三天，曾是希區考克（Hitchcock）影片巨星的海德倫，為阮氏晴買了一張機票，辦了美國簽證，還邀阮氏晴住進自己家，為這位貧困的客人打開自己的衣櫥。不久，威廉．荷頓從歐洲打獵歸來，為阮氏晴送來她平生僅見最大一籃玫瑰花，還附了一張條子，寫道，「歡迎來到美國，把這塊土地當妳的家吧。」一九七五年，七十五萬越南人逃進美國，阮氏晴是其中一人。之後她又以「嬌晴」（Kieu Chinh）藝名演出幾近一百部電影。

在西貢剛淪陷那段興高采烈的日子，一名北越軍將領向一名南越軍將領釋出和解善意，表示

「只有美國人是我們的手下敗將。」但二十歲住在新山一附近的歷史系學生金清（Kim Thanh，譯音），一直在她的老舅公屋裡地窖中躲了幾天才出來。就像她的父母一樣，老人也在一九五四年從北越移民來到南方：「他們了解共產黨，知道共產黨會幹些什麼。就像她的父母一樣，老人也在一九五四年從北越移民來到南方：「他們了解共產黨，知道共產黨會幹些什麼。」金清一家人終於走出藏身處，見證到北越的勝利究竟像什麼樣：街道上處處是被當場處決的受害者屍體。一九七五年夏，共產黨在西貢殺了許多人，數目不詳，大概在三、四千人左右，不過這些殺戮大多數是地方共幹與越共為了報復而下的手，未必經過河內政治局授權。所有類似戰爭在結束時都會爆發這種報復性仇殺：以一九四四至四五年的法國為例，前「抵抗運動」分子就在「大清算」（l'épuration）期間殺了許多據信曾與納粹合作的同胞。一些越南人為逃避這場無法避免的禍事，選擇了自殺。西寧特警隊軍官潘唐虞的重要越共線民武文伯（Vo Van Ba，譯音）就是其一。他在臨死前告訴潘唐虞，「因為我太了解共產黨了，我知道在共產黨統治下生活會是什麼樣子。」

隨著新統治者逐漸收緊管控，南越人民也逐漸了解什麼是「共產主義」。在巴黎談判期間，黎德壽曾經向外國人保證「我們無意在南方強推共產主義」。但現在，套用麥克・豪沃德的話說，「一個極權統治的灰幕」已經降在南越。一名河內醫生在檢視西貢大醫院醫療裝備之後說，「你們的裝備太多了，我們沒有這許多東西照樣治好許多病。」醫療裝備就這樣拆下來，連同其他許多東西裝上一輛輛卡車，運往北越。共幹將一千名南越軍傷兵集體逐出共和（Cong Hoa）軍醫院。他們破壞南越最大的軍人公墓，還在公墓大門外豎了一塊牌子：「這裡躺著美國的傀儡士兵，他們已經為他們的罪行付出代價。」

戰鬥結束後一連數月之間，河內一直警告駐在南方的北越人，要他們隨時攜帶武器保持警戒，以防西貢政權餘孽反撲，不過類似事件並未發生。西貢已經改名為胡志明市，它的富裕讓許多北越軍士兵看得瞠目結舌。一名前南越軍士官在見到北越軍士兵這些反應之後說，「他們瞪大了眼：

他們發現我們竟然有這麼多他們沒有的東西。」效忠共產黨一輩子的任莉（Nam Ly，譯音），在一九五五年「整編」時丟下家人離開西貢遷往河內，現在她重返西貢，帶著禮物獻給她離散二十年的母親。她帶回來的禮物包括：十二個碗，兩公斤糖，兩罐煉乳。共產黨向她保證，南越人民遠比北越更加困苦貧窮，而她也將這些謊言照單全收。

兩個月後，金清獲准回到西貢大學繼續上課，發現歷史教科書內容與過去大不相同：「過去老師們口中那些壞皇帝現在成了好皇帝，過去那些好皇帝現在成了壞皇帝。」她的父親是一名退伍的陸軍士官長，原本擁有一家小農場，現在小農場被沒收，成為集體農場。河內無償發行的新幣，讓數以萬計人家的積蓄一夕之間化為烏有。到一九七五年年底，許多南越人已經為生計發愁，幾個月以後一場嚴重的饑荒爆發。「沒有人有米，我們只能吃玉米、甜薯、木薯這些我們過去幾乎從未見過的東西。」由於河內經濟政策的失敗，以及勝利者對戰敗者的掠奪，南越人民在戰後數年的日子確實困苦不堪。共產黨大大小小各級黨員可以隨意闖入民宅，喜歡什麼拿什麼。在北越人眼中，南越人——特別是被安上「前政權笨蛋」罪名的南越人，根本與擠奶的乳牛一般無二。蘇聯也從南越拿了一份戰利品：總計一萬枝M-16步槍與一千萬發子彈。蘇聯國家安全委員會（KGB）頭子尤里．安德洛波夫（Yuri Andropov）還保證武元甲，會「用這些武器裝備對抗帝國主義，因應民族解放運動的需求」。

在「解放」後一年之間，約三十萬南越人被監禁。所有與垮台的政府牽上一點邊的人都一輩子永難翻身：西貢皇都大酒店（Majestic Hotel）的出納雖說沒有被監禁，但遭到革職，永不錄用，而且之後不斷被盤查，這一切只因為他過去接受過太多來自美國人的帳單。大約三分之二的受刑人，包括所有前南越軍官都被送往再教育營，接受三到十七年不等的「勞改」。過去反對阮文紹政權的人，包括釋智光和尚照樣難逃「勞改」厄運。

由著名詩人雅歌（Nha Ca）編劇拍成的一部影片，由於涉嫌「姑息養奸」，曾遭前南越統治者禁演。但在一九六八年的共產黨順化大屠殺期間，雅歌正在順化，還發表一首充滿傷感的挽歌〈為順化帶孝〉（Mourning Headband for Hue）。她因此現在也被送進再教育營，河內戰爭罪行博物館還展出她的一本〈為順化帶孝〉，做為「傀儡謊言」的樣本。罪犯的刑期長久沒有明訂標準，完全由黨領導決定。在春祿之戰中率領南越軍第十八師的黎明島，直到一九九一年才獲釋，刑期比二次大戰結束後遭史達林下獄的納粹將領的刑期長得多。

數以千計前南越軍軍官被送進北越再教育營。一天，一群再教育營犯人在警衛監視下進行勞動時，村裡一名老頭走到他們面前，破口大罵：「我們早從一九五四年起就等你們來解放我們。現在你們終於來了，卻都是階下囚。你們真可恥！你們不肯奮戰，你們容忍貪汙，你們縱情享樂。你們背叛了我們。」阮公倫少校當時也在場。他後來寫道，「我們只能默默吞下這些辱罵之詞，這是我們罪有應得。」阮公倫在再教育營服了七年刑，之後到西貢過了九年，最後逃往美國。當他獲釋時，他的警衛班長對他說，「你就要離開這所小監獄，開始在一個更大的監獄，與我以及我們七千萬同胞一起生活了。」

前南越軍阮國詩中尉被送到高棉邊界勞改，環境與二次大戰期間日軍俘虜營不相上下。他與他的同袍得花很長很長時間編造自己的罪行，寫認罪書。再教育營當局對他們說，除非當局認為他們可以適應新社會，否則他們不會獲釋。至於什麼時候、怎麼樣才算「適應」，卻沒有人拿得準。這種不確定把一些人逼得發瘋：「一名軍醫有一天割腕，第二天早上我們就在獲釋名單上發現他的名字。」由於再教育營裡唯一可用的藥物只有阿斯匹靈，幾乎任何疾病都能致命。阮國詩原是西貢警官、五十一歲的父親，在下獄後不到幾個月就病死了，死因可能是慢性肝炎，不過家人一直沒有接到通知。阮國詩的一名獄友死於哮喘。另一名不諳農活的獄友在砍竹子的時候，遭竹子彈回刺死。

痢疾是獄中的流行病。

當局還把饑餓當成一種心理武器使用。前南越軍醫官李雲貴（Ly Van Quy，譯音）被分派到一個八人小隊，其中一個組員每在領取當天的米飯配給時，總是從那個舊鋁盆中為自己多撈一些，這件事讓李雲貴十分氣憤。有一天李雲貴忍無可忍，跳起身來想把這偷飯的賊殺了，但問題是李雲貴身體太虛弱，剛跳起身來就無力地倒在地上，連揮拳的力氣都沒有。「那天晚上我非常慚愧，我心想：共產黨要我們自相殘殺，我這樣做正中了他們下懷，我絕不再做這種事了。」李雲貴在他進入的第一個再教育營裡擔任埋屍的工作。三年以後，他碰巧回到這同一個再教育營，發現它的墓地擴大了許多。

再教育營生活作息一般從早上五點起床，犯人領到一個支撐一天的飯糰，然後下田工作。每一八人小隊可以有一個人到野外挖野菜、打野味，而由其他七人代替他完成他分內工作。事實上，再教育營人犯能夠不因缺乏營養、過於虛弱致死，靠的正是這招打野食。他們在下午六點回到營區，晚間工作清一色是意識形態洗腦。為了交換自由，大多數受刑人很快就能要他們說什麼，他們就說什麼，要他們贊同什麼，他們就贊同什麼。阮國詩說，「他們若是告訴我，我能哭得夠大聲就能獲釋，我一定會是整個再教育營最會哭的人。我見到一個獄友頭髮變白，而他只有二十二歲。」

一些送進再教育營的是上了年紀的城市居民，無法適應這種幾乎沒有衛生條件、瘧疾猖獗的原始生活。沒有人知道究竟有多少人死在再教育營，但即使以相當保守的百分之五死亡率估算，至少也有一萬人死亡。在獲釋後，他們仍然不能享有民權：大多數人被送往「新經濟區」墾荒，在比再教育營條件略好的艱苦環境下創造新社區。有些人最後獲准離開越南，但條件是他們必須交出一切財物。當阮氏明河（Nguyen Thi Minh-Ha，譯音）一九八〇年離開越南時，她唯一帶在身邊的是她死在再教育營的先生的骨灰，她後來將這些骨灰撒在英倫外海。

阮氏明河的弟弟阮國詩於一九七八年獲釋，獲准在流放到一處新經濟區以前先回到他的西貢舊宅小停。之後一年，在海外友人協助下，他放棄祖產，獲准帶著二十美元離開越南。他之前已經與青梅竹馬、現在是教師的金清秘密成婚，金清直到一九八四年才獲准前往英國與阮國詩團圓。數以十萬計拿不到簽證的越南人現在成了「船民」，冒著奇險經由海路逃出這個「國家大監獄」。

一些條件比較好的南越人雖說不希望南越戰敗，但一開始也為戰爭結束感到慶幸。南越軍退役上校李文廣的妻子就是其中一人，她有三個兒子在軍中服役，另一個兒子已經在「藍山七一九」之役戰死。她的哥哥是北越軍將領錢立（Thien Le，譯音），她也因此很相信可以憑藉這一層關係保住家人不受迫害。結果她的三個兒子，也是錢立的外甥，都在再教育營裡受了幾年罪。

令李文廣家人大惑不解的是，李家三個兒子雖說入獄，李文廣本身卻平安無事。直到許久以後，謎底終於揭曉。李文廣擔任空降師軍官二十年來，一直有一位忠心耿耿名叫「唐」（Thong）的個人助理。由於唐與李家人走得太近，李家孩子都稱他「唐叔」。唐之後在李文廣舉薦下成為上尉軍官。西貢淪陷一年之後，他身著共軍軍官制服來到李家老宅，原來他十幾年來一直就是敵軍臥底的密探。唐向李家保證他們可以安心住下來，因為他知道李文廣是正直的好人。頭髮已經灰白的李文廣聽到這裡，不但沒有表示感激，反而氣得舉起一張椅子，破口大罵「滾出我的家，你這叛國的混蛋！」他的兒子說，「對我父親來說，一切事情非黑即白。」

在一九七五年後的國會擔任過兩屆國會議員，後來乘難民船逃離越南的反戰南越人阮公洪（Nguyen Cong Hoan，譯音），六年以後說：「我非常遺憾未能早些了解共產黨，共產黨人總是用崇高的語言來吸引更多的人，之後利用這些人為共產黨受苦受難。我過去相信共產黨，我錯了。」曾經加入越盟作戰，之後一直住在北越的老兵海順（Hai Thuan，譯音）回到西貢，在新成立的司法部工作。他發現自己的兒子因曾是南越軍官而被送進再教育營，他向政治局提出的抗議也遭駁回，讓他悲痛欲絕。在一個風和日麗的早上，他從西貢黎利街（Le Loi Street）一棟高樓樓頂跳下，留下兩封信。一封給黨領導層，譴責它的殘酷與虛偽；另一封給妻子與兒子，祈求他們原諒。

臨時革命政府司法部長張如堂發現，就像其他南越人一樣，他也不知道自己被關在隆清（Long Thanh）的兩個弟弟的命運。他最後終於獲准造訪隆清營區，但當局只讓他看了兩個弟弟一眼，卻不准他與他們直接溝通。張如堂後來寫到，「直到今天，他們蒼白、消瘦、恐懼的臉孔，茫茫然凝視的眼神，仍然是我揮之不去的夢魘。我完全無法想像，當他們見到我坐在一輛政府汽車後座，在營裡來回巡視，他們心裡會怎麼想。」最後，張如堂終於把其中一個弟弟弄了出來，但另一個弟弟由於與西貢前國會有牽連，被送進北越另一處再教育營，關了十多年。

張如堂當年加入反抗運動「是因為相信胡志明、范文同與越南共產黨是愛國主義者，能將國家利益置於個人與意識形態目標之上。為了這個夢想，我因為愛國，放棄我的家庭，放棄了一切。父親曾經警告我，『共產黨不會因為你為他效力而報答你，就連你現在已經有的，都別指望他們能給你。更糟的是，他們會背叛你，迫害你一輩子。』」結果果不其然。張如堂痛苦地寫道：「政治局真正的政策非常惡毒，最後會毀了這個國家。」

特警隊警官潘唐虞的幾名同事被處決，潘唐虞本人雖說逃過一劫，但在牢裡關了十七年。他的妻子在坐監五年後，在與船民的第四次逃亡中帶著子女抵達美國。潘唐虞於一九九六年獲准赴美，與離散二十多年的家人重聚。他發現他的兩個兒子都是約翰・霍普金斯醫學院學生，後來都成為成功的外科醫生。

潘芳（Phan Phuong，譯音）的父親也是特警隊警官。當西貢淪陷時，潘芳十五歲，她的父親被送入牢裡關了八年。在一開始，她與她的八個弟妹還能繼續上學。由於家人受父親牽連不得固定就業，她的母親只能在市場做些小買賣，他們逐漸開始變賣僅有的一些財物。之後她的母親也下獄服刑一年，家計完全落在潘芳身上，靠製作與販賣香蕉冰淇淋維生。她為了養活弟妹甚至不惜乞食：有一天見到鄰居拿了一堆甜薯，她向鄰居苦苦哀求，希望能分一個給她家人，但遭到拒絕。「我每天晚上禱告奇蹟出現，最後媽媽終於回來了。我太高興了。」她們一家終於在一九九一年逃出越南。道格・蘭賽說，「老實說，比起中國共產黨至少報復三代人，有時甚至七代人的手段，越南共產黨沒有表現得更狠，還讓我覺得有些吃驚。」北越軍老兵保寧在河內奏凱之後說，「要勝利者不趁機報復、迫使失敗者接受他們的思考方式，或許是奢望，不過報復進行得太久了。」

阮越清（Nguyen Viet Than）在他所著的二〇一六年暢銷小說《同情者》（*The Sympathiser*）中談到流亡人士曾試圖發動對抗河內政權的游擊戰。這件事確曾出現在一九七七年：流亡美國的越南人社區當時積極籌款，在泰國北部建立訓練營。幾年後，當時在美國駐曼谷大使館工作的法蘭克・史考登奉命驅散這些反革命分子。史考登對他們說，他們應該感到慚愧，因為他們這麼作只會讓更多人遇害，卻不會有任何結果。但這些反革命分子依然堅持到一九八〇年代末期，試圖經由寮國滲透越南，發動游擊戰：他們發動了幾次行動，都以失敗收場，幾百名「抵抗鬥士」死亡，包括領導他們的一名前南越海軍軍官。

戰爭的結束為越南領導人帶來一個不快的驚訝：二十多年來一直盯著越南的東、西雙方的超級強國，已經不再重視越南事務。中國對越南越來越反感，到七十年代末期，北京官員辱罵一名河內政治局委員是「乞丐」，因為他總是跑來要援助。一九七九年，中國與越南爆發一場簡短但血腥的邊界戰爭。俄國的援助也大幅縮水，之後蘇聯垮台，所有俄援完全終止。到一九八〇年，天然資源豐富的越南已經成為全球最貧窮的國家之一。

之後十年，越南人民吃盡千辛萬苦，但那些老邁的領導人仍然不願放棄集體農耕，不願與非共產世界打交道，因為他們害怕這樣做會使越南純淨的意識形態遭到汙染。直到一九八六年第六屆黨代表大會召開，河內政治局才勉強修改一些政策，准許遠比北越人更有商業頭腦的南越人經商。越南北部大部地區在一九八八年爆發大饑荒，九百多萬民眾受難，死者不計其數。但河內那些意識形態頑固派，加上一些軍人，特別是那些位高權重的情報頭子，仍不願向經濟理性妥協。直到一九八九年九月，阮文靈（Nguyen Van Linh，譯音）還在黨的意識形態訓練所發表演說稱，「資本主義一定會為社會主義取代，因為這是不容否認的人類歷史法則。」黎德壽在一九九〇年死前不久寫了一首詩，歌詠一去不復返的那段患難與共的歲月：

「我們曾經慷慨激昂
同生共死，吃一碗飯，穿一件衣
但如今人們只認金錢
談到情緒與感覺標準的個性
同志意識已經蕩然」

黎筍於一九八六年死亡，但黎德壽與他本人的接班人依然緊抓黨權，不肯放寬個人自由：馬列理論仍是每一所中學的教材。河內的老人領導班子只肯承認容許個人賺錢、製造財富的必要，也確實有些人因此成為巨富。至於鄰國與盟國，河內的大多數軍隊在一九八八年撤出寮國，並於翌年離開高棉。越南於一九九五年恢復與美國的外交關係，同年加入政治與貿易組織東南亞國家協會（ＡＳＥＡＮ），十年後加入世界衛生組織（ＷＴＯ）。河內的領導進程仍然籠罩在團團迷霧中，但滿腦子越南意識形態優異論的老人，與家族在黨內擁有龐大勢力的男女，顯然仍把持著政權，繼續封殺自由主義，國家的經濟收益造就了不少驚人的個人財富。

針對龐大而且仍然有增無減的流亡社群，為因應一場來勢洶洶的人道危機，美國國會一九七五年通過了印度支那移民與難民援助法（Indochina Migration and Refugee Assistance Act）。無論如何，周發說，「沒有一個人對這場戰爭的結果感到快樂，但對於被安上失敗者標籤的人而言，日子當然比所謂勝利者難過得多。」許多流亡海外重建新生的越南人，在最初幾年都過得非常艱苦：「他們多年來一直蒙在鼓裡，以為美國人到越南為的是幫助越南人。事實上，美國人到越南，為的只是將越南做為一個平台對抗國際共產主義罷了。」周發本人現在人稱法蘭克・喬（Frank Jao），已經是個成功的商人與慈善家。

前南越空軍軍官嚴正也在南加州展開新生，先做時薪二點五〇美元的體力活，後來接受訓練成為電腦技師。他在抵達美國後不久，有一次碰到一名男子從卡車駕駛座探出頭來，對他大叫「滾回去！」嚴正說，「那很傷人，但之後我也遇到許多好人。」越南裔美國人在美國成功的例子多得驚人，嚴正是其中之一。唐・葛拉漢聘了三十名越南難民在他的家族報紙《華盛頓郵報》工作：「事實證明他們是我們報社最忠誠、最勤勞的員工。」曾是南越海軍最年輕艦長的阮季後來成為橘郡公民，他說，「今天的我以身為美國人為榮，我不想活在過去，我要為未來而活。唯一讓我感到遺憾的是，共產黨在征服南越之後，沒能像美國南北戰爭之後的北方表現得那樣慷慨。」

◎戰爭結算

名為《全面勝利》（*Total Victory*），共八冊的越南官方越戰戰史，在總結中提出傷亡數字：幾近兩百萬平民遇害、另兩百萬傷殘、還有兩百萬受到化學毒劑傷害。根據河內的估計，在戰場上死亡與失蹤的人數為一百四十萬、六十萬人受傷。其中有關平民的數字似有誇大之嫌，但有關軍人傷亡的統計似乎可信──沒有人能說得準。值得注意的是，直到今天，在越南統治者眼中，南越軍老兵──特別是那些殘障老兵──都不算人。《全面勝利》戰史作者最後指出，「我們全黨、全軍與越南南北兩地人民，已經成功貫徹了胡叔叔在一九六九年『春節祝詞』裡提出的戰略構想：『用戰鬥迫使美國人回去，用戰鬥推翻傀儡政權。』我們的國家統一了……越南人民打贏了自第二次世界大戰以來規模最大、時間最長、也最血腥的一場新殖民主義者侵略戰爭。」羅伯・麥納瑪拉曾經問武元甲，誰是這場戰爭中最優秀的將領，武元甲以無懈可擊的意識形態正確性答道：「人民。」

相形之下，在西貢淪陷十年後，隆納・雷根說，「時機已至，我們應該認識到，我們打的其實是一場崇高的戰爭。」美國保守派作者麥克・林德（Michael Lind）儘管承認這場戰爭是「一場慘敗……發動戰爭的手段不僅錯誤百出，還往往有不道德之嫌」。但他與一些保守派直到今天，仍然認為越戰不過是「一場成功的世界大戰中的一次挫敗而已……是美國為維護國家軍事與外交聲譽而不得不打的一場戰事」。

胡志明與他的信徒為了將法國殖民主義趕出印度支那，先為北越，之後又為越南全境人民帶來如此慘重的經濟與社會悲劇──這樣做值不值得，仍將是後人爭辯的議題。許多在一九七五年以前一直贊同共產黨的南越人，在見識到河內的意識形態手段之後改變了初衷。

美國的干預能帶來不同結果嗎？許多美國人，如法蘭克・史考登、道格・蘭賽、席德・貝里等等，懷抱崇高服務理念前往越南。史考登猶記得老友約翰・保羅・范恩說過一句話：「約翰說，我們用一部比空氣重的機器幫越南人攀上高空，必須盡可能幫他們慢慢下來，而不是讓他們墜落。」史考登問他會有什麼不同。范恩答道，「如果慢慢下來，會有更多人生存。」兩人曾經駕一架小型LOH直升機，在一處夜間遭攻陷的地區保安軍前哨據點著陸。他們想辦法將一名重傷士兵塞進艙內，然後盡速飛往百里居。那傷兵的血浸濕了史考登的大腿，在半途中死去。當他們抵達百里居時，范恩站起身，用拳頭在樹肢玻璃機艙上猛敲，一邊不斷叫道，「只要再二十分鐘！只要再二十分鐘他就有救了！」史考登心想，「這個傷兵與約翰素昧平生，但約翰這麼關心他，只因為他是我們這邊的人。」

這段故事很感人，但美國介入越南有一個基本上的嚴重缺失：美國之所以介入越南，主要為的不是越南人民的利益，而是政客們心目中的美國國內與外交政策需求，特別是圍堵中國的需求。一連幾任美國政府竟然決定升高越戰，讓後人頗感不解，因為主要決策人都發現他們仰仗的西貢政權不適任，不能為美國介入提供適當理由。聯合參謀首長曾在一九六五年警告麥納瑪拉，指南越「缺乏一個可用的政治—經濟結構……中央政府不穩定、領導層士氣低落、公務員素質很差……能不能主要以政治面的手段解決這些問題，對最終能不能弭平越共叛亂非常重要。」但美國領導人還是自己騙自己，認為只要運用壓倒性軍事力量就能解決這一切問題，就像認為可以用火焰噴射器燒毀一整個花壇一樣。

儘管有些將領表現確實很差，但由於這是美國核心越南政策的失敗，所以把敗戰罪責完全歸咎於將領似乎並不適當。威廉．魏摩蘭在一九六四年欣然出掌美軍自韓戰休戰以來最重要的野戰指揮任務。四年後當他返美時，他已經成為一項國恥的替罪羔羊。大衛．艾利約說得好，「打仗從來沒有什麼明智之道。」詹姆斯．賈文（James Gavin）將軍與其他一些將領從一開始就提出警告：「如果一個村落你爭我奪、先後易主五、六次，許多平民會死亡，生活方式會整個改變……戰爭繼續這樣拖下去，我們本身就會毀了我們當初決定一戰的目標。」

甚至在考慮戰爭後果以前，美國決策人士也沒有察覺巨型外國駐軍對一個亞洲農民社會造成的經濟與文化衝擊。在美國國際開發署工作的越南籍秘書，薪資比南越軍上校還高。甚至早在開火以前，推土機與施工裝備、天線與裝甲車、瞭望塔樓、沙包與鐵刺網已經將環境搗得滿目瘡痍，直升機在天空飛來飛去，巨型大漢向嬌小的婦女買春。這不是只有越南才有的咀咒，而是西方國家每在遙遠異域用兵時，無論用兵意旨多麼良善，都會出現的現象。

共產黨享有重要的宣傳優勢，讓大多數人在大多數時間幾乎看不見他們在幹什麼。他們在越南四處亂竄卻不留足跡。反觀美國人卻像科幻電影中那些巨型怪獸一樣，拖著笨重的步伐在這片土地上踟躕而行，搗毀途經一切，以及越南社會的寧靜。直到二十一世紀的今天，西方將領們仍然不了解派遣戴著墨鏡、頭盔與防彈背心的士兵，發動這種「人民的戰爭」有多愚蠢，就像專門殺人、不懂愛、毫無人性的機器人一樣。

無論在南越、北越，共產黨只要掌權一定運用恐怖統治、剝奪個人自由。儘管西方左派對胡志明與黎筍崇拜有加，但河內基本上是一個毫無人性的獨裁政權。不過與西貢相形之下，河內似乎更能獲得人民支持。在大多數社會，包括今天的美國，鄉村居民對大都會精英總有一種本能的不信任感。這種感情在南越尤其強烈——許多越南人將西貢視為法國殖民主義，而不是本土文化產物。雖說對馬列主義理論有興趣的越南人寥寥無幾，但共產黨有關土地改革、打倒地主與剝削階級、趕走外國勢力讓越南人自己管自己的保証，讓許多越南人心動。南越人周發說，「共產黨不斷提醒我們，被外國占領有多麼屈辱。」他原本住在北越的父親，早在戰爭開打初期就說，「沒希望，我們會輸。」周發說，他父親「可以察覺人們心裡想什麼，他知道對方可以壟斷愛國主義」。

共產黨能這麼輕鬆地操控西方媒體，讓臨時革命政府的張如堂感到鄙夷。他說，「我們其實沒有在爭取支持，我們爭取的只是美國與西貢政權的反對者⋯⋯不僅是南越與美國民眾被共產黨騙了，就連我們這些住在叢林裡、犧牲奮鬥的人⋯⋯也成了謊言下的犧牲者。」

北越仰仗蘇聯與中國提供資金與武器，但南越人民從來沒見過俄國人與中國人，他們見到的只是那些一窮二白的越共，以及西貢那些貪腐斂財太超過的官員。最卑微的農民無不看得清清楚楚，南越統治者，無論文官武將，若未能事先向他們那些「長鼻子」主子請准，連早上從哪一邊下床都不敢自做主張。美國人不了解正是因為他們過度控制才導致戰爭失利，共產黨打贏越戰主要原因不是北越軍與越共戰力有多強，而是因為他們是越南人的軍隊。河內在許多事物上撒了許多謊，但當他們說西貢政權領導人都是傀儡時，說的一點不假。

有人說，越戰與西方二十一世紀在伊拉克與阿富汗的戰爭兩者之間沒有類似可比之處。但很明顯的是，在這幾場戰爭中，美國與其盟國都遭遇一個始終解決不了的難題：如何將戰場上的勝利轉換成可續的政治實體。麥克．馬斯特（H.R. McMaster）中將曾經談到他在二〇〇四至二〇〇五年間在伊拉克指揮一個裝甲騎兵團的經驗與成就。他在結論中哀傷地說，「問題是，打得再好也於事無補。」[12] 尼爾．席漢說，「南越的情況也一樣，打得再好也於事無補。」在欠缺可靠的在地治理的情況下，打贏幾場戰鬥完全沒有意義。在越南，只有共產黨以整體政治與軍事鬥爭進行戰鬥。

但如果不能藉由戰場取勝而打贏戰爭，要美國派遣大軍進駐海外，而不損及它做為文明價值標竿的地位，恐怕很難。許多人有一種幻想，認為派到海外作戰的西方青年在軍服底下仍只是忠厚善良的家鄉孩子。有些人是，但有些人不是。軍人受的本就是殺人訓練，迫於戰鬥環境，他們得拋開良知，生活在一種半野獸狀態中。許多戰鬥人員不把他們不認識的人的生命當回事，特別是當他們本身傷亡很高的時候尤其如此。在越南，以限制平民傷亡為要旨的交戰規則就常讓士兵們不滿。有人向麥克．赫爾（Michael Herr）抗議說，「這場戰爭越打越不像樣了……我是說，如果我們不能

12 原注：這是馬斯特於二〇〇六年時對作者說的。

開槍打這些人，我們來這裡幹什麼？」

這些擁有殺人武器的青年，像大多數時代的大多數參戰青年一樣，或熱或冷、渾身髒臭、又餓又渴、不是便祕就是拉肚子、孤單、憂愁、得不到關懷、為了保命而神經緊繃地握著槍機——要他們規規矩矩行事並不簡單。蘇聯與納粹的先例說明，占領軍只要夠狠，就能以武力鎮壓反抗。在越南，美軍的種族歧視、倒行逆施以及不時幹下的謀殺勾當，也讓越南人仇恨反感；但美軍卻又不夠野蠻，嚇阻不了許多農民支持共產黨。美軍燒了許多村莊，惹得世界輿論大舉韃伐；但卻又燒得不夠多，無法阻止地方人民庇護游擊隊。

同樣讓人感到痛心的，是美國民眾對美萊村大屠殺等類似事件的漠不關心：《時代》雜誌在一九六九年的一項民調顯示，百分之六十九的美國人認為「這樣的事經常在戰時出現」。無論針對任何社會，衡量這個社會是否公義之道，不在於它的士兵會不會濫殺，而在於它會不會建制性地接受這種濫殺。二次世界大戰期間，希特勒的德軍與俄、日兩國軍隊的暴行，無法為現代西方民主社會接受就是這樣的例子。美軍在越南的暴行雖說並不普遍，但已經足以顯示許多美軍將越南人視為次等人，認為越南人的生命比「大眼睛」西方人不值錢。一九六七年八月，美軍展開幾乎沒有人聽說的「班頓行動」（Operation Benton），以一支旅級兵力對北越軍一個團發動搜索—摧毀作戰。在這項行動過程中，蜆港南方廣定省有大約一萬越南人失去家園。在一處六×十三英里的地區，美軍投下二百八十二噸炸彈與一百一十六噸燃燒彈；射了一千枚火箭、十三萬兩千八百二十發二十公厘砲彈、十一萬九千三百五十發七點六二公厘子彈以及八千四百八十八枚砲彈。根據公布的數字，敵軍遺屍三百九十七具、六百四十名平民撤入難民營。這類為期兩周的作業堪稱美軍作戰的典型。此外，美軍讓越南人為美軍最低階的小兵擦軍靴、清理寢室，也是一項可怕的象徵性錯誤。

美軍指揮官也投入相當精力推動親民作業，不過身為職業戰士的他們，自然以作戰為首要業務。大多數指揮官有一種根深柢固的念頭，覺得官兵們不打仗就是白領錢、不做事。此外，職業軍官一般都有建功、升遷的雄心。但只是開辦幾所學校、派遣幾支醫療隊進入鄉村服務建不了功：沒有人能因為在孤兒院發糖果而獲頒一枚榮譽章。想建功就得與敵人交戰，就得殺敵。每個國家都需要軍人保護國家利益，但當國家利益陷於險境時，卻又容忍軍人在平民社會任意行事。陸軍軍醫魯斯．沙楚克（Russ Zajtchuk）就很痛恨隨醫療隊進入鄉村服務。他說，「在一個鄉村被炸、村民被燒傷之後，你帶著一些維他命與肥皂進去為村民服務。我每次幹這事都非常不舒服，事實上，我有一種偽善的感覺。」

在這場衝突的後期階段，游擊戰逐漸為傳統戰取代，若不是美國人民已經無心戀戰，美軍原本可能擊敗共產黨。美軍即使擁有火力優勢，也無從運用它們打贏這場戰爭。西貢政權不得民心：戰場上打得再好也於事無補。越南人民在付出可怕代價之後，終於在一九七五年接受共產黨統治，或許可以說，這只是遲早必然來到的事。

這場戰爭讓美國花了一千五百億美元，比六十年後的伊拉克戰爭花費少得多。但美國為這場戰爭付出的真正代價不是錢，甚至不是為它捐軀的五萬八千條美軍性命——以人口比例換算，這個數字比韓戰還小，而是它為美國帶來的創傷。尼爾．席漢說，之前的歷史經驗告訴美國，海外戰爭是一件好事：「你打贏了，你凱旋歸國受到歡迎。但隨後越戰登場，許多人送了命，卻什麼也沒換到。其他所有的戰爭紀念建築都在歌誦勝利者的榮光，只有越戰紀念館讓人悲傷，讓人為這場平白無故的浪費感嘆。」美國陸軍與陸戰隊經過十五年苦撐，才走出軍心渙散的低谷，再次成為了不起的戰鬥部隊。

二戰的勝利以及在經濟上取得的驚人成就，使美國人對他們的道德正義與美軍的所向無敵充滿信心，讓他們自然而然自覺高人一等。但越戰重創了這種優越感。華特．布莫將軍說，「越戰是美國近代史上對美國影響最巨的一場戰爭，我們永遠無法彌償它造就的懷疑與不信任。」

那些熱衷反戰運動的年輕人，雖說因崇拜胡志明、毛澤東、切．格瓦拉而暴露他們的無知，但反戰運動將越戰比喻為一場災難的說法很正確。丹尼爾．奧斯伯格（Daniel Ellsberg）因將七千頁「國防部文件」（Pentagon Papers）機密走洩而引起軒然大波。在接受審問為什麼要這麼做時，他說，「我不知道你是否曾經問過任何其他（涉及戰爭指導工作的）官員，要他們解釋為什麼不像我一樣洩密？難道他們認為，在聽到這許多謊言……在見到這許多不法罪行，這許多對美國民眾的欺騙之後，他們仍然有權保持緘默嗎？」奧斯伯格這話說得很對，更發人深省。在一九九一年第一次波斯灣戰爭期間擔任美軍陸戰隊遠征軍司令的布莫將軍說，他本人從越戰學得的最重要的教訓就是「講真話」。

一名前美國空軍領航員寫道他的越戰經驗：「雖說我以曾經身為B-52機組一分子為榮，但四十幾年來我一直努力把這場該死的戰爭拋在腦後……平白無故地浪費時間、金錢與人力資本。而到了最後……我們的政治領導人夾著尾巴跑了，丟棄他們做了那麼多保證的人們。」法蘭克．史考登發現美國內部今天有兩種對立的說法：「當許多美國老兵聚集時，他們互相談到南越人怎麼搞砸這一切；但當南越流亡人士聚集時，他們談的是美國人怎麼搞砸這一切。」他本人在戰後的感想是「我這一生最重要的部分已經過去，我不再願意為了什麼大道理賭上我的生命」。他在南加州與他一九六六年在大叻拋下的舊情人金薇（Kim Vui，譯音）重逢，兩人於二〇一五年十一月結婚：「她說我欠了她五十年。」道格．蘭賽後來搬進內華達州包德市（Boulder City）他父母的舊居：「這似乎是一個休養、恢復正常的好地方。不過這些天來，我發現當初應該留在華府，因為華府的醫療好得多。」幾乎已經完全殘障、不得不仰賴微薄醫療救濟的蘭賽說，「我同意越南老兵們的看法，相信我們都被我們各自的政府賣了。」蘭賽於二〇一八年二月去世。

前空軍軍官嚴正說，他仍然想辦法避免與北越人接觸：「我們本是同胞，但我的一些家人、親友以及我的一些部屬死在他們手上。」今天的他不再是憤青，但他忘不了那些往事。在一九七二年廣治之戰受到重傷的北越軍士兵范成雄也忘不了：「遭到空襲的夢魘仍然不時纏繞著我，有時甚至夢到被招回軍中，打一場新戰爭。我與一些我這一代人，在承受這一切之後，多少有一種被欺騙的感覺。」

在一九七〇年指揮一個步兵連的連長唐．赫森，談到美軍老兵們的幻夢如何破碎：「他們以為在穿著掛了一堆勳章的制服返美以後，大家都會歡天喜地迎接他們。結果完全事與願違。」大衛．羅傑斯每在回憶往事時仍然激動不已：「那段經驗太巨大，我只有一些個人的東西，沒有什麼偉大構想。我曾經想寫一本書，但沒有完成這個心願的足夠技巧。回到美國上教堂讓我碰上許多難題，我無法告解，我覺得自己很髒，我曾是殺戮的一部分。」與他同代一些人，只因為他參與過越戰就刻意避開他：「有個與男友一起到加拿大的女孩就把我批評得體無完膚。」像好幾百萬越戰老兵一樣，對羅傑斯而言，唯一仍然重要的只是有關他那一排人的記憶：「我能自豪的說，我當醫護兵，沒有負了他們。」

「他的人」有大約三分之一或死或傷。羅傑斯住在華府附近，常選在早上五點、六點來到紀念牆邊。「有其他人在場，我就不會去，對我來說，那牆就是一塊大墓碑。我很高興有這墓碑，這裡大概有十位我的戰友，芝加哥來的東尼（Tony）、明尼蘇達的傑瑞．強森（Jerry Johnson）、還有山姆（Sam）……等，往事一幕幕重新浮現。見到瑪莎葡萄園（Martha's Vineyard）那座鹽池後方的林線，讓我想到越南：我見到直升機在樹線上方飛舞，那景象真美！讀了尼爾．席漢這類作者的書，讓我痛恨美國那些領導人。他們知道發生了什麼事，我們不知道。我做的只是數腳步，如此而已。」士官長吉米．史班瑟說：「人們在重新評估，至少現在我們可以將戰爭與戰士做出區隔。戰士們背了許多黑鍋，我們再也不讓一群老兵與另一群反目成仇了。」

事過境遷的今天，對一些做出災難性決定、毀了歷史名聲、之後悔恨不已的「大人物」，或許我們也可以原諒了。一九六七年年底的一個下午，麥納瑪拉在他的巨型國防部長辦公室中與幕僚威廉·布雷（William Brehm）討論彈藥申請問題。他說，「我們看看，嗯，這等於可以用兩千發子彈對付每一個滲透的敵人，應該夠了。」接著，布雷發現麥納瑪拉的身子在抖：麥納瑪拉凝視著牆上那張他的前任福雷斯特的肖像，淚水滾滾流下。他知道，就像他一樣，福雷斯特也因為擔任國防部長而名譽掃地。

前陸戰隊將領艾爾·葛雷（Al Gray）說，「直到我確定我們的人都從他們的監獄釋出以後」，他不會往訪越南。許多年來，有關失蹤美軍的傳言、指控、醜聞一直騷擾著美國。但每一場戰爭總有許多下落不明的受害者，包括許多越南人——南越各地有許多北越軍墓碑，上面只刻著幾個字：「不名烈士」。河內違背戰俘意願、強押美軍戰俘的說法並無實據[13]。花了二十三年為國防情報署（Defense Intelligence Agency）研究失蹤美軍與戰俘案件的鮑勃·戴斯塔說，「我們的人都回來了。」戴斯塔是有智慧的人，有豐富的第一手越南經驗，沒有理由懷疑他的結論。

無論對史學者或對讀者而言，憑空假定都不是什麼好事，不過有兩件事似乎值得一提。首先，北越似乎從未像現代穆斯林叛軍一樣，透過恐怖主義把戰鬥帶入西方，特別是美洲大陸：或許在那個全球化問世之前的年代，河內根本沒有動過這樣的念頭。共產黨擅長運用克制，河內透過克制讓美國人找不到明顯、直接的把柄，無法將北越視為對美國的威脅。

如果北越不支持南越境內的武裝鬥爭會有什麼結果，是又一項令人感到興趣的猜測。衍生於南越本土的民族解放陣線看來會遭到鎮壓。在一九六〇至一九九〇間的其他許多亞洲國家，集權軍事統治都為民主取代。在沒有戰亂的情況下，越南人的活力與智慧應該能推動南越經濟繁榮。河內政權會在二十世紀最後數十年遭全球經濟與政治改革大潮吞噬，終於放棄馬列主義。

成功就是王道：今天，全世界除了平壤，沒有人對南韓做為一個國家的法統存疑，因為南韓政治民主，而且擁有強大經濟實力。而與它針鋒相對的北韓卻始終是獨裁共產主義失敗的榜樣。但在一九五三年韓戰休戰之後幾十年間，南韓曾經有一個高壓手段幾乎不輸北韓的獨裁政權。所幸，首爾政權一直保有美國的軍事與經濟支持，再加上足夠的民意，終於挺過全球經濟與政治改革大潮，達成今日的成果。南越與當時的南韓一樣是獨立國，若能獲得同樣機會，南越有可能也像今天的南韓一樣繁榮——不過我們永遠沒有機會知道。

另一方面，全靠標榜著「解放鬥爭」與河內的軍事勝利，才讓今日的老北越政權仍然保持權力的合法性與威望，並緊緊握住革命的果實。儘管牛津大學的教授雅契．布朗（Archie Brown）不喜歡共產主義，說共產主義「是一種組織人類社會的另類方式……一種陰森的失敗」，但也指出，河內那些老人只憑成功統一國家的事實就能保有政權迄今：「儘管這個政權殘酷高壓……它可以訴諸美國『敵人』形象，或以戰時恐怖回憶為手段，再用和平時代統治者如何重建國家相互唱和，輕輕鬆鬆保有政權。」第二次世界大戰與越戰是共產黨自一九一七年以來僅有的兩場重要勝利。俄共在二戰取勝，維繫了共產政權，越戰對越南的影響也一樣。

大衛．羅傑斯以記者身分在一九九三年重返越南，訪問了他的單位曾經作過戰的西寧附近。他發現過去的越共幹部對他非常巴結，「他們奉命要對美國人非常好，因為他們需要美國國會通過一項貿易交易。」他不禁自嘲地說，「如果你們要的不過是開麥當勞速食店而已，我們早幾十年就能

13 原注：羅伯．賈伍德（Robert Garwood）下士選擇留在北越，直到一九七九年才返美，遭到美國軍法審判。

解決問題了，還打什麼？」許多今天造訪越南的美國觀光客，都為他們在越南受到的熱烈歡迎而放下敵意。這些歡迎他們的越南人大多數在戰爭進行期間尚未出生。他們之所以歡迎美國人，也因為絕大多數越南人現在已經發現自由民主的可貴，與獨裁專制的窮途末路。巴拉克・歐巴馬總統在二〇一五年訪問越南時受到極其盛大的歡迎，相形之下，一年後訪問河內的中國主席習近平受到的待遇冷淡得多。

西貢浮華的高樓與鄉野的自然之美，每每讓訪客流連忘返，卻忽視了當地農村的貧窮與言論自由的剝奪。二十一世紀的越南統治者放寬了一些限制，讓人民賺錢，但仍然不准人民自由表達政治意見或坦誠辯論過去的歷史。許多史學者犯了一個錯，將越戰視為美國單方面行動的結果。造成這種錯誤的部分原因是有關美國戰爭作為的證據非常多，而有關北越戰時作為的資訊卻像貧民窟裡的稀飯一樣，稀得可憐。有關軍援越南指揮部戰時「可信度差距」的文獻紀錄很多；但在河內，你能見到的除了謊言還是謊言。

二十世紀帶給我們一個重大教訓：經濟力至少像軍力一樣，是決定成果的重要因素。北越革命分子死後有知，可能對現代西貢的繁華驚悚不已——胡志明市這個名稱已經不再熱門，很可能有一天像列寧格勒（Leningrad）再改名為聖彼得堡（St Petersburg）一樣，胡志明市也改回西貢舊稱。它那些閃閃發光的精品店陳列名牌珠寶與設計家服飾，每一處都是消費主義的殿堂。或許我們可以說，幾近半世紀前，美國雖說軍事上在越南吃了敗仗，但美國已經藉由經濟與文化影響力反敗為勝。事實證明，YouTube與強尼・戴普（Johnny Depp）已經發揮勢不可當的威力，完成美軍當年用B-52、落葉劑與「幽靈」武裝直升機未能完成的目標。

如果打這場戰爭是西貢政權求生存的主要理由，這理由同樣適用於河內。西貢陷落後不過幾年，共產黨老兵已經開始懷念這場戰爭。在北越人心目中，其他政策越是失敗，這場統一鬥爭就越是顯得神聖崇高。大衛・艾利約說，老一輩北越人緬懷這場戰爭，認為那是「一個簡單質樸、有信念、專注、均貧的年代，大家互相幫助，有一種使命感。」保寧在他的戰爭小說的結尾中說，小說主人翁「簡」「一次又一次回到他的愛、友情與同生共死的同袍精神，我們就靠著這種人際關係克服戰爭的千辛萬苦」。「簡」懷念那段已經失去的帶著樂觀進取、鬥志昂揚的自我：「那是充滿關愛的年代，我們知道我們為什麼活著、為什麼而戰，也知道我們為什麼要受苦受難、犧牲奮鬥。那個年代的我們都非常年輕、非常單純、也非常誠懇。」

但今天的保寧本身對這種感性提出辯駁：「所謂人性與團結意識遭到過度誇大，事實上根本形同神話，士兵與士兵之間的同袍愛故然真實，但北越充滿社會不公。窮人得上戰場，擁有政治特權的人卻能將子弟送往海外念書，還有些人享受豪華生活。那是一段殘酷得可怕的歲月：戰爭打得沒完沒了，人民都已經筋疲力盡，太多東西被毀，不僅僅是建築物，還有制度，社會衝擊驚人。」保寧指出，英國人民很幸運享有自由權，能在一九四五年透過大選把他們偉大的戰時領導人邱吉爾趕下台，「但在越南，將軍們都把持權位，戀棧不去」。

一九七五年的一天，當村子裡的擴音器響起，宣布西貢已經「解放」時，張輝山（Truong Huy San，譯音）才十三歲，正與一個玩伴在一座小丘邊玩耍。許多年以後，他在他的著作《獲勝一方》（*The Winning Side*）中寫道，「根據老師在學校裡告訴我們的話，南越受了二十年的苦難就這樣結束了。我當時心想，『我們必須迅速展開行動，教育南越那些遭到誤導的孩子。』」但在二〇一二年，張輝山察覺：「許多人在仔細檢討過去之後……訝然發現真正遭到解放的一方其實是北越。」他指出，事實證明，由於南越價值觀逐漸支配整個越南，南越才是歷史的勝利者。華特・布莫說，「這究竟怎麼回事？我常覺得我們沒有學到多少教訓。如果學到，我們就不會入侵伊拉克了。」

謝辭

在寫這本書的研究過程中，我不斷奔波於美國與越南各地，訪問好幾十位當代見證人，並承蒙他們慷慨分享他們的經驗與認知。我從美國陸軍設在賓州卡萊爾的軍事遺產與教育中心檔案室，以及維吉尼亞州關蒂柯的美國陸戰隊檔案室取得豐富資料：我很感激康・克蘭（Con Crane）與他在卡萊爾的員工，以及吉姆・金瑟（Jim Ginther）在關蒂柯的團隊。我也曾造訪加州大學厄爾文（Irvine）分校的越戰口述歷史檔案室（Vietnamese Oral History Archive）。美國陸軍軍史中心（Historical Center）的艾立克・維拉（Erik Villard）為我做了不少重要引薦，其中以引薦我認識莫里・普利班諾尤為重要。從一九七〇年起到最後撤離為止，一直在中情局西貢站工作的莫里，為我提供好幾十萬字的越南文翻譯文件、歷史與備忘錄，對我的這項研究貢獻極大，但他不肯接受任何報酬。他說，這項研究工作本身就是他的獎賞。我何其有幸能與他為伍，還承蒙他不厭其煩，為這本書的文稿揪了許多錯。

道格・蘭賽不僅在他位於內華達州包德市的家中與我長談四個小時，還給了我一本尚未發表的備忘錄打字稿，描述他那段迷人而恐怖的經驗。古・蘭坤（Gu Renquan）給了我一些譯成英文的中國資料。我那位出類拔萃的俄國研究員與譯者魯巴・維諾拉多納（Lyuba Vinogradovna）博士為我出主意說，烏克蘭境內有一些越戰期間在北越空防單位服役的蘇聯老兵，之後我訪問他們，果然獲得一些發人深省的見解。我的鄰居，已故的約翰・卡麥隆—海耶斯（John Cameron-Hayes）上校，為我講述他於一九四五年隨第一批英軍登陸越南的精采故事。艾德文・摩斯（Edwin Moise）教授為我的初稿與地圖揪錯，我也要在此申謝。

河內大學教授范光明（Pham Quang Minh，譯音）為我做了非常有價值的一些引薦。我在河內的譯員黎皇江（Le Hoang Giang，譯音）是非常有天賦的青年，我希望有一天他能有充分發揮的機會。馬克斯・艾里蒙（Max Egremont）借給我一本未經發表的越南備忘錄，作者是澳洲人諾曼・韋德漢醫生。一九七八年，英國廣播公司的麥克・查爾登（Michael Charlton）與安東尼・蒙克萊（Anthony Moncrieff）訪問了一群美國人——在那段期間，大多數重量級決策人都還健在——討論美國自一九四五至一九七五年間的決策。部分討論內容透過系列電台紀錄片方式廣播，討論全文後來編成專書發表，令人稱奇的是，之後這本書沒有被史學者多加利用。我非常重視這本書，因為查爾登提出許多我本人如果有機會也想問的問題。在有關這場戰爭的龐大文獻著作中，我廣泛運用了大衛與美・艾利約夫婦的著作，特別是大衛對越戰期間湄公河三角洲生活的研究與楊文美的備忘錄。就像葛雷格・達迪斯的戰爭研究一樣，斐德烈・羅吉法的《戰爭的灰燼》（*The Embers of War*）與《選擇戰爭》（*Choosing War*）兩本書，對我的影響也很大。權威空戰史學者馬克・克洛德費爾特教授，撥冗為我檢視了這本書有關轟炸的幾個篇章，還提出一些意見。我在明尼蘇達州馬卡里斯特學院（Macalester College）的校友提姆・歐布萊恩，替我檢閱涉及「作戰技術」的稿件。就像康・克蘭與大衛・艾利約一樣，我的老友威廉森・穆瑞（Williamson Murray）博士也為我做了全文修正。瑪格麗特・麥米蘭（Margaret MacMillan）對尼克森訪問中國的一段提供了權威意見。彼得・愛德華（Peter Edwards）教授審閱了有關澳洲角色的幾頁文稿。我與所有以上這些作者會面，獲益良多。我的親密老友麥克・豪沃德（Michael Howard OM, CH, MC）爵士替我審閱初稿，提出意見，讓最後定稿增色不少——也精簡了不少。

我在倫敦與紐約的經紀人麥克・賽森（Michael Sissons）與彼得・馬森（Peter Matson），在我人生的過去三十五年也扮演著同樣不可或缺的角色。倫敦出版商阿拉貝拉・派克（Arabella Pike）與羅伯・萊希（Robert Lacey）與紐約出版商強納森・喬（Jonathan Jao）——同情、支持、明智——絕對是出版界的佼佼者。我的秘書芮秋・勞倫斯（Rachel Lawrence）自一九八六年起就跟在我後面替我收拾殘局，為了寫這本書而做的複雜的旅行計畫也是她安排的。一位友人最近告訴我，我的妻子潘妮（Penny）的才華超凡入聖，是否超凡入聖我不敢說，但所有認識她的人都喜歡她，她對我的人生與我的工作貢獻非凡。

原　　文	譯　　文	備　　注
SF	特種部隊	（Special Forces）
Short	美軍軍語	當美軍說「I'm short」時，意思就是他的「DEROS」（結束海外勤務返國日，Date of Estimated Return from Overseas Service）即將屆滿；換句話說，就是「我非常不想死」。
slick	運兵直升機	一般都是休伊直升機。
SOP	標準作業程序	（standard operating procedure）
squad	班	由八到十人組成，由一名士官擔任班長，一個班又畫分為幾個火力小組。一個步兵排通常有四個班。
USIA	美國新聞處	（US Information Agency）
Vietcong，VC	越共	源出於「Cong San Viet Nam」（越南共產黨），一九五〇年代末期逐漸成為慣用名詞。
Vietminh	越盟	「Viet Nam Doc Lap Dong Minh Hoi」（越南獨立聯盟）的慣用名稱，是一九四一年建立的越南共產黨陣線組織。

原　文	譯　文	備　注
recoilless rifle	無後座力砲	蘇聯製、相對輕便的短程火砲，口徑從五十七到一〇六公厘不等，可以穿透五百碼外的裝甲，可以將爆炸彈射到四千碼外。它可以裝在三腳架、或兩輪載具上，廣為越共與北越軍使用。
regiment	團	軍事單位，一般由三個營組成，由一名上校擔任團長。
RF、PF	地區保安軍、民團	（Regional Forces，RF）、（Popular Forces，PF），西貢當局組建，以地方防衛為宗旨的民兵組織。RF 與 PF 有輕武裝，由各省首長指揮，總兵力達到五十二萬五千人，有時人稱「Ruff -Puffs」。
RPG	火箭推送的榴彈發射器	（rocket-propelled grenade-launcher），一種共產黨使用，非常有效的肩射武器，能將火箭彈射往一百五十碼外，穿透七英寸的裝甲。
R&R	一種為期一周的出國休閒假	所有美軍人員在一輪越南服役期間，至少享有一次 R&R，度假地點通常是夏威夷、香港或澳洲。
SAC	美國空軍戰略空軍指揮部	（USAF Strategic Air Command），轄下最主要的兵力是 B-52 轟炸機隊。
SAM	蘇聯製造的地對空飛彈	最常使用的是 SAM-2，從一九六五年起部署在北越。
Sapper	突擊爆破兵	越共與北越的精銳先頭部隊，受過爆破特戰訓練。

原文	譯文	備注
NSC	國家安全會議	（National Security Council）
NVA	北越軍	（North Vietnamese Army）。本書在提到北越部隊時，使用「NVA」而不用比較普及的「PAVN」（越南人民軍，People's Army of Vietnam）。
platoon	排	由三十到四十人組成，一個連一般有四個排，排長通常為中尉，而以一名士官為排副。
PRC-10	美軍步兵無線電對講機，之後為 PRC-25 取代。	PRC-10 加上電池重二十三點五磅，連長身邊可能跟著三名 RTO（無線電作業員），每一名作業員各帶一個與不同網路連線的機組。
PRG	臨時革命政府	（Provisional Revolutionary Government），共產黨為取代民族解放陣線，而於一九六九年六月建立的組織。它一開始設於越南共產黨南方局，從一九七三年二月起遷往南越「臨時首都」、西貢北方的祿寧（Loc Ninh）。
RoE	交戰規則	（Rules of Engagement）。美軍在攻擊共產黨部隊與設施時，必須遵照這套規則行事。在南越與北越、在寮國與高棉，交戰規則完全不同；在越戰不同時期，交戰規則也有變化。

原　文	譯　文	備　注
LAW	美軍與南越軍使用的一種肩射型六十六公厘、輕型反戰車武器	（Light Anti-tank Weapon）
LRRP	遠程偵查巡邏	（long-range reconnaissance patrol）
LZ	直升機攻擊行動的登陸區	（landing zone），「熱」登陸區（'hot' LZ）意指有敵軍防守的登陸區。
M-14	美國陸軍配備的七點六二公厘半自動步槍	在一九六六至六八年逐步從越南撤軍以前，是美軍標準裝備。
M-16	一種取代M-14、比M-14輕便許多的五點五六公厘自動步槍。	一九六六至六八年間美軍使用的M-16，有戰鬥時容易卡膛的毛病。
MACV	軍援越南指揮部	（Military Assistance Command Vietnam），美軍設在西貢的總部，發音為「麥克V」（Mac-V）。
MEDCAP	民間醫護行動方案	（Medical Civil Action Program），美軍派遣軍醫隊伍為百姓提供醫療服務的計畫。
Montagnards	「山民」	原為法國人對越南山地部落的稱呼，美國人常去頭留尾，稱他們為「Yards」。這些「山民」幾乎清一色反共，經常為特種部隊招收為民兵。
NLF	民族解放陣線	（National Liberation Front），是一九六〇年建立的組織，目的在推動、指導南部地區對西貢政府的反抗行動。它名義上雖是政治聯盟，實際上完全由共產黨控制。

原　　文	譯　　文	備　　注
FAC	前進飛航管制員	（forward air controller）
flak	高射砲的俗稱	
FO	（大砲或迫擊砲）的前進觀測員	（forward observer），通常與步兵一起行動。
FOB	前進作業基地	（forward operating base）
FSB	火力支援基地	（fire support base）
GCMA	法軍特種部隊	（Groupement de Commandos Mixtes Aéroportés）
grunt	美軍步兵士兵俗稱	
hooch	「窩」	士兵棲身處的俗稱，所謂「窩」或是一個掩體，或是一個草棚。
ICC	國際控制委員會	（International Control Commission），是根據一九五四年日內瓦協定建立的組織，由印度、波蘭與加拿大組成，負責監控協定條款的遂行。ICC 一直運作到一九七三年巴黎協定簽署，不過並無建樹。巴黎協定簽署後，ICC 為國際控制與監督委員會（International Commission for Control and Supervision，ICCS）取代。ICCS 擁有更多成員，負責處理一萬八千件違反停火案，但與 ICC 一樣沒有效率。
JCS	美國的參謀首長聯席會	（Joint Chiefs of Staff）
Kit Carson scouts	「基・卡森的探子」	叛離北越軍或越共，在美軍部隊工作的人。

原　文	譯　文	備　注
CIA	美國中央情報局	
Claymore M-18	「克雷莫 M-18」	一種定向型人員殺傷雷，能針對四十度弧面射出一百顆鋼珠，可以手發動，也可以遙控。
company	連	軍事單位，由一名上尉指揮，兵力一百到一百八十人，編組為三或四個排。
CORDS	民間作業與革命（之後改為鄉野）發展支援組織	
corps	軍	軍事指揮部，指揮兩到三個師，由一名中將擔任軍長。
COSVN	越南共產黨南方局	（Trung Uong Cuc Mien Nam），共產黨指揮部，一般位於高棉邊界附近。
CP	指揮所	
division	師	軍事編組，兵力八千到一萬五千人，編為兩到三個旅，師長一般為美軍少將，有時也會由一名越南軍上校擔任師長。
DMZ	非軍事區	（Demilitarized Zone），為畫分新成立的北越與南越，一九五四年日內瓦協定在北緯十七度線附近建立的隔離地帶。
dust-off	「塵裡飛」	撤離傷兵的醫護直升機的俗稱。
DZ	傘兵的空降區	
ECM	電子反制措施	（electronic counter-measures），美軍飛機用來對付北越地面高射火砲的措施。

詞彙表

原文	譯文	備注
AFN	美軍電台	
AK-47	蘇聯設計的卡拉希尼柯夫（Kalashnikov）衝鋒槍	中共製造的不同型AK-47自一九六五年起開始大量提供越南共產黨。
APC	裝甲運兵車	美軍在越南最常使用的是M-113型裝甲運兵車。
ARVN	越南共和國（南越）軍隊	發音是「阿文」（Arvin）。
bangalore torpedoes	爆破管	裝滿炸藥的金屬管或竹筒，用於突破鐵刺網等防禦工事。
battalion	營	軍事單位，兵力從四百人到一千人不等，一般編組為三到四個連，外加一個營部。
boonie-rat	邦尼耗子	俗語，指美軍步兵。
brigade	旅	軍事指揮部，轄下兵力多達五千人。
cadre	幹部	共產黨基層官員
CAP	戰鬥空巡	
Cherry	菜鳥步兵的俗稱	
chieu hoi	招好	字面意思就是「歡迎歸來」，這是西貢當局為吸引越共或北越軍歸降而實施的一項招安計畫。常用來泛指數以千計歸降的越共或北越軍分子，例如「他是個招好」。

頁 363 「如果一個村落你爭我奪」Gavin, James, *Crisis Now* Random House 1968 p.62
頁 364 「共產黨不斷提醒我們」AI Phat 11.9.16
頁 365 「南越的情況也一樣」AI Sheehan 5.3.16
頁 365 「這場戰爭越打越不像樣了」Herr, Michael, *Dispatches* Picador 1979 p.31
頁 367 「越戰是美國近代史上對美國影響最巨的一場戰爭」AI Boomer 2.3.16
頁 368 「我不知道你是否曾經問過任何其他(涉及戰爭指導工作的)官員」Charlton & Moncrieff p.179
頁 368 「雖說我以曾經身為 B-52 機組一分子為榮」Clodfelter, *Friction* p.34
頁 368 「當許多美國老兵聚集時」AI Scotton 18.9.16
頁 368 「這似乎是一個休養、恢復正常的好地方」AI Ramsey 22.9.16
頁 369 「我們本是同胞」AI Khiem13.9.16
頁 369 「遭到空襲的夢魘仍然不時纏繞著我」AI Hung 8.10.16
頁 369 「他們以為在穿著掛了一堆動章的制服返美以後」USAHEC Company Commanders' Oral Histories Box 18
頁 369 「人們在重新評估」AI Spencer 8.3.16
頁 370 「我們看看」Shapley p.415
頁 370 「直到我確定我們的人都從他們的監獄釋出以後」AI Gray 10.9.16
頁 370 「我們的人都回來了」AI Destatte 12.9.16
頁 371 「是一種組織人類社會的另類方式」Brown, Archie, *The Rise and Fall of Communism* Bodley Head 2009 p.609
頁 373 「一個簡單質樸」AI Elliott 23.9.16
頁 373 「一次又一次回到他的愛」Ninh p.217
頁 373 「所謂人性與團結意識遭到過度誇大」AI Ninh 7.10.16
頁 373 「根據老師在學校裡告訴我們的話」Huy Duc p.xi
頁 373 「許多人在仔細檢討過去之後」ibid. p.xii
頁 373 「這究竟怎麼回事」AI Boomer 2.3.16

頁350 「至少在吳廷琰與阮文紹統治下」ibid. p.288
頁351 「我們在停機坪上或在大使館圍牆外」Snepp, *Irreparable* Harm p.23
頁352 「我成了加拿大第一名越南難民」AI Kieu Chinh 14.9.16
頁353 「他們了解共產黨」AI Thanh 14.7.16
頁353 「因為我太了解共產黨了」AI Nguu 20.9.16
頁353 「一個極權統治的灰幕」*Encounter* May 1979 p.25
頁353 「你們的裝備太多了」AI Tran 9.7.16
頁354 「共產黨向她保證」Bong-Wright p.45
頁354 「過去老師們口中那些壞皇帝現在成了好皇帝」AI Thanh 21.5.16
頁354 「蘇聯也從南越拿了一份戰利品」USSR Committee of State Security document No.3240-A of 31.12.75
頁355 「雅歌正在順化」Goscha p.371
頁355 「我們早從一九五四年起就等你們來解放我們」Luan p.512
頁355 「一名軍醫有一天割腕」AI Si 16.7.16
頁356 「那天晚上我非常慚愧」AI Ly Van Quy 15.9.16
頁356 「她唯一帶在身邊的是她死在再教育營的先生的骨灰」AI 6.7.16 Minh-Ha
頁357 「她也因此很相信可以憑藉這一層關係保住家人不受迫害」AI Ly Van Quy 15.9.16
頁357 「對我父親來說」ibid.
頁357 「我非常遺憾未能早些了解共產黨」Santoli p.333
頁358 「直到今天」Tang p.279
頁358 「他發現他的兩個兒子都是約翰・霍普金斯醫學院學生」AI Nguu 20.9.16
頁359 「我每天晚上禱告奇蹟出現」AI Phuong 22.1.17
頁359 「老實說，比起中國共產黨至少報復三代人」AI Ramsey 22.9.16
頁359 「要勝利者不趁機報復」AI Ninh 7.10.16
頁359 「史考登對他們說」AI Scotton 18.9.16
頁359 「一九七九年」Elliott, David W.P., *Changing Worlds: Vietnam's Transition from Cold War to Globalization* Oxford 2012 p.241, on which the account below is largely based
頁361 「沒有一個人對這場戰爭的結果感到快樂」AI Phat 11.9.16
頁361 「今天的我以身為美國人為榮」AI Tri 16.9.16
頁361 「幾近兩百萬平民遇害」Thach (ed.) Vol. VIII p.463
頁362 「我們全黨」ibid.
頁362 「人民」MP interview Col. Tran Trong Trung
頁362 「一場慘敗」Lind pp.282 & 284
頁362 「約翰說」AI Scotton 11.9.16
頁363 「缺乏一個可用的政治一經濟結構」*Pentagon Papers* IV pp.294–5
頁363 「打仗從來沒有什麼明智之道」AI Elliott 23.9.16

頁336 「在等候撤離時遇見一名友人」Bong-Wright, Jackie, *Autumn Cloud: From Vietnamese War Widow to American Activist* Capital Books 2001 p.200

頁336 「黎氏淑文與她的子女占了四張帆布座椅」ibid. p.201

頁336 「不要擔心」Hoi Tran e-memoir loc.411

頁337 「他們開始忍受飛往菲律賓的顛簸之苦」AI Tom and Danh Quach 21.9.16

頁337 「阮文紹若是在拉斯維加斯」AI Scotton 11.9.16

頁337 「當我們一旦控制不了越南領導人時」AI Snepp 10.9.16

頁337 「也因此，美國人眼中的阮文紹」AI Nguyen Van Uc 13.9.16

頁337 「無法相信美國人竟會這樣絕情將他拋棄」Tang p.137

頁338 「阮文紹握了握史奈的手」Snepp, *Interval* p.344

頁338 「二〇一六年」private information to the author 16.9.16

頁340 「你們最好把行李丟在這裡」AI Khiem 13.9.16

頁340 「時間一分鐘一分鐘過去」An memoir p.253

頁341 「指揮官下令戰車遇到阻礙時直接闖關」this account derives from Armor Command (*Bo Tu Lenh Thiet Giap*) Vol. IV

頁341 「我熱淚盈眶」Ky p.344

頁342 「我太笨」AI Tran 21.9.16

頁343 「我是譯員韓先生」Snepp, *Irreparable* Harm p.29

頁343 「顯然極為痛苦」Santoli p.237

頁343 「負隅頑抗的情況越來越多」Armor Command p.22

頁345 「像許多越南人一樣」Al Dinh 9.7.16

頁346 「因為我愛越南」AI Si 21.5.16

頁346 「如果他們知道共產黨那些惡行惡狀」AI Nguyen Tri 16.9.16

頁346 「你們運氣不好」Santoli p.17

頁346 「潘唐虞夫婦躲進一座廟裡避難」AI Nguu 20.9.16

頁347 「夫妻兩人的一切財產」AI Thuy 13.9.16

頁347 「請你不要那麼做」Luan p.456

頁347 「親愛的鄰居」ibid. p.458

頁347 「我想回去念大學」AI Nguyen Chieu 7.10.16

頁348 「敵人為我們鋪了紅地毯」Ho De in *People's Army newspaper* 29.4.2006

◎第28章　後記

頁350 「北越人大失所望」AI Phat 11.9.16

頁350 「統一列車」Ninh pp.72–3

頁350 「河內共產黨」Tang p.206

頁318 「我們幾乎都在打游擊戰」AI Ninh 7.10.16

頁319 「但南越軍仍然堅守位於城東三英里機場的第五十三團鐵刺網要塞化陣地」this account derives from Armor Command (*Bo Tu Lenh Thiet Giap*)

頁319 「這是這整場戰爭中最關鍵的轉捩點」Vien in Sorley *Generals* p.804

頁319 「他怕美國人在聽到這事後會氣得發瘋」AI Snepp 10.9.16

頁320 「說他與南越已經沒有前途」Veith p.178

頁320 「我永遠忘不了百里居出城那條公路當年的景象」Robbins, *Air America* p.266

頁320 「高文員將軍估計」Vien in Sorley *Generals* p.809

頁321 「高文員將軍形容這項撤軍『可恥』」ibid. p.307

頁321 「已經一無所有」Veith p.231

頁321 「西貢政權當時仍然握有足夠打一年仗的物資」AI Phong 22.1.17

頁322 「明白表示他們自己對越南人的命運根本一點也不關心」AI Snepp 10.9.16

頁322 「情勢變化快得令人眼花撩亂。」An memoir p.208

頁322 「一名地方越共女性幹部闖入會場打斷會議說」ibid. p.214

頁325 「被擠滿一號公路的人潮與滿地泥濘吞噬」Veith p.329

頁325 「它沒有淪陷」Robbins, *Air America* pp.266–7

頁326 「我從軍許多年」An memoir p.233

頁326 「我們不能用提供戰爭手段的方式促進和平」*Congressional Quarterly* 15.2.75

頁328 「我想南越撐不住了」US Policy Pt. II #1552

頁329 「他們不在場」AI Snepp 10.9.16

頁329 「那情景真讓人熱血沸騰」AI Tho 11.10.16

頁330 「我會跟你一起回去戰鬥」AI Livingston 3.3.16

頁330 「他走進一間房子舉槍自盡」Veith p.347

頁330 「共軍最重要的戰鬥」Veith, George J. & Pribbenow, Merle L. '"Fighting is an Art": The Army of the Republic of Vietnam's Defense of Xuan Loc 9–21 April 1975' *Journal of Military History* Vol. LXVIII No. I January 2004 pp.163–213

頁333 「後來史考登向這個國會代表團保證」AI Scotton 11.9.16

頁334 「高級軍官學員不斷辯論著戰場狀況」AI Nguyen Van Uc 11.9.16

頁334 「我的理性告訴我」AI Kieu Chinh 14.9.16

頁335 「我們知道快要打輸了」AI Khiem 13.9.16

頁335 「現在一切都沒了」Young p.69

頁335 「如果南越人早知會有今天」AI Parks 13.3.16

頁335 「揮之不去的殘酷事實是」Palmer p.150

頁335 「我為所有那些信任我們的越南人感到難過」AI Breen 7.3.16

頁335 「有人把南越描述成一個遭革命運動推翻的法西斯政權」West p.179

頁305 「越南人一直不覺得我們會出賣他們」Santoli p.205

頁305 「共產黨並沒有贏」AI Tri 16.9.16

頁305 「我知道這些人已經在這場爛仗中打了二十年」*Abrams Tapes* 17.1.70 p.345

頁306 「就算對他們自己也不敢承認」Ky p.332

頁306 「是對我們的死刑宣判」Dao Truong PBS *Vietnam: A Television History*

頁306 「絕大多數越南人」Vann in a Jan. 1972 speech in Kentucky, Vann Papers quoted Sorley, *Better War* p.348

頁306 「已經把南越帶到道德與物質破產的邊緣」Nguyen Duy Hinh in Sorley *Generals* pp.742, 734

頁306 「我們的一般士兵大多數沒有痛恨敵人的理由」AI Trach Gam 15.9.16

頁307 「空氣中瀰漫著寡婦與子女的飲泣聲」Swain p.80

頁307 「反對共產主義的論證必須是物質或道德的」Young p.55

頁308 「一九七三到七五年的額外援助只不過肥了那些將領」AI Elliott 23.9.16 & Leslie, Jacques, *The Mark: A War Correspondent's Memoir of Vietnam and Cambodia* Four Walls 1995 p.194 et seq.

頁308 「那是一個分化的社會」AI Meinheit 21.1.17

頁308 「許多騎牆派預見共產黨勝利在即」Luan p.425

頁308 「不夠強硬，當不了獨裁者」ibid. p.394

頁308 「匿跡政府或軍隊中的敵方線民有一萬兩千人」for Adams's wider role in disputing MACV's errors and falsehoods about communist strength, see his posthumously published book *War of Numbers: An Intelligence Memoir* Steerforth 1994

頁308 「我非常抱歉」AI Nguu 20.9.16

頁309 「我們達成結論」AI Meinheit 21.1.17

頁309 「以幾近著迷的好奇」Tang p.229

頁310 「就像在一九六八與一九七二年一樣」Quynh, *Memories*

頁310 「二十歲的阮國詩中尉奉派駐防頭頓附近一處東南方的民團」AI Si 21.5.16

頁311 「她並不支持任何一方」AI Hien 5.10.16

頁312 「我深信，局面撐不了多久」AI Pribbenow 9.11.16

頁313 「他懂共產黨那套辯證 」AI Ramsey 22.9.16

頁313 「我們知道事情不對勁」AI Nghiem Khiem 13.9.16

頁313 「唯一還有爭議的是」Scotton p.419

頁313 「共產黨今年還打不贏」AI Destatte 12.9.16

◎第27章　最後行動

頁316 「到處是泥濘」An memoir p.195

頁318 「三月九日，在僅僅兩門配彈五十枚的一〇五公厘砲支援下」this account relies heavily upon Pribbenow, Merle L. 'North Vietnam's Final Offensive: Strategic Endgame Nonpareil' *Parameters* Winter 1999–2000, pp.58–71 & Veith, George J., *Black April: The Fall of South Vietnam 1973–75* Encounter 2012 passim

頁289 「在二次大戰戰後的世界」Papers of Gen. John P. McConnell quoted Clodfelter *Limits* p.145

◎第26章　臨死前的吻

頁292 「蘭賽學識非常淵博」AI Ramsey 22.9.16

頁293 「據說兩人當時被領到一張桌子前」Ramsey MS IV C56

頁293 「你現在終於上道了」ibid. IV C18

頁293 「他的那所戰俘營的副司令就因瘧疾而死」AI Ramsey 22.9.16

頁293 「我們每個人都瘦弱得不成人形」Ramsey MS IA 43

頁294 「我緩緩拖著鎖鏈來到鎖鍊盡頭」ibid. IV C65

頁294 「大多數本身承受極度苦難的戰俘」ibid. IV D7

頁295 「平安歸給天主喜悅的人」ibid. IV D5

頁295 「有時我彷彿見到自己穿著一套布魯克兄弟裁製」ibid. p.31

頁295 「既然我不能控制我自己這一角世界的環境」AI Ramsey 22.9.16

頁295 「我所曾見過印象最深刻的戰俘」Ramsey MS IV F-11

頁296 「所有這一切都只是說給那些一廂情願的人聽」White House Tapes, Conversation 366-006, quoted Hughes

頁296 「這些修訂的第一項」*Henry Kissinger: The Complete Memoirs* E-Book Boxed Set 2013

頁297 「季辛吉在三月十四日告訴他的主子」14.3.73 Hughes *Fatal Politics* p.160

頁298 「戰鬥機飛行員福瑞德・齊瑞上校」Snepp, *Interval* pp.43–9 & Ahern pp.105–6

頁298 「妻子還把家裏的儲蓄全部花光了」Terry p.280

頁298 「美國對我們這些回國戰俘的待遇」AI McDaniel 14.11.16

頁298 「他們獲釋後懷恨在心在所難免」Ramsey MS VII A31

頁299 「換成是美國人」AI Ramsey 16.9.16

頁299 「尼克森已經向返國戰俘們明白表示」Hughes, *Fatal Politics* p.162

頁300 「在高棉」ibid. p.167

頁300 「我們願意給一個明年撤軍的固定期限」ibid. p.187

頁300 「他比大家想像中的他更邪惡」Schlesinger, *Journals* 27.1.75

頁301 「他的工作就是竭盡一切可能讓美國從越南脫身」AI Phong 22.1.17

頁301 「他們的言行舉止就像老大一樣」AI Khiem 13.9.16

頁301 「士氣高上天」AI Ngo Dang Tri 5.10.16

頁301 「那情況就像有人轉了無線電卡式放音機的『關』紐一樣」An memoir p.184

頁302 「不過這些書都是沒有人要看的宣傳品」AI Ninh 7.10.16

頁302 「士兵們，讓我們拋開讎怨」Young p.63

頁302 「一段短暫的樂觀出現了」AI Mai Elliott 23.9.16

頁302 「我們幾乎一致認定河內不會放棄」AI Pribbenow 9.11.16

Clodfelter's study *Fifty Shades of Friction: Combat Climate, B-52 Crews, and the Vietnam War* National War College 2016

頁 275 「我一開始險些以為是開玩笑」History of 307th Strategic Wing quoted Clodfelter *Limits* p.186

頁 276 「沒有人願意成為一場打不贏的戰爭中的最後一名死者」Nichols & Tillman p.42

頁 276 「等一等，我昨天才出過一次地面砲火壓制任務」ibid. p.43

頁 277 「與高性能戰鬥機或與較新型 B-52 機型不同的是」McCarthy, James, *Linebacker II: A View From the Rock* Air University 1976 p.158

頁 279 「我已經準備好了」Clodfelter, *Friction* p.25

頁 279 「嚇得屁滾尿流」ibid. p.18

頁 279 「我在整個過程中都覺得自己會在下一秒死去」ibid. p.20

頁 280 「距離目標還有多遠，雷達？」McCarthy p.61

頁 280 「卡砰！我們中彈了」ibid. pp.62–3

頁 281 「在線衛二號行動第一夜」Clodfelter, *Friction* p.17

頁 281 「開始見到高砲」McCarthy p.152

頁 282 「我們在看一部講述二戰故事的電影」AI Miroshinchenko 14.3.16

頁 282 「有人開始耳語」Kien memoir p.184

頁 282 「兩三秒鐘過後」ibid. p.212

頁 283 「希望能睡幾分鐘恢復一下我的元氣」ibid. p.234

頁 283 「我們已經經歷了四或五次戰鬥警戒」ibid. p.246

頁 283 「火山爆發」AI Binh 5.10.16

頁 283 「B-52 機群似乎鋪天蓋月」AI Phuong 6.10.16

頁 283 「是必須不予理會的惡魔」Blaufuss narrative 3.9.77 McCarthy p.140

頁 284 「他們逮到我們了！」ibid. p.152

頁 284 「機長見到的這一切」Oral narrative to Col. Allison USAF 24.10.1977

頁 284 「辛普森嚇得混身發抖」Clodfelter, *Friction* p.8

頁 285 「美國空軍完全暴露了他們的作戰型態」Kien memoir p.243

頁 285 「我們就像遊樂場上那些供人打靶的鴨子一樣」Clodfelter, *Friction* p.19

頁 285 「電戰官比爾・康利中校的座機」Conlee narrative to McCarthy 12.7.77

頁 286 「你可以聞得到恐懼」Clodfelter, *Friction* p.19

頁 286 「如果你是死刑囚犯」ibid. p.29

頁 286 「凱蒂・騰納在安德森軍官俱樂部游泳時接獲通知 t」ibid. p.26

頁 287 「我間接還聽到其他幾個人也這樣」ibid. p.27

頁 288 「這是戰略空軍指揮部有史以來最不尋常的一次事件」ibid. p.30

頁 288 「一個主權國人民對另一個主權國人民發動的……」*Washington Post* 28.12.72

頁 288 「全球之恥」*New York Times* 26.12.72

頁261 「雨季造成數不盡的難題」ibid. p.180

頁261 「我就要死了」AI Hung 11.10.16

頁262 「傷亡損失比一九六八年還慘」AI Ninh 7.10.16

頁263 「他們非常得意」AI Ly 15.9.16

頁263 「就像在春節攻勢」Tang p.211

頁263 「頗具反諷意味的是」ibid. p.205

頁263 「眼見附近那些過去擠滿酒吧」Luan p.389

頁263 「北越軍已經打到我們門前了」Elliott, *Mekong Delta* Vol. II p.1314

頁263 「我們招來B-52」ibid. p.1315

頁264 「儘管過去犯下那麼多失誤」*Abrams Tapes* 22.4.72 p.826

頁264 「喔，上帝」Palmer p.122

頁264 「情況很明顯」AI Pribbenow 9.11.16

頁264 「我只是盡責做我的工作」USAHEC Advisers' Oral Histories Box 18 Folder 9

◎第25章　又大、又醜、又肥的傢伙

頁266 「如果北越在一、兩年以後吞了南越」Hughes p.85. This narrative relies heavily on extracts from the White House tapes, transcribed and collated by Ken Hughes for his 2015 *Fatal Politics* University of Virginia Press

頁267 「你知道，總統先生」ibid. p.87

頁267 「阮文紹說得對」ibid. p.91

頁267 「說什麼承諾」ibid. p.94

頁267 「我不覺得我的簽字能讓它變得尊貴些」ibid. p.97

頁268 「你不了解」Hersh, Seymour, *The Price of Power* Summit Books 1985 p.584

頁268 「總統先生，我們談成的這項協議」Hughes p.104

頁268 「給他們一百億」ibid. p.105

頁269 「基本上，你得強迫他就範」ibid.

頁269 「提出一份正式報告說華府與河內即將達成交易」AI Nguu 20.9.16

頁269 「我國軍方判斷」Hughes p.113

頁269 「西寧人士」Ahern, Thomas, *CIA and the Generals: Covert Support to the Military Government in South Vietnam* https://www.cia.gov.library/readingroom/docs/1

頁270 「我相信，想讓他們同意這項草案簡直不可能」Hughes p.116

頁271 「河內或許以為我們是在刻意拖延」ibid. p.120

頁271 「總統先生，我不得不告訴你我的一個讓我心碎的結論」ibid. p.123 23.10.72

頁271 「助理答道，如果在十一月七日以前就與西貢鬧翻」ibid. p.126

頁274 「若是沒有我們的援助」ibid. p.149

頁275 「我敢說，長官們一定以為我們會大聲喝彩」much of the narrative below is taken from Mark

頁249 「天啊，在近抵一號公路時發生在我們身上的悲劇真是一言難盡」Phuong Quang p.103

頁249 「南越軍從來沒有因為遭敵軍戰車擊毀而丟了他們的戰車」*Abrams Tapes* 12.5.72 p.841

頁250 「廣治醫院最後三百名傷兵搭乘的後送車隊」Khuyen p.57

頁250 「路上橫七豎八躺著數以百計汽車」ibid. p.70

頁250 「順化看起來像是一座沒有法治的城市」Luan p.401

頁250 「妻子花寫給丈夫廣治地區保安軍張班長」ibid. p.402

頁250 「我剩下唯一的兒子也已離我而去」Young p.53

頁251 「阮康倫對他說」ibid. p.407

頁251 「那真是人間地獄」Ly Tong Ba memoir p.170

頁252 「我們的攻擊開始放緩」Tuan Vol. IV p.383

頁252 「這場勝利最大的功臣莫過於范恩」Ba memoir p.177

頁253 「你們來得正是時候」this account chiefly derives from Nguyen, Quoc Khue '3rd Ranger Group and the Battle of An Loc/Binh Long' *Ranger Magazine* Tet 2003 issue, page 77 et seq.

頁253 「在這短暫的休兵期間」ibid. p.87

頁253 「可怕的嘶叫聲」ibid. p.88

頁253 「我方士兵都嚇壞了」ibid. p.96

頁253 「一輛T-54在黎明前的一片昏暗中墜入一個炸彈彈坑」Armor Command (*Bo Tu Lenh Thiet Giap*) *Some Battles Fought by Our Armored Troops* Vol. IV General Staff Printing Hanoi 1983 p.42

頁254 「感謝上帝，共軍沒有善用他們的戰車」USAHEC Advisers' Oral Histories Box 2 Folder 6

頁254 「正中靶心！繼續打！」Khue p.102

頁255 「共產黨史家也承認共軍士氣重挫」Armor Command p.52

頁255 「我得告訴你」AI Tran 9.7.16

頁255 「空降部隊打得有聲有色」USAHEC Oral Histories Box 2 Folder 6

頁256 「我確信，若不是因為有那些美軍顧問」*Abrams Tapes* 9.5.72 p.847

頁256 「許多人棄械逃亡」AI De 9.7.16

頁257 「我們打得不好」Tuan Vol. IV p.397

頁259 「或許越南問題也不時走上談判桌」Sukhodrev, Victor, *Yazyk moi-drug moi* (My Tongue is my Friend) Moscow 2008 p.112

頁259 「尼克森面容嚴肅地聽著」ibid. p.114

頁260 「六月間在廣治城郊」Huy Duc p.429

頁260 「但河內當局無視後勤資源貧乏」*History of the Combat Operations Department 1945–2000,* People's Army Publishing House Hanoi 2005 online on *quansuvyn* website

頁261 「敵軍在狠狠打擊我們」An memoir p.171

頁261 「情況很明確」ibid. p.173

頁261 「或許由於『革命只有攻擊』這句話深植我們腦中」ibid. p.179

頁233 「現在唯一讓我們有使命感的事」Clodfelter, *Friction* p.33

頁233 「大約其中二十人有才幹」Luan p.395

頁233 「吳祝將軍建議恢復法軍當年的活動野戰妓院系統」Scotton p.288

頁233 「因此我們不必被迫殺人」Young p.53

頁234 「我是軍人，這是軍人做的事」AI Boomer 2.3.16

頁234 「天下大亂」AI Turley 2.3.16

頁235 「黃春林從來報喜不報憂」Vien in Sorley *Generals* p.306

頁235 「在這個案例中」USAHEC Weyand Oral Histories transcript

頁235 「還好他採取了這一步防範措施」Turley, Gerald H., T*he Easter Offensive: The Last American Advisors in Vietnam 1972* Naval Institute Press 1985 p.139

頁235 「廣治戰鬥基地的一名陸戰隊中校顧問說」*Abrams Tapes* 2.4.72 p.805

頁236 「關鍵議題總不外一個」AI Turley 4.2.16

頁236 「這道禁令給了敵軍一個戰史上前所未見的大好機會」Turley p.202

頁237 「除非先經過西貢方面批准」ibid. p.146

頁237 「想辦法炸了東河鐵橋」Botkin, Richard, *Ride the Thunder* WND Books 2009 p.235

頁238 「他們似乎是在想」Turley p.177

頁239 「如果我們繼續戰鬥」Wiest p.259

頁239 「矮矮胖胖，麻木不仁」ibid. p.241

頁239 「我腦子出了一些問題」ibid. p.242

頁239 「基於一些他無法解釋的理由」Turley p.165

頁241 「范恩已經判若兩人」AI Elliott 23.9.16

頁242 「他見到那所教堂的尖頂已經崩塌」Hai p.73

頁242 「我們營準備迎接可怕的日子」ibid. p.78

頁243 「好吧，我明天再考慮這檔事」ibid. p.82

頁243 「如果只是坐在這裡挨打」ibid. p.84

頁243 「你們這些傢伙整天就知道看這些星象書」ibid. p.85

頁243 「北越軍派駐在查理的砲兵前進觀測員很了得」John Duff y to the author 1.11.16

頁245 「就像電影情節一樣！」Phuong Quang in *Cavalry* June 2006 p.101

頁245 「武元甲在這裡採取了籃球場上所謂全場緊迫盯人的作法」*Abrams Tapes* 7.4.72 p.813

頁246 「全力以赴，不可以跑！」Ly Tong Ba memoir p.176

頁246 「汗流浹背」AI Hung 8.10.16

頁247 「那一切根本是宣傳」ibid.

頁247 「沒有一個頭腦正常的人喜歡到那種地方」AI Ninh 7.10.16

頁248 「南越共和軍最具專業資格的軍官」*Abrams Tapes* 12.6.71 p.639

頁249 「簡直難以置信！」Phi Long quoted in Huy Duc p.431

頁215 「史匹柏總是指責我們這些排長在士兵面前當好好先生」ibid. p.39

頁216 「這顯然是一個非常駭人的經驗」*Abrams Tapes* 29.1.72 p.774

頁217 「發動這項攻擊的是北越軍四〇九爆破兵營」this account of the communist version of the night's events is taken from the *History of MR5 Sapper Troops* p.258 et seq., *History of the Sapper Forces* Vol. I p.261, *History of Chemical Troops 1958–2008* p.286 and *Vietnam Military Encyclopedia* p.1113, all published in Hanoi

頁218 「你還好嗎？大兵？」Nolan, *Sappers* p.145

頁218 「我可以聽見他們正在殺害我的手下！」ibid. p.147

頁219 「我非常高興」ibid. p.162

頁221 「陸軍部長與我願竭盡全力減少陸軍自我帶來的創傷」USAHEC Abrams Papers 23.7.71 ARV2479 to McCaffery

頁221 「依我看，在那個階段」Walrath MS

頁222 「你不能拿情報警告這種東西開玩笑」*Abrams Tapes* 22.5.71 p.628

頁222 「我們的空中武力將成為維繫所有這一切的力量」*Abrams Tapes* 5.5.71 p.613

頁222 「從一九六九年以降」the account that follows owes much to Mark Clodfelter's 2016 National War College study *Violating Reality: The Lavelle Affair, Nixon and Parsing the Truth*

頁223 「應該盡可能運用我們既有的授權」ibid. p.16

頁224 「加強他的機場偵察作業」meeting of Nixon and NSC 2.2.72

頁224 「眼神顯得很迫切」Clodfelter, *Violating* p.40

頁225 「違反了交戰規則」Senate AFC Hearings 13.9.72 p.79

頁226 「讓我們度過一九七二這一關」White House Tapes 29.5.71 quoted Hughes p.29

頁228 「美國人永遠也不會有他們必須走的念頭」AI Sheehan 5.3.16

頁228 「啊，不必擔心」Polgar quoted in Kim Willenson *The Bad War* p.102

頁228 「我終於可以脫身了」AI Franklin 16.2.16

◎第24章　最大的戰役

頁230 「在搞著些什麼，跡象一籮筐」*Abrams Tapes* 22.12.71 p.724

頁230 「我們不知道何時或在何地」ibid. 31.12.71 p.734

頁231 「毫無疑問，這將是一場大規模攻勢」ibid. p.753

頁231 「自一九六五年來」ibid. p.758

頁231 「好戲上場了！」ibid. p.775

頁231 「打擊整個越戰全局最弱的一環」ibid.10.2.72 p.778

頁231 「合理的間隔」Hughes p.175

頁232 「這些共產黨是死對頭」USAHEC Weyand Oral Histories interview

頁232 「我或許是自西奧多・羅斯福以來最強硬的白宮主人了」White House Tapes conversation 532-011 30.6.71 quoted Hughes p.29

頁203 「準備動員，痛擊敵人，要提高警覺」ibid. p.241

頁203 「我們的攻勢能力已經耗盡」Nghi Huynh et al. *The Route 9–Southern Laos Counteroffensive Campaign 1971* Military History Institute of Vietnam 1987 p.5

頁205 「共產黨由於算準了南越軍即將來襲」ibid. pp.37–8; An memoir pp.105–6; Toan & Dinh pp.156–8

頁205 「敵軍布滿那個鬼地區」Sorley, *Better War* p.250

頁206 「派了一個軍長在那裡」ibid. p.251

頁206 「當事情進展順利時」Palmer p.115

頁206 「我們陷入一場真正苦戰」*Abrams Tapes* 27.2.71 p.549

頁206 「越來越相信這或許是這場戰爭中唯一一場決定性戰役」ibid. 9.3.71 p.558

頁207 「山丘上的蘆葦與芒草都被燃燒彈燒個精光」An memoir p.110

頁207 「那天夜裡月光明媚」Tran Van Thom ibid. p.131

頁207 「一名北越軍教部下」ibid. p.135

頁208 「我們面對一個公關問題或一個心理問題」*Abrams Tapes* 27.3.71 p.578

頁208 「那匹大母馬」ibid.15.4.71 p.592

頁208 「兩國間有相當大的文化裂口」ibid. 20.5.71 p.624

頁208 「空中機動概念在這項行動中遭到嚴厲考驗」ibid. 26.4.71 p.608

頁209 「南越軍其他部隊的狀況一定更加慘不忍睹」AI Pribbenow 9.11.16

頁209 「如果說藍山七一九行動過程中有罪犯」AI Destatte 12.9.16

頁209 「藍山七一九行動告訴我們越戰越南化究竟會走到哪一步」AI Snepp 10.9.16

頁210 「國防部對這項行動的處理」Sorley interview with Haig 29.11.88 quoted *Better War* p.263

頁210 「當然，之後尼克森氣消了」Haig, Alexander, *Inner Circles* p.276

頁210 「我們不能讓南越在選舉以前被狠狠打翻」White House tapes quoted Hughes p.8

頁210 「我當然不能對這參議員說」ibid. p.9

頁211 「這場戰爭正逐步轉向北方兩個軍區」message Vann to Potts May 1971 quoted Sorley, *Better War* p.273

頁211 「亞伯拉姆斯有一次聽取美國海軍在金蘭灣部署五隻寬吻海豚的簡報」*Abrams Tapes* 2.1.71 p.519

頁211 「經過一陣討價還價」ibid. 28.2.70 p.383

頁211 「公墓裡只剩下將軍與他的保鑣不耐煩地等著」ibid. 20.6.71 p.641

◎第23章　附帶損害

頁214 「這場戰爭已經不再有任何意義」Keith Nolan p.16. Much of the account that follows of the American experience on Mary Ann derives from interviews conducted for his book *Sappers in the Wire: The Life and Death of Firebase Mary Ann* Texas A & M 2007

頁214 「那些人對我毫髮未傷」ibid. pp.16–17

頁215 「巡邏隊不肯前往某些似乎特別危險的地區」Walrath MS

頁215 「這個連實在是一團糟」Nolan, *Sappers* p.25

頁189 「這整個過程讓我們心有餘悸」ibid. p.183
頁189 「對越南革命的一份大禮」ibid. p.213
頁189 「在印度支那這一波最新動盪過後」*Abrams Tapes* 7.11.70 p.506
頁190 「瘋狗尼克森愚蠢得擴大了戰事」Tram 5.5.70 p.210 & 19.5.70 p.212
頁191 「我認為，讓我感到擔心的是」*Abrams Tapes* 23.5.70 p.425
頁191 「但因河內對英國總領館人員的監控過於嚴密」Hayes, Paddy, *Queen of Spies* Duckworth 2015 p.232
頁191 「活脫就是阿加沙・克里斯蒂小說中那位馬波小姐」Sir Michael Howard to the author 9.5.17
頁191 「俄國佬！」Hayes p.222
頁192 「茱莉安・哈斯登也描寫她們如何在軍醫院外垃圾桶中清點用過的接種注射器」ibid. p.224
頁192 「我們多來自富有家族」Tang p.187
頁192 「早自一九二〇年起」ibid. p.190
頁192 「他們為政治信念而犧牲良知與實用」ibid. p.225
頁193 「我在北越一無所有」AI Dinh 9.7.16
頁193 「其中有些人真正反共」ibid.
頁194 「要的不是酒、女人與歌」AI Snepp 10.9.16
頁194 「我覺得自己彷彿生活在葛拉姆・葛林的小說中一樣」AI Finlayson 20.1.17
頁194 「不過我主張採取殺戮味道比較不那麼濃厚的作法」AI Scotton 18.9.16
頁194 「百分百野蠻」AI Freemantle 6.2.17
頁195 「我的理由是個人理由」Kerrey, Bob, *When I Was a Young Man* Harcourt 2002 p.150
頁196 「游擊戰的平民傷亡率本來就高」ibid. p.185
頁196 「當尼克森告訴他們說他們是英雄時」ibid. p.255
頁197 「首先，調查顯示」Gregory Vistica *New York Times* 25.4.2001
頁197 「我也不喜歡」ibid.
頁198 「他們需要屍體」AI Kerrey 15.11.16
頁198 「我們的故事就在肯特州立大學反戰示威事件過後發生」ibid.
頁198 「我無意爭取同情」ibid.
頁199 「你們要走的路還遠著呢」Finlayson, *Rice Paddy Recon* p.265
頁199 「我們即將離開」USAHEC Weyand Oral Histories transcript
頁200 「戰事還沒有結束」Sorley, *Better War* p.217
頁200 「梅爾・史蒂芬中尉在一九六九年年底離開越南時」AI Stephens 14.6.16
頁200 「就像德國人一樣」*Abrams Tapes* 6.5.70 p.412
頁201 「可能不像惠勒那麼不稱職」Sorley, *Better War* p.186
頁201 「我一直在考慮辭職的事」Schlesinger, *Journals* 22.5.70 p.325
頁202 「對越共、北越軍來說」MAC 14841 quoted Sorley, *Better War* p.232
頁203 「我發現這項行動可能帶來許多問題」ibid. p.233

頁172 「我們徹底傻眼」AI Smith 6.9.16
頁172 「越南不是一個打『其他人的戰爭』的例子」Edwards p.410
頁172 「大多數人希望越南統一」Wyndham MS p.17
頁173 「我們坐在直升機硬地板上」Walrath, Brian Unpublished MS of Vietnam MAT experiences given to author
頁174 「那些飛行員在我們眼中」AI Stephens 17.5.16
頁174 「澳洲下士羅伊・沙維吉有一次站在一架休伊直升機滑板上」Michael O'Brien p.39
頁174 「記者尼爾・席漢曾不止一次拜託載他飛行的直升機飛行員」AI Sheehan 5.3.16
頁174 「我老爸把我送進游騎兵學校」AI Hickman 6.2.16
頁179 「我想我們有一些時間」*Abrams Tapes* 10.3.69 p.140
頁179 「事實上沒有什麼反應期的問題」ibid. p.142
頁180 「我很喜歡亨利」Schlesinger, *Journals* 14.12.69
頁180 「亨利強調一個論點」Haldeman, H.R., *The Haldeman Diaries* Berkley Books 1994 p.557 18.12.72
頁180 「只有讓北越面對難以克服的障礙」Kissinger, *White House Years* p.436
頁181 「我要你了解」Nixon memoirs conversation of 20.10.69 p.399
頁181 「更建設性……」Gaiduk p.220
頁181 「不能像轉換電視機頻道一樣」Suri, *Kissinger and the American Century* p.213
頁182 「保守派專欄作家約瑟夫・奧索說」*LA Times* 12.6.69
頁182 「我們在越南能幹些什麼全靠武力」*FRUS 1969–76* VI p.400
頁182 「越戰越南化並不是尼克森真心推動的戰略」Hughes, Ken, *Fatal Politics: The Nixon Tapes, the Vietnam War and the Casualties of Reelection* University of Virginia 2015 p.180
頁183 「亞伯拉姆斯說」*Abrams Tapes* 9.2.70 p.364
頁183 「你得需要什麼有什麼」AI Thorne 6.2.16

◎第22章　一步步的敗戰

頁186 「想到那些鴿派能把老詹森整得那麼慘」*Abrams Tapes* 5.3.69 p.151
頁186 「我們必須強硬」Langguth p.565
頁186 「它不過是讓美軍保有一種攻勢姿態罷了」Abrams to Moorer quoted Sorley, *Better War* p.206
頁186 「不像是國家元首作外交」West p.5
頁187 「應邀參觀蘇聯技術人員為胡志明屍身作防腐處理」Tran Bach Dang memoir pp.197–202
頁187 「他們橄欖綠的制服沾滿泥汙與血跡」Swain, Jon, *River of Time* Heinemann 1995 p.41
頁188 「我看到的那些擄獲的武器大多是廢物」*Abrams Tapes* 10.5.70 p.414 & 6.5.70 p.415
頁188 「若不是盲目跳進雲霧深鎖的布谷鳥樂園」Ramsey MS IV 34
頁188 「高棉原本急欲避免介入印度支那衝突」ibid. V 38
頁189 「我想每個人都心知肚明」*Abrams Tapes* 19.5.70 p.417
頁189 「我們不僅要逃避無情敵人的毒手」Tang p.180

頁162 「一九六九年有一天」AI Rogers 6.3.16

頁162 「這個國家對我們幹了一件暴行」Terry p.256

頁163 「在我們服役時」AI Smith 6.9.16

頁163 「真正一流」*Abrams Tapes* 5.8.69 p.245

頁163 「其他派遣軍加入越戰」ibid.15.1.70 p.339

頁163 「他們有自己的准尉」AI Harrison 11.3.16

頁163 「我們總能在敵軍聽到我們以前」AI Freemantle 6.2.17

頁163 「澳洲軍在一九六六年」Luan p.427

頁163 「這名少校說」ibid. p.363

頁163 「我非常擔心會殺害平民」AI Franklin 16.4.17

頁163 「中共在印度與太平洋間的進軍」this narrative owes much to Peter Edwards' authoritative 2014 work *Australia and the Vietnam War*

頁165 「我不願錯失這參戰經驗」AI Smith 6.9.16

頁165 「在澳洲軍的陣地」ibid.

頁166 「曾在一九六八年與澳洲軍共事」USAHEC Company Commanders' Oral Histories Box 6 Folder 2

頁166 「巡邏太謹慎小心」Michael O'Brien pp.166–7

頁166 「我心想，如果我們起身」AI Freemantle 6.2.17

頁166 「在澳洲人與美國人民眼中」Edwards p.327

頁167 「總是一樣沉悶和疲憊的巡邏」Michael O'Brien p.54

頁167 「一營澳洲軍發生六十四起觸雷事件」ibid. p.242

頁167 「澳洲參戰的浪費與徒勞的悲劇典型」Edwards p.261

頁167 「來自布里斯班的卡車司機之子羅伯・富蘭克林中尉說」AI Franklin 16.2.16

頁168 「在之後漫漫軍旅生涯中」AI Smith 6.9.16

頁169 「不過說說而已」Australian War Memorial PR87/157

頁169 「他十分邪惡」AI Smith 6.9.16

頁169 「我寫信給南非」AI Freemantle 6.2.17

頁170 「如果一個人不願去」AI Smith 6.9.16

頁170 「如果他們給我們錯誤情報」AI Freemantle

頁170 「最重要的是耐性」Michael O'Brien p.252

頁170 「農民不相信不久就會離去的外國人」ibid. p.202

頁170 「我們坐下來仔細聆聽」AI Freemantle

頁171 「早先的一次碎彈攻擊事件也讓兩名軍官喪生」Edwards p.332

頁171 「巨響過後沒有其他動靜」AI Smith 6.9.16

頁171 「你在這裡看到的人」ibid.

頁171 「他死得活該」Michael O'Brien p.116

頁151 「葛雷格・達迪斯認為」Daddis, *Withdrawal* p.19
頁152 「對這場戰爭了解越多」AI Thorne 3.3.16
頁154 「日以繼夜」Tram 11.6.69 p.125
頁154 「夜間的叢林深處」Ninh p.4
頁154 「敵軍在戰場上贏得一九六八年最大勝利」*Abrams Tapes* p.79
頁154 「我們得留神」ibid. p.154
頁154 「我們必需保衛我們的基地」ibid. p.139 5.3.69
頁155 「冒險家，就若干程度而言」Braestrup p.515
頁155 「在春節攻勢期間」ibid. p.517
頁156 「林伍德・伯尼在一九六八年」USAHEC Company Oral Histories Box 5 Folder 7
頁156 「亞伯拉姆斯承認他不敢『踢屁股』」Sorley, *Better War* p.294
頁156 「我們在那裡有很優秀的青年」USAHEC Company Commanders' Oral Histories Box 18
頁157 「福特爵士」Terry p.48
頁157 「大衛・強森上尉在一九六八年」USAHEC Company Commanders' Oral Histories Box 18 Folder 9
頁158 「為什麼有人幹這種事？」*Abrams Tapes* 21.2.70 p.379
頁158 「基蘭只服了不到兩年刑」Solis pp.129–31
頁158 「這是一次蓄意、經過精心策畫的行動」ibid. p.193
頁158 「從沒有這樣廣泛」ibid. p.110
頁158 「陸戰隊軍法處記錄了一百多宗這類事件」ibid. pp.110–12
頁159 「被非志願徵召到越南」USAHEC Medical Personnel Oral Histories files
頁159 「完全是一團糟」AI Thorne 3.3.16
頁159 「與其說這代表種族歧視」Solis p.171
頁159 「毒品氾濫、種族分裂」Borch, Frederic L., *Judge Advocates in Vietnam: Army Lawyers in Southeast Asia 1959–75* Combat Studies Institute 2003 p.112
頁159 「你要一個小兵整頓儀容」USMCA Oral Histories Tape 4749 1970
頁160 「大規模暴動」Solis p.130
頁160 「士兵與過去大不相同」AI Hunt 13.11.16
頁160 「種族議題幾乎毀了美國陸軍與陸戰隊的架構」AI Boomer 2.3.16
頁160 「甚至在特種部隊營區」AI Freemantle 6.2.17
頁161 「我已經幹掉那狗娘養的」Solis pp.136–8
頁161 「我不打算買車，長官」Terry p.39
頁161 「一名來自南方的白人士官」USAHEC Medical Personnel Oral Histories Mary Ellen Smith
頁161 「我們的排一旦走出鐵刺網周邊」AI Hall 12.11.16
頁161 「我雖然很喜歡這個人」AI Anthony 13.11.16
頁162 「我常想，不知道當威廉斯上尉」USMHA Sidney Berry Papers Box 38 3.10.65

頁 137 「我們也有死傷……」*Battles of the Vietnamese Artillery* Vol. II p.16
頁 138 「他們不肯放棄」AI Livingston 3.3.16
頁 138 「原本緊緊結在一起的整整一個營」*History of the 320th Division* p.81
頁 138 「在僅僅一個下午」ibid. p.84
頁 138 「它根本、根本就是荒唐」Nolan, *Bastards* p.305
頁 138 「我不相信湯普金斯了解當時真相」AI Weise 5.3.16
頁 139 「我常想，如果我們能與北越來一次交換師長」*Abrams Tapes* 2.8.69 p.238
頁 139 「經過三次非常艱苦的反攻後」USMCA 1st Amtrak Battalion PR/F/4/2
頁 139 「我相信陸戰隊把這場戰役的真相隱瞞了」AI Weise 5.3.16
頁 140 「這個說法雖說很可能不假」Dobrynin p.170
頁 140 「莫斯科的驚愕不比華府小」ibid. p.143
頁 140 「由於擔心尼克森贏得大選」ibid. p.175
頁 140 「穿制服等於找人打架」AI Koltes 11.10.16
頁 141 「我們到今天已經進入戰場九天」USMCA Minehan letters A/5/L/3/5
頁 141 「我們打贏一仗」*Abrams Tapes* 29.6.68 p.8
頁 141 「依我看，我們已經在巴黎」ibid. 17.8.68 p.29
頁 142 「兩黨候選人都會支持」ibid. p.40
頁 142 「亞伯拉姆斯的評估」*FRUS* 1964–68 VII: p.189
頁 142 「談到作戰報酬」Hunt, *9th Division* p.106
頁 142 「但參加過大道之戰的人」*Abrams Tapes* 27.9.69 p.27
頁 143 「我相信，我的經驗對這場戰爭的回顧很重要」Haponski p.328
頁 143 「我不在乎，我不想死」AI Hall 12.11.16
頁 144 「問題已經不再是我們應不應該撤軍」Nixon, Richard, *No More Vietnams* p.96

◎第21章　尼克森的傳承

頁 146 「怎麼有這種事？」Scotton p.235
頁 146 「冷風微嘆」Tram 14.2.69 p.91
頁 146 「幾千萬人正依賴美國」Kissinger, Henry, *Ending the Vietnam War* Simon & Schuster 2003 p.8
頁 147 「他下令，任何一名連級」Daddis, Greg, *Withdrawal* Oxford 2017 p.41
頁 147 「盟軍對當地人口沒有任何資訊」ibid. p.33
頁 147 「爭取民心的作法有矯枉過正之嫌」in April 1969
頁 148 「狗屎！」*Abrams Tapes* p.213
頁 148 「下令殺了一切會動的東西」AI Hickman 5.2.16
頁 149 「這是一場惡戰，牧師」Whitt p.98
頁 151 「任由這些敵軍不付任何代價」*Abrams Tapes* 11.11.68 p.77

頁120 「這支部隊不乏勇敢、良知之士」the account that follows derives from author interviews with participants Brig. Gen. Bill Weise, Maj. Gen. James Livingston & Col. Jim Williams; Keith Nolan's 1994 book *The Magnificent Bastards*; a 2014 US Marine Corps documentary film narrative of the battle; USMC records of the 1st Amtrak Battalion PR/F/4/2; and Vietnamese histories as detailed below

頁121 「我們就像是在作戲一樣」Nolan, *Magnificent Bastards* p.11

頁121 「你或許可以在那裡找到」AI Williams 16.9.16

頁122 「我們有太多地方做得不對」AI Weise 5.3.16

頁122 「你們這些陸戰隊都只有死路一條！」AI Williams 16.9.16

頁122 「四月二十七日夜」Nolan, *Magnificent Bastards* p.12 et seq.

頁122 「我們都已經累壞了」ibid.

頁123 「事實證明這麼作大錯特錯」ibid. p.16

頁123 「這無疑是我在越南度過」ibid. p.21

頁124 「在第四團第二營陸戰隊進駐二十四小時前」*Battles of Vietnamese Artillery during the War of Liberation* Vol. II Hanoi 1990 p.8 et seq.

頁124 「先打下他們一個再說」Nolan, *Bastards* p.42

頁126 「他媽的，這地方到處都是越共屍體」ibid. p.59

頁127 「我們已經貼近到北越軍」Livingston, James E. with Colin D. Heaton & Anne-Marie Lewis, *Noble Warrior* Zenith Press 2010 p.47

頁127 「沒有他媽的水兵能拿走我的武器！」AI Williams 16.9.16

頁128 「他們很有可能將我們一網打盡」Nolan, *Bastards* p.87

頁128 「B連當時是一群軍紀渙散」ibid. p.80

頁128 「那是徹底混亂」ibid. p.82

頁129 「有人過去，卻沒有人停下來」ibid. p.84

頁129 「但事實上，在這個階段」*History of the 320th Lowland Division* Hanoi 1984 p.75 et seq.

頁129 「我們處在生死存亡的關頭」Nolan, *Bastards* p.77

頁129 「比爾・韋斯夾在中間」ibid. p.133

頁130 「官兵們頻臨恐慌邊緣」ibid. p.92

頁131 「當然很多人憎恨，但你不能說」ibid. p.104

頁132 「北越軍奏凱，宣稱殺了三百名美軍」*History of the 320th Division* p.76

頁133 「我有一位非常堅強的母親」AI Livingston 3.3.16

頁133 「我們都怪我們連長」Nolan, *Bastards* p.146

頁133 「那些孩子……」ibid. p.136

頁135 「白日當空，暑氣逼人」ibid. p.169

頁136 「我流很多血」AI Livingston 3.3.16

頁136 「他們毀了我們」Nolan, *Bastards* p.195

頁108 「無可否認」ibid. p.388

頁108 「敵人在戰場暫時取得上風」Tuan Vol. IV (1969–72) p.18

頁108 「在我的整個軍旅生涯中」Huynh Cong Than p.157

頁109 「我們終於發現」MP interview Tran Trong Trung

頁109 「幾個月以後，一名師長說」Julian Ewell in *Abrams Tapes* p.208 12.6.69

頁110 「春節攻勢顯然改變了」audiotape transcribed in 1986 Hanoi conference proceedings p.47

頁110 「許多我們的人失去信心」An memoir p.91

頁110 「我們有很大的進展」USAHEC Weyand Oral Histories

頁110 「看看溪山吧」*Abrams Tapes* p.33

頁110 「在春節攻勢結束後」AI Anthony 13.11.16

頁111 「西貢塵煙滾滾」Sorley, Lewis ed., *A Better War: The Unexamined Victories and Final Tragedy of America's Last Years in Vietnam* Harvest 1999 p.29

頁111 「我們必須決定」NBC 3.3.68

頁111 「球賽已經結束」Scotton p.226

頁112 「北越用慘重的代價證明他們永不放棄」AI Scotton 18.9.16

頁112 「在看過那成千上萬具屍體後」USAHEC Weyand Oral Histories transcripts

頁112 「認為美國會打輸越戰的人只有百分之三」Hammond p.372

頁113 「親愛的兒子」USAHEC Vietnam War Document Collection Box 3 Folder 15

頁114 「政治膽怯」Schlesinger, *Journals* 3.4.68 p.286

頁114 「一種自我與國家意識的惡劣聯姻」ibid.11.11.71 p.144

頁114 「在我看來，情況似乎很明顯」Berman, *Tragedy* p.153

頁115 「這是共產黨在美國」Charlton & Moncrieff p.121

頁115 「這是唯一可能的評估」Tran Bach Dang address to anniversary conference, reported in *Military History* Issue 2 Hanoi 1988 p.58

◎第20章　反覆重演

頁118 「兒啊，安息吧」Than p.136

頁118 「將戰火直接燒進敵人老巢」ibid. p.137

頁118 「我們像自殺隊一樣展開」ibid. p.139

頁118 「我們發現情勢極為不妙」ibid. pp.141–2

頁119 「許多人說，美國人一定是把」Luan p.328

頁119 「一個組織、裝備與訓練」Haponski, William, *An Idea, and Bullets* Combatant Books 2016 p.330

頁119 「事情很可悲」*Abrams Tapes* 6.7.68 pp.15 & 17

頁120 「你發現自己不斷在同樣的地方」AI Anthony 13.11.16

頁120 「有時你來到你在兩周前」AI Stevens 9.11.16

頁 096 「那越共殺害阮俊一家人」Santoli p.185
頁 096 「只在快門一閃之間」Ky p.265
頁 096 「那群禿鷹一樣的記者」USMCA Chaisson letter of 2.2.68
頁 097 「非常不對勁」*Wall Street Journal* 6.2.68
頁 097 「一八七六年六月二十七日」*Washington Post* 6.2.68
頁 097 「魏摩蘭告訴國防部」USAHEC Wheeler Papers Westmoreland MAC 1614 message to Wheeler 4.2.68
頁 097 「在這個急需援軍的緊要關頭」USAHEC Abrams letter copy 23.2.68 Westmoreland Papers
頁 097 「有些南越軍表現很出色」USAHEC Weyand Oral Histories interview
頁 098 「郊區已經成為絞肉廠」Than p.146
頁 098 「雖說我覺得我們可以守住溪山」USAHEC Westmoreland Papers Box 3
頁 098 「意在將溪山變成又一個奠邊府」ibid. MAC 1901
頁 099 「但魏摩蘭隨即說」Westmoreland, William, *A Soldier Reports* p.338
頁 100 「每五人就有一人染上瘧疾」*Rear Services Operations during the Route 9–Khe Sanh Campaign* Hanoi 1988 p.281
頁 100 「第九團還沒上戰場已經死傷近三百人」Huy Duc memoir p.62
頁 100 「一枚炸彈在指揮所碉堡邊爆炸」ibid. p.74
頁 101 「像果凍一樣糾結在一起」USMCA Fulkerson MS A/30/7/5/1
頁 101 「從來就不相信北越軍能攻占溪山」AI Anthony 13.11.16
頁 101 「但有一次劇團在演出時遭到空襲」Toan & Dinh p.115
頁 101 「河內發表的數字」ibid. p.100
頁 101 「高大、笨重、遲緩的美國人大批死亡」ibid. p.94
頁 101 「為師幹部與士兵的思想」ibid. p.96
頁 101 「缺乏進取精神」ibid. p.122
頁 102 「一名幹部後來大罵他們的上級」Gen. Tran Van Quang address to Tet anniversary conference, reported *Military History* Issue 2 Hanoi 1988 p.30 & Hai address to 1986 conference p.24
頁 102 「每個人都不敢實話實說」An memoir p.88
頁 102 「這些東西都是人造出來的」*Abrams Tapes* 2.1.71 p.516
頁 102 「一名美軍爬上一輛南越軍戰車」Bowden, Mark, *Hue 1968* Grove Atlantic 2017 p.143
頁 103 「親愛的，昨夜我哭了」ibid. p.353
頁 103 「沒有人知道情況究竟如何」AI Harrington 4.3.16
頁 106 「住在那裡的那名男子被越共槍殺」Young p.39
頁 107 「一名受害人是四十八歲」Oberdorfer, Don, *Tet! The Turning Point in the Vietnam War* Johns Hopkins 2001 p.229
頁 107 「共產黨用鐵絲絞死軍人」McNeill, Ian, *The Team: Australian Advisers in Vietnam* Hippocrene 1984 p.152
頁 108 「他們太容易向職業壓力屈服」Hammond p.387

頁077 「發動總攻勢與起義」Gen. Tran Van Quang 'Hue: 25 Days and Nights' address to Hanoi anniversary conference, reported *Military History* Issue 2 Hanoi 1988 p.26

頁077 「一月三十日下午」this account is based on VC cadre Tong Ho Trinh p.30

頁077 「在寫好每天晚上的報告」USAHEC Vietnam Document Collection Box 2 Folder 13

頁078 「越共進城了……」Scotton p.226

頁078 「當共軍展開攻擊時」Young pp.35–7

頁078 「二十六歲的陳伍輝」this account from Wiest, Andrew, *Vietnam's Forgotten Army: Heroism and Betrayal in the ARVN* NYU 2008 p.101 et seq.

頁080 「如果要民眾起義」Trinh p.67

頁081 「我們只前進了大約兩百碼」Krohn, Charles A., *The Lost Battalion of Tet* Naval Institute Press 2008 pp.3, 5

頁081 「我軍四百人發動衝鋒」ibid. p.66

頁082 「我們在發動攻擊前談了一會兒」ibid. p.69

頁082 「北越軍的高級領導層比我們強」ibid. p.51

頁082 「你很熱。我再說一遍」AI Harrison 14.3.16

頁082 「你就是那需要救援的長鼻子嗎？」AI Destatte 12.9.16

頁083 「我發現我在與一個瘋子打交道」Nichols & Tillman p.40

頁085 「我以為我已經命在旦夕」AI Wendt 14.11.16

頁086 「當朝陽高掛半空」USAHEC Vietnam War documents Box 3 Folder 5 Speedy narrative

頁086 「那就像有人在越南引爆核子武器一樣」Terry p.122

頁087 「我建議你把這個地方清理乾淨」AI Wendt 14.11.16

頁088 「西貢市中心」Braestrup, Peter, *Big Story: How the American Press and Television Reported and Interpreted the Crisis of Tet 1968* Anchor 1978 p.118

◎第19章　大混亂

頁090 「外面很吵」AI Tan 21.9.16

頁090 「現在就讓我們歡迎和平吧」Elliott, *Mekong Delta* Vol. II p.1098

頁090 「第一天的戰鬥情況」Than p.133

頁091 「我是學生」AI De 9.7.16

頁092 「我看見他舉起那根排水管」Michael O'Brien p.124

頁092 「一場馬拉松就此展開」USAHEC Medical Personnel Oral Histories

頁093 「情勢非常、非常、非常惡劣」Hammond p.345

頁093 「經過這些年的戰鬥」*New York Times* 2.2.68

頁093 「敵人竟能同時」USMCA Chaisson papers

頁094 「我非常擔心自己欠缺實戰經驗」AI Harrington 4.3.16

頁095 「突然間，一大群越共在我們後方出現」AI Harrison 3.3.16

頁061 「我見到步兵學校教官」Dong Van Khuyen ibid. p.61
頁061 「我們從美軍的南越戰友」Tang p.160
頁061 「駭然發現一條巨型絛蟲」AI Breen 7.3.16
頁061 「因此，根據佛教教義」Young p.30
頁061 「當你聽完」West p.37
頁062 「我們沒有戰敗」Tram 24.7.69

◎第18章　春節攻勢

頁065 「只有在美國人重創我們」Truong Cong Dong quoted Gaiduk p.142
頁065 「如果你想取勝」MP interview Tran Tong Trung
頁066 「讓光榮對民族解放陣線展開笑容」Elliott, *Mekong Delta* Vol. II p.1083
頁066 「武元甲的部屬」Huy Duc p.156
頁067 「他默認了這項計畫」ibid. p.159
頁067 「春節總攻勢一總起義」Pribbenow, Merle 'General Vo Nguyen Giap and the Mysterious Evolution of the Plan for the 1968 Tet Offensive' *Journal of Vietnamese Studies* Vol. III Issue 2 2008 pp.1–33
頁067 「已經作了一項極具先見之明的評估」see Wirtz passim
頁068 「殺暴君與間諜運動」Tong Ho Trinh, *The 1968 Tet Offensive in the Tri-Thien-Hue Theater* Ministry of Defence Hanoi 1986 (trans. Bob Destatte & Merle Pribbenow for US Army Center for *Military History*) p.21
頁068 「消息已經傳出」Wirtz p.183
頁069 「他們看起來精神抖擻」Ramsey MS IV F9
頁069 「這是溪山」USMCA Fulkerson MS A/30/7/5/1
頁070 「叢林中的一道創口」West p.56
頁070 「他們答不上來」Huy p.57
頁070 「兩個進駐這個地區的北越師」this account is partially based on Nguyen Huy Toan & Pham Quang Dinh, *The 304th Division* Vol. II Chapter 2 People's Army Publishing House Hanoi 1990
頁071 「發出足夠噪音」Wirtz p.81
頁071 「溪山會像奠邊府一樣 」Hoang Ngoc Lung pp.354–5
頁073 「A7 到A404：攻擊發起日」Dang, Tran Bach, *Life and Memories* Tre Publishing House Ho Chi Minh City 2006 p.158
頁073 「他們非常驚恐」ibid. p.158
頁074 「沒有人了解這是怎麼回事」Than p.130
頁074 「情勢極端險惡」ibid. p.131
頁076 「革命！攻擊！攻擊！ 」Dang memoir p.165
頁076 「越共過分迷信意識形態理論」Gen. Tran Do, 1968 Tet offensive review conference *Military History* Issue 2 1988 p.56

頁049 「其中有非常美好的人」ibid. IV B14
頁050 「我們又能怎麼做？」Elliott, *Mekong Delta* Vol. II p.868
頁050 「他們為什麼」Dang Thuy Tram, *Last Night I Dreamed of Peace* Harmony 2007 20.8.68 p.46
頁050 「今天一名同志倒下」ibid. 22.4.68 p.12 & 31.5.68 p.23
頁051 「我的心除了投入工作以外」ibid. 11.10.68 p.59
頁051 「還有什麼能比成為」ibid. 20.10.68 p.61
頁051 「為國家生存誓死犧牲」ibid. 19.3.69 p.101
頁051 「北越領導人」Langguth, A.J., *Our Vietnam* Simon & Schuster 2000 p.668
頁051 「在越南問題上」quoted Lind p.178
頁053 「只抽了幾口」Bao Ninh, *The Sorrow of War* Vintage 1998 p.9
頁053 「政治不斷持續」ibid. p.5
頁053 「越南的海明威」AI Bang 7.10.16
頁053 「有一次在行軍途中」An memoir p.62
頁054 「但，老天，在剝了皮以後」Ninh p.5
頁054 「當你在那天已經走了十八英里」AI Pham Phu Bang 7.10.16
頁054 「一九六七年，一名北越士兵向西貢軍隊投降」Nguyen Van Tanh cited in Luan p.308
頁055 「每天晚上，數以百計的卡車」An memoir p.95
頁055 「大雨往往把信件打濕」AI Bang 7.10.16
頁056 「或許，最讓人傷感的事莫過於撤離」Tram 27.4.69 p.111
頁056 「我們蹣跚攀爬上山」ibid. p.112
頁056 「它給我的第一個印象」Tang p.128
頁057 「像被狩獵的野獸一樣」ibid. p.157
頁057 「像啃塑膠做的舊鞋子一樣」ibid. p.159
頁057 「震耳欲聾的轟隆聲由遠而近」ibid. pp.167 & 168 & 177
頁058 「為什麼敵人顯然比」Howse, Hamilton, *Vietnam: An Epilogue* Association of the US Army July 1975 pp.1–2
頁058 「若將一般南越軍官」AI Ramsey 22.9.16
頁059 「越共嘲諷地說」Tran Bach Dang, Tet off ensive review conference *Military History* Issue 2 1988 p.59
頁059 「他們的慷慨讓我敬服」AI Hoi 18.9.16
頁059 「我知道共產黨狡猾得很」ibid. 17.9.16
頁060 「不行，辦不到，太危險」Bonville p.336
頁060 「當然，他們的真正用意是發出足夠聲響」AI Sutton 12.11.16
頁060 「想家、不願作戰」Sorley, Lewis ed., *The Vietnam War: An Assessment by South Vietnam's Generals* Texas Tech 2010 p.32
頁060 「我從沒動過結婚的念頭」AI Si 21.5.16
頁061 「空著肚子要我們怎麼打仗？」Sorley, *Vietnam's Generals* p.53

頁033 「對許多美軍來說」Del Vecchio p.106
頁033 「我們那個排平均年齡為十九或二十歲」O'Brien, Tim, *Things* p.35
頁034 「我總是保持警戒」Nolan Sappers p.93
頁034 「太多的人在執行哨戒任務時沉睡」USMCA Tenney MS A/25/B/5/1
頁034 「韋恩・米勒有時因為又緊張」AI Miller 13.11.16
頁036 「但在一九六二年十月」Chivers p.272 et seq. The following account derives chiefly from Chivers
頁037 「他承認這種新步槍」ibid. p.290
頁037 「槍砲史學者齊佛斯寫道」ibid. p.316
頁037 「還有美軍寫信回家」AI Spencer 12.2.16
頁039 「葛瑞・特里上尉說」AI Turley 2.3.16
頁039 「華特・布莫說」AI Boomer 2.3.16
頁039 「同樣，朱德・金尼」AI Kinne 2.10.16
頁039 「倒也不是每個人都喜歡對手的武器AK-47」Luan p.267
頁040 「先生，你究竟得為將軍做些什麼？」AI Graham 6.3.16
頁040 「不要再胡思亂想」*Philadelphia Inquirer* 17.9.67
頁041 「在越共/北越軍與我本人間」McNamara to Sissons 23.3.67
頁041 「我當時很困惑」AI Graham 6.3.16
頁041 「范福逢與他的手下」AI Bang 7.10.16
頁041 「他們將村裡兩千居民殺了兩百五十多人」Luan p.362

◎第17章　我們的人，他們的人：越南戰爭

頁044 「我們路過一個又一個」Ramsey MS p.I A 40
頁044 「我們學會在聽到」AI Khiem 13.9.16
頁044 「我的警官生涯很成功」AI Nguu 20.9.16
頁045 「一名司機有些慚愧地說」AI Johnny Underwood 11.10.16
頁045 「它自有一股懾人的威勢」Tang p.110
頁046 「那法官之後成為阮文紹的首席安全顧問」ibid. p.101
頁046 「甚至在張如堂的叛國身分暴露後」ibid. p.261
頁048 「我們的行進路線通過一座菜園」Ramsey MS IV F10
頁048 「農民要的不過是和平」Wyndham MS p.17
頁048 「克萊登・亞伯拉姆斯將軍說」*Abrams Tapes* 23.8.69 p.252
頁048 「人間地獄」West p.52
頁048 「北越軍第三師」Th an p.124
頁049 「這座要塞化小村」Finlayson, *Killer Kane* p.140
頁049 「北越軍與越共的精英」Ramsey MS IV A65

頁 023 「朱德・金尼的排」AI Kinne 2.10.16

頁 023 「雷格・愛德華不怕當尖兵」Terry p.7

頁 023 「你若不是在搬運東西」O'Brien, Tim, *The Things They Carried* Flamingo 1990 p.33

頁 024 「造成的情緒壓力」Caputo p.315

頁 024 「對於之後的戰鬥過程」AI Shyab 11.11.16

頁 024 「你哭是因為你在等死」Terry p.41

頁 025 「我想是因為覺得我們太可憐了」USAHEC Company Commanders' Oral Histories Box 6 File 4

頁 025 「他有個神奇的鼻子」An memoir p.49

頁 025 「一隻來自澳洲名叫卡修斯的偵查犬」O'Brien, Michael, *Conscripts and Regulars: With the Seventh Battalion in Vietnam* Allen & Unwin 1995 p.39

頁 025 「好讓牠們知道誰是好人」AI Thorne 7.2.16

頁 025 「在巡邏一、兩周」USAHEC Company Commanders' Oral Histories Box 18 Folder 10

頁 025 「我雖然行經死陰的幽谷」Del Vecchio p.503

頁 026 「他永遠忘不了」AI Sutton 12.11.16

頁 026 「疲勞與暑熱已經讓你筋疲力盡」USMCA Hardwick MS A/30/J/5/1

頁 026 「我們覺得旗鼓相當」AI Rogers 6.3.16

頁 027 「只需對一具雙向無線電說幾個字」Caputo p.13

頁 027 「只不過他們找到的」Finlayson, *Killer Kane* p.185

頁 027 「射擊紀律差是美軍通病」USMCA Hardwick MS A/30/J/5/1

頁 027 「有一次我見到一名敵軍士兵」USMCA Tenney MS A/25/B/5/1

頁 028 「有一次雙方交火前後僅僅三十秒」Caputo p.243 patrol in Sept.1965

頁 028 「我絕不騙你」Santoli p.190

頁 029 「那些臨陣退縮的兵」AI Shyab 11.11.16

頁 029 「陷於休克狀態」ibid.

頁 029 「對傷員有一種情緒牽引」USAHEC Company Commanders' Oral Histories Box 18 Folder 2

頁 029 「部分原因不過是想找一個脫離火線的藉口」Nolan, *Bastards* p.53

頁 030 「他們帶太多奢侈品」AI Pham Phu Bang 7.10.16

頁 030 「沒多久，我們都笑得人仰馬翻」Finlayson, *Killer Kane* p.134

頁 030 「僅僅幾年以前」McNamara letter to Sissons 23.3.67

頁 031 「非常得意」AI Graham 6.3.16

頁 031 「上帝，求求您」Whitt, Jacqueline E., *Bringing God to Men: American Military Chaplains and the Vietnam War* University of North Carolina Press 2014 p.171

頁 032 「也有人煮即溶咖啡或可可」Del Vecchio p.199

頁 032 「他喜歡歷史、政治學」Finlayson, *Killer Kane* p.197

頁 032 「找不到《花花公子》雜誌時」Terry p.30

頁012 「我父親永遠忘不了」AI Graham 6.3.16
頁012 「如果我們被徵召」Baskir & Strauss p.49
頁013 「在越南戰死的那些徵兵」ibid. p.9
頁013 「肩負任何擔子」Charlton & Moncrieff p.137
頁013 「但美國陸軍軍史學者」to the author 6.11.17
頁014 「你們會因此抱憾終生」AI Sen. Larry Pressler 21.1.17
頁014 「我沒有更好的選擇」AI Rogers 6.3.16
頁015 「我們顯然犯了許多錯」AI Scotton 11.9.16
頁016 「狠狠教訓了一頓」Palmer p.60
頁016 「讓人極為懊惱的是」USAHEC Oral Histories transcript
頁016 「對那敵屍計算的狗屁工作有些太過熱衷」USAHEC Oral Histories Felletter, Vincent
頁017 「地區民防軍的效益是零點三」Hunt, *9th Division* p.93, May 1968
頁017 「一張掛圖最後顯示」ibid. p.97
頁017 「克萊登・亞伯拉姆斯將軍」*Abrams Tapes* 18.4.70 p.407
頁017 「第九師那套可恥的惡搞」Scotton p.240
頁017 「對持久戰的恐懼」Wirtz, James J., *The Tet Offensive: Intelligence Failure in War* Cornell 1991 p.34
頁017 「儘管浪費、昂貴」Pentagon Papers *New York Times* edition p.558
頁018 「美國人打起來很猛」Elliott, David P. & Mai, *Platoon of the 514th Battalion* RAND Corporation 1969 available online p.1030
頁018 「現行戰略與軍事行動正帶來穩定進展」USAHEC Wheeler Papers Box 2
頁018 「對可能取得多大勝利的問題」Tuan Vol. III p.287
頁018 「除了我們在一九六五年十一月」ibid. p.282
頁018 「不計成本，透過一場全面攻勢——起義」ibid. p.284
頁018 「我們的政府已經反覆明白表示」USAHEC Wheeler Papers Box 2
頁019 「這名南越將軍告訴帕爾墨」Palmer p.57
頁019 「情勢已經非常明朗」ibid. p.74
頁019 「在緊鄰水岸的主街」West p.25
頁020 「如果在越南打仗有一段好日子」AI Boomer 2.3.16
頁020 「如果你是『泰利與海盜』漫畫中那種冒險派」McNamara to Sissons 23.3.67
頁021 「我們每一天都在尋求作戰機會」AI Boomer 2.3.16
頁022 「至於口糧」Finlayson, Andrew, *Killer Kane* McFarland North Carolina 2013 p.114
頁022 「內褲會導致褲襠部位滋生真菌」AI Williams 16.9.16
頁022 「在那個地方什麼都會朽爛」Caputo p.247
頁022 「世上再也找不到」USAHEC Vietnam War Documents Box 2 Folder 15
頁023 「想送死，最好的辦法就是」Finlayson, *Rice Paddy Recon* p.115

Military Science Publishing, p.616

頁392 「五十七歲的郎桂林」this account derives from Long, Guilin *Memoirs* Beijing 1996 pp.176–7

頁393 「北韓一開始就派了」Col. Nguyen Van Minh, M.-G. Pham Van *History of the Resistance War Against the Americans to Save the Nation 1954–75,* 8 vols *Military History* Institute of Vietnam Hanoi 2008 Vol. V p.271 Hanoi 2001; & letter to *Tuoi Tr*e newspaper 17.8.2007

頁394 「就像每一名獲得特許」the author was comparably bamboozled on a 1971 visit to China as a reporter for BBC TV

頁394 「就算飛行員正確找到目標」Thompson p.45

頁395 「一九六七年二月的一次民調顯示」Lou Harris in *Washington Post* 12.2.67

頁395 「在一九六六年，美軍每造成」Pentagon Papers Gravel Edition IV p.136

頁395 「因為這麼做符合美國利益」quoted in Ulysses S. Sharp, *Strategy for Defeat* Presidio Press 1978 p.99

頁395 「沮喪來自每一層面」quoted in Mersky & Polmar pp.180–1

頁396 「我不知道該怎麼」Halberstam pp.138–9

頁396 「對一個社會的」Institute for Defense Analyses JASON study 29.8.66 in Pentagon Papers p.505

頁396 「美國的轟炸」Hoeffding, Oleg, *Bombing North Vietnam: An Appraisal of the Economic and Political Effects* RAND Corporation publication RM5213 available online p.22

頁396 「美國的威脅」ibid. p.v

頁396 「這麼做有可能」USAHEC Wheeler Papers Box 2

【下冊】

◎第16章　陷入淹到腰部的泥沼

頁009 「都在幫著拖長這場戰爭」*New York Times* 7.5.67

頁009 「當我提出反駁時」AI Scotton 18.9.16 – he spoke in September 1967

頁009 「有一種永無止境的受虐狂心態」Kissinger, Henry, *The White House* Years Boston & NY 1979 p.112

頁010 「有更多官兵能寫信給他們的國會議員訴苦」Sorley, Lewis ed. *The Abrams Tapes* 1968–72 Texas Tech 2004 p.36

頁010 「我讀了許多書」Terry p.202

頁010 「不幸的是」Finlayson *Rice Paddy Recon* p.66

頁011 「民眾暴亂讓他與他的同袍很受傷」McNamara private letter to Michael Sissons 23.3.67

頁011 「我們尊重他的意識形態」AI Ramsey 22.9.16

頁011 「統計數字顯示」much of the data that follows derives from Baskir, Lawrence M. & Strauss, William A. *Chance and Circumstance: The Draft , the War and the Vietnam Generation* Knopf 1978

頁012 「假求學，真逃兵」ibid. p.7

Glazunov et al. eds Moscow 2005

頁 381 「有時母親由於」Kien memoir p.15

頁 381 「看不見盡頭」Zaitsev, Anatoly, *Na Gromykovskikh Kovrakh* [On Gromyko's Carpet] Moscow 2001

頁 381 「幾名陌生人一早過來」Kuin Hiong memoir

頁 382 「我們都是好孩子」AI Do Thi Thu 7.10.16

頁 382 「生長在河內的少女范芳」AI Pham Thi Khanh Phuong 6.10.16

頁 382 「卻因為身為」AI Phuong 6.10.16

頁 382 「在個人意識形態」Kien memoir p.52

頁 384 「非常興奮」AI Kislitsyn 27.2.16

頁 384 「當時非常潮」AI Miroshnichenko 12.2.16

頁 385 「那是一段特別的日子」AI Panov 21.2.16

頁 385 「農民會用鋤頭殺了他們」ibid.

頁 385 「與我們當年對德國人」AI Malevanyi 22.2.16

頁 386 「雷達控制官」AI Zalipsky 3.2.16

頁 386 「螢幕上出現」Kien memoir p.107

頁 387 「就算我老眼昏花」Pribbenow, Merle L., 'The –ology War: Technology and Ideology in the Vietnamese Defense of Hanoi 1967' *Journal of Military History* Vol. LXVII No.1 (Jan. 2003 pp.175–200) p.178

頁 387 「或許也讓你略親芳澤」AI Zalipsky 3.2.16

頁 388 「看到(希舅舅)那麼高」Kuin Hiong memoir

頁 388 「田雞肉又白又嫩」AI Zalipsky 3.2.16

頁 389 「幹飛行員這一行」Isaev, Petr in Glazunov et al.

頁 389 「在與本地女郎打情罵俏時」AI Zalipsky 3.2.16

頁 389 「蘇聯外交官安納托利・柴瑟夫」Zaitsev

頁 389 「到了墜機第二天」AI Miroshnichenko 14.2.16

頁 390 「我們的軍事專家」*Kommesant Vlast* Weekly No.19 26.5.1998 p.79

頁 390 「蘇聯憤怒致函北越政府」Gaiduk p.71

頁 390 「一名蘇聯外交官似乎因為」Col. Le Ngoc Bon et al. in *Glorious History of the Heroic People's Security Forces* Hanoi 2006 p.34 translated by MP

頁 390 「如果我們被擊敗」an exchange on 23.8.66 quoted Gaiduk p.80

頁 391 「中國派了一支」Han Nian Long (ed.) 1988 *Contemporary China's Diplomacy*, China Social Science Publishing House, p.34; Wang Taiping (ed.) 1998 *Diplomatic History of the People's Republic of China* (2), World Knowledge Publishing House, p.35

頁 391 「中國又派出超過十七萬」Han Huanzhi (ed.) 1989 *Contemporary China: Military Work of the Chinese Army* (2), China Social Science Publishing House, p.514; Historical Research Department of Academy of Military Sciences PLA China (ed.) 1988, *Chinese People's Liberation Army Sixty-Year Event Record,* Beijing:

頁354 「羅斯陶是白宮最危險的鷹派」Dobrynin p.141
頁355 「我只想好好打一場」Broughton, Jack, *Thud Ridge* Lippincott 1969
頁356 「我聽到他們喊叫」Thompson p.86
頁357 「他沒有回來」ibid. p.93
頁358 「要我，還是要戰爭？」Nichols & Tillman p.35
頁358 「他們在度假的最初三兩天」ibid. p.48
頁363 「他們用高射砲火」ibid. p.52
頁365 「大約三分鐘」ibid. p.110
頁365 「甲板不良」ibid. p.111
頁366 「他的飛機突然裹在」Broughton p.93
頁366 「我想他們一定會用」Terry p.271
頁366 「我從沒像這樣」ibid. p.280
頁367 「如果父親領了工資」AI McDaniel 14.11.16
頁369 「讀者們雖然對書中內容」AI Snepp 10.9.16
頁369 「坐視對俘虜的濫刑」Ramsey MS II B42
頁370 「我老婆會怎麼想？」AI Nolan 12.3.16
頁370 「不徹底嚇壞的人不了解問題」Broughton p.65
頁371 「你汗如雨下」ibid. p.67
頁372 「他這種滿不在乎的神氣」Nichols & Tillman p.64
頁374 「對於那些年復一年」ibid. p.119
頁375 「我們為發動攻擊」Palmer p.33
頁376 「一連串選定的重要目標」9AF Manual 2-6 and 3-2 quoted Clodfelter *Beneficial Bombing* pp.243–4
頁376 「只需發動毫無限制的轟炸」*USA Today* 27.7.86

◎第15章　忍痛

頁378 「就算必須犧牲一切」Huy Duc p.152
頁378 「對我國人民來說」MP interview Ky
頁378 「當地一名少年說」AI Nguyen Van Hien 5.10.16
頁378 「我們有理想」AI Nguyen Tanh Binh 14.10.16
頁379 「許多年來」AI Pham Thanh Hung 8.10.16
頁379 「那是一個可怕的時代」AI Do Thi Thu 7.10.16
頁379 「他的故事是個」AI Pham Thanh Hung 8.10.16
頁379 「那長子只得按時報到」AI Pham Dai 17.9.16
頁380 「一天，她的母親」AI Hung 8.10.16
頁380 「他們還喜歡用『尼克森』」*Voina Vo Vietname … Kak Eto Bylo* [The War in Vietnam – How it Was]

頁332 「我碰到的一切事物」Ky p.167

頁333 「我崇拜希特勒」Siemon-Netto, Uwe, *Duc: A Reporter's Love for the Wounded People of Vietnam* 2013 p.121

頁334 「如果湧入我們國家的百萬美國人」Ky p.249

頁335 「佛教僧侶一直」USAHEC Westmoreland history Book 6 tabs G-4, B-2, B-1

頁335 「在我讓你們殺了我以前」Ky memoir p.212

頁336 「個人、地區、宗教與派系」*New York Times* 3.4.66

頁337 「美國人積極」Nguyen Duy Hinh in Sorley *Generals* p.741

頁338 「阮文紹知道怎麼玩這場遊戲」AI Sheehan 5.3.16

頁338 「我逐漸感到」Mai Elliott, *Sacred Willow* p.317

頁339 「絕佳的宣傳材料」USAHEC Wheeler Papers Box 2

頁339 「如果樹葉突然枯萎」An memoir p.55

頁339 「我們殺了太多與這場戰爭毫無關係的人」AI Sutton 12.11.16

頁340 「越共的殘酷是個人行為」AI Elliott 23.9.16

頁340 「沒錯，尼爾」August 1966 in Sheehan Lie p.621

頁340 「可以對他們進行更有效篩選與管理」Mai Elliott, *RAND* p.83, quoting South-East Asia Trip Report p.18

頁341 「答案就在這裡」ibid. p.88

頁341 「如果給你一百萬呢？」ibid. p.103

頁341 「喔！我昨天才跟麥納瑪拉通過話」ibid. p.133

頁341 「矛盾、偶發性與不可測性」Howard, *Captain Professor* p.173

頁342 「對於B-52」Thompson p.15

頁342 「這份報告是」Mai Elliott, *RAND* p.180

頁343 「我們要用游擊戰」*Life* 11.11.66

◎第14章　轟雷

頁346 「我的解決辦法是」LeMay, Curtis with MacKinlay Kantor *Mission with LeMay* Doubleday 1965 p.565

頁346 「想用轟炸」Ramsey MS IV A5

頁346 「如果想挫敗他們的意志」USAHEC Oral Histories Transcripts, Weyand

頁347 「原來如此」Oral Histories interview Bundy quoted Clodfelter *Limits* p.63

頁347 「情況彷彿是」Nichols, John B. & Tillman, Barrett, *On Yankee Station* Bantam 1988 p.16

頁348 「什麼是軍事車隊？」quoted Clodfelter *Limits* p.121

頁348 「在他的大部分總統任內」Palmer p.37

頁349 「如果你告訴他」Cooper p.420

頁350 「沒有一名掌控全局」Clodfelter *Limits* p.128

頁351 「詹森只要能維持軍事氣勢」Schlesinger, *Journals* 28.7.66 p.251

頁351 「看來我們好像將」Mersky, Peter & Polmar, Norman, *The Naval Air War in Vietnam* Annapolis 1981 p.121

頁318 「你以為豬中了槍」Terry p.15

頁318 「只有一個婊子與兩個孩子」AI Nelson 12.11.16

頁319 「有時情況嚴重」ibid.

頁319 「麥克・蘇登隨一支顧問隊伍」AI Sutton 12.11.16

頁319 「一個陸戰隊連」M company of 3/7th, between 15 November 1968 and 15 January 1969. USMCA Hardwick MS A/30/J/5/1

頁319 「三條引火線」Terry p.20

頁320 「無辜的人送命了」AI Nelson 12.11.16

頁320 「我們急著報復」Lu Mong Lan in Santoli p.155

頁320 「我認識的那些孩子」AI Hunt 13.11.16

頁321 「對鮑伯・尼爾森來說」AI Nelson 12.11.16

頁321 「親自督導組建」Than p.120

頁321 「人民沒有一開始就決定」ibid. p.116

頁322 「依我之見」USAHEC Company Commanders' Oral Histories Box 6 Folder 1 Dan Campbell

頁323 「費爾曼絕非等閒」AI Harrison 11.3.16

頁324 「我們很享受我們做的這些事」Hickey in PBS's *Vietnam: A Television History*

頁324 「自稱殺了九十三名共產黨」*Washington Post* magazine 18.1.87

頁324 「我被帶到連長面前」Santoli p.128

頁325 「我其實沒有政治立場」USAHEC Medical Personnel Oral Histories Purcell, Shirley

頁326 「遠遠抵銷任何軍事成果」Hoang Ngoc Lung p.124

頁327 「一名南越老兵最近發現」Luan p.205

頁327 「越戰結束後讓老兵們」Edwards p.402

頁327 「我們知道我們這次出擊」USAHEC Company Commanders' Oral Histories Fichtl,Theodore

◎第13章　貪腐與薄荷油

頁330 「許多厚顏無恥偷美國財富的人」Mai Elliott, *Sacred Willow* p.314

頁330 「對我們來說」Hayslip p.xiii

頁330 「這些異動既不能」Dong Van Khuyen

頁330 「這名元姓南越將領說」Vien in Sorley *Generals* p.311

頁330 「黑市外匯交易」much of the account that follows derives from Marshall, Jonathan 'Dirty Wars: French and American Piaster Profiteering in Indochina 1945–75' *Asia-Pacific Journal* Vol. XII Issue 32 No. 2 August 11 2014, and from the author's contemporary knowledge

頁331 「負責堤岸緝毒走私」Ky p.162

頁331 「超越執法官署的能力」George S. Prugh in *Harvard Journal of Law and Public Policy* 4 (1980) 1–93

頁332 「我原以為只有越南人貪汙」Meinheit MS given to author

頁304 「我這輩子最大的驚奇」Terry p.238
頁305 「金蘭灣真是個天堂」ibid. p.258
頁305 「我不敢相信芽莊竟是越南一部分」ibid. p.36
頁305 「孩子們喜歡在海灘玩水」West p.51
頁305 「軍醫查理・施亞」AI Shyab 11.11.16
頁306 「那些醫生與護士都是軍官」AI Rogers 6.3.16
頁306 「停屍間堆得滿倉滿谷」AI Kinne 2.10.16
頁306 「如果身為排長」Caputo pp.184–5
頁306 「他一直與官兵討論戰爭的可怕」USAHEC Berry Papers Box 38
頁306 「為什麼有人會為了」Bonville, George, *You Ain't Nothing But a Swamp Rat* Professional Press 2016 p.139
頁307 「孩子，要小心」ibid. p.98
頁307 「在龍庭召開的一次北越軍總參會議同意」on 7.9.65 Tuan Vol. III p.24
頁307 「總參批准的這項計畫」ibid. p.65
頁308 「直升機像蒼蠅一樣」MG Huynh Cong Than, *On the Long An Battlefield: A Memoir* as told to Nguyen Huu Nguyen People's Army Publishing House 1994 p.113
頁308 「他們訂定目標」Sharp & Westmoreland, *Report on the War in Vietnam* US Government 1969 pp.113–14
頁309 「我們的弱點」USAHEC Vietnam War Documents Box 2 Folder 15
頁310 「就像抓煙一樣」West p.31
頁310 「還有一名男子」Ramsey MS I B 7–11
頁311 「對這場戰爭」USMCA Chaisson letters JA/A/5/6
頁312 「依我看」Gole, *Depuy* p.173
頁312 「許多人都說」ibid. p.195
頁312 「凌晨三點半起床」Bonville p.153
頁313 「她大約二十歲」ibid. p.167
頁313 「我心想」AI Sutton
頁313 「那帽子很酷」AI Eiland 14.11.16
頁315 「我們彼此互相照顧」Terry p.23
頁315 「隨著祖父母」AI Nelson 12.11.16
頁316 「他媽的，這他媽的美極了！」Terry p.8
頁316 「經由一種特定三段論」Scotton p.73
頁316 「老先生只因暗夜起床」Bonville p.384
頁317 「老天，他真是愛死他的機槍了」AI Nelson 12.11.16
頁317 「你們美國人捲入這場狗屎戰爭」Bonville p.175
頁317 「他們告訴我們唯一有關越共的事」Terry p.4
頁318 「僅有另兩名巡邏隊」Solis pp.53–4

頁292 「除非親身經歷」AI Tran Hoi 16.9.16

頁292 「我們真是死裡逃生啊！」AI Uc 11.9.16

頁293 「我得說」Elliott, *Mekong Delta* Vol. II p.786

頁293 「一名游騎兵排長」Luan p.291. Incident took place in September 1965

頁293 「美軍隨即出動幾架直升機」ibid. p.290

頁294 「不在乎表面形象」Ky p.296

頁294 「可疑軍事編隊」Ramsey MS p.32

頁294 「我曾經射殺一個沒有武裝的人」AI Hickman 22.2.16

頁295 「共產黨後來了解飛行員的本能反應」Ramsey MS p.32

頁295 「一名北越軍軍官日後寫道」Hiep p.87

頁296 「他們看起來很悲傷」Elliott, *Mekong Delta* Vol. I p.641 attack in 1964

頁296 「對付傀儡警察的保安行動」Nguyen Hung Linh & Hoang Mac, *Anti-Reactionary Forces: Chronology of Events 1954–75* Ministry of Interior Political Security Department III Public Security p.228

頁296 「既如此」Guardian Park obituary 28.3.10

頁296 「讓河內好笑的是」Linh & Mac p.234 the killing took place on 7.1.66

頁296 「見到證據並不能改變你的主意」Malcolm Gladwell interview on Revisionist History podcast June 2016

頁296 「我恨這場戰爭」Mai Elliott, *Sacred Willow* p.324

頁297 「我突然有一種感覺」Scotton p.156

頁297 「特種部隊成員」Clarke, Jeffrey J., *Advice and Support: The Final Years* pp.198–9

頁297 「真正的問題是」AI Eiland 14.11.16

頁298 「給我們開始殺美國人的機會」An memoir p.30

頁299 「從他的角度來說」ibid. p.37

頁299 「這不表示與美國人作戰」ibid. p.40

頁300 「特別是當安—瑪格莉特」AI Sutton 12.11.16

頁300 「我看到這輩子見到過最可愛」USAHEC Sidney Berry Papers Box 38

頁300 「席德・貝里特別喜歡」USAHEC Berry Letters Box 40

頁300 「到一九六七年」RMcN memorandum of 30.11.65 Porter ed. *Vietnam Documents* pp.400–1

頁301 「光榮撤軍」Shapley p.361

頁301 「他認為軍事解決不可能辦到」Schlesinger, *Journals* 21.1.66 p.243

頁301 「結果這不是一次短跑」AI Spencer 16.3.16

頁301 「我反正哪裡也去不了」on 2.1.66 USAHEC Berry Letters Box 40

◎第12章　抓煙

頁304 「那是步兵幹的」Finlayson, Andrew, *Rice Paddy Recon* McFarland North Carolina 2014 p.127

頁304 「我得不時想個新招」USAHEC Company Commanders' Oral Histories Box 7 File 3 Hood

頁 280 「大家普遍認為」*Vietnam Documents* p.391
頁 281 「主要的困惑在於」ibid. p.392
頁 281 「讓我們想到」Truong Nhu Tang p.58
頁 282 「我怕得要命」Terry, Wallace, *Bloods: Black Veterans of the Vietnam War* Presidio 2006 p.229
頁 282 「大家聽好」Del Vecchio, John M., *The 13th Valley* Sphere 1983 p.3
頁 282 「在我看來」AI Spencer 12.3.16
頁 282 「當時民風未開」ibid. 10.3.16
頁 282 「亨利・高爾上尉」Gole, *Soldiering* p.141
頁 283 「你住的地方現在還有印地安野人嗎？」USMCA Finch MS Coll.1527
頁 283 「他學會的第一句越南話」Terry p.6
頁 284 「越共第一」Elliott, *Mekong Delta* Vol. II p.1005
頁 284 「沒那事，少校」AI Kinne 2.10.16
頁 285 「臉孔紅潤」Snepp, *Irreparable* Harm p.21
頁 285 「把森林都變白了」Col. Dang Vu Hiep, *Highland Memories* People's Army Publishing Hanoi 2000 p.86
頁 286 「探索未知，讓我有一種激情」USAHEC Oral Histories Medical Personnel Bystran
頁 286 「這類型巡邏作戰並無準則」Caputo p.107
頁 286 「我們不能證明」Ball to LBJ 1.7.65 *Vietnam Documents*
頁 287 「即使我們遭遇敵情」AI Spencer 11.3.16
頁 287 「用機槍掃射」USMCA A/30/B/5/2
頁 288 「要使敵人經常」Tran Quoc Tuan et al. *History of the General Staff During the Resistance War Against the Americans to Save the Nation 1954–75* People's Army Publishing House Hanoi 2010 Vol. III p.22
頁 288 「自信而且自豪」Caputo p.32
頁 288 「我願意不計一切前往越南」AI Boomer 3.3.16
頁 288 「美軍陸戰隊只因遭狙擊手打了幾發子彈」Ramsey MS III C2
頁 289 「現有領導人」ibid. III C1
頁 289 「越南城市重建繁榮」Elliott, *Mekong Delta* Vol. II p.873; Higgins story Star 10.8.65
頁 289 「我不斷傻笑」Caputo p.100
頁 289 「他們有些不是正直、善良之輩」ibid. p.150
頁 290 「麥基在後來遭到軍法審判時辯稱自己精神失常」Solis, Gary D., *Marines and Military Law in Vietnam: Trial by Fire* US Marine Corps 1989 p.33
頁 290 「特別有一種與越南人交往的親和力」AI Elliott 23.9.16
頁 291 「曼吉斯總理極力駁斥」Edwards, *Australia and the Vietnam War* p.184
頁 291 「我們打造的不是一支軍隊」Ramsey MS II B37
頁 291 「我在熱機時祈禱」AI Hoi 14.9.16
頁 292 「妳留著這些通敵書信」AI Ly Van Quang 15.9.16

頁262 「南越軍原來就不太好的軍紀」Ramsey letter of 6.6.65

頁263 「我們都在罵」Hai p.174

頁263 「段方海不斷拿出隨身攜帶的『二天堂』香精油猛嗅」ibid. p.177

頁264 「我們的營實質上已經解體」ibid. p.186

頁265 「他的營在這場戰役中戰死兩百人」ibid. p.197

頁266 「我們認為我們雙方都真正有意謀和」3.7.65 Memo Johnson Library quoted Gaiduk, Ilya V. *The Soviet Union and the Vietnam War* Ivan R. Dee 1996 p.50

頁267 「我看除了增兵」*Vietnam: The Definitive Documents* p.374

頁267 「就法律層面而言 」Katzenbach memo 10.6.65 ibid. p.375

頁267 「這項任務就像跑長程的卡車司機一樣」Clodfelter, *Limits of Air Power* p.77

頁267 「除了在叢林地面上炸了許多洞以外」ibid. p.84

◎第11章　戰事升高

頁270 「阮高祺到場頗引起一陣轟動」Cooper, Chester, *The Lost Crusade* Dodd Mead 1970 p.281

頁270 「將軍團的『執行經紀人』」*Vietnam: The Definitive Documents* p.386 memo to LBJ 20.7.65 222 「General Westmoreland」Greene Memorandum for the record 28.6.65 in Greene Papers

頁271 「我應該扮演什麼角色？」Harold Johnson Oral History transcript LBJ Library pp.6, 12–13 quoted McMaster p.318

頁272 「就政治角度來說」Ball 28.6.65

頁272 「一九六五年的美國」Memorandum of 23.7.65

頁272 「像是簇擁在一頭公牛邊」13 July 1965 quoted Berman *Planning a Tragedy* p.5

頁272 「越南需要的」Charlton & Moncrieff p.220

頁274 「是因為依賴於」Thorne, Christopher, *Allies of a Kind* Hamish Hamilton 1978 p.694

頁275 「最不理想的選項是撤出」Valenti, Jack, *A Very Human President* Norton 1975 p.317

頁275 「混合著顧慮」Howard, Michael, '"Many Reasons" for Vietnam' *Encounter* May 1979 p.21

頁276 「我為什麼會忍受這樣的事？」McDonald, *The Reminiscences of Admiral David Lamar McDonald* US Naval Institute 1976 pp.390, 393

頁277 「我們從未設法營造一種戰爭心理」Charlton & Moncrieff p.115

頁278 「美國所有的新聞人都想贏得普立茲獎」ibid. p.154

頁278 「參謀首長……」McMaster p.328

頁279 「他們不敢向總統提出這樣負面的說法」Palmer p.46

頁279 「這場戰爭沒有『另一邊』」Charlton & Moncrieff p.159

頁279 「根據我的見解」ibid. p.166

頁280 「道格・蘭賽認為」Ramsey MS II B9

頁280 「我們做的一切」Charlton & Moncrieff p.174

頁248 「由於我們外交陣線上的鬥爭需求」Pham Gia Duc The 325th Division (2 vols) People's Army Publishing House Hanoi 1986 Vol. II p.44
頁249 「對他那些農家子弟隊友的耐力非常佩服」AI Ninh 7.10.16
頁251 「為美國帝國主義者工作以及當宣傳工具」Luan p.253
頁252 「情勢複雜得就連越南人也看不懂」ibid. p.259
頁252 「你們不會知道生存有多難」Hayslip p.366
頁252 「對我的生命以及貞操而言都非常危險」Elliott, *Mekong Delta* Vol. I p.591
頁252 「問題就出在那百分之五的時間」AI Elliott 23.9.16
頁252 「西貢……聽起來像天堂一樣」Hayslip p.115
頁253 「投靠她擔任警察的哥哥」Elliott, *Mekong Delta* Vol. II p.908
頁253 「我們研究的一個重大現象是」Mai Elliott, *RAND* p.58
頁253 「信不信上帝？」ibid. p.63
頁253 「約翰，我想我們選錯了邊」ibid. p.65
頁254 「西貢將領表現出的那種完全不負責任與無能」Tang p.59
頁254 「你問我誰在西貢掌權？」Gole, *Depuy* p.143 letter of 18.1.65
頁256 「國防部長的神氣像極了李梅將軍」3.3.65 Greene Papers p.349
頁256 「不要再拐彎抹角了」*New York Times* 9.2.65
頁257 「採取行動的深度個人直覺」Shapley p.314
頁257 「除了升高戰事以外已經別無選擇」UKNA FO371/180542
頁257 「越戰不是一股冷戰意識型態浪潮強加在美國身上的」McMaster p.323
頁257 「國會辯論當然會產生不同意見」Bundy private letter to Sir Michael Howard 20.3.79
頁257 「問題是這一次結局惡劣」Charlton & Moncrieff p.121
頁258 「英、法兩國對美國」UKNA PREM11/692
頁258 「要華府授權對北越發動空襲難上加難」Taylor p.338
頁259 「保證百分百的保護」Greene Papers p.314
頁259 「這些人可不是那些徵兵」AI Koltes 11.10.16
頁259 「大家聽好」Caputo, Philip, *A Rumor of War* Holt, Rinehart & Winston 1977 p.58
頁259 「如果他是卡美洛的王」ibid. pp.82 & 27
頁260 「空中攻擊做得很好」USMHA Sidney Berry Papers Box 38 operation on 24.9.65
頁260 「我們想做的」Charlton & Moncrieff p.130
頁261 「我們太幸運了」Elliott, *Sacred Willow* p.312
頁261 「一切的一切都離不開政治影響與宗旨」Scotton p.145
頁261 「我在一九六二年投效軍中時」Nguyen Van Thanh in Brigham p.43
頁261 「請你以後不要再在我面前冒犯主」Palmer p.26
頁262 「根據報告」Ramsey MS III B1

頁236 「我開始見到我輩年輕人的人生」Nguyen, Dinh Kien, *Nguoi linh voi bau troi Ha Noi* [A Soldier and the Skies Over Hanoi] People's Army Publishing Hanoi 2013 p.36

頁237 「就算我們不攻擊他們」Van Tien Dung in Huy Duc p.149

頁237 「像兔子一樣畏首畏尾」Tin, Thanh, *Their True Colors: The Political Memoirs of Bui Tin* Turpin Press 1994 p.192

頁238 「談判不是一件壞事」Westad, Odd Arne et al. eds *77 Conversations between Chinese and Foreign Leaders on the Wars in Indochina 1964–77* Wilson Centre Working Paper 22, online pp.74–7

頁238 「美國戰機……」White p.274

頁239 「深信共產主義野蠻而且邪惡」Young p.20

頁239 「一名穿黃袍的和尚高舉一面小旗」Phan, Nhat, *Nam Mark of a Warrior 1963–1973: War Notes* Hien Dai Publishing, Saigon 1973 p.49

頁240 「一個板著一張老鼠臉的傢伙指著我大罵」ibid. p.50

頁240 「南中尉有一種錐心的感傷」ibid. p.52

頁240 「如果你年僅二十歲」Ramsey MS I p.17

頁240 「一場巨型豪賭」Greene Papers p.197

頁240 「他呼籲政府給予阮慶百分百的支持」ibid. on 5.10.64

頁240 「一則迫使北越停止支援越共」ibid. p.222

頁241 「他或許是個輕量級角色」Scotton p.129

頁242 「視它為毒蛇」Shapley p.313

頁244 「超人，懷抱無窮無盡野心」Halberstam p.432

頁244 「為什麼北越人看起來那麼秩序井然」21.12.64, Air Force chief of staff in Greene Papers p.278

頁244 「越南人——至少在西貢的越南人」ibid. p.289

頁244 「如果我們將老魏目前為止的說法整理一下」ibid. p.286

頁244 「派些穿英軍制服的軍人過來」UKNA PREM13/104

頁244 「麥納瑪拉曾經說」Logevall, *Choosing War* p.373

頁245 「當俄國人侵入蘇塞克斯」ibid. p.133

頁245 「我們少壯派非常清楚」Ky p.112

頁245 「在南越共和軍服役的那許多年」Luan p.260

頁245 「話說有個小兵向排長請假」Nam p.53

頁245 「用士兵的血與淚建構的背叛之城」ibid. p.54

◎第10章　「我們不知道該怎麼做」

頁248 「群眾暴亂大潮正襲捲偏遠農村與山區」Nguyen Huu An, *New Battlefield* (as told to Nguyen Tu Duong) People's Army Publishing House Hanoi 2002 p.28

頁248 「阮安曾在一九五四年」this account is taken from *New Battlefield* Chapter 1

頁219 「我們小心翼翼、不辭辛苦」ibid. p.86

頁220 「亂成一團糟」Greene Papers p.27

頁220 「蘇聯大使安納托里．杜布萊寧」Dobrynin p.120

頁220 「忠誠的官僚還能主張」Charlton & Moncrieff p.175

頁221 「我感覺情勢似乎充滿困境」Greene Papers p.59

頁221 「我還搞不清我們究竟正在占上風」Gole, *Depuy* p.145

頁222 「甘迺迪要求人民犧牲奉獻」White, Theodore, *The Making of the President 1964* Athenaeum 1965 p.254

頁223 「我接管了這一團政治混亂」Charlton & Moncrieff p.135

頁223 「據說，當時參謀首長聯席會議」Dr Williamson Murray to the author

頁223 「他很能掌握事情全貌」USMCA Chaisson letters JA/A/5/6

頁223 「在那段期間」Charlton & Moncrieff p.134

頁224 「我很快就知道」Simpson p.186

頁224 「一般美國人對越南人的態度」Scotton p.181

頁224 「我的任務，就像那個荷蘭小男孩用大拇指堵住水壩裂縫」Charlton & Moncrieff p.102

頁224 「我們打不贏」Gole, *Depuy* p.146

頁224 「情勢已經探底」FRUS 1964–68 Vol. I pp.412–22

頁225 「有人說他有一群」Gole, *Depuy* p.55

頁225 「這個地區可以說將星雲集」ibid. p.146

頁225 「這位強悍的陸戰隊將領說」Greene Papers p.157

◎第9章　進入東京灣

頁228 「在我這裡……」Tourison, Sedgwick, *Secret Army* p.55

頁228 「根據我這裡得到的訊息」ibid. p.100

頁229 「我們對大多數送進北越工作的人員不抱多少指望」ibid. p.125

頁229 「能把戰事帶進北方」AI Nguyen Tri 16.9.16

頁230 「判定北越海岸巡邏活動」Hanyok, Robert「Skunks, Bogies, Silent Hounds, and the Flying Fish: The Gulf of Tonkin Mystery 2–4 August 1964」*Cryptologic Quarterly* Spring 2005 pp.5–6

頁230 「什麼？他們在問我們應該怎麼反應？」Col. Hoang Nghia Khanh, *The Road to the General Headquarters Staff*, Hanoi 2008 p.111

頁231 「在西貢新山一空軍基地」AI Williams 21.1.16

頁231 「在我們設法局限這場衝突之際」Khanh memoir p.111

頁234 「在當地時間早上七點」USAHEC Vietnam War Document Collection Box 2 Folder 7

頁235 「美國把戰爭搞得越大」Asselin p.191

頁236 「這案子說的是」Charlton & Moncrieff p.163

頁236 「河內民眾幾近於自發的街頭示威」UKNA FO371/175481

頁207 「出於恐懼」ibid. p.44
頁207 「越南人受傷不會哭喊」USAHEC Sidney Berry Papers Box 38
頁208 「我的手在發抖，心在猛跳」Young p.193
頁208 「在大家族文化環境下」Santoli p.125
頁208 「大多數越南高級軍官一心只想討好美軍顧問」Ky p.334
頁209 「由於意識形態鬥爭越演越烈」Huy Duc p.147
頁209 「你們一天到晚罵帝國主義分子」Elliott, *Mekong Delta* Vol. II p.677
頁210 「主要靠蠻力與哄騙」ibid. p.656
頁210 「一名據點指揮官比這賺得更多」ibid. p.830
頁211 「由於這場戰役」ibid. p.745 – this episode took place in January 1965
頁211 「就算你們不反抗，政府軍還是會殺你們」ibid. p.754
頁212 「我從一開始就知道」Kearns, Doris, *Johnson and the American Dream* 1976 p.263
頁212 「留任了十一名牛仔」Schlesinger, *Journals* 4.4.68 p.286
頁213 「林登・詹森不會是個因為丟了越南而下台的總統」Logevall, *Choosing War* p.77
頁214 「我一定是忘了上鬧鐘了」Karnow pp.336–7
頁214 「阮慶讓美軍喜歡他的那些特質」UKNA FO371/175468
頁214 「由於美國排除這個選項」Taylor p.12
頁215 「我們這些年輕的官校生開始認識到」Hai pp.58 & 61
頁216 「聽了讓人耳朵起繭」Palmer, Bruce, *The Twenty-Five-Year War: America's Military Role in Vietnam* Touchstone 1984 p.20
頁216 「你飛一架你們那狗屁休伊直升機」ibid. p.27
頁216 「迅速、主動、激烈而持續的行動」Greene, Wallace, *The Greene Papers: General Wallace M. Greene Jnr and the Escalation of the Vietnam War* ed. Nicholas Schlosser USMC Quantico 2015 p.12
頁216 「但痛苦的事實是」ibid. p.15
頁217 「那你們為什麼不去中國打毛澤東？」AI Ramsey 22.9.16
頁218 「先得北上才行」McMaster, H.R., *Dereliction of Duty: Lyndon Johnson, Robert McNamara, the Joint Chiefs of Staff and the Lies that Led to Vietnam* HarperCollins 1997 p.94
頁218 「我不在乎有人稱它是麥納瑪拉的戰爭」Shapley p.199
頁218 「美國應該退出越南」Logevall, *Choosing War* p.112
頁218 「接受河內政府指示」ibid. p.166 – in June 1964
頁219 「你一直認為我們可以扭轉這局面」Halberstam p.368
頁219 「百分之七十為了害怕因失敗而顏面掃地」memo of 25.3.65 in Herring, George C. ed. *The Pentagon Papers* McGraw-Hill 1993 p.115
頁219 「不用多久，華府的人都來到越南」Gole, Henry G., *Depuy* p.145
頁219 「他說，這是阮慶交給他的任務」Santoli p.87

to March 1986 Ho Chi Minh City conference, published in Vietnam's *Military History Magazine* Issue 2 1988 p.21

頁192 「如果跟著吳廷琰」AI Sheehan 5.3.16

頁192 「吳廷琰知道」AI Uc 11.9.16

頁192 「吳廷琰死後」AI Nguyen Tri 16.9.16

頁193 「殺吳廷琰是一項災難性大錯」AI Scotton 11.9.16

頁193 「這些將領中有些人很好相處」Scotton p.75

頁193 「認定我們做的是對的」AI Elliott 23.9.16

頁193 「美國人沒有學到一件事」Wyndham MS p.8

頁193 「我想坐下來大哭一場」Jones, Howard, *Death of a Generation* OUP 2003 p.436

頁193 「他在世界舞台上幾乎是名不見經傳」*The Times* 23.11.63

頁193 「他幾乎一無所知」Schlesinger, *Journals* 11.3.64

頁194 「但為麥納瑪拉作傳的人指出」Shapley p.263

頁194 「我聽甘迺迪多次說」Galbraith on NBC TV *Vietnam Hindsight* 1971, quoted Berman *Planning a Tragedy* p.23

頁195 「沒問題，先給我們電視再說」Rufus Phillips quoted Santoli p.3

頁197 「越戰的第一個重大轉捩點是吳廷琰遇害」AI Johnson 8.3.16

◎第8章　迷陣

頁200 「因為它代表我由小到大一直尊奉的那種價值觀」AI Snider 9.3.16

頁201 「如果我被抓」AI Scotton 18.9.16

頁201 「他給我的最後一封信」Dietrich, Erik Jurgen-Karl, *The Kraut* privately printed 2015 p.127

頁201 「這個政府已經從上到下爛到了核心」Ramsey MS II D9

頁201 「小小的、有神的倒斜瞇縫眼」ibid. III A21

頁202 「約翰的所謂放鬆」AI Ramsey 21.9.16

頁202 「為了找三個可能躲在裡面的南越軍士兵」ibid. III E4

頁203 「在最惡劣的情況下」ibid. III A23

頁203 「根據史奈自己的說法」Snepp, *Irreparable Harm* p.xiv

頁204 「那真的太棒了」AI Snepp 10.9.16

頁204 「這座悠閒的殖民時代首都」Simpson p.187

頁204 「西貢變了很多」USAHEC Berry Papers Box 39 letter of 14.11.65

頁205 「好好休息了一個周末」ibid. 15.11.65

頁206 「我敢打賭，在經歷過這些事以後」AI Scotton 18.9.16

頁206 「我愛飛行」AI Uc 11.9.16

頁206 「我既憤怒又感到無盡哀傷」Nam p.41

頁174 「越南婦女流傳一句話」Elliott, *Mekong Delta* Vol. I p.399

頁175 「裴田搖搖頭說」ibid. p.402

頁176 「共產黨似乎知道他們為什麼戰鬥」Lt. Nguyen Van Go in Brigham, Robert K., *ARVN: Life and Death in the South Vietnamese Army* Kansas University Press 2006 p.41

頁176 「越共新兵都曾被耳提面命」Elliott, *Mekong Delta* Vol. I p.392

頁176 「我有麻煩了」Sheehan, *Lie* p.223

頁177 「黎崇柏！」Ha, Mai Viet, *Blood and Steel: Armor During the Vietnam War* selfpublished Sugarland, Texas 2005 pp.246–50

頁178 「看啊，那是我老爸！」Sheehan, *Lie* p.222

頁179 「我們知道這是我們碰上的最大的新聞」ibid. p.274

頁179 「美國已經……」Fitzgerald p.163

頁179 「而是一群正好都拿了武器的人」ibid. p.164

頁180 「重創了越南共和軍士氣」Luan p.221

頁180 「只寫那些充滿惡意中傷與不實的報導」Ha Mai Viet pp.246–50

頁180 「有些話一般沒有人會說」Wyndham MS p.12

頁181 「或許讓北越勝利」Fitzgerald p.590

頁181 「大概沒有一個帝國」Burleigh, Michael, *Small Wars, Faraway Places* Macmillan 2013 p.485

頁182 「大多數僧侶都因為」AI Scotton 18.9.16

頁182 「記者瑪格麗特・希金斯」Higgins pp.28–9

頁182 「危機像一場大火」Luan p.237

頁182 「南越政府與佛教僧侶之間的衝突」*New York Times* 10.6.63 & later 14.6.63, 16.6.63, 22.6.63

頁183 「我原本可以衝上前去」*Nieman Reports* 26 (March 1972) p.8

頁183 「我們總統有個習慣」Schlesinger, *Journals* 11.10.61 p.138

頁184 「我讀了許多報導與評論」*Pentagon Papers* 2:46

頁184 「他們殺了六名守軍」Elliott, *Mekong Delta* Vol. I p.410

頁184 「許多有教養、持觀望態度的城裡人」Scotton p.71

頁186 「查理，我不能讓越南走向共產黨」Hersh, Seymour, *The Dark Side of Camelot* Little, Brown 1997 p.418

頁187 「美國決策人會花許多時間討論」Logevall, Fredrik, *Choosing War* University of California Press 1999 p.47

頁187 「如果不能達成戴高樂將軍建議的」*New York Herald Tribune* 3.9.63

頁187 「國家安全會議的齊斯特・庫波」Logevall, *Choosing War* p.49

頁188 「當局除了泛泛的『軍方』以外」Colby p.133

頁188 「就算柯年喜歡擺出一幅海盜或丑角嘴臉」AI Scotton 11.9.16

頁188 「喬治・鮑爾後來說」Charlton & Moncrieff p.91

頁188 「同袍們與我都相信」Luan p.188

頁189 「南越已經動盪不安」Hoang Van Thai, *A Few Strategic Issues in the Spring 1968 Tet Offensive* address

頁158 「蘭德沒有和平主義者」Mai Elliott, *RAND* p.25

頁158 「我希望美國人能撐下去」UKNA FO371/170133, Home minute of 7.4.63

頁158 「你一定得去越南幫我守住第一線」Thompson, *Make for the Hills* p.121 Rahman spoke in 1961

頁159 「對英國在東南亞的利益與投資是災難」3.1.62 UKNA FO371/166698

頁160 「澳洲人為什麼要介入越南戰爭？」Warner in *Sydney Morning Herald* 12.5.62

頁161 「鬥爭可能加長」Shapley p.132

頁162 「我們有的每一個可以量化的評估都指出」ibid.

頁162 「他要自己相信他希望相信的事 」Sheehan, Neil, *A Bright Shining Lie: John Paul Vann and America in Vietnam* Random House 1988 p.291

頁162 「著名軍事評論員韓森・包文」*Saturday Evening Post* 9.3.63

頁162 「他有舊約先知的誠懇」*New York Times* 22.4.66

頁162 「很有田園風情」AI Sullivan 12.3.16

頁163 「入夜以後，就連河對岸發生什麼我都不知道」Scotton p.19

頁163 「我只把我認為他們需要知道的事告訴那些美國人」AI Nguu 20.9.16

頁164 「人民完全不知道外界發生了什麼」AI Mai Elliott 23.9.16

頁164 「一桶水搖不響，半桶水響叮噹」Dinh Duc Thien in Quynh *Memories*

頁165 「你們為什麼要在南越搞武裝鬥爭？」ibid.

頁165 「我們比敵人弱」Asselin p.94

頁166 「政府軍據點裡有五十個士兵」Elliott, *Mekong Delta* Vol. I p.601

頁166 「在一九五七到一九六〇年間」Andrews, William Village War 1973 pp.57–8

頁167 「南經是三角洲地區越共的一名頭目」Elliott, *Mekong Delta* Vol. I p.377

頁167 「對我談政治就像對牛彈琴一樣」ibid. p.381

頁167 「你總不會相信這是真的吧？」Scotton p.85

頁167 「有一次越共闖進萊街一座小村」Browne, Malcolm, *The New Face of War* Bobbs-Merrill 1965 p.103

頁168 「發現有四分之一到半數學生因西貢保安部隊的行徑而失去親友」Ramsey, Doug unpublished MS of Vietnam experience given to author MS II C19

◎第7章　一九六三年：葬了兩位總統的棺材

頁170 「當年的西貢是一個還沒有被美國搞砸」AI Sheehan 5.3.16

頁171 「《印地安那波利斯新聞》刊出空軍上尉」USAHEC *The US Army in Vietnam* by William M. Hammond The Military and the Media 1990 p.77 *Indianapolis News* 28.3.64

頁171 「直到燃燒彈火焰衝天的照片見報以前」ibid. p.16

頁172 「面對這場戰爭的」*New York Times* 21.10.62

頁172 「一九六二年六月，荷莫・畢加」ibid. 25.7.62

頁173 「他說，陸戰隊直升機」*Newsweek* 20.8.62

頁 144 「一個打仗的好地方」Kurlantzick, Joshua, *A Great Place to Have a War* Simon & Schuster 2017 p.15
頁 145 「我的天！那麼大的地方」Quynh, *Memories of Le Duan*
頁 146 「英國極力避免新承諾」UKNA FO371/159715
頁 146 「麥克・艾蘭早在西點軍校受訓時」AI Eiland 14.11.16
頁 147 「他給了我們的保證」Halberstam, David, *The Best and the Brightest* Random House 1972 p.135
頁 147 「越南人是個能幹、充滿活力的民族」Memo Lansdale to Taylor 23.10.61 in *FRUS 1961–63* Vol. I doc 185 pp.418–19
頁 148 「迫使農民做讓這項計畫成功的事」Elliott, Duong Van Mai, *RAND in South-East Asia: A History of the Vietnam War Era* RAND 2010 p.31
頁 148 「這不對！他們強迫我們搬！」Simpson p.193
頁 148 「美國讓她嚮往」Elliott, *Sacred Willow* p.286
頁 148 「這是冷戰期間最激烈的前線」AI David Elliott 23.9.16
頁 149 「我不能壞了祖先這個標準」AI Scotton 11.9.16
頁 149 「那是殖民語言」ibid.
頁 150 「在許多地方，無論控制在哪一邊手裡」AI Ramsey 22.9.16
頁 150 「我要走出我的小鎮，看看這個世界」AI Destatte 12.9.16
頁 151 「參與這場集會籌備工作的美國人看到這種場面」Scotton, Frank, *Uphill Battle* Texas Tech 2014 p.53
頁 152 「其實不是一個軍事問題」Charlton & Moncrieff p.76
頁 152 「我覺得我們做的事有一天能救人性命」AI Gray 14.11.16
頁 152 「如果他沒看見我」Scotton p.48
頁 153 「這是心理戰！」ibid. p.61
頁 153 「大多數軍事將領與高級文官有一個共同失誤」Daddis, Greg, *Westmoreland's War: Reassessing American Strategy in Vietnam* Oxford 2014 p.14
頁 154 「上級或是沒想到、或是沒告訴這名美軍上尉」Santoli p.118
頁 154 「最後官校校長出面」Luan p.154
頁 155 「要他們出來執行任務有時並不容易」ibid. p.99
頁 155 「軍事手段解決不了反制叛亂的問題」Schlesinger, Arthur, *Robert Kennedy and His Times* p.469
頁 155 「不是一場戰爭」Hilsman interview 1969 quoted Daddis *Westmoreland's War* p.23
頁 156 「統治南越需要強有力的領導」Colby, William, *Lost Victory* Chicago 1989 p.34
頁 156 「不要找麻煩」Dobrynin, Anatoly, *In Confidence: Moscow's Ambassador to America's Six Cold War Presidents* Times Books 1995 p.51
頁 157 「要把一部福特車引擎裝進越南的牛車」Charlton & Moncrieff p.82
頁 157 「林登，你或許說得沒錯」Halberstam p.41
頁 157 「一些美國軍官看起來就像」Luan p.235, ref McNamara visit of September 1963
頁 158 「好像一個修道院」Howard, Michael, *Capt. Professor* Continuum 2006 pp.172–3 – he visited in 1960

頁 130 「越南的鋼鐵人」*New York Times* 7.5.57, Globe 6.5.57

頁 130 「越南的奇蹟硬漢」*Life* 13.5.57

頁 131 「用線操縱傀儡一樣控制西貢政府」Higgins, Marguerite, *Our Vietnam Nightmare* Harper & Row 1971 p.168

頁 131 「偉大的大孩子」*Vietnam: A Television History* PBS 1983 prog. 2

頁 131 「吳廷琰的政權越來越像一個外來投機客組的政府」Elliott, *Sacred Willow* p.250

頁 132 「河內那些人或許是不折不扣的惡棍」AI Sheehan 5.3.16

頁 132 「管理地方藥房的護士」Trullinger p.76

頁 133 「吳廷琰的南越像南韓一樣存活」Logevall, *Embers* p.xix

頁 133 「從一九五七年起三年之間」Buttinger, Joseph, *Vietnam* New York 1971

頁 133 「你們知道吳廷琰為什麼來越南嗎？」Santoli p.59

頁 133 「一名農民告訴美國學者詹姆斯・楚林格」Trullinger p.79

頁 134 「但兩人還是想辦法在晚間溜出來逛街」Huy Duc p.145

頁 134 「他們放棄了我們」ibid. p.146

頁 134 「沉默寡言，冷酷無情」Tang p.127

頁 135 「直到二十一世紀」Xuan, Ba, a series of articles and interviews with Nguyen Thuy Nga, published in *Tien Phong* newspaper

頁 136 「胡叔叔！」Asselin p.56

頁 136 「我們直到一九五九年才終於認清不會有大選」MP interview Tran Trong Trung

頁 137 「捷克大使在向本國提出的報告中說」Asselin p.83

頁 137 「整體生活水準越來越低落」BNA Vietnam Annual Report 1959 p.13

頁 137 「只要有機可乘就會起事暴動」Asselin p.83

頁 138 「我恨那些當兵的」Fitzgerald p.153

頁 138 「每聽他談到有關越南英雄的事蹟」Elliott, *Mekong Delta* Vol. I p.227

頁 139 「老虎已經醒了！」ibid. p.255

頁 139 「寧為老鼠頭，不當大象尾」ibid. p.306

頁 139 「他們擁有變得出米飯的魔法鍋」ibid. p.250

頁 140 「殘酷暴政」Asselin p.70

頁 140 「廣闊無邊的叢林」Elliott, *Mekong Delta* Vol. I p.217

頁 141 「美國大使艾爾布利吉・德柏洛提交一份備忘錄給吳廷琰」23.12.60 House Committee on Armed Services hearings on Vietnam pp.1353–5

頁 141 「民族解放陣線矢志達成的目標包括」Tang p.71

◎第6章　甘迺迪的主政

頁 144 「一個同性戀國度」Schlesinger, Arthur, *Journals 1956–2002* Penguin 2007 31.3.62 p.150

頁 116 「伯納・法奧說，由於駐地過於遙遠」Fall, *Street Without Joy* p.278

頁 118 「拋開自私與息事寧人論調」Asselin, Pierre, *Hanoi's Road to the Vietnam War 1954–1965* University of California Press 2013 p.24

頁 118 「將美國妖魔化」ibid. p.26

頁 118 「政府按工計酬」Elliott, *Sacred Willow* p.354

頁 119 「我們不分青紅皂白」Giap p.107

頁 119 「許多地主不但失去資產」Elliott, *Sacred Willow* p.231

頁 119 「北越居民段方海的祖母被安上地主罪名」Hai p.38

頁 119 「發生了許多我認為不合道理的事」MP interview Toan

頁 119 「人民公敵」Tang p.299

頁 120 「三名叫作甘、敦與葛的天主教神父」Linh & Mac p.54

頁 120 「一九五六年與一九五九年間」ibid. p.105

頁 120 「直到戰爭結束後許多年」AI Kieu Chinh 16.9.16

頁 121 「他的那些民族主義競爭對手」Santoli p.40

頁 121 「我們淚流滿面」Tran, Quynh, *Memories of Le Duan* http:/vanhoavn.blogspot.com/2012/09/blog-post_7386.html

頁 121 「討論北越經濟崩潰的可能性並無意義」Asselin p.46

頁 122 「兩年後再見」Muoi Thap in Elliott, *Mekong Delta* Vol. I p.169

頁 122 「對胡志明說，二十年以後再圖重聚了」Ba, Xuan a series of articles and interviews with Le Duan's second wife, published in *Tien Phong* newspaper 25.6.06 and in succeeding weeks

頁 123 「我們將這種生活視為理所當然」AI Nguyen Quoc Si 21.5.16

頁 123 「對我們許多人來說」Nguyen Duc Cuong b.1941 quoted in Taylor, Maxwell, *Swords and Plowshares* Norton 1972 p.93

頁 123 「熱帶鳥與水牛隨處可見的天堂」Hayslip, Le Ly & Wurts, Jay, *When Heaven and Earth Changed Places* Doubleday 1989 p.146

頁 125 「他讓我最佩服的是」AI Scotton 11.9.16

頁 126 「蘭戴常說一個故事」ibid.

頁 126 「吳廷琰具備矢志救國的民族革命領導人所需的許多特質」UKNA FO371/123388

頁 127 「每一個美國革命兒女」*Life* magazine 16.5.55

頁 127 「皈依天主教就有飯吃」Fitzgerald, Frances, *Fire in the Lake* Vintage 1972 p.139

頁 127 「修補作戰損失」Logevall, *Embers* p.647

頁 128 「帶一個安南女孩上床」Greene p.5

頁 128 「每個星期日，我們都聚在祖父家裡」Tang pp.1,3, 4

頁 129 「戰爭是我的敵人」AI Kieu Chinh 14.9.16

頁 129 「在我看來，這段時間像置身童話故事中一樣」Elliott, *Mekong Delta* Vol. I p.167

◎第4章　血腳印

頁089　「美國已經向共產黨挑明了」USN&WR 9.4.54

頁090　「貴我兩國難道沒有因此學得一些教訓嗎？」Logevall, *Embers* p.475

頁091　「很快也都會失守」ibid. p.479

頁094　「不能站、不能坐的人，最好躺在戰壕裡」Rocolle p.480

頁094　「如果一定要用軍事手段才能說服胡志明與中國，那就用吧」*Spectator* 30.4.54

頁095　「奠邊府要塞失守是必須面對的事」UKNA FO371/112057

頁095　「英國的態度越來越軟弱」Cable, James, *The Geneva Conference of 1954* Macmillan 1986 p.65

頁096　「在印度支那遭到一陣毒打」Logevall, *Embers* p.508

頁096　「整個法國就是一個墮落的國家」Fall, Bernard, *Street Without Joy* Stackpole 1967 p.260

頁096　「更多犧牲有其必要」Rocolle p.489

頁097　「我出於我的良心」ibid. p.513

頁098　「指揮所只剩下我們十個人」Capt. E.J. Pouget, *Nous Etions à Dien Bien Phu* Presses de la Cité Paris 1964 pp.329–30

頁099　「在醫護站附近」Rocolle p.538 quoting Maj. Grauwin

頁099　「在慘淡、陰森的燈光下」Pouget p.328

頁100　「這是一場難以置信的勝利」MP interview Van Ky

頁100　「一場意志的勝利」ibid. Trung 2007

頁100　「你們要在這裡停留一段時間」Windrow p.644

頁101　「奠邊府像緊箍咒一樣迫使我們停火」Rocolle p.568

頁101　「我不知道，或許一連許多年下來」AI Ramsey 22.9.16

頁103　「參議院共和黨領袖堅持敵人必須無條件投降」*NY Herald Tribune* 29.4.54

頁106　「朝鮮問題關鍵就出在美國干預」Logevall, *Embers* p.597

頁111　「悲哀得像在哭泣」Hai p.37

頁111　「揮著手杖、蓄著翹鬍子的印度軍官」Simpson p.136

頁111　「他們個頭都很矮小，排成兩行」ibid. p.139

頁112　「他身旁那些共產黨見狀大喜」ibid. p.142

頁112　「與西方這場槍口下的短暫姻緣」Lewis p.316

頁112　「看見兩卡車法軍士兵離開順化再也不回來」Trullinger p.72

◎第5章　南北越的專制暴政

頁114　「靠著經營小生意」AI Duong 10.11.16

頁115　「到外面來」AI Kieu Chinh 17.9.16

頁116　「為什麼？因為我非常笨」AI Dinh 9.7.16

頁060 「大家都非常高興」Elliott, *Mekong Delta* Vol. I p.144

頁060 「英的父母是地主」Le Thi Anh in Santoli, Al, T*o Bear Any Burden: The Vietnamese War and its Aftermath* Sphere 1986 p.35

頁060 「那種精神太美妙了！」MP interview Van Ky

頁060 「那段日子真的很有趣，很精彩」ibid.

頁061 「紅底中間一顆黃星」Trullinger p.43

頁061 「這一切的不公不義，無法用筆墨形容」Nguyen, Duc Huy, *A Soldier's Life* (with Nguyen Thong Nhat) People's Army Publishing House Hanoi 2011 p.35

頁062 「他們讓我很難受，我很不高興」MP Oral History Interview 2007

頁062 「對他們來說，抵抗運動為的不只是趕走外國人」Ky p.19

◎第3章　不曾是堡壘的堡壘

頁066 「迫使敵人承認他們不可能達成決定性軍事成果」Rocolle p.57 13.11.53

頁066 「武元甲總是比他的法國對手更了解情況」ibid. p.47

頁070 「每到夜晚，當冰冷的霧氣降入山谷時」ibid. p.251

頁071 「我們要給他們好看！」ibid. p.329

頁071 「時間過得很慢」ibid. p.327

頁072 「郎格萊起先認定這是中國空軍幹的」ibid. p.70

頁073 「我們認為我們可以摧毀越盟三個最精銳的師」ibid. p.335

頁073 「轟炸與砲擊嚇人的成分超過實際傷人」Luan p.63

頁076 「這兩處陣地的戰壕與砲位掩體都做得不夠」Rocolle p.275

頁079 「所有沒有緊急任務在身的人都有一種麻木感」ibid. p.352

頁079 「納瓦爾在一封寫給巴黎朱安元帥的信中說」ibid. p.371 letter of 21.3.54

頁079 「納瓦爾提出一個異想天開的辦法」ibid. p.411

頁080 「在戰事結束以前」ibid. p.307

頁080 「法國軍官早就擔心一旦出現和談」ibid. p.37

頁081 「一邊是為獨立而戰的民族軍」ibid. p.407

頁081 「我不管下雨還是下冰雹」Vo Nguyen Giap, *Collected Writings* Saigon Cultural Publishing House 2009 p.132

頁082 「爛得我們不知道要怎麼煮」Rocolle p.324

頁082 「叫喊聲，淚水」Fall, Bernard, *Hell is a Very Small Place* p.162

頁082 「當然，這架直升機機組不是從空軍精英中挑出來的」Rocolle p.390

頁083 「樹立了極為惡劣的榜樣」ibid. p.404

頁083 「一連五十六天，每天唱著『馬賽曲』」ibid. p.296 quoting Bigeard

頁083 「他的毛病就是太猛」ibid. p.372

頁084 「敵人空投可是我們一項不容小覷的補給來源」Giap p.130

頁 042 「在海防市市長的一次招待會舉行期間」Elliott, *Sacred Willow* p.201

頁 044 「南北走向的一號公路邊一個村落」Luan p.116

頁 044 「我見過許多屍體」ibid. p.81

頁 044 「不知怎麼，在說這話時，他的心靈似乎已與地面上發生的事結合在一起」Lewis p.18

頁 045 「一九四八年十一月」Goscha, Christopher, *The Penguin History of Modern Vietnam* Allen Lane 2016 p.244

頁 045 「和好教常把越盟同情分子用繩索綁在一起」Fall, Bernard,「The Political-Religious Sects of Vietnam」*Pacific Affairs* 28, no. 3 September 1955 p.246

頁 045 「只有讓民眾了解」Lewis p.177

頁 046 「外籍兵團如何闖進她家」Elliott, *Sacred Willow* p.148

頁 046 「又遭法軍將她一家人的現金與黃金搜刮一空」ibid. p.152

頁 046 「遭到如此怨屈，那兩名街頭小販怎能就這樣逆來順受？」Simpson, Howard R., *Tiger in the Barbed Wire* Kodansha International 1992 p.92

頁 047 「他們管轄的都是一些相互角逐、像群島一樣的國家」Goscha p.242

頁 047 「當時為他擔任信差的人中」Xuan Ba, a series of articles and interviews with Le Duan's second wife, published in *Tien Phong* newspaper 25.6.2006 and in succeeding weeks

頁 049 「向法國軍事當局臣服」Luan pp.4, 67

頁 049 「吉洛・鄧普勒中將，有一段入木三分的觀察」Cloake, John, *Templer: Tiger of Malaya* Harrap 1985 p.263

頁 049 「人類竟能造出能擋雨水的紙」AI Bang 7.10.16

頁 052 「我從未見過一個像他這樣動機這麼好」Greene, Graham, *The Quiet American* Heinemann 1955 pp.72, 214

頁 054 「一九五〇年二月十四日傍晚」Lind, Michael, *Vietnam: The Necessary War* Free Press 1999 p.1

頁 054 「面對當年俄國那種你死我活的抗爭」Charlton & Moncrieff p.50

頁 054 「既如此，我們為什麼還要把自己綁在法國人那個已經殘破不堪的風箏尾巴上？」quoted Karnow p.178

頁 056 「美國境內現在有一種對中共近乎歇斯底里的情緒」UKNA FO371/103518 23.8.53

頁 056 「根據我讀過的書」Luan p.114

頁 057 「沒了父親，你仍然吃得到米飯」AI Vu Anh Tram 16.10.16

頁 057 「每個人都相互認識」ibid. 8.10.16

頁 058 「她在二十歲那年成為終生共產黨員」AI Binh 5.10.16

頁 058 「許多佃農只能為地主做牛做馬」Elliott, *Mekong Delta* Vol. I p.123

頁 058 「我們的敵人逐漸讓我們皈依共產主義」Lewis p.309

頁 058 「單純的人」Windrow, Martin, *The Last Valley* Weidenfeld & Nicolson 2004 p.161

頁 058 「無辜民眾不在少數」Elliott, *Mekong Delta* Vol. I p.92

頁 059 「在阮公倫的父親死於懲戒營之後」Luan p.94

頁 059 「在湄公河三角洲的美清」Elliott, *Mekong Delta* Vol. I p.83

頁 059 「許多人遭到不實指控」AI Binh 5.10.16

頁 025 「他們太文明，不願在見到白人時吐口水」ibid. p.27

頁 026 「螳臂怎能擋車？」Elliott, David W.P., *Mekong Delta 1930–1975* Vol. I M.E. Sharpe 2003 p.34

頁 027 「要我用短短幾分鐘時間向諸位陳述資本主義匪徒在印度支那犯下的種種罪行」Andelman, David, *Shattered Peace* Wiley 2008 p.128

頁 027 「我原本一直以為自己會成為一個學者或作家」Karnow p.123

頁 027 「他有一種蒼白、弱不禁風的神氣」Tang, Truong, *Nhu A Vietcong* Memoir Vintage 1986 p.11

頁 028 「我們當時暗自心想」MP interview Tran Trong Trung

頁 029 「你若記得一九四五年，就不會這麼做」AI Tran 9.7.16

頁 029 「骨瘦如柴、衣衫襤褸的饑民」Luan, Nguyen Cong, *Nationalist in the Vietnam Wars* Indiana University Press 2012 p.25

頁 030 「早上打開前門」MP interview Van Ky

頁 030 「有越南人因此稱日本人『oai』」Elliott, Duong Van Mai, *The Sacred Willow: Four Generations in the Life of a Vietnamese Family* Oxford 1999 p.105

頁 031 「因為如果日本人逮到你，會把你像豬一樣吃了」MP interview Trung

頁 032 「這七名情報人員表面上是盟軍特工」*People's Public Security Newspaper* 21.4.14

頁 032 「坦誠而公開地承認越南獨立」Lacouture, Jean & Devillers, Philippe, *End of a War* Pall Mall 1969 p.138

頁 032 「法國人逃了，日本人垮了，保大皇帝已經退位」*Documents of the DRV*

頁 032 「我們的老師高興得不得了」Trullinger, James W., *Village at War: An Account of Revolution in Vietnam* Longman 1980 p.43

頁 033 「我當年（對胡志明引用獨立宣言的用意與目的）或許有些天真」Charlton, Michael & Moncrieff , Anthony eds, *Many Reasons Why: The American Involvement in Vietnam* Scolar 1978 p.12

頁 033 「我與我那一代幾乎每一個人，每天掛在嘴上的一個名字就是胡志明。」Ky, Nguyen Cao, *Buddha's Child: My Fight to Save Vietnam* St Martin's 2002 p.19

頁 033 「我們渴望一個供我們崇拜的英雄」Luan p.35

頁 035 「他們前來見我，說一些『歡迎』之類的客套。」AI John Cameron-Hayes 14.4.16

頁 035 「我對共產主義一無所知」AI Bang 7.10.16

頁 036 「若是沒了帝國，今天的法國不過是一個被解放的國家」Girardet, Raoul L'Idée Coloniale en France Table Ronde 1972 p.281

頁 037 「美國在決定協助法國國內復甦的同時」Logevall, Fredrik, *The Embers of War* Random House 2012 p.106

頁 038 「太好了！我們偉大家庭的青年」Tang p.12

頁 040 「如果必須在殖民統治與共產主義之間做選擇」AI Hoi 14.9.16

◎第2章　「骯髒的戰爭」

頁 042 「一份越盟文件說，每年十月到四月的乾季『最利於征戰』」Rocolle, Pierre, *Pourquoi Dien Bien Phu?* Flammarion 1968 p.95

注釋

因為這是一部面向一般大眾的作品，因此我在此為本書中使用的引文注明來源。這些引文來自於已發表的文章、書籍或我自己的研究，至於那些公認已知的歷史事實或引文我沒有注明。如果參考書目中只引用了某位作家的一本書，我會完整列出作者和書名；而若是引用同一作者的多部作品時，則會縮寫。

USAHEC表示美國陸軍設在賓州卡萊爾的軍事遺產與教育中心（US Army's Heritage and Education Center）檔案室的簡稱。USMCA表示美國海軍陸戰隊（US Marine Corps）在維吉尼亞州關蒂柯檔案室的歷史資料。UKNA表示英國國家檔案館（British National Archive）。AI表示由我本人或我的俄羅斯、中國研究人員進行的訪談。MP參考了莫里．普利班諾（Merle Pribbenow）於二〇〇七年在河內進行的採訪。亞伯拉姆斯錄音帶提供了一個非常重要的記錄，在戰史上前所未有，錄音帶記錄了克萊登．亞伯拉姆斯將軍一九六八至七二年間在軍援越南指揮部期間的軍事指揮會議，路易斯．索利（Lewis Sorley）編輯了收藏在卡萊爾原件的副本。下面一些越語的線上參考資料未必是精確的。

【上冊】

◎第1章　美女與許多野獸

頁022 「在段方海最古早的印象中」Doan, Phuong Hai, *The Sea on the Horizon* Dong Van Publishing San Jose CA 2000 p.35

頁022 「有些讓我們聽得熱血沸騰」ibid. p.40

頁023 「各位先生，讓我們先把名稱問題弄對了再說」Karnow, Stanley, *Vietnam: A History* Century 1983 p.85

頁023 「幾乎所有訪客都為越南之美嘆為觀止」West, Richard, *War and Peace in Vietnam*, Sinclair-Stevenson, 1965, p.3

頁024 「用一連串甜甜的呱呱聲譜出單音節語言」Young, Gavin, *A Wavering Grace* Viking 1997 p.18

頁024 「就像過去的貴族對待奴隸一樣」Lewis, Norman, *A Dragon Apparen,* Jonathan Cape 1951 p.99

頁024 「你的祖先是越南人」MP interview Luu Doan Huynh

頁024 「對他們的悠久歷史與古文明也相當有感」Wyndham MS p.14

頁025 「他從未見過父母招待過法國友人」AI Duong 10.11.16

頁025 「一個位於熱帶國家的法國城」Lewis p.19

頁025 「這個有一口狗牙的男子是什麼人？」ibid. p.24

- Tran, Trong Trung Supreme Commander Vo Nguyen Giap During the Years of American Imperialist Escalation of the War (1965–1969) [Tổng Tư Lệnh Võ Nguyên Giáp Trong Những Năm Đế Quốc Mỹ Leo Thang Chiến Tranh (1965–1969)] National Political-Truth Publishing House Hanoi 2015
- Tran, Van Nhut (with Christian Arevian) An Loc: The Unfinished War Texas Tech 2009
- Trullinger, James W. Village at War: An Account of Revolution in Vietnam Longman 1980
- Tuan, Tran Quoc et al. History of the General Staff During the Resistance War Against the Americans to Save the Nation 1954–75 People's Army Publishing House Hanoi 2010
- Tucker, Spencer C. ed. Encyclopedia of the Vietnam War ABC-Clio 1998
- Turley, Gerald H. The Easter Off ensive: The Last American Advisors in Vietnam 1972 Naval Institute Press 1985
- US Army Center of Military History (multiple authors) The US Army in Vietnam

  ——John D. Bergen A Test for Technology 1986

  ——Jeffrey J. Clarke Advice and Support: The Final Years 1992

  ——William M. Hammond The Military and the Media 1990

  ——Ronald H. Spector Advice and Support: The Early Years 1985
- Veith, George J. Black April: The Fall of South Vietnam 1973–75 Encounter 2012
- Weinberger, Sharon The Imagineers of War PenguinRandomHouse 2017
- West, Richard War and Peace in Vietnam Sinclair Stevenson 1995

  ——Victory in Vietnam Private Eye 1974
- Westad, Odd Arne The Cold War: A World History Allen Lane 2017
- Westmoreland, William A Soldier Reports Doubleday 1976
- White, Theodore The Making of the President 1964 Athenaeum 1965

  ——The Making of the President 1968 Jonathan Cape 1969

  ——The Making of the President 1972 Jonathan Cape 1973
- Whitt, Jacqueline E. Bringing God to Men: American Military Chaplains and the Vietnam War University of North Carolina Press 2014
- Wiest, Andrew Vietnam's Forgotten Army: Heroism and Betrayal in the ARVN NYU 2008
- Windrow, Martin The Last Valley Weidenfeld & Nicolson 2004
- Wirtz, James J. The Tet Offensive: Intelligence Failure in War Cornell 1991
- Woods, Randall Shadow Warrior: William Egan Colby and the CIA Basic Books 2013
- Young, Gavin A Wavering Grace Viking 1997

  Zaitsev, Anatoly Na Gromykovskikh Kovrakh [On Gromyko's Carpet] Moscow 2001

- Siemon-Netto, Uwe Duc: A Reporter's Love for the Wounded People of Vietnam CreateSpace 2013
- Simpson, Howard R. Tiger in the Barbed Wire Kodansha International 1992
- Smith, Ralph Vietnam and the West Ithaca 1971

  ——An International History of the Vietnam War Macmillan 1985
- Snepp, Frank Decent Interval Random House 1977

  ——Irreparable Harm Random House 1999
- Solis, Gary D. Marines and Military Law in Vietnam: Trial by Fire US Marine Corps 1989
- Sorley, Lewis ed. The Vietnam War: An Assessment by South Vietnam's Generals Texas Tech 2010

  ——The Abrams Tapes 1968–72 (ed.) Texas Tech 2004

  ——A Better War: The Unexamined Victories and Final Tragedy of America's Last Years in Vietnam Harvest 1999
- Sukhodrev, Victor Yazyk moi-drug moi [My Tongue is My Friend] Moscow 2008
- Suri, Jeremi Henry Kissinger and the American Century Harvard University Press 2007
- Swain, Jon River of Time Heinemann 1995
- Tai, Nguyen Doi Mat Voi CIA [Face to Face with the CIA] Writers' Association Hanoi 1999
- Tang, Truong Nhu Tang A Vietcong Memoir Vintage 1986
- Taylor, Maxwell Swords and Plowshares Norton 1972
- Terry, Wallace Bloods: Black Veterans of the Vietnam War Presidio 2006
- Thach, M.-G. Pham Van History of the Resistance War Against the Americans to Save the Nation 1954–75 8 vols Military History Institute of Vietnam Hanoi 2008
- Than, M.-G. Huynh Cong Than On the Long An Battlefield: A Memoir as told to Nguyen Huu Nguyen, People's Army Publishing House Hanoi 1994
- Thompson, Robert Defeating Communist Insurgency Chatto & Windus 1966

  ——Make for the Hills Pen & Sword 1989
- Thompson, Wayne To Hanoi and Back: The United States Air Force and North Vietnam 1966–1973 USAF Washington 2000
- Thorne, Christopher, Allies of a Kind Hamish Hamilton 1978
- Thuong, Pham Huy et'al. The Lowlands Division [Central Highlands Corps] Vol. III People's Army Publishing House Hanoi 1984
- Tin, Thanh Their True Colors: The Political Memoirs of Bui Tin Turpin Press 1994
- Tougas, Shelley Weapons, Gear and Uniforms of the Vietnam War Capstone 2012
- Tourison, Sedgwick Secret Army, Secret War Naval Institute Press 1995
- Trach, Gam Ben Li Cuoc Chien Viet Tide 2015
- Tram, Dang Thuy Last Night I Dreamed of Peace Harmony 2007
- Tran, Hoi A Vietnamese Fighter Pilot in an American War XLibris 2014

——Going After Cacciato Delacorte 1978

- Palmer, Bruce The 25-Year War: America's Military Role in Vietnam Touchstone 1984
- Payne, Kenneth The Psychology of Strategy: Exploring Rationality in the Vietnam War Hurst 2015
- Pham, Dai Gia The Last Prisoners Prototech 2016
- Pham Van Chung et al. eds Hai Muoi Mot Nam Chien Tran cua Binh Chung Thuy Quan Luc Chien Viet Nam (1954–1975) [Th e Vietnamese Marine Corps' Twenty-One Years of Warfare] Vol. II Vietnamese Marine Association of the US Santa Ana CA 2005
- Phan, Nhat Nam Dau ninh lua 1963–73: But ky chien Hien Dai [Th e Mark of a Warrior] Hien Dai Publishers Saigon 1973
- Phap, Nguyen Van et al. History of the Air Defence Service Hanoi 1991
- Phuong, Bui Vinh ed. Military Encyclopedia of Vietnam People's Army Publishing House Hanoi 2004
- Pike, Douglas Viet Cong: The Organization and Techniques of the National Liberation Front of South Vietnam MIT 1966
- Polmar, Norman & Mersky, Peter The Naval Air War in Vietnam Zebra 1981
- Porter, Gareth & Loory, Stuart Vietnam: The Definitive Documentation of Human Decisions 2 vols Heyden 1979
- Pouget, J. Nous Etions à Dien Bien Phu Presses de la Cité Paris 1965 Publishing House Hanoi 1997 (circulated internally only)
- Prados John Vietnam: The History of an Unwinnable War 1945–75 Kansas University Press 2009
- Raskin, Marcus G. & Fall, Bernard B. eds The Vietnam Reader Vintage Books 1967
- Robbins, Christopher The Invisible Air Force: The Story of the CIA's Secret Airline Macmillan 1979

——The Ravens Crown 1987

- Robinson, Anthony ed. Weapons of the Vietnam War Gallery 1983
- Rocolle, Pierre Pourquoi Dien Bien Phu? Flammarion 1968
- Salisbury, Harrison Behind the Lines: Hanoi Harper & Row 1967
- Samuels, Charlie Machinery and Weapons of the Vietnam War Gareth Steven 2013
- Santoli, Al To Bear Any Burden: The Vietnamese War and its Aftermath Sphere 1986
- Schlesinger, Arthur Journals 1956–2002 Penguin 2007

——Robert Kennedy and His Times New York 1978

- Scotton, Frank Uphill Battle Texas Tech 2014
- Shapley, Deborah Promise and Power: The Life and Times of Robert McNamara Little, Brown 1993
- Shaw, Geoffrey The Lost Mandate of Heaven Ignatius 2015
- Shawcross, William Sideshow: Kissinger, Nixon and the Destruction of Cambodia André Deutsch 1979
- Sheehan, Neil A Bright Shining Lie: John Paul Vann and America in Vietnam Random House 1988
- Shepherd, Jack & Wren, Christopher eds Quotations from Chairman LBJ Simon & Schuster 1968

- McMaster, H.R. Dereliction of Duty: Lyndon Johnson, Robert McNamara, the Joint Chiefs of Staff and the Lies that Led to Vietnam HarperCollins 1997
- Marlantes, Karl Matterhorn Atlantic Monthly Press 2010
- Mau, Nguyen Xuan Mau Defending the Skies: A Memoir Hanoi 1982
- Memmi, Albert The Colonizer and the Colonized Souvenir 2016
- Michel, Marshall Clashes: Air Combat Over Vietnam 1965–72 US Naval Institute Press 1997
  ——The 11 Days of Christmas: America's Last Vietnam Battle Encounter 2001
- Millie, David Team 19 in Vietnam: An Australian Soldier at War Kentucky University Press 2013
- Minh, Nguyen Quoc et al. History of the Sapper Forces Vol. I People's Army Publishing House Hanoi 1987
- Moise, Edwin The Tonkin Gulf Incident and the Escalation of the Vietnam War University of North Carolina Press 1996
- Nghi, Huynh, Noi Huynh Van & Sinh Nguyen Hung The Route 9–Southern Laos Counteroffensive Campaign 1971 Military History Institute of Vietnam 1987 p.5
- Nguyen, An New Battlefield (as told to Nguyen Tu Duong) People's Army Publishing House Hanoi 2002
- Nguyen, Dinh Kien Nguoi linh voi bau troi Ha Noi [A Soldier and the Skies Over Hanoi] People's Army Publishing Hanoi 2013
- Nguyen, Duong Vietnam: The Other Side (Challenging All Odds) privately published 2015
- Nguyen, Hung Linh & Mac, Hoang Anti-Reactionary Forces: Chronology of Events 1954–75 Ministry of Interior Political Security Department III Public Security
- Nguyen, Lien-Hang T. Hanoi's War: An international History University of North Carolina Press 2012
- Nguyen, Nathalie Huynh Chau South Vietnamese Soldiers Praeger 2016
- Nguyen, Viet Thanh The Sympathizer Atlantic Monthly Press 2015
- Nguyễn Tiến Đích [3rd] Division Memories [Ký Ức Sư Đoàn] People's Army Publishing House Hanoi 1995
- Nhien, Nguyen Van & Huu, Nguyen Thanh History of Chemical Troops 1958–2008 People's Army Publishing House Hanoi 2008
- Nichols, John B. & Tillman, Barrett On Yankee Station Bantam 1988
- Ninh, Bao The Sorrow of War Vintage 1998
- Nixon, Richard No More Vietnams Arbor House 1985
- Nolan, Keith William Sappers in the Wire: The Life and Death of Firebase Mary Ann Texas A & M 2007
  ——The Magnificent Bastards Presidio 2007
- Nolting, Frederick From Trust to Tragedy Praeger 1988
- Oberdorfer, Don Tet!: The Turning Point in the Vietnam War Johns Hopkins 2001
- O'Brien, Michael Conscripts and Regulars: With the Seventh Battalion in Vietnam Allen & Unwin 1995
- O'Brien, Tim The Things They Carried Flamingo 1990
  ——If I Die in a Combat Zone Dell 1973

the Secretary of Defense 2015
- Huy, Nguyen Duc A Soldier's Life (with Nguyen Thong Nhat) People's Army Publishing House Hanoi 2011
- Isaacs, Arnold Without Honor: Defeat in Vietnam and Cambodia Johns Hopkins 1983
- Jones, Howard My Lai: Vietnam 1968 and the Descent into Darkness Oxford University Press 2017
- Karnow, Stanley Vietnam: A History Century 1983
- Kerrey, Bob When I Was a Young Man Harcourt 2002
- Khan, Hoang Nghia The Road to the General Headquarters Staff People's Army Publishing Hanoi 2008
- Kimball, Jeffrey Nixon's Vietnam War University of Kansas Press 1998

—— The Vietnam War Files: Uncovering the Secret History of Nixon-Era Strategy University of Kansas Press 2004
- Kissinger, Henry The White House Years Simon & Schuster 1979

——Ending the Vietnam War Simon & Schuster 2003
- Krohn, Charles A. The Lost Battalion of Tet Naval Institute Press 2008
- Kurlantzick, Joshua A Great Place to Have a War: Laos and the Militarization of the CIA Simon & Schuster 2017
- Ky, Nguyen Cao Buddha's Child: My Fight to Save Vietnam St Martin's Press 2002
- Laidig, Scott Al Gray, Marine Potomac 2012
- Langguth, A.J. Our Vietnam Simon & Schuster 2000
- Larteguy, Jean Les Centurions Presses de la Cité Paris 1960
- LeMay, Curtis with MacKinlay Kantor Mission with LeMay Doubleday 1965
- Leslie, Jacques The Mark: A War Correspondent's Memoir of Vietnam and Cambodia Four Walls 1995
- Lewis, Norman A Dragon Apparent Jonathan Cape 1951
- Lind, Michael Vietnam: The Necessary War Free Press 1999
- Livingston, James E. with Colin D. Heaton & Anne-Marie Lewis Noble Warrior Zenith Press 2010
- Logevall, Fredrik Choosing War University of California Press 1999

——The Embers of War Random House 2012
- Long, Guilin Memoirs Beijing 1995
- Luan, Nguyen Cong Nationalists in the Vietnam Wars Indiana University Press 2012
- Lunn, Hugh A Reporter's War University of Queensland Press 1985
- Ly, Gen. Tong Ba Hoi Ky 25 Nam Khoi Lau; Cam Nghi Cua Mot Tuong Cam Quan Tai Mat Tran [Memoir of 25 Years of War: Thoughts of a General Who Commanded Troops on the Battlefield] self-published San Marcos 1999
- McCoy, Alfred The Politics of Heroin in South-East Asia Harper & Row 1972
- Macdonald, Peter Giap: The Victor in Vietnam Norton 1992
- Maclear, Michael Vietnam: The Ten Thousand Day War Thames Methuen 1981

- Fulton, William B. Vietnam Studies: Riverine Operations 1966–1969 Turner Publishing 1997
- Gaiduk, Ilya V. The Soviet Union and the Vietnam War Ivan R. Dee 1996
- Gavin, James Crisis Now Random House 1968
- Giles, Frank The Locust Years Secker & Warburg 1991
- Glazunov et al. eds Voina Vo Vietname – Kak Eto Bylo [The War in Vietnam – How it Was] Moscow 2005
- Gole, Henry G. General William Depuy: Preparing the Army for Modern War Kentucky 2004 – Soldiering Potomac Books 2005
- Goscha, Christopher The Penguin History of Modern Vietnam Allen Lane 2016
- Greene, Graham The Quiet American Heinemann 1955
- Greene, Wallace The Greene Papers: General Wallace M. Greene Jnr and the Escalation of the Vietnam War ed. Nicholas Schlosser USMC Quantico 2015
- Ha, Mai Viet Blood and Steel: Armor During the Vietnam War self-published Sugarland Texas 2005
- Hackforth, David Steel My Soldiers' Hearts Touchstone 2002
- Hai, Doan Phuong Goc bien chan troi [The Sea on the Horizon] Dong Van Publishing San Jose CA 2000
- Haig, Alexander & McCarry, Charles Inner Circles: How America Changed the World Grand Central 1994
- Halberstam, David The Best and the Brightest Random House 1972
- Haldeman, H.R. The Haldeman Diaries Berkley Books 1994
- Ham, Paul Vietnam: The Australian War HarperCollins 2007
- Hamilton-Paterson, James A Very Personal War: The Story of Cornelius Hawkridge Faber & Faber 1971
- Haponski, William An Idea, and Bullets Combatant Books 2016
- Hayes, Paddy Queen of Spies Duckworth 2015
- Hayslip, Le Ly & Wurts, Jay When Heaven and Earth Changed Places Doubleday 1989
- Herr, Michael Dispatches Picador 1978
- Hersh, Seymour The Dark Side of Camelot Little, Brown 1997
- Hiep, Col. Gen. Dang Vu Highland Memories People's Army Publishing Hanoi 2000
- Higgins, Marguerite Our Vietnam Nightmare Harper & Row 1971
- Ho, Van Ky Thoai Can Truong Chien Bai self-published Virginia 2010
- Hodges, Michael AK47: The People's Gun Sceptre 2007
- Howard, Michael Captain Professor Continuum 2006
- Hughes, Ken Fatal Politics: The Nixon Tapes, the Vietnam War and the Casualties of Reelection University of Virginia Press 2015
- Hunt, Harold A Soldier's Journal Hunt Enterprises 1991
- Hunt, Ira A. Losing Vietnam Kentucky University Press 2013

  ——The 9th Infantry Division in Vietnam Kentucky University Press 2010
- Hunt, Richard A. Melvin Laird and the Foundation of the Post-Vietnam Military 1968–71 Historical Office of

- Colby, William Lost Victory McGraw-Hill 1989
- Conboy, Kenneth & Andrade, Dale Spies and Commandos: How America Lost the Secret War in North Vietnam Kansas University Press 2000
- Cooper, Chester The Lost Crusade Dodd Mead 1970
- Corn, David Blond Ghost: Ted Shackley and the CIA's Crusades Simon & Schuster 1994
- Daddis, Greg No Sure Victory Oxford University Press 2011

  ——Westmoreland's War: Reassessing American Strategy in Vietnam Oxford University Press2014

  ——Withdrawal Oxford University Press 2017
- Dan, Nguyen Huy Toan & Pham Quang Dinh The 304th Division People's Army Publishing House Hanoi 1990
- Dang, Tran Bach Life and Memories Tre Publishing House Ho Chi Minh City 2006
- Davidson, Philip B. Vietnam at War 1946–1975 Sidgwick & Jackson 1988
- Del Vecchio, John M. The 13th Valley Sphere 1983
- Dietrich, Erik Jurgen-Karl The Kraut privately printed 2015
- Doan, Phuong Hai Goc bien chan troi Dong Van Publishing San Jose CA 2000
- Dobrynin, Anatoly In Confidence: Moscow's Ambassador to America's Six Cold War Presidents Times Books 1995
- Don, Tran Van Our Endless War Presidio 1978
- Doyle, Michael W. Ways of War and Peace Norton 1997
- Duc, Huy The Victors [Ben thang cuoc] Vol. II Power [Giai Phong] Osinbook Los Angeles 2012
- Duc, Pham Gia The 325th Division 2 vols People's Army Publishing House Hanoi 1986
- Edwards, Peter Australia and the Vietnam War NewSouth 2014
- Elliott, David W.P. The Vietnamese War: Revolution and Social Change in the Mekong Delta 1930–1975 2 vols M.E. Sharpe 2003

  ——Changing Worlds: Vietnam's Transition from Cold War to Globalization Oxford University Press 2012
- Elliott, Duong Van Mai The Sacred Willow: Four Generations in the Life of a Vietnamese Family Oxford University Press 1999

  ——RAND in South-East Asia: A History of the Vietnam War Era RAND 2010

  ——Hell is a Very Small Place Lippincott 1966
- Fall, Bernard Street Without Joy Stackpole 1967
- Fallabella, Robert Vietnam Memoirs Pageant Press 1971
- Finlayson, Andrew Killer Kane McFarland North Carolina 2013

  ——Rice Paddy Recon McFarland North Carolina 2014
- Fitzgerald, Frances Fire in the Lake Vintage 1972
- French, David The British Way in Counter-Insurgency 1945–67 Oxford University Press 2011

- Bonds, Ray ed. The Vietnam War: The Illustrated History Salamander 1979
- Bong-Wright, Jackie Autumn Cloud: From Vietnamese War Widow to American Activist Capital Books 2001
- Bonville, George You Ain't Nothing But a Swamp Rat Professional Press 2016
- Boot, Max The Road Not Taken: Edward Lansdale and the American Tragedy in Vietnam Norton 2017
- Borch, Frederic Judge Advocates in Vietnam: Army Lawyers in Southeast Asia 1959–75 US Army Command and General Staff College Press 2003
- Botkin, Richard Ride the Thunder WND Books 2009
- Bowden, Mark Hue 1968 Grove Atlantic 2017
- Bradley, Mark Philip Vietnam at War Oxford University Press 2009
- Braestrup, Peter Big Story: How the American Press and Television Reported and Interpreted the Crisis of Tet 1968 Anchor 1978
- Brigham, Robert K. ARVN: Life and Death in the South Vietnamese Army Kansas University Press 2006
- Brodie, Bernard War and Politics Macmillan 1973
- Broughton, Jack Thud Ridge Lippincott 1969
- Brown, Archie The Rise and Fall of Communism Bodley Head 2009
- Browne, Malcolm The New Face of War Bobbs-Merrill 1965
- Bunting, Josiah The Lionheads Braziller 1972
- Burkett, B.G. & Whitley, Glenna Stolen Valor: How the Vietnam Generation was Robbed of its Heroes and its History Verity Press 1998
- Burleigh, Michael Small Wars, Faraway Places Macmillan 2013
- Burr, William & Kimball, Jeffrey P. Nixon's Nuclear Specter: Th e Secret Alert of 1969, Madman Diplomacy and the Vietnam War Kansas 2015
- Busch, Peter All the Way With JFK?: Britain, the U.S. and the Vietnam War Oxford University Press 2003
- Buttinger, Joseph Vietnam: A Dragon Embattled Pall Mall Press 1967
- Caputo, Philip A Rumor of War Holt, Rinehart & Winston 1977
- Charlton, Michael & Moncrieff , Anthony eds Many Reasons Why: The American Involvement in Vietnam Scolar 1978
- Chau, Tran Ngoc Vietnam Labyrinth Texas Tech 2012
- Chien Viet Nam 1954–75 [The Vietnamese Marine Corps' Twenty-One Years of Warfare (1954–75)] Vietnamese Marine Association in the US Santa Ana 2005
- Chivers, C.J. The Gun Simon & Schuster 2010
- Chung, Pham Van et al. Hai Muoi Nam Chien cua Binh Chung Thuy Quan Luc
- Cloake, John Templer: Tiger of Malaya Harrap 1985
- Clodfelter, Mark Th e Limits of Air Power Free Press 1989

  ——Beneficial Bombing University of Nebraska Press 2010

Military History [Tạp Chí Lịch Sử Quân Sự] Issue 2 (26) 1988
- Trục Lâm 'The Fate of a Mole' [Số phận một nội gián] (trans. Merle Pribbenow) People's Army Newspaper [Quân đội Nhân dân] Hanoi 22.7.95 p.7
- USMC 'Battle of Dai Do: Seven Days in May' in The Fighting Third Quantico 1969
- Veith, George J. & Pribbenow, Merle L. '"Fighting is an Art": The Army of the Republic of Vietnam's Defense of Xuan Loc 9–21 April 1975' Journal of Military History Vol. 68 No. 1, January 2004 pp.163–213
- Vo Nhan Tri 'Vietnam's Economic Policy Since 1975'
- Walrath, Brian unpublished MS of Vietnam MAT experiences given to author
- Westad, Odd Arne et al. '77 Conversations between Chinese and Foreign Leaders on the Wars in Indochina 1964–77' Wilson Center Working Paper 22, online
- Wyndham, Norman 'Through Vietnamese Eyes' privately circulated memorandum 1968 in possession of Lord Egremont
- Xuan Ba [Xuân Ba] a series of articles and interviews with Le Duan's second wife, published in Tien Phong [Tiền Phong] newspaper 25.6.2006 and in succeeding weeks

◎書籍

- Adams, Sam War of Numbers: An Intelligence Memoir Steerforth 1994
- Andrade, Dale Ashes to Ashes: The Phoenix Program and the Vietnam War Lexington 1990
- Andrews, William The Village War University of Missouri Press 1973
- Appy, Christian G. Patriots: The Vietnam War Remembered from All Sides Viking 2003
- Arbatov, Georgi The System: An Insider's Life in Soviet Politics Times Books 1992
- Armor Command (Bo Tu Lenh Thiet Giap) Some Battles Fought by Our Armored Troops Vol. IV General Staff Printing Hanoi 1983
- Asselin, Pierre Hanoi's Road to the Vietnam War 1954–1965 University of California Press 2013
- Atkinson, Rick The Long Gray Line Houghton Mifflin 1989
- Autry, Jerry Gun-Totin' Chaplain Airborne Press 2006
- Baskir, Lawrence M. & Strauss, William A. Chance and Circumstance: The Draft , the War and the Vietnam Generation Knopf 1978
- Beckwith, Charlie & Knox, Donald Delta Force Harcourt Brace 1983
- Beech, Keyes Not Without the Americans Doubleday 1971
- Berman, Larry Planning a Tragedy: The Americanization of the War in Vietnam Norton 1982

  —— No Peace, No Honor: Nixon, Kissinger, and Betrayal in Vietnam Free Press 2001
- Biggs, David Quagmire: Nation-Building and Nature in the Mekong Delta University of Washington Press 2010
- Bilton, Michael & Sim, Kevin Four Hours in My Lai Viking 1992

- People's Army Publishing House Hanoi History of the Combat Operations Department 1945–2000 quansuvyn website 2005
- People's Public Security newspaper, 2 September 2005 'Seven Revolutionary Warriors Who Returned to Vietnam by British Aircraft in 1942' [7 Chiến Sĩ Cách Mạng Được Máy Bay Anh Đưa Về Việt Nam Năm 1942] accessed online 16.9.05

  —— 'Senior Colonel Tran Hieu, First Director of the DRV's Intelligence Department' accessed online 21.4.14
- Phan Khắc Hy, Maj. Gen., letter about North Korean aircrew participation in war published in Tuổi Trẻ newspaper 28.8.2007
- Phương Quang 'New Unit and Historic Battles' [Don Vi Moi va Nhung Tran Danh Lich Su] in Ky Binh No. 5 June 2006 Portland Oregon
- Pribbenow, Merle L. 'North Vietnam's Final Offensive: Strategic Endgame Nonpareil', Parameters Winter 1999–2000 pp.58–71

  —— 'General Vo Nguyen Giap and the Mysterious Evolution of the Plan for the 1968 Tet Offensive', Journal of Vietnamese Studies Vol. 3 Issue 2 2008 pp.1–33

  —— 'The Man in the Snow White Cell' Center for the Study of Intelligence Publications Vol. 48 No. 1

  —— 'The Most Famous Unknown Spies of the Vietnam War' Texas Tech

  —— 'The –ology War: Technology and Ideology in the Vietnamese Defense of Hanoi 1967' Journal of Military History Vol. 67 No. 1 Jan. 2003 pp.175–200

  —— 'Drugs, Corruption, and Justice in Vietnam and Afghanistan: A Cautionary Tale' Washington Decoded 11.11.09

  —— 'Soviet–Vietnamese Intelligence Co-operation' Woodrow Wilson Center lecture December 2014

  —— 1963: Laying the Military Foundation for the Communist Decision to Seek a 'Decisive Victory' National Archive & Texas Tech October 2013
- Ramsey, Doug unpublished MS of Vietnam experience given to author
- Taylor, K.W. Voices from the Second Republic of South Vietnam (1967–1975) Cornell 2014
- Tống Hồ Trinh 'The 1968 Tet Offensive in the Tri-Thien-Hue Theatre' [Hướng tiến công và nổi dậy Tết Mậu Thân ở Tri-Thiên Huế (năm 1968)] Ministry of Defence Hanoi 1986 (trans. Bob Destatte & Merle Pribbenow for US Army Center of Military History)
- Trần Bạch Đằng 'Tet 68: A Strategic Exercise' [Cuộc Tổng Diễn Tập Chiến Lược] Military History [Tạp Chí Lịch Sử Quân Sự] Issue 2 (26) 1988
- Trần Độ Audiotape on Tet offensive transcribed in March 1986 Hanoi Conference proceedings, Military History [Tạp Chí Lịch Sử Quân Sự] Issue 2 (26) 1988
- Trần Quỳnh 'Memories of Le Duan' [Những Kỷ Niệm Về Lê Duẩn] http:/vanhoavn.blogspot.com/2012/09/blog-post_7386.html
- Trần Văn Quang 'Hue: 25 Days and Nights' [Huế: 25 ngày đêm] address to March 1988 Hanoi conference

- Harkins, Michael 'Medals of Honor at Dai Do' Vietnam magazine Summer 1989 pp.42–59
- Haun, Phil & Jackson, Colin 'Breaker of Armies: Air Power in the Easter Off ensive' International Security Vol. 40 No. 3 Winter 2015/16 pp.139–78
- Hồ Đê, Gen. 'Victory was Not Achieved Down a Red Carpet' People's Army [Quân đội Nhân dân] newspaper 29.4.2006
- Hoàng Đan et al. The Spring–Summer 1968 Route 9–Khe Sanh Offensive [Chiến dịch tiến công Đường 9-Khe Sanh Xuân Hè 1968] Military History Institute of Vietnam 1987
- Hoang Van Thai 'A Few Strategic Issues in the Spring 1968 Tet Offensive' [Mấy Vấn Đề về Chiến Lược trong Cuộc Tiến Công và Nổi Dậy Xuân 1968] Address to March 1986 Ho Chi Minh City conference, Military History [Tạp Chí Lịch Sử Quân Sự] Issue 2 (26) 1988
- Hoeffding, Oleg 'Bombing North Vietnam: An Appraisal of the Economic and Political Effects' RAND Corporation publication RM5213 available online
- Hoffman, George 'The Path to War: US Marine Corps Operations 1961–65' Quantico 2014
- Howard, Michael '"Many Reasons" for Vietnam' Encounter May 1979
- Howse, Hamilton, 'Vietnam: An Epilogue' Association of the US Army July 1975 pp.1–2
- Lâm Chương 'Battles Not Described in Military Histories' [Những Trận Đánh Không Tên Trong Quân Sử] Vietnam Monthly [Nguyệt San Việt Nam] Vancouver 2003 pp.95–111
- Lavalle, A.J.C. ed. Air Power and the 1972 Spring Invasion USAF SE Asia Monographs Vol. II Mono 3
- Le Duc Tho 'Comrade Le Duc Tho Discusses Issues Relating to the War' [Đồng chí Lê Đức Thọ nói về một số vấn đề tổng kết chiến tranh và biên soạn lịch sư quân sự] Military History [Tạp Chí Lịch Sử Quân Sự] Issue 2 (26) 1968
- Logevall, Fredrik 'Bernard Fall: Th e Man Who Knew the War' NYT 21.2.17

  —— 'Rethinking "McNamara's War"' NYT 29.11.17
- Long, Joseph 'Hill of Angels: US Marines and the Battle for Con Th ien' DoD Washington 2016
- McCarthy, James 'Linebacker II: A View from the Rock' Air University 1976
- Marshall, Jonathan 'Dirty Wars: French and American Piaster Profiteering in Indochina 1945–75' Asia-Pacific Journal Vol. 12 Issue 32 No. 2 August 11 2014
- Military Region 5 Headquarters [Bộ Tư Lệnh Quân Khu 5] and Tran Quy Cat [Trần Quý Cát] History of Military Region 5 Sapper Troops 1952–1975 [Lịch Sử Bộ Đội Đặc Công Quân Khu 5] People's Army Publishing House Hanoi 1998, internal distribution
- Ngọc An 'Rocket Battalion 224' [Tiểu Đoàn Hỏa Tiễn 224] Military History [Tạp Chí Lịch Sử Quân Sự] Issue 4 1997
- Nguyễn Quốc Khuê '3rd Ranger Group and the Battle of An Loc/Binh Long' [LĐ3/BĐQ Với Trận Chiến An Lộc/Bình Long] Ranger Magazine [Tạp san Biệt Động Quân] Tet 2003 issue p.77
- Palmer, Bruce 'U.S. Intelligence and Vietnam' Studies in Intelligence Vol. 28 (special issue)1984

參考書目

越南戰爭相關的文學作品十分豐富。我只在下面列出了對我的行文有直接影響的書，不論那些書是中性的還是負面的。至於我沒有引用的那些為人熟知的書，並不代表我不尊重該作家——只是那些優秀的書與我自己的作品沒有直接的關係。除非另有說明，越語資料已由莫里・普利班諾翻譯。

◎文章及線上資源

- Ahern, Thomas 'CIA and the Generals: Covert Support to the Military Government in South Vietnam' FOIA CIA website
- Andrew, Rod 'The First Fight: US Marines in Operation Starlite' Quantico 2015
- Association for Diplomatic Studies and Training Oral History Project, online archive, interview Ambassador Allan Wendt 20.5.98
- Clemis, Martin 'The Control War: Communist Revolutionary Warfare, Pacification and the Struggle for South Vietnam, 1968–1975' Temple University dissertation Proquest 2015
- Clodfelter, Mark 'Violating Reality: The Lavelle Affair, Nixon and Parsing the Truth' NWC 2016

  —— 'Fifty Shades of Friction: Combat Climate, B-52 Crews and the Vietnam War' NWC 2016
- Combat Operations Department [Cục Tác Chiến] History of the Combat Operations Department 1945–2000 [Lịch Sử Cục Tác Chiến 1945–2000] 2005 internet on http://www.quansuvn.net/ website
- Daddis, Gregory 'On Lewis Sorley's Westmoreland: The General Who Lost Vietnam' review essay, Parameters Autumn 2011
- Dang, Tran Bach 'Tet 68: A Strategic Exercise' Military History [Tạp Chí Lịch Sử Quân Sự] Issue 2 (26) 1988
- Elliott, David P. & Mai Documents of an Elite Viet Cong Delta Unit: The Demolition Platoon of the 514th Battalion RAND Corporation 1969, available online
- Fall, Bernard 'The Political-Religious Sects of Vietnam' Pacific Affairs 28, No. 3 September 1955
- Finlayson, Andrew R. 'Vietnam Strategies' Marine Corps Gazette August 1988 pp.90–4

  —— 'The Tay Ninh PRU and its Role in the Phoenix Programme 1969' CIA website Studies in Intelligence Vol. 15 No. 2
- Grossheim, Martin 'The Democratic Republic of Vietnam Before the Second Indochina War'Journal of Vietnamese Studies Vol. 8 No. 1 (Fall 2012) pp.80–129
- Hanyok, Robert 'Skunks, Bogies, Silent Hounds, and the Flying Fish: The Gulf of Tonkin Mystery 2–4 August 1964' Cryptologic Quarterly Spring 2005

越南啟示錄 1945-1975

美國的夢魘、亞洲的悲劇【下冊】

Vietnam: An Epic Tragedy, 1945-1975

作者　馬克斯・黑斯廷斯（Max Hastings）
譯者　譚天

主編　洪源鴻
責任編輯　洪源鴻、宋士弘
行銷企劃總監　蔡慧華
封面設計　虎稿・薛偉成
內頁排版　宸遠彩藝

出版　八旗文化／遠足文化事業股份有限公司
發行　遠足文化事業股份有限公司（讀書共和國出版集團）
地址　新北市（二三一）新店區民權路一〇八－二號九樓
電話　（〇二）二二一八－一四一七
傳真　（〇二）二二一八－八〇五七
客服專線　〇八〇〇－二二一－〇二九
信箱　gusa0601@gmail.com
部落格　gusapublishing.blogspot.com
臉書　facebook.com/gusapublishing
法律顧問　華洋法律事務所／蘇文生律師
印刷　成陽印刷股份有限公司

出版日期　二〇二二年四月／初版一刷
二〇二四年六月／初版二刷

定價　一二〇〇元（上、下冊不分售）

ISBN　9786267129098（平裝）
9786267129081（ePub）
9786267129074（PDF）

國家圖書館出版品預行編目 (CIP) 資料

越南啟示錄 1945-1975：
美國的夢魘、亞洲的悲劇
馬克斯・黑斯廷斯（Max Hastings）著／
譚天譯／初版／新北市／八旗文化出版／
遠足文化事業股份有限公司發行／民 111.04
譯自：Vietnam : an Epic Tragedy, 1945-19755

ISBN 978-626-7129-09-8(平裝)

1. 越戰　2. 戰史

738.3264　111003595